电力信息化咨询项目
实施与应用分析

李　强　主　编

施明泰　赵建伟　李浩松

许中平　胡全贵　副主编

清华大学出版社

北京

内 容 简 介

北京国网信通埃森哲信息技术有限公司依托国网信通产业集团丰富的电力行业服务经验，组织并完成国家电网公司系统 SG186 和 SG-ERP 等重大信息化工程设计、项目建设及信息技术咨询与服务。本书在总结成功实践经验的基础上，系统地讲解了电力信息化咨询项目实施与应用的基本理论以及作者的最新研究成果。

全书共 11 章，主要介绍电力信息化咨询工程的基本理论和基础知识、国内外电力信息化现状与发展趋势、我国电力信息化咨询工程技术发展特点、电力大数据技术、人工智能工程技术、电力物联网工程技术、电力内存计算技术、电力信息安全技术、电力企业 ERP 工程、工业控制与两化融合工程、电力信息等级保护工程等项目的咨询与应用分析。本书理论联系实际，应用分析针对性、系统性强。

本书可作为国家能源行业中电力信息化咨询工程技术的培训用书，也可作为企业领导、信息化与工程技术管理人员指导信息系统建设、管理与应用工作的参考资料，还可作为大学教师及科研人员教学、研究和指导信息化工程的参考用书。

图书在版编目（CIP）数据

电力信息化咨询项目实施与应用分析 / 李强主编. —北京：清华大学出版社，2020.2
ISBN 978-7-302-54859-1

Ⅰ.①电… Ⅱ.①李… Ⅲ.①电力工业—企业管理咨询—企业信息化—研究 Ⅳ.①F407.61

中国版本图书馆 CIP 数据核字（2020）第 025567 号

责任编辑：杨如林
封面设计：杨玉兰
版式设计：方加青
责任校对：胡伟民
责任印制：宋 林

出版发行：清华大学出版社
　　　　　网　　　址：http://www.tup.com.cn，http://www.wqbook.com
　　　　　地　　　址：北京清华大学学研大厦 A 座　　　　邮　　　编：100084
　　　　　社 总 机：010-62770175　　　　　　　　　　　邮　　　购：010-62786544
　　　　　投稿与读者服务：010-62776969，c-service@tup.tsinghua.edu.cn
　　　　　质 量 反 馈：010-62772015，zhiliang@tup.tsinghua.edu.cn
印 装 者：三河市龙大印装有限公司
经　　　销：全国新华书店
开　　　本：185mm×260mm　　　印　张：24　　　字　数：588 千字
版　　　次：2020 年 4 月第 1 版　　　印　次：2020 年 4 月第 1 次印刷
定　　　价：79.00 元

产品编号：081022-01

编委会名单

主　编　李　强

副主编　施明泰　赵建伟　李浩松　许中平　胡全贵

前　言　潘明惠

第1章　程　瑶　魏志丰　龙长贵　刘才华

第2章　郭　翔　苏　斌　李　檀　杨永鑫

第3章　赵恩来　夏岳红　沈　磊　杨　超

第4章　于希永　梁　昆　韩雨彤　黄婉书

第5章　潘　霄　张　瑜　刘永昌　王泽宁

第6章　袁东州　杨雅麒　陈其祥　姜玉琳

第7章　高秉强　晏荣煜　刘　剀　祝榕岭

第8章　杨海峰　江丽娜　刘　坤　曹国强

第9章　李向阳　苏彦龙　杨大威　冉定国

第10章　贾伟昭　田俊丽　刘永昌　唐瑷瓊

第11章　吴　菲　潘　邈　张　冉　徐莲荫

前　言

以互联网为代表的信息技术日新月异，引领了社会生产新变革，创造了人类生活新空间，拓展了国家治理新领域，加速驱动了人类社会的发展和进步，并不断改变着社会生产、经营管理和人们的日常生活方式，极大地提高了人类认识世界、改造世界的能力。信息革命则增强了人类脑力，从蒸汽时代的工业1.0，电气时代的工业2.0，自动化时代的工业3.0，到正在进入网络化和智能化时代的工业4.0，为人类带来了生产力的一次又一次质的飞跃，对国际政治、经济、文化、社会、生态、军事等领域产生了深刻影响。信息化是一个规模庞大和因素复杂的社会、经济、科学、技术相互作用的系统工程。信息化是现代人类社会发展的必然过程，没有信息化就没有当今的现代化。只要大力推进信息化，以信息化带动工业现代化和农业现代化，充分发挥后发优势，就能够实现社会生产力的跨越式发展，把工业（农业）社会推进到高度发达的信息社会。

电力行业是关系国计民生的基础行业，随着信息化和网络技术的发展，电力系统的信息化进一步快速发展。从早期的生产过程自动控制，到电力系统信息综合管理，再到"智能电网"的建设热潮，通过结合计算机技术、网络技术、自动化控制技术以及管理技术，电力系统在物理结构、物理性能、人员状况、经济管理等各方面的信息采集与控制技术日趋完善。电力行业信息化发展规划在不同规划期之间、相关行业间信息化发展规划和标准的衔接程度、不同专业之间的融合程度、电力信息化项目咨询研究规范程度等方面存在明显差距，距离全面实现企业信息化还有诸多问题需要解决。同时，信息化工程管理与应用技术研究不论是在理论上，还是在实践上，远远不能适应企业信息化发展的要求。特别是需要及时解决先进的信息化技术与我国企业实际结合上的大量应用技术问题，更是当务之急。

国网信息通信产业集团有限公司是国家电网有限公司（以下简称为国家电网公司）为了进一步优化信息通信产业资源，提升集约化和专业化管理水平，更好地服务信息通信建设和智能电网发展，立足智能电网，面向社会重要领域，以推动工业化与信息化融合为使命，加强信息通信技术与智能电网的深度融合，打造的国内领先、国际一流的信息通信产业集团。北京国网信通埃森哲信息技术有限公司以国际化视野引入人才培养模式，坚持

"诚信、责任、创新、奉献"的企业文化，打造了一支学习型、创新型、开拓型的咨询和研发团队。依托国网信息通信产业集团有限公司丰富的电力行业服务经验、信息技术积累以及埃森哲全球最佳业务实践知识库，以服务国家电网公司为根本，同时，向其他电力企业、大型集团及政府机构提供信息技术咨询与服务。依托电力行业经验积累，整合集团咨询服务力量，为政府及大型企事业单位开展各类咨询服务：开展IT规划、两化融合体系贯标咨询、智慧城市顶层设计；开展业务流程优化提升、企业项目管理体系、企业标准化管理咨询、企业知识管理体系、企业员工素质提升；开展专业领域整体解决方案设计、企业架构（EA）管理咨询、新技术应用咨询、企业数据分析与预测、信息化标准体系、信息系统监理服务、企业资源管理、信息安全评估测评、"红蓝队"培养与建设、安全技术与解决方案咨询、多领域信息安全咨询等。

本书作者参考了国家电网公司总部、31个区域和省级电力公司、25个直属单位、304个地市级电力公司以及1924个县级供电公司的信息化SG186与SG-ERP重大工程取得的成功实践经验，运用国际先进信息化与ERP工程理论以及电力信息化咨询工程理论指导的大量电力信息化咨询及大数据、人工智能等最新信息技术工程实践取得的成功经验。

全书共11章：第1章 绪论；第2章 电力信息化咨询项目基本理论；第3章 电力信息化咨询工程基础知识；第4章 电力大数据工程技术项目咨询与应用分析；第5章 人工智能工程咨询项目实施与应用分析；第6章 电力信息安全工程技术咨询与应用分析；第7章 电力物联网工程技术咨询与应用分析；第8章 电力企业ERP工程咨询与应用分析；第9章 工业控制与两化融合咨询与应用分析；第10 章 电力内存计算技术项目咨询与应用分析；第11章 电力信息安全等级保护咨询与应用分析。

本书的突出特点是作者结合实践经验和理论研究成果，全面分析了国内外信息化与咨询工程技术研究现状与发展趋势，针对我国信息化与咨询工程技术的发展特点，通过分析电力信息化与咨询工程技术的实际案例，提出了相应的解决方案。读者通过本书既可以学习信息化与咨询工程技术的理论和基础知识，也可以通过大量实例掌握信息化与咨询工程组织、管理和技术实现的方法。本书是一本信息化与咨询工程技术的工具书，可作为高等院校、信息化与咨询工程技术培训班的教材，也可以作为企事业单位从事电力信息化工程人员的参考用书。

衷心感谢国家电网公司、信通部、国网信息通信产业集团有限公司领导和专家的指导与帮助。衷心感谢全国各网、省公司有关领导和信通战线工程技术人员给予的大力支持，衷心感谢北京国网信通埃森哲信息技术有限公司有关工程技术人员对本书的编撰、出版所付出的辛勤劳动。

由于时间仓促，作者水平有限，书中内容难免有误或不妥之处，敬请读者批评与指正。

潘明惠

目　　录

第9章 工业控制与两化融合咨询与应用分析 275

第10章 电力内存计算技术项目咨询与应用分析 306

第1章
绪　　论

　　电力信息化咨询项目实施工程背景与意义、电力信息化咨询项目发展历程、我国电力行业信息化发展历程、电力信息通信产业"十三五"信息化重点任务、电力信息化咨询项目面临的新挑战、电力信息化咨询工程的主要研究方向是本章重点介绍的内容。

1.1 背景与意义

在近20年间，以计算机及信息网络应用为核心的信息技术以其他任何技术和产业无法比拟的惊人速度飞快发展。人类社会在原子能、电子计算机、微电子技术、航天技术、分子生物学和遗传工程等领域取得重大突破。信息革命使人类利用信息科学技术的知识，把信息资源加工成为各种各样可操作、可利用的知识（如知识模型、控制策略、推理规则等），并把它们与现代的材料和动力相结合，制成了各种各样的智能工具，扩展了人类的智力能力，现代社会正悄然地从后工业化社会向信息化社会转移和过渡。"信息"已经和"物质""能源"一同构成了人类可资利用的三大战略资源，并和"资本""劳动力"并列为经济发展的三大要素。当今世界，开发信息技术，发展信息产业，实现经济和社会信息化，已经成为世界各国政治、经济、科技、军事乃至综合国力较量的焦点。其中最具划时代意义的是电子计算机的迅速发展和广泛应用，带来了生产力又一次质的飞跃，对国际政治、经济、文化、社会、生态和军事等领域的发展产生了深刻影响。信息化已经成为衡量一个国家、一个地区、一个城市、一个企业，现代化、国际化程度的重要标志之一。

我国电力企业以转变发展方式为主线，贯彻落实国家发展战略部署和要求，全面推进依法治企，强化集团集约管控，着力提高发展质量、经济效益、队伍素质，大大推动了信息通信产业持续、快速、健康发展。主要表现在以下几个方面：一是产业聚合成效显著，经营业绩快速成长。不断增强技术创新、产品研发及市场拓展能力，优化整合企业资源管理、信息安全、智能芯片、地理信息、电子商务等产业，打造适应市场需求的产业链条，发挥核心产业优势，产业综合竞争力得到大幅提升，经营业绩实现快速发展。二是研发能力不断提升，科技成果积累丰厚。大研发体系完成试点进入全面推广，SG-ERP平台深入应用效益显著，GIS、非结构化及实时数据库方面研发能力居国内领先水平。电网信息化业务产品及服务实现全系列、全应用、全覆盖，云计算、物联网等新技术领域承担多项国家及公司重大课题，获多项省部级及以上科技奖励。三是市场布局逐步完善，业务拓展态势良好。在夯实电网市场基础上，信息通信产业集团充分发挥技术产品积累及信息通信资源优势，完善市场区域布局，深化对外业务合作，以信息化顶层设计等咨询业务为牵引，积极推进管理信息化业务产品行业应用，加快推进中央企业和政府等行业市场拓展，并取得较大突破，成效显著。四是客户服务水平全面提升。从技术管控、项目管理和专项服务等方面全面支撑企业信息化建设，为公司业务部门提供顶层设计、业务梳理和数据分析等贴身服务，强化过程管控、运维管理和客户服务，持续提升用户满意度。五是集约管控水平持续提升。各产业单位扎实推进依法从严治企，充分吸收审计、协同监督、效能监察工作成果，持续优化制度流程，健全完善内控机制。强化财务稽核，实现年度预算与考核的闭环管理，基本建成财务集约化管理体系，深入推进股权产权清理。深化物资管理，完善招投标与供应商管理体系。加强外包管理，全面开展外包人员的级别评定工作。加强统筹策划，以集约化、专业化为方向，以统一信息平台、统一管理标准、统一支撑服务为保障，按照效率优先、目标导向、试点推进、积极稳妥的原则，建立健全核心业务的科学管理体系，全面提升集团运营效率和发展能力。

但是，电力行业信息化发展规划在不同规划期之间、相关行业间信息化发展规划和标准的衔接程度、不同专业之间的融合程度、电力信息化项目咨询研究的规范程度等方面存在明显差距，距离全面实现企业信息化还有诸多问题需要解决。同时，信息化工程管理与应用技术研究不论是在理论上，还是在实践上，远远不能适应企业信息化发展的要求。特别是需要及时解决先进的信息化技术与我国企业实际结合时的大量应用技术问题。在我国电力企业不断深化改革，打破垄断，实现市场化的进程中，企业信息化工程管理与应用技术研究，不仅是重大的实践应用问题，也是重大的理论问题。在吸收国际先进的信息化技术最新成果的基础上，加强电力企业信息化项目咨询、规划及应用的研究，将成为企业发展的倍增器、加速器。在从事这一伟大实践的事业历程中，解决企业信息化理论与实践相结合的重大问题。对使现代最新信息化技术尽快应用到企业生产、经营和管理全过程，建设现代化企业具有深远的历史意义和现实意义。

1.2 我国电力信息化咨询项目发展历程及展望

我国电力行业信息化发展历程、电网"十三五"信息化规划主要目标、电力信息通信产业"十三五"发展目标与任务是本节介绍的主要内容。

1.2.1 我国电力行业信息化发展历程

我国电力行业应用信息技术发展经历了以下6个发展阶段。

1. 20世纪60年代到20世纪70年代末期：电力信息化发展第一阶段

在电力信息化建设的初期，电力工业信息技术应用从生产过程自动化起步，主要用于电网调度、电力实验数字计算、工程设计科技计算、发电厂自动监测/监控、变电站所自动监测/监控等方面。这一时期的目标主要是提高电网安全稳定计算、电厂和变电站所生产过程的自动化程度，改进电力生产和输变电监测水平，提高工程设计计算速度，缩短电力工程设计的周期等。

2. 20世纪80年代初到90年代初：电力信息化发展第二阶段

这一时期为专项业务应用阶段。计算机系统在电力的广大业务领域得到应用，电力行业广泛使用计算机系统，如电网调度自动化、发电厂生产自动化控制系统、电力负荷控制预测、计算机辅助设计、计算机电力仿真系统等。同时，企业开始注意开发建设管理信息的单项应用系统。某些应用达到了较高水平，管理信息系统则刚刚起步，并经历了多次失败的痛苦过程。

3. 20世纪90年代初到20世纪末：电力信息化发展第三个阶段

这一时期为电力系统信息化建设加速发展时期。随着信息技术和网络技术日新月异，电力行业信息化实现跳跃式发展。信息技术应用进一步发展到综合应用，由操作层向管理层延伸，同时其他专项应用系统也进一步发展到更高的水平。有计划地开发建设企业管理信息系统，从单机、单项目向网络化、整体性、综合性应用发展。特别是1997年电力工业部召开了全国电力系统第一次信息化工作会议，制定了"电力工业信息化'九五'规划暨1997—2010年信息化建设发展纲要"，规划了我国电力工业到2000年的信息化建设目标，并安排了"九五"信息化建设工作，将电力信息化工程列为跨世纪科技导向工程之一，提出了加速建设全国电力系统通信网络、加快电力信息化资源开发利用、建设覆盖全国电力企业的国家电力信息网络的任务。

4. 2001年初到2005年底：电力信息化发展第四阶段

2001年8月，国家电力公司召开了信息化工作会议，确定了"十五"信息化工作指导思想为：以国家信息化建设的方针、政策为指导，结合电力系统的特点和优势，紧紧围绕国家电力公司"十五"期间的重点工作，加强信息资源开发与利用，加快信息基础设施的建设，以信息化带动公司的现代化，全面促进生产管理水平、技术水平和经济效益的提高，为国家电力公司实现"控股型、经营型、现代化、集团化管理的国际一流企业"的战略目标提供网络支持。"十五"信息化发展目标为：运用现代企业管理系统的理念，依据对物流、资金流、工作流程的统一规划，建成公司整体化的信息网络，广域网带宽达到100Mb/s，初步实现公司系统内部管理的信息化。2005年，电力信息化应用达到国内先进水平，在生产、经营、管理等方面，电力信息化水平同国际先进电力公司基本同步。

5. 2006—2012年：电力信息化发展第五阶段

这一阶段我国电力信息化进入了系统性全面应用。2006年，国家电网公司启动了信息化SG186工程。2007年，完成紧密耦合业务应用ERP典型设计和试点。2008年，建成总部、省（市）公司两级的一体化信息集成平台，全面推广业务应用。2009年，提前一年完成SG186工程，建成覆盖公司各级单位的一体化企业级信息系统，满足各专业管理需求。2010年，全面推进SG186工程信息系统深化应用，并在SG186工程成果基础上，完成国家电网资源计划系统（SG-ERP）工程总体设计，从根本上扭转了信息化滞后电网发展和企业管理的被动局面，完成了信息系统从条块分割的部门级向横向集成、纵向贯通的一体化企业级的信息系统转变。

6. 2013年到现在：电力信息化发展第六阶段

这一阶段我国电力信息化进入世界一流水平，在SG186工程成果基础上，完成了国家电网资源计划系统（SG-ERP）工程总体设计。从2016年开始，电力信息化进入"十三五"新发展时期，要建成SG-ERP 3.0，构建"四个一体化"，实现"两支撑一确保"。

"四个一体化"包括建设一体化平台，即应用"大云物移"等新兴技术，建设公司全业务统一数据中心，实现基础设施即服务和平台即服务；建设一体化业务应用系统，即实现多场景、微应用，创新业务模式，建设生产控制云、企业管理云、公共服务云业务应用；建设一体化信息安全体系，即深化信息安全主动防御体系，建设统一的信息风险监控预警平台，打造智能可控安全技术防护体系；建设一体化运行维护体系，即优化高效运维架构和流程，提升科学调控、精益运检、敏捷服务核心能力，深化智能调运检业务应用。

实现"两支撑一确保"，包括支撑智能电网创新发展，支撑公司运营管理高效协同，确保信息系统安全稳定运行。

1.2.2 电网"十三五"信息化规划主要目标

1. 指导思想及总体目标

"十三五"信息化规划电网指导思想是以国家信息化发展战略为指导，坚持"四个服务"宗旨，落实国家"互联网+"行动指导意见，围绕全面建成"一强三优"现代公司发展战略，坚持信息化"四统一"原则，加强信息化核心技术自主可控、创新发展，实现电力流、信息流和业务流高度一体化，推动信息技术与公司生产、经营和管理的深度融合，支撑全球能源互联网发展，引领智慧企业发展方向，为实现"两个一流"提供坚实有力的信息化保障。

总体目标是广泛应用"大云物移"技术，全面提升信息平台承载能力和业务应用水平，消除业务壁垒，实现信息化融入公司全业务、全流程，实现数据资产集中管理，数据资源充分共享，信息服务按需获取，建成电网创新发展、公司高效运作、系统安全可靠、覆盖全部业务和全部用户的国家电网公司一体化集团企业资源计划系统，信息化整体水平达到国际领先。

2. 核心任务

电网"十三五"信息化规划的核心任务是建成一体化集团企业资源计划系统，即构建"四个一体化"，实现"两支撑一确保"。

1）构建"四个一体化"

构建"四个一体化"即建设一体化平台、一体化业务应用系统、一体化信息安全体系、一体化运行维护体系。建设一体化平台就是应用"大云物移"等新兴技术，建设公司互联网络、九个平台组件，实现一体化平台的"组件化、虚拟化、服务化"，实现基础设施即服务和平台即服务。建设一体化业务应用系统就是要按照两条主线，提升业务应用水平，实现多场景、微应用，创新业务模式，建设生产控制云、企业管理云、公共服务云（"三朵云"）业务应用。建设一体化信息安全体系就是深化信息安全主动防御体系，优化安全顶层设计，建设统一的信息风险监控预警平台，打造智能可控新一代安全技术防护体系。建设一体化运行维护体系就是优化高效运维架构和流程，提升科学调控、精益运检、敏捷服务核心能力，深化智能调运检业务应用，推广自动化运维工具，实现一体化高效协同运维。

2）实现"两支撑一确保"

实现"两支撑一确保"，即支撑智能电网创新发展，支撑公司运营管理高效协同，确保信息系统安全稳定运行。

3. 规划重点目标

1）一体化平台

建设一网络一门户九组件，实现一体化平台的"组件化、虚拟化、服务化"，夯实网络资源、计算资源、存储资源等基础设施，优化"基础设施即服务"，全面提升一体化平台的网络传输服务能力、基础设施服务能力、数据资源服务能力、信息集成服务能力、应用构建服务能力和访问渠道服务能力，实现"平台即服务"。

2）业务应用系统

围绕职责、流程、制度、标准、考核与信息系统六位一体，发、输、变、配、用、调六环节的源网荷协调管理两条主线，重点建设与完善企业核心资源与综合业务、电网主营业务、产业金融业务和智能分析决策四大板块十五项业务应用，实现多场景、微应用，实现软件即服务，全面提升数据共享、业务互动、决策智能水平。

3）信息安全

贯彻落实国家和行业网络安全要求，优化信息安全顶层设计，深化信息安全主动防御体系，建立全生命周期安全管理内控体系，建立安全情报收集、研判和安全审查机制；深化智能可控技术手段，实现全景可视预警监测，强化智能移动终端、无线网络安全，健全敏感数据防泄漏措施，实现信息安全基础设施协同联动；深化"大云物移"新技术安全，打造智能可控的新一代安全技术体系。

4）运行维护

以价值服务为导向，健全运行维护组织体系，优化基础架构和流程；夯实运维基础，完善制度规范，强化责任监督，深化风险防控和隐患治理；全面提升科学调控、精益运检、敏捷服务核心能力，加强运行方式全过程管控，强化设备系统上下线管理；深化智能调运检业务应用，升级业务监控工具，推广自动化运维工具，实现一体化高效协同运行。

5）人才队伍

创新信息通信人才机制，形成知识结构合理、技术理念先进、高素质、高水平的信息通信管理、运行、建设、支撑四支队伍，培养一批复合型、创新型、领军型专家人才，服务一体化集团企业资源计划系统科学管理、规范建设、安全运行全过程。

6）专业管理

以公司信息通信发展战略为导向，健全信息化全生命周期精益管理和创新机制，加强需求统筹，确保规划计划指导性，提高架构执行力度，推动应用转型，促进建、转、运有机衔接；优化评价考核，瞄准国际先进企业，实现结果对标向过程对标发展；持续开展信息通信制度标准制（修）订工作，提升制度标准规范化水平；深化新技术研发与应用，健全统筹合作研究机制，建成规模化信息通信基础实验环境。

4. 保障措施

（1）加强投资管理，满足信息化建设需求。保障信息化规划的年度项目资金落实，完善规划与年度计划的衔接，加强信息化建设资金管理，确保资金有效投入。

（2）加强队伍建设，提供信息化人才保障。建设结构合理、技术理念先进的信息通信人才队伍，满足信息化建设支撑公司和电网创新发展的需求。

（3）加强自主创新，提供信息化技术保障。加大信息通信新技术的研发力度，加强自主创新，形成信息系统自主关键技术和核心产品，为信息化建设提供技术保障。

（4）强化专业管理，保障信息化规划落实。健全信息化全生命周期精益管理，加强需求统筹，加强架构管控，加强信息化建设管理与应用管理。

（5）强化安全运行，保障信息化建设成效。深化信息安全主动防御体系，构建全生命周期安全管理内控体系，构建先进的信息通信调运检体系和一体化高效协同运行维护体系。

1.2.3 电力信息通信产业"十三五"发展目标与任务

1. 总体目标及发展规划

围绕企业"一强三优"现代公司建设和直属产业"四强四优"发展战略，全面落实公司做强做优信息通信产业，促进信通产业发展和技术升级的部署，加快产业发展方式的转型升级和管理模式的优化提升，加快推进国际化战略，实现信息通信产业的特色化、高层次、高质量发展，支撑和推动智能电网、能源互联网创新发展。力争用两个五年时间，发展成为能源信息化领域国际领先企业。

"十三五"期间，集团以电网和公司发展沉淀积累的丰厚信息通信资源为有力支撑，做实做强服务、软件、硬件三大业务板块，打通信息通信全产业链环节，面向新兴市场需求，构建云服务、物联网、地理信息、信息通信运维、信息安全五大支柱产业，驱动引领三大板块业务协调发展。

2. 五大支柱产业

1）云服务产业

云计算是推动信息技术能力，实现按需供给、促进信息技术和数据资源充分利用的全新业态，是信息化发展的重大变革和必然趋势。近年来，政府社会管理变革、行业企业"两化融合"、家庭个人消费娱乐等应用需求的激增，推动了我国云服务市场的快速发展。当前，中国云服务市场趋于成熟，国外云服务提供商纷纷进入中国市场，国内大型互联网企业及初创企业也加大云服务投入，我国云服务进入全面竞争时代。随着技术创新与应用发展，中国云服务日益展现出自主可控云计算成为关注焦点，大数据分析成为应用热点，生态系统构建成为争夺据点等典型特征。同时，为促进云计算产业发展，政府鼓励利用公共云计算服务资源，加大采购云计算服务的力度，依托云计算数据中心开展云服务具有较好的市场前景。集团在云计算基础软件、终端产品、云计算数据中心、大数据分析等产业链环节拥有自主知识产权的核心产品和整体解决方案，具备构建云服务全产业链的基础能力；企业资源管理、协同办公、电子商务平台、数据整合服务等系列产品服务理念领先、行业适应性强，在部分大型企业已大规模部署应用，具有打造特色云服务的产品基础。

云服务产业的发展目标是"十三五"期间，持续提升集团技术、产品和服务能力，对内支撑公司云平台建设，推进智能电网创新发展；对外面向政府、大中型企业和公共事业单位，提供数据服务、应用服务等云服务，打造完整的云计算产业链，发展成为国内云服务骨干企业。

云服务产业的发展策略包括四方面。一是科学布局云计算数据中心，强化通信网络支撑能力。有序推进云计算数据中心布局，在全国范围内构建规模化、特色化云服务产业集群。加快推进电力无线通信专网建设，构建可运营的"光通信网+无线通信网+卫星通信网"的一体化通信网络，提高云计算数据中心的通信网络支撑能力。积极争取公司政策支持，加快推进信息通信基础资源的梳理整合和商业模式创新，盘活存量资源，基于通信网络及数据中心开展资源运营。二是打造差异化应用服务，提供有竞争力的云服务。面向政府、央企及大中型企业管理信息化重点发展企业资源管理、移动协作平台等特色应用；整合电子商务平台、招投标采购平台及第三方支付平台，与物资公司等相关方进行合作，面向大型装备供应商打造集招投标、物资采购、融资服务、交易服务等于一体的电子商务及互联网金融服务；深入挖掘电力数据价值，以大数据平台为依托，发展电力大数据分析与应用服务；基于地理信息平台，发展地理数据信息服务、位置导航服务、地理信息应用服务等；基于能源及公用事业运营管理服务平台，发展水电气三表智能抄收等公共服务，以及微网运营和售电服务、智能家居等增值服务；以云计算数据中心为核心载体，依靠虚拟化技术及模块化设计理念，发展基于云基础设施的定制化、模块化的基础运营服务。三是整合产业资源，构建全产业链服务能力。构建集云计算数据中心及云平台建设、云基础设施、云服务、云终端、云平台运营服务于一体的云计算全产业链服务能力，打造"平台经济"，拉动信息安全、应用软件、系统集成等传统业务云化发展，促进集团产业向现代服务业转型升级。四是大力拓展公有云、私有云和混合云服务市场。依托云计算数据中心的服务整合能力，重点进军能源、智慧医疗、市政交通等传统行业领域，并面向电子商务、能源服务、物流等公共服务领域拓展公有云服务市场，面向系统内用户以及政府、大中型企业等特定用户拓展安全可控、经济高效的私有云及混合云服务市场。

云服务产业要从基础设施、服务、平台、终端四个产业链环节布局。一是基于云计算数据中心开展资源运营及云服务运营，将集团下属北京国电通网络技术有限公司（简称为国电通公司）打造成为云平台运营服务商；二是以云服务平台为基础，重点发展云应用服务、地理信息、数据服务、电子商务等特色信息化业务，强化对外合作，将集团下属北京中电普华信息技术有限公司（简称为中电普华）、国网信通亿力科技有限责任公司（简称为亿力科技）、安徽继远软件有限公司（简称为继远软件）打造成为云服务提供商；三是依靠芯片技术研发，主打安全服务品牌，以建立产业联盟的合作模式，重点发展服务器、云存储等自主可控的云基础设施，将集团下属国电通、继远软件打造成为云基础设施及终端提供商。

2）物联网产业

物联网是新一代信息技术的高度集成和综合运用。物联网技术广泛应用于智能电网、智能交通、智慧物流、智慧医疗、智能制造、智能家居等领域，是这些领域实现智能化的重要技术支撑。物联网产业链主要由芯片、应用设备、通信网络、应用软件、系统集成、运营服务、用户等部分构成。当前全球物联网产业仍处于起步阶段，从业单位具有数量多、规模小、服务领域单一等特点，同时整体产业亦呈现平台化、服务化、运营化、跨领域、全产业链覆盖的发展趋势。未来5年，物联网产业将步入快速发展期，预计至2020年我国物联网市场容量将达到4万亿，智能电网细分市场约3000亿元。目前，集团已具备发展物联网全产业链基础能力，智能芯片等业务已处于行业前列，智能电网行业应用已形成领先优势。

"十三五"期间，集团将紧抓物联网快速发展机遇，以服务智能电网和能源互联网发展为重点，加快推进集团物联网产业快速发展。技术产品方面：一是以芯片为核心，构建"芯片+终端+解决方案"物联网硬件产品体系，重点发展安全、控制、通信、射频、传感等五大类智能芯片，数据采集、智能交互、位置导航、可穿戴等四类智能终端设备，发展具有多维状态综合感知能力的低功耗电气集成传感装置、行业应用射频标签（RFID）和多协议汇聚网关设备。二是基于云计算大数据平台，打造一体化物联网综合业务平台，结合行业拓展承载丰富的物联网应用，构建"平台+应用+解决方案"的物联网软件产品体系。三是依托物联网行业应用平台、云服务体系、软硬件产品以及移动互联等技术对外开展物联网运营服务。四是面向行业应用，打造涵盖软硬件产品、信息通信网络、集成服务、运维运营服务的物联网整体解决方案。能力提升方面：加强芯片实验室基础设施建设，打造公司重点实验室，适时开展芯片设计类企业收并购工作；强化对外合作，推进电网专用传感器及行业应用智能终端设备研发，加快完善软硬件产品体系，提升物联网基础能力；积极参与企业、行业、国家物联网相关标准制定工作，提高行业影响力。市场拓展方面：采用"重点突破、分步推进"模式，以智能电网和能源互联网为重点，深入挖掘物联网技术在智能配用电、电力资产全寿命周期管理、输变配电设备状态监测、新能源发电并网等方面的应用，加快推进集团芯片及传感产品在电力电工装备中的集成应用，加强与配用电装备企业合作，提升电工装备智能化水平；在系统外重点面向公共事业及企业用户，以智慧城市、工业互联网为切入，以城市运营公共服务平台为载体，积极拓展智慧物流、智慧交通（车联网）、市政设施（智慧管网、三表抄收等）、节能环保（用能、排污监测）以及金融（银行卡芯片）等行业领域应用，促进集团物联网产业规模化发展。

"十三五"期间，集团物联网产业重点在智能芯片、传感装置及智能终端设备、应用（平台）软件、信息通信网络、系统集成、运营服务等环节开展布局，打造成为覆盖全产业链的物联网综合服务提供商。一是积极发展智能芯片业务，夯实物联网产业基础，力争用5～10年时间，将集团下属北京智芯微电子科技有限公司（简称为智芯公司）打造成为国内领先、国际一流的工业级芯片整体解决方案提供商。二是面向行业应用，大力发展传感装置及智能终端设备、应用（平台）软件、系统集成等业务，将集团下属亿力科技、国电通、中电普华、智芯公司、继远软件打造成为特色化的物联网软硬件产品提供商和集成服务商。三是结合信息通信资源及云运营服务，将集团下属国电通公司打造成为信息通信网络服务提供商和物联网运营服务商。

　　3）地理信息产业

地理信息产业是以地理信息资源开发利用为核心，以现代测绘技术、遥感技术（RS）、地理信息系统（GIS）、全球定位系统（GPS）、信息技术和卫星通信为基础发展起来的综合性战略高新技术产业。地理信息产业主要包括测绘遥感数据服务、测绘地理信息装备制造、地理信息软件、地理信息与导航定位融合服务、地理信息应用服务、地图出版与服务等六大类业务。目前，全国地理信息从业单位已超过2.3万家，形成了一批如北京超图软件股份有限公司（简称为超图）、武大吉奥信息技术有限公司（简称为武大吉奥）等技术水平与业务经验较高的地理信息企业，地理信息服务呈全方位拓展产业特征。另外，在国家地理信息科技产业园的带动下，全国多个省市先后启动了产业园或产业基地建设。集团地理信息产业经过多年发展，已形成覆盖产业链上、中、下游的完整产业布局，并通过与中国资源卫星应用中心合作，在上游数据获取方面形成优势。目前，集团地理信息平台已在公司26家省市公司获得应用，并实现与生产管理系统、规划设计等40余套业务系统的应用集成。

地理信息产业的发展策略包括三方面。一是夯实电网系统内业务,打造地理信息全产业链业务能力,充分发挥集团技术积累和市场优势,持续深挖系统内市场,实现电网全生命周期的业务全覆盖;继续开展地理信息平台及相关产品在电网系统内部的深化应用与完善提升;研发全新架构的云端一体化地理信息基础平台,形成能源与公共事业、交通、物流、智慧城市等行业领域应用平台;开展地上数据采集量测和地下管线探测的工程测量服务、行业应用专题的定制地图服务和支撑各类应用的基础地理数据生产及更新运维服务;开展规划设计管理、设备设施资产管理、综合管网、车辆及物流管理等行业应用。二是逐步开拓电网外业务市场,紧跟国家产业政策和发展趋势,重点发展能源、交通、物流等行业硬件产品、数据服务、行业应用软件产品,以点带面,逐步拓展到其他央企、智慧城市、公众服务等领域。三是完善并扩展地理信息的产品与服务,遵循集团发展战略,制定产业规划,优化布局,集聚优势资源,统筹推进技术研究、产品研发与市场营销等工作;立足公司地理信息平台,服务电力行业,充分发挥集团的品牌优势,做强做精产品与服务,实现地理信息产业多元化协调发展。

"十三五"期间的产业布局是:着力打造厦门和天津协同发展的产业基地布局,开展以地理信息平台为核心技术,重点发展平台软件、行业应用软件、数据服务、硬件产品及车联网五大类业务;以基础GIS平台为核心,重点开展车联网运营服务、数据服务和行业应用业务,选择性发展硬件产品,结合集团大数据、物联网、移动互联、云计算等先进技术优势,努力打造具有综合性、实用性的地理信息产业应用;推进地理信息平台与技术在电网业务的全覆盖,并逐渐向能源、交通、物流、智慧城市等行业领域拓展。

4)信息通信运维产业

运维服务是信息技术服务的重要组成部分,也是信息通信产业发展的基础。随着信息技术服务和智能设备的深度普及,以及云计算、物联网等新兴服务业态产业化进程的加快,未来信息系统将更加复杂多样,信息通信运维技术将向先导化、系统化、智能化和规范化的方向发展,运维技术平台和运维体系整合能力将成为运维服务提供的核心要素;信息通信运维由被动的事后处理运维服务模式向主动的预防运维服务体系转变。当前,在国家政策和标准推动下,随着运维服务技术、理念的发展进步,我国运维服务市场日趋成熟,产业发展空间较大。

运维服务产业的发展策略包括四方面。一是建立集团统一客服中心,实现服务统一调度、统一管控,建设集团统一客户服务中心,以客服中心为核心,协同产业链各环节,对内实行统一运维调度、统一过程管控,对外提供售前咨询、售后支持、客户投诉、建议服务,充分发挥统一客服中心作用,提高运维服务质量,提升集团品牌形象;通过建设统一技术支撑平台,提升运维标准化和自动化水平,为集团运维产业发展和能力提升提供保障。二是推广"管家式"运维服务模式,通过统一服务等级、服务标准、服务质量,从过程管控、质量管控、状态管控和安全管控等方面实现与用户业务的全面对接,提供运维总包服务,建立健全运维服务标准体系,提升运维服务在外部市场的可复制能力。运维服务向前端集成设计、实施与交付延伸,以集成服务带动运维服务发展,打造端到端解决方案，提升整体交付能力。三是拓展运维领域，创新运维合作模式，加强与公司运检单位合作，积极拓展配用电设备运维服务。四是构建运维产业生态链，整合上游厂商、区域本地服务商资源，实现驻场运维服务与备品备件资源的统一调度管理，积极推进与系统内信通公司的战略合作，构建覆盖全国的运维服务产业生态链体系。

"十三五"期间的产业布局是：集团以运维总包服务为核心，通过资源整合和模式创新，优化运维服务产业生态链，构建端到端运维服务产业链，着力推广"管家式"运维服务模式。在核心业务方面，重点布局运维服务总包、系统集成服务、业务运维服务、服务平台、自主品牌硬件等业务；在支撑业务方面，整合上游厂商和区域资源，合理布局驻场运维服务和备品、备件服务。

5）信息安全产业

在国际形势与社会经济发展的实际需求推动下，国家制定了《国家信息安全工作"十三五"规划》，明确了信息安全产业是保障国家信息安全的战略性核心产业，我国信息通信产业肩负着为国家信息化基础设施和信息系统安全保障提供信息安全产品及服务的战略任务。工业和信息化部组织制定的《信息安全产业"十三五"发展规划》提出，在全面推进经济和社会信息化的同时，加快发展信息安全产业，以安全可控的信息安全技术、产品和服务，保障经济与社会信息化的发展。"十三五"期间，随着能源互联网、三集五大创新发展的推进，以及信息化新技术的广泛应用，公司面临更加复杂、严峻的信息安全形势，在落实国家信息安全要求，保障信息化建设成果与成效的要求下，信息安全业务也将实现快速发展。目前，集团信息安全业务覆盖安全技术服务与产品、安全运维服务、安全监控与安全数据可视化、安全集成、GIS安全、安全芯片、自主可控产品研发等。构建集团信息安全产业发展路线，建立安全可控的产业发展模式，不但是集团业务发展的需求，也是集团支撑电网信息化发展的重要内容。

信息安全产业的发展策略是：以电网信息化与信息安全工作经验为基础，依托安全大数据、安全云计算等先进技术，立足高水平攻防渗透技术、自主可控的产品、复杂技术集成能力、信息安全创新研发能力，以及集团信息化业务的大范围拓展能力和创新商业模式，以大型企业级信息安全解决方案为切入点，拓展覆盖全面信息安全监控、安全评估测试、安全产品集成实施、安全运维保障，以及第三方以运营等的综合性服务业务，研发信息安全新技术产品。一是整合信息安全软硬件产品和服务资源，构建完整的信息安全产品和服务体系。二是依托电网信息化技术的快速发展，面向行业内外部，构建适用于"云物大移"的下一代信息安全产品体系。三是加大商业和技术模式的创新发展，推动信息安全业务向"互联网+"模式的发展，加强信息安全产品和服务的"云化"。四是依托于安全芯片，大力发展可信计算基础硬件产品，面向工业控制领域，突破工控安全芯片关键技术，研发系列工控安全软硬件产品。五是顺应国家信息化与信息安全发展战略，加大自主可控信息化与信息安全技术产品的研发。

信息安全产业的产业布局是：把握"十三五"规划契机，依托电力行业经验，充分发挥集团的整体优势和资源优势，在信息安全业务领域拓展政府、能源、智慧医疗、市政交通、金融、军工等目标市场，重点发展安全芯片、信息安全设备、信息安全软件和信息安全服务及运维，创新技术与商业发展模式。

3. 三大业务板块

1）硬件

硬件产品业务主要包括芯片及传感设备、ICT基础设施、智能终端设备三部分。"十三五"期间，硬件产品业务将以智能芯片为核心，以服务智能电网、能源互联网建设需求为重点，突出芯片的带动作用和控制能力，打造"芯片+设备+解决方案"的硬件业务产品体系，提升集团核心竞争力。

（1）芯片及传感设备。芯片及传感设备主要包括智能芯片、传感器、传感网装置等，其中智能芯片主要包括安全类芯片、控制类芯片、通信类芯片、射频类芯片等。预计"十三五"末，国内芯片及传感设备市场容量达1万亿元，其中智能电网行业细分市场容量达1000亿元。

"十三五"期间，紧抓智能电网和能源互联网建设以及国家大力推进"互联网+"和"中国制造2025"战略的重要机遇，加强产品设计研发能力，丰富产品类型，强化芯片与相关硬件产品的集成。对于智能芯片，重点发展安全、通信、控制、射频、传感器等五大类芯片，突破工业控制芯片关键技术，形成完全自主的工业级芯片产品系列。智能芯片包括支持云计算的安全可信计算芯片和新一代智能电表安全芯片、微功率无线SOC芯片和面向物联网应用的多模移动通信基带芯片、新一代智能电表主控芯片和配电网设备主控芯片、支持国密SM7算法的高频和超高频射频芯片。"十三五"期间，要持续深入挖掘智能电网和能源互联网需求，加强芯片产品在配用设备智能化、电力资产管理、新能源并网等领域的应用；加快拓展行业应用，积极抢占国家安全领域制高点，重点面向金融、环保、交通、公用事业等行业，推进射频识别、安全、MCU等芯片产品的应用，带动集团业务产品的行业外拓展。对于传感器，重点发展具备多维状态综合感知能力的、可在复杂电磁环境下长寿命工作的传感电气集成装置、柔性纳米传感装置、无线无源传感装置等新型传感器，发展高安全RFID电子标签、智能金具、三维动态位移、温度阵列等传感器产品，突破多模定位、传感电气集成等关键技术，不断完善已有产品，加快形成自主品牌传感产品系列。对于传感网装置，重点发展具备多感知节点覆盖、多通信方式协同接入能力的汇聚网关及汇聚控制器装置，突破高安全低功耗短距离无线通信、异频异构网络柔性组网等关键技术，发展具备感传一体化特征、可在资源受限环境下进行自组织通信的通用模块。

（2）ICT基础设施。ICT基础设施主要包括网络通信设备、信息安全设备、主机存储设备等。"十三五"期间，要紧抓信息化安全自主可控机遇，创新产业合作模式，发展自主品牌可信计算系列ICT基础设施产品。对于网络通信设备，重点发展用电信息采集多模通信模块、无线通信专网通信装置/模块、可编程配网通信设备以及SDH+PCM、OTN+SDH等一体化通信接入设备，面向应急通信，研发新一代应急通信车、便携站、多模便携通信终端等深度集成通信产品，加强北斗授时、短报文等相关技术应用研究、产品研发和行业解决方案开发,推进公司北斗授时网络建设。对于信息安全设备,重点发展安全接入平台、安全隔离装置等网关类产品、安全审计类产品以及安全产品基础硬件平台,面向大中型企事业单位,加强网络和信息安全整体解决方案开发。对于主机存储设备,重点发展可规模应用的可信计算定制服务器、定制存储等系列基础设施产品。

(3)智能终端设备。智能终端设备主要包括数据采集终端、智能交互终端、导航定位终端和可穿戴设备。"十三五"期间,将以智能电网、能源互联网应用需求以及集团物联网、地理信息产业发展需求为导向,重点面向配用电、新能源发电、市政交通、智慧医疗、智慧物流等应用领域,研发系列智能终端产品。对于数据采集终端,重点研发用电信息采集新型模组化采集终端、配电信息采集终端、输变电设备状态监测采集终端、水/气表智能抄收装置等产品。对于智能交互终端,重点发展智能用电交互终端、配用电自动化终端、能源管理终端、移动作业终端等,发展自主特色化云终端产品,并结合节能环保、电能替代等业务开展,开发配套智能终端产品。对于导航定位终端,重点发展工业级北斗导航模块、智能车载终端等产品,为打造差异化位置导航服务提供硬件支撑,推进车联网业务发展。对于可穿戴设备,重点发展面向智能巡检、智能变电站等电力业务的可穿戴设备产品。

2)软件

软件产品主要包括系统软件、平台软件和应用软件。"十三五"期间,将进一步加强软件产品的平台化、云端化、服务化,丰富行业应用,加快行业外拓展进程,强化对外合作,完善系统软件产品体系,消除短板。

(1)系统软件。系统软件主要包括操作系统、数据库、中间件、虚拟化软件等。预计"十三五"末,国内系统软件市场容量约30亿元。"十三五"期间,立足能源行业的信息化发展和建设,以云计算、大数据方案为依托,发展可信的系统软件体系,成为可信系统及软件产品主流提供商与服务商。对于操作系统,在桌面方面,重点发展可信的虚拟化桌面操作系统等产品,开展跨平台、跨操作系统的可信浏览器研究;在服务器方面,打造满足能源行业安全需求的操作系统可信模块产品,与操作系统提供商紧密合作,形成能源行业的可信操作系统方案。对于数据库,重点发展数据的加解密模块,形成可信的关系型数据库、实时数据库产品及应用,结合地理信息、电子档案管理等业务发展可信的非结构化数据库。对于中间件,重点研究在能源互联网下的信息传递协议的优化,并形成具有可信特点的相关中间件产品,如消息中间件、服务中间件、缓存中间件,具备支撑能源互联网相关应用及服务的研发与部署的能力,形成具有强大的能源互联网相关协议支撑,可信的中间件产品系列。对于虚拟化软件,重点开展主机虚拟化软件、存储虚拟化软件、网络虚拟化软件、防火墙虚拟化软件、桌面及应用虚拟化软件的研发;顺应技术的发展趋势,参考OpenStack体系,形成安全可信的虚拟化软件产品系列。

(2)平台软件。平台软件主要包括云计算平台、大数据平台、物联网行业应用平台、移动应用平台、地理信息平台等。"十三五"期间,集中优势研发资源,在平台关键技术领域实现重大突破,研发云计算平台、大数据平台、物联网行业应用平台、移动应用平台、地理信息平台等五大平台产品。对于云计算平台，研发云计算环境下的企业级云应用构造、部署、运行平台；突破云环境下的可视化构建、应用自动化部署及智能调度、应用负载均衡等关键技术；为应用软件的快速构建、自动化部署、运行资源共享及弹性调度提供支撑，为开发者提供高效、集成、构造式的开发环境和全新的开发体验。对于大数据平台，研发涵盖数据整合、数据存储、数据计算、数据分析、数据服务、数据安全、数据管理、管理配置等功能的大数据平台，提升数据存储、计算、分析、展现能力；突破多源异构数据整合、流计算、批量计算、内存计算和人工智能等关键技术；面向生产控制、经营管理和公共服务领域提供数据应用、数据服务。对于物联网行业应用平台，研发涵盖多协议适配、多源数据采集分析及联动、资产流程管理、资源整合及服务、可视化展示、运维运营支撑等功能的一体化物联网综合服务平台；突破海量信息存储、多源数据处理及共享、高级数据整合及分层析取、应用快速形成及规模部署、物联网安全防护等技术；为物联网应用开发和服务运营提供支撑。对于移动应用平台，研发支持融合通信、移动云服务、信息存储与挖掘、APP发布与管理、设备管理等功能以及移动办公、移动作业、移动社区等移动协作应用的综合服务平台；突破移动安全防护、移动融合通信、移动虚拟化等关键技术；为移动应用开发、运行、管理提供平台支撑。对于地理信息平台，研发涵盖空间信息云资源管理中心、云服务中心、存储中心、云端开发四大功能的地理信息平台；突破分布式内存数据库、全时态空间实体模型等关键技术，实现地理信息软件技术与遥感影像处理、内存数据库、高性能计算、云计算、物联网、三维等通用技术的融合；支撑电网行业应用平台、发电行业应用平台、能源与公共事业应用平台、铁路与交通及物流行业应用平台等产品研发。

（3）应用软件。应用软件主要包括管理软件、能源互联网应用软件、地理信息行业应用软件、网络和信息安全软件、电子商务应用软件。"十三五"期间，以平台软件为基础，以服务智能电网及国有大中型企事业单位为重点，完善提升管理软件、能源互联网应用软件、地理信息行业应用软件、网络和信息安全软件、电子商务应用五类系列化软件产品；推进产品平台化，提升产品化水平及可定制化能力；推进产品云化，提升产品价值和竞争力；推进产品服务化，推进软件构造技术和应用模式向以用户为中心转变。对于管理软件，面向智能电网及国有大中型企事业单位等领域，研发具有自主知识产权、符合国内大型企业管理特色的企业资源管理系统；研发以流程协同为核心，集成协同办公、融合通信等功能的流程协同管理系统；研发以资产全寿命管理为核心的生产管理系统。对于能源互联网应用软件，面向能源生产、存储、供应、消费等应用环节，研发分布式能源发电管理、电能质量监测分析、电力需求侧管理等能源管理应用软件，研发新一代电力营销业务应用、用电信息采集、客户服务、电动汽车运营管理、节能服务等用能管理应用软件；推动能效诊断、智能模糊预期控制、智能电网与物联网、交通网融合等一系列关键技术在营配调一体化、电力需求侧、高级量测、车联网等领域的成熟应用。对于地理信息行业应用软件，面向能源、交通、物流、公共事业、智慧城市等行业和应用领域，研发规划设计管理、设备设施资产管理、综合管网、车辆及物流管理、数据资源管理、数据处理分发自动化等行业应用软件产品。对于网络和信息安全软件，面向能源、军工、医疗、交通等行业领域，研发安全审计、网络准入系统、访问控制管理、用户行为分析、安全云应用、工业控制安全管理等软件产品，突破云计算、大数据下的网络、业务、终端等层面信息安全关键技术。对于电子商务应用软件，面向大中型企业、地方资产交易中心、能源交易等行业领域，研发新一代电子商城、电子招标采购、应用支付等系列产品。

3）服务

服务产品业务主要包括咨询服务、集成及运维服务和云服务。"十三五"期间，将以云服务、运维服务为重点，强化产品服务化和服务产品化，并积极发挥咨询服务对集团产业的牵引作用。

（1）咨询服务。咨询服务主要包括战略咨询、管理咨询和技术咨询，咨询服务主要作为先导性业务，对集团业务产品及整体解决方案具有重要引领和带动作用。"十三五"期间，依托电力行业经验积累，整合集团咨询服务力量，重点面向政府及大型企事业单位开展各类咨询服务。对于战略咨询服务，重点开展IT规划、两化融合体系贯标咨询、智慧城市顶层设计。对于管理咨询服务，重点开展业务流程优化提升、企业项目管理体系、企业标准化管理咨询、企业知识管理体系、企业员工素质提升。对于技术咨询服务，重点开展专业领域整体解决方案设计、企业架构（EA）管理咨询、新技术应用咨询、企业数据分析与预测、信息化标准体系、信息系统监理服务、企业资源管理、信息安全评估测评、"红蓝队"培养与建设、安全技术与解决方案咨询、多领域信息安全咨询等。"十三五"期间，对内加强咨询服务对集团软硬件产品及服务的整合和拉动能力，通过提供咨询服务，了解行业需求，把握技术趋势，建立研究与沟通机制，将先进理念向集团产业链其他环节传递，提升咨询服务在集团产业体系中的地位和价值；对外强化服务能力，建立咨询服务标准体系，积极面向政府、企事业单位等开拓咨询服务市场，树立集团咨询服务品牌。同时，加强咨询队伍及能力建设，整合集团咨询服务力量，梳理内部咨询队伍资源，优化内部协同机制，打造一支200人规模的高层次咨询队伍。

（2）集成及运维服务。集成及运维服务主要包括ICT基础架构服务、系统集成服务、应用支持服务、用户体验和业务外包服务。"十三五"期间，整合信息通信资源，重点发展面向云计算数据中心、物联网的集成及运维服务，实现服务产品化，建立集成与运维服务体系。对于ICT基础架构服务，重点开展ICT基础架构前期咨询与设计服务，提供高可用的服务支持，保障客户ICT基础架构的稳定运行；整合产业链上游资源，提升统一维保服务能力。对于系统集成服务，加强ICT基础设施与软件产品的深度集成，面向云计算数据中心、物联网打造"交钥匙式"的集成服务整体解决方案；依托系统集成服务，带动自主品牌ICT基础设施产品、基础软件、平台软件协同发展；加强资质建设，强化资质支撑，提高服务竞争力。对于应用支持服务，重点开展系统可用性维护、应用支持、测试验证、问题诊断分析、架构优化等服务，提供一站式服务解决方案。对于用户体验，重点加强系统运行状态分析、用户行为监测，借助大数据分析，优化业务流程，提供流程优化、业务创新等增值服务。对于业务外包，重点开展呼叫服务外包、配用电设备运维、数据运维等服务；实现单一联络点，统一服务级别的运维服务；通过运维创新，提供高可靠性的数据运维服务。

（3）云服务。云服务主要包括基础运营、地理信息服务、应用服务、能源及公用事业运营管理服务、电子商务及互联网金融、安全服务。"十三五"期间，深入挖掘信息通信资源价值，加快云计算数据中心等基础设施建设步伐，促进产品及服务"云化"，面向行业内外开展系列基础运营服务和增值服务，成为国内领先的云服务提供商。对于基础运营服务，主要基于信息通信网络资源和云计算数据中心，面向企事业单位及家庭用户提供通道服务、宽带服务、空间服务、存储服务等资源运营服务。对于地理信息服务，基于地理信息平台及地理信息行业应用软件产品，面向政府和企事业单位提供涵盖地上数据采集量测和地下管线探测的工程测量服务、适合各场景应用专题的定制地图服务和支撑各类应用的基础地理数据生产及更新运维服务。对于应用服务，基于企业资源管理系统，面向政府和企事业单位提供整体经营管理解决方案，满足典型的人财物等企业管理要求；基于流程协同管理系统，发展集语音、视频、数据于一体的融合通信及协同办公服务，实现多种终端接入，满足企业移动协作应用与内部业务流程整合需求。对于能源及公用事业运营管理服务，基于支撑城市运营管理的能源及公用事业运营管理服务平台，面向政府、企事业单位、家庭用户重点开展：一是发展基础服务，发展包括水/电/气表智能抄收、数据分析和综合服务等基础服务；二是顺应电改趋势，基于微电网运营平台和售电服务平台，发展运营管理及决策支持服务；三是拓展增值服务，面向家庭用户提供智能家居、智能园区、智慧医疗等双向互动增值服务。对于电子商务及互联网金融服务，整合电子商务平台、招投标采购平台及第三方支付平台，面向企业及个人用户开展物资采购、检验检测、平台认证、撮合交易等电子商务服务；基于应用支付平台、金融服务平台等，发展支付服务、P2P信贷、众筹、供应链融资、电费理财、资产证券化等互联网金融业务。对于安全服务，基于安全审计、网络准入系统、访问控制管理、用户行为分析、安全云、工业控制安全管理等软件产品，面向政府和企事业单位开展信息安全综合审计、业务数据访问安全审计、统一漏洞补丁管理、账号与权限管理、安全云应用、第三方运营等安全服务。

4. 重点行业领域的业务发展策略

以服务智能电网及能源互联网建设发展为重点，积极发挥集团整体优势，强化产品的通用性和行业适用性，以综合解决方案及云服务为重要切入和基本形态，面向政府及大型央企，能源、智慧医疗、制造业、物流、市政交通等行业，持续深化同源技术拓展和同源市场拓展，深入挖掘存量市场，加快拓展增量市场，实现集团系统外业务的持续快速发展。

1）智能电网

以推动智能电网创新发展为出发点，以支撑公司"一平台、一系统、多场景、微应用"信息化体系建设为重点，围绕智能电网发电、输电、变电、配电、用电和调度六大环节，面向公司电网生产、经营管理和优质服务三大领域，积极推进云计算、大数据、物联网、移动互联等技术在电网中的应用,深化数据整合和流程融合,强化应用创新,重点打造智能用电、智能感知、智慧能源等整体解决方案,大力推进智能电网创新发展。在基础平台建设方面,一是整合公司内部信息资源,面向公司电网生产、经营管理和优质服务三大领域,形成生产控制云、企业管理云、公共服务云,构建电力云体系;二是建设覆盖总部和省公司的基于云架构的企业级大数据平台,并进一步深化大数据应用;三是建设公司两级统一的移动应用支撑平台及公司级移动应用商店,实现公司各业务领域移动应用统一管理;四是建设配用电公共通信平台,推进配用电公共通信接入统一监测、基础网络、电力无线虚拟专网三类项目。

在面向电网输变电环节,重点深化大数据、物联网、移动互联等技术在智能化现场作业、设备在线状态监测与故障诊断等技术产品的研发,提高输变电智能化水平,具体包括基于大数据平台的输变电设备状态监测采集处理和分析挖掘,传感电气集成和快速检测,基于物联网技术的输变电设备全寿命周期管理,输变电运维检修作业智能可穿戴设备等。

在面向电网配用电环节,重点开展配用电海量信息采集、营配调一体化和智能用电等技术产品研发及推广,提升电网精益化管理水平和用户服务水平,具体包括新一代营销系统专业应用、智能用电互动服务、重点用能企业能效管理与运营、基于大数据平台的输电线路风险识别、多维度线损分析、营销业扩报装辅助决策、量资产智能化检定仓储配送、客户增值服务,配用电综合监测与应急指挥,营配调统一信息交互,智能用电大数据等综合应用,研究售电侧放开的业务运营模式和售电服务技术,搭建云服务体系,实现售电云运营管理,基于移动和GIS平台的配网故障抢修和"95598"故障抢修应用,地下管道及电缆网精益化管理等,开展配用电海量信息采集与处理、营配调一体化和智能用电服务的前期研究及应用成果深化提升。

在源网荷协调优化方面,重点加强分布式电源与新能源并网、电力负荷预测、需求侧管理及需求响应等技术产品的研发,推进能源生产消费方式转变,打造源网荷协调优化整体解决方案,包括分布式电源调控运行,基于大数据平台的量价费损分析、分时阶梯电价分析、分配网停电优化、政策性电价清洁能源补贴效果评估等。

在信息通信安全方面,加强信息安全智能可信防御、电力通信多业务承载安全防护、电网工控安全深度监测与防护等技术产品,包括自主可控数据库、移动应用及终端安全、面向电力市场交易和国际化业务系统的信息外网安全平台及装置、多业务承载通信业务安全隔离以及系列工控安全防护等技术产品。此外,针对新一轮电力体制改革,在"十三五"期间,公司定位为参与新一轮电力体制改革的重要载体和实践者,面向电力交易机构,积极争取电力交易平台研发建设及运营工作;面向新售电主体,提供适于多种规模的覆盖经营管理、生产管理、客户服务于一体的综合解决方案和配套产品。其中,面向"有源有荷"的大型高新产业园区和经济开发区,以分布式新能源和节能服务为切入点,积极引入合同能源管理等多元化商业模式,强化与当地政府企业合作,打造集(分布式)发电、节电、售电及多样化能源服务于一体的综合解决方案,以及覆盖能源生产、运行、交易的智慧能源综合服务平台,适时适度参与售电业务。

2）重点行业拓展

面向大型央企总部及中央部委，重点打造规划咨询服务、系统建设、运维服务、数据分析服务于一体的信息化综合解决方案，包括覆盖人财物集约化管理的企业资源管理系统，以企业级流程管理为中心的流程协同管理系统等企业管理信息化产品，以及以云计算、大数据为核心的高品质信息通信资源服务。

面向发电、煤炭、石油、燃气等能源类企业，重点拓展企业资源管理系统、流程协同管理系统以及生产管理系统；加强与能源局等单位合作，打造面向全国的能源监管平台，带动集团相关软硬件产品及服务的发展；针对智慧能源产业发展。

面向城市及工业园区，重点打造集能源信息、能源置换、能源交易、节能服务、碳交易、用能监督等功能于一体的智慧能源综合服务平台，为城市/园区能源（如电、热、气等）互联互通及高效利用提供服务。

面向智慧医疗领域，重点以"数据服务"为核心，大力发展智慧医疗业务。积极参与全国三级医疗数据中心建设，为医疗数据整合提供强有力的技术服务支撑；以电力医院及电力职工服务为重点，试点开展智慧医疗服务，打造以数据服务为核心的智慧医疗解决方案，并带动电子档案管理、穿戴医疗设备等业务产品在医疗行业应用。

面向制造业，紧抓工业4.0、工业互联网发展机遇，围绕降本增效、提高制造智能化水平、推进转型升级等，一方面积极参与大型企业管理信息化和生产管理信息化建设，提高企业管理水平，另一方面针对高耗能企业，重点开展节能服务，深化能效管理、电能替代、建筑节能改造等业务产品应用及服务，促进环保用电，降低企业生产成本和污染排放水平，并积极发挥集团信息通信资源优势及技术积累，为工业互联网、智能工厂、智能生产提供信息通信支撑服务，重点在工控安全、大数据分析方面发挥作用。

面向物流行业，积极发挥集团在电力资产物流管理以及RFID芯片、地理信息等产品积累和资源优势，重点面向政府、央企、物流公司打造基于云计算、大数据及地理信息的物流公共信息平台，包括用于政府监管和服务物流电子政务平台、用于供应链一体化网上商业活动的物流电子商务平台、用于物流运输全过程实时监控管理电子物流平台，并积极深化车联网、智能芯片等相关产品的应用。

面向市政交通行业，深入挖掘自身优势潜力，积极参与无线通信专网、云计算数据中心、电动汽车充换电运营平台等基础设施建设，结合城市"智慧能源"发展，面向水、电、煤气等公用事业，打造以云计算、大数据、移动互联、地理信息为特色的公用事业综合服务平台，加强地理信息智慧管网等应用，并以电动汽车充换电设施及运营互动平台为基础，加强电动汽车互联网服务体系建设，打造内涵丰富的车联网业务，适时开展电动汽车充换电设施及车联网平台的运营，推进监管系统、云计算数据中心、地理信息业务产品在飞机场管理中的应用。

面向智慧城市，以"智能电网支撑智慧城市发展"为指引，发挥能源行业背景优势，积极参与各城市顶层设计，以云技术数据中心和公用事业综合服务平台为基础，打造智慧城市公共服务平台和智慧城市综合解决方案，并重点参与基础设施、智慧园区、新能源发电、节能环保等业务；构建智慧城市创新中心、城市管理中心和业务运营中心；强化"引领"意识和"带头"作用，加强对外合作，营造良好的智慧城市产业发展生态圈；优化盈利模式及价值主张，服务于政府和服务于企业、民众并进，服务于企业收益弥补和服务于政府投入。

面向节能环保领域，深化"互联网+节能环保"应用，开展PPP、BOT等商业模式研究，加强节能业务资质建设，重点围绕节能服务、电能替代、排污权交易、排污监测等，结合云计算、大数据、物联网、移动互联、智能芯片等技术应用及新能源发电和售电业务，以智慧能源综合服务平台为基础，以高耗能、高污染企业为主要目标客户，深化能效管理、能源交换/交易、电能替代、排污权交易等应用，提高资源整合能力，打造具有能源互联互通和能源交换特色的节能环保综合解决方案。

5. 支撑体系建设规划

1）组织与管控体系建设

以有效支撑集团产业发展为目标，按照战略导向型管控模式，创新机制体制，优化组织架构；强化标准化建设及资源共享，构建人、财、物集约化管控体系；以支撑新兴支柱产业发展为重点，建立高效协同的科技创新、市场营销体系，为建设国际一流的信息通信产业集团提供强有力支撑。

（1）加强运行管控模式的顶层设计，统筹推进管理创新和体制机制创新；按照责、权、利相统一，有利于提高管理效率、调动积极性的原则，优化组织机构，完善管控模式，理顺管理关系，确保各级责任主体有效运作；统筹优化核心业务体系和工作流程，建立责权明晰、高度协同的组织架构和规范、高效的运行管控机制。

（2）加强人财物集约化体系建设，实现对核心资源的集中管理和高效利用。在人力资源管理方面，全面深化人力资源集约化管理，创建高效有序的人力资源管理体系和专业分布、年龄层次、知识结构及梯次搭配合理的高素质人才队伍。在财务管理方面，以"价值引领、资源统筹、业财融合、政策支撑、风险管控"五方面工作为重点，建立科学高效的财务集约化管理体系。在物资管理方面，加强物资基础能力建设，拓展集中招标采购范围和比重，优化完善企业供应链管理，打造与一流企业相适应的物资集约化管理体系。

（3）加强科技创新、市场营销、项目管理三大协同体系建设，建立高效协同的运行机制。统筹集团资源，加强组织协同，重点推进关键业务流程的优化调整，在集团层面实现对各单位的有效管控、业务协同与资源共享。在科技创新体系建设方面，建立以集成产品开发为理论基础的先进研发管理体系，构建统一的产品平台、技术平台和研发协作平台；以技术展望目录为统领，建设系统性的产研用一体化的联合创新体系。在市场营销体系建设方面，从行业、业务线、产品线三个维度实现对市场的全面覆盖，建立以行业客户为中心，以整体解决方案营销为驱动的营销体系，构建统一的商机管理机制和以内部订单、内部市场结算为纽带的内部协同机制，优化完善经营业绩和科技创新关键绩效指标体系，强化绩效管理对战略发展的导向作用。营销中心，一方面作为行业客户销售主体，重点加强对其行业经营业绩关键指标（收入、利润、回款等）的考核；同时作为新兴支柱业务线发展、市场销售主体，重点加强对其业务线经营业绩关键指标（收入、利润、回款等）的考核；产业公司，作为产品线发展、市场销售主体，重点加强对其产品线经营业绩关键指标（收入、利润、回款等）的考核；研发中心，重点加强对其新产品/技术收入贡献增长率指标的考核，进一步促进科技创新及科技成果转化能力的提升。

2）科技创新体系建设

科技创新体系建设工作目标是坚持"统一规划、统筹研发、联合创新、系统推进"的原则，以集成产品开发为基础，构建并持续优化技术开发与产品开发良性互动，集约、高效、科学、规范运转的产研用一体化创新体系，实现由零散式研发向一体化研发转型，由注重科技成果向以市场、财务成功为导向的科技创新机制转变。

（1）整合资源，建设和完善联合创新组织体系。从技术研发和产品开发的维度，构建集团研发中心、产业公司产品研发中心两级协作研发体系，实现技术开发与产品开发的相对分离；联合外部科研机构、客户、合作伙伴，支撑产研用一体化联动。集团研发中心，充分发挥其顶层设计和前瞻技术研究作用，开展前瞻及基础技术研发、基础平台研发、创新项目研发以及技术、研发规划管理工作，以技术创新推动产品创新；营销中心，负责业务线产品及解决方案的规划工作；产业公司产品研发中心，专注于产业公司的产品开发、产品平台开发、定制化开发、产品发展路线管理。

（2）以技术展望目录为统领，系统性、体系性推进研发，建立科技创新驱动的包括技术展望、研究战略调整、年度科技研发计划安排、落地执行、绩效激励的全过程管控机制。联合外部战略伙伴，结合市场需求，每年度开展对未来2～3年技术应用的发展趋势展望，筛选战略性或关键性的科研课题，规划集团未来科技发展的优先领域和重点方向，形成并发布技术应用展望目录。依据目录，确定、调整集团年度科技战略方向，完善科研项目总体布局，完成年度研发项目立项。同时，进一步完善科技成果转化评估分析体系，加大研发投入，建立与科技成果转化能力挂钩的研发投入机制，通过集团战略投入、事业部投入、产业公司投入、与合作伙伴/客户联合开发等形式落实研发资金投入。

（3）构建统一技术平台和产品平台，加快产品化进程。集中基础共性技术研发任务和研发资源，构建统一的技术平台、产品平台，逐步构建集团"细腰型"最优产品架构，提高产品研发效率和质量。逐步实现产品开发和技术开发的相对分离，加快产品化进程，提升研发质量、效率，加强产品研发对产业扩张的支撑和驱动。

（4）转变研发模式，实现协同研发和高效管控。基于统一的研发协作平台，统一研发协作流程，着重强化研发需求与测试环节管理，进一步提高研发效率、研发质量。加强研发资源的整合和高效利用，建立跨产业公司、基于内部结算制度的研发资源调度机制。

3）市场营销体系建设

工作目标是充分发挥营销中心、产业公司等市场营销主体的作用，从行业、业务线、产品线三个维度实现对市场的全面覆盖，以统一的商机管理和内部订单结算制度为基础，建立以行业客户为中心，以整体解决方案营销为驱动的协同一致的市场营销体系。

（1）建立涵盖行业、业务线、产品线三个维度的市场营销体系，建立健全各级营销组织职能。行业线，重点协调组织产品线开展行业整体解决方案的市场拓展；业务线，重点协调组织产品线，开展业务线整体解决方案的市场拓展；产品线，作为产品线销售主体，负责具体产品线的销售。其中，集团营销中心，作为行业线和业务线的重要载体，以及集团市场管理和行业拓展主体，主要负责根据集团整体发展战略制定市场营销战略，开展市场策划、渠道管理、合作伙伴管理、资质及品牌建设，负责营销作业调度指挥、解决方案开发和销售、商机统一管理等。

（2）加强顶层设计，夯实营销管理机制及协同机制建设。强化营销运行机制顶层设计，围绕市场分析策划、营销计划管理、营销费用管理、营销绩效考核、营销服务监督等核心业务，持续完善营销管理职能。健全行业、业务线、产品线营销协同机制，按行业、业务线、产品线三维度细化销售指标，实行销售指标多下，销售合同多计，并基于内部订单，实现内部销售结算，鼓励主动协同互助，避免内部无序竞争，提高整体营销效率。

（3）实现商机的统一管理，进一步保障营销协同，提高销售达成率。建立集团统一的商机管理体系，对来自产品线、业务线、行业销售等不同渠道的商机统一在线管理。建设客户关系管理系统，并与企业资源管理系统深度集成，实现商机与外部合同、内部订单的紧密关联，支撑从商机获取到订单交付的销售全过程统一管理。

（4）以整体解决方案营销为驱动，深化营销工作模式创新。加强市场信息收集分析和营销策划，开展市场和客户细分，统筹客户关系管理和重大项目运作，强化面向五大支柱产业的跨专业、跨行业解决方案研究，针对重点行业、客户开展市场整体策划，研发整体解决方案，做深行业、做实业务线、做强产品线，实现由传统销售向技术营销、服务营销和方案营销转变。

（5）加强市场营销能力建设，提升营销服务能力和营销水平。整合营销资源，优化队伍结构，搭建统一的营销服务业务运行和监督管理平台。制订营销发展战略和中远期规划，加强营销计划管理，提高营销费用有效性。统筹品牌资质规划，加快核心资质认证。加强客户服务管理，优化响应和履约交付流程。加强营销信息化平台建设，提高营销服务管理水平、工作效率。

4）人力资源集约化管理

全面深化人力资源集约化管理，创建高效有序的人力资源管理体系和专业分布、年龄层次、知识结构及梯次搭配合理的高素质人才队伍，为信通集团跨越发展提供坚强的组织保障和智力支撑。

人力资源集约化管理要加强劳动用工统一、集中、规范化管理，按照控制总量、优化结构、保障质量的要求，加强员工入口管理和规范用工管理，构建岗位分类体系，全面提高人员配置效率；健全完善业绩考核体系，强化过程管理和监控，推进全员绩效管理，实现企业和员工共同成长；完善薪酬分配体系，健全薪酬分配激励机制，优化完善岗位绩效工资制度和福利体系管理，探索施行股权激励机制，充分发挥激励导向作用；构建多元化职业发展通道，建立序列清晰、标准明确的岗位层级、职级体系，设计各类、各层次人才的发展通道，完善人才评价体系，激励员工岗位成才；强化培训工作，有序推进人才梯队培养，开展专项强化培训，加大培训投入和管理，完善培训资源，提升培训效果；加强精益化管理，推进机构编制管理、岗位分类体系和培训管理等标准化建设，加强信息系统建设，实现人力资源管理现代化；加强人才队伍建设，全方位拓展产业领军人才、高端研发人才培养和引进渠道，试点集团专家评选和聘任；逐步提升经营管理、研发、市场营销人才队伍比重；积极发展中高端、长期战略合作伙伴，加强与合作伙伴间的人才交流与合作，建立与合作伙伴间的人才"双向流动"机制；逐步加大工程实施类业务的外包比例，逐步缩减工程实施类人员规模，打造外包服务生态链；加大人才梯队建设，实施"长板凳"接班人计划；建立和完善经营管理、研发、营销、技能等各类人才的分类管理体制、评价机制、培养机制、使用机制、激励保障机制和市场配置机制，打造高素质的人才队伍，增强集团持续发展能力。

5）财务集约化管理

深化财务集约化管理，以"价值引领、资源统筹、业财融合、政策支撑、风险管控"五方面工作为重点，建立科学高效的财务集约化管理体系。

（1）深化全面预算管理，进一步提升资源统筹调控能力。围绕"集约、精益、全面、统筹"的核心要求，以落实战略目标、引领价值创造为主线，强化财务业务协同融合，深化全面预算管理，提高资源统筹配置能力。

（2）统筹集团资金使用，提升资金运作和保障能力。以保障资金安全、可靠供应为核心着力拓宽融资渠道、优化资金配置、加强资金监控、防范财务风险，提升集约化运营能力，全力支持集团的发展。

（3）深化资本集中运作，提高集团化运作效率和效益。以优化资本布局、深化产融协同、加强产权监管为重点，提升资本活力和资产精益化管理水平。

（4）持续提升集中核算水平，增强会计监督能力。以深化会计集中核算为基础，夯实基础工作、优化财务流程、强化决算监督、加强财务信息化建设，实现会计信息从定期编报向实时生成、从合并汇总向分析诊断、从核算反映向业务监控的转变。

（5）强化内控体系建设与应用，有效防控经营风险。以严格的流程为载体，以风险管控为关键，以岗位授权为约束，以规章制度为保障，以信息化为支撑，完善内部控制体系，建立全面风险管理体系，有效防控经营风险；加强财税政策研究，提升财税支持保障能力。加强财税政策研究，依托信息化建设，夯实财税基础管理，防范和化解财税风险，积极争取外部财政资金和税收优惠政策；加强财会队伍建设，全面提高履职能力。

持续优化人才队伍结构，提升财务人员能力素质，全面提高履职能力。建设一支富有战斗力、执行力，富有创新精神和敬业精神的优秀团队。

6）物资集约化管理

物资集约化管理的工作目标是不断创新体制机制，加强物资标准化管理等基础能力建设，优化完善企业供应链管理，打造与国际一流企业相适应的物资集约化管理体系。

物资集约化管理要扎实推进机制体制创新，推进集中招标采购模式，形成采购策略多样化、管理专业化、过程透明化的集中采购局面，有效降低采购成本；加快推进物资标准化建设，完善物资管理制度、物资采购标准和业务流程，不断提升物资标准化水平，提高采购效率；加强采购计划管理，建立具有集团特色的物资需求计划运行机制，实现计划管理制度化、常态化，加强对计划执行的及时性、准确性、全面性考核，充分发挥计划引领作用；加大供应商管控力度，强化供应商的分类、分级管理，健全供应商绩效考核与招标采购联动机制；大力加强机构和队伍建设，充实物资队伍，加大培训力度，提高员工综合素质，加强风险防范和职业操守教育，着力打造素质高、作风优、业务精的物资队伍，为深入推进物资集约化提供人才保障。

7）国际化经营

国际化经营的工作目标是服务国家"一带一路"和公司全球能源互联网战略实施，积极参与国际重点工程项目建设，大力推进海外并购、海外新设企业和自有产品海外市场拓展等发展模式，树立国际知名品牌。

国际化经营要加快转变理念和发展方式，加快发展理念的转变、管理方法的转变、业务模式的转变，开展国际化战略实施方案研究，对标国际一流企业，大胆探索建立适应集团现状和未来发展的国际化发展方式；加快开拓国际化市场，紧抓"一带一路"战略实施及全球能源互联网建设机遇，依托公司国际化业务布局，积极参与公司国际电力总包业务、策划开展面向中亚五国的电子商务及互联网金融业务，建立健全符合国际惯例的市场机制，建立海外营销服务网络，大力拓展国际业务；加快提升产品的国际化能力，积极推动电力信息通信相关标准纳入国际标准体系，建立健全适应国际市场的产品研发体系，着力打造一批符合国际市场技术条件要求、具备权威国际认证、外文技术资料完善的国际化产品系列，使集团核心产品逐步具备国际竞争力，提高技术和产品的国际话语权；加快国际化人才培养，建立科学合理的国际化人才评价体系和人才激励机制，打造具有国际视野、国际经营理念和专业技术水平的国际化员工队伍。

1.3　电力信息化咨询项目面临的新挑战

电力信息化咨询项目发展环境分析、电力信息化咨询主要优势与面临的新挑战、电力信息化咨询工程主要研究方向是本节重点介绍的主要内容。

1.3.1　电力信息化咨询项目发展环境分析

1. 宏观环境分析

1）经济环境

当前世界经济正处于深度调整期，复苏动力不足，国际发展环境仍存在诸多不确定因素，经济走势错综复杂，保增长、促就业、调结构成为各国经济发展主题。德国、美国等国家陆续提出工业4.0、工业互联网等概念，以促进工业转型升级，并将互联网、物联网、大数据等技术作为创新基础，信息通信成为新一轮工业革命的核心驱动力。

我国经济经过多年高速发展，已进入全面结构调整和产业转型升级期，创新正在成为经济社会发展的主要驱动力。在国内，我国经济正从要素驱动、投资驱动转向创新驱动，提质增效成为经济发展重点。未来五年是我国经济转型升级的"窗口期"和战略机遇期，我国政府多措并举，强化创新驱动，加快培育新产品、新模式、新业态、新产业，并将信息通信技术和互联网技术作为新一轮科技革命和产业变革孕育发展的重要动力，深入实施两化融合，利用信息通信改造产业，发展壮大战略性新兴产业和生产性服务业，推进我国经济的转型升级。信息通信产业正迎来新的发展机遇。

2）政策环境

国家高度重视信息通信产业发展，将新一代信息技术列为国家战略新兴产业，并重点推进下一代信息网络产业、电子核心基础产业、高端软件和新兴信息服务产业发展。国务院两次发文鼓励软件产业和集成电路产业发展，优化产业环境，并在税收、投融资、收入分配、人才引进等方面加大政策支持力度。国务院陆续发布了《关于推进物联网有序健康发展的指导意见》《关于促进信息消费扩大内需的若干意见》《关于促进云计算创新发展培育信息产业新业态的意见》等系列通知和指导意见，加快实施"宽带中国"战略，促进信息消费、物联网、云计算、移动互联网等产业健康快速发展。

目前，国家正大力推进两化融合，实施"中国制造2025"战略，力求以信息化带动工业化、以工业化促进信息化，走新型工业化道路，积极推进"互联网+"行动计划，促进互联网与传统行业的融合发展，打造新模式、新业态，加快制造业等传统行业转型升级，为信息通信产业发展带来了更为广阔的空间。

3）产业环境

在行业应用发展趋势方面，以云计算、大数据、物联网、移动应用、智能控制技术为核心的"新IT"浪潮风起云涌，新技术发展促生新模式、新业态，倒逼传统产业转型升级，重塑传统信息系统应用模式。一是信息系统将进入移动应用时代，随着移动互联网和智能终端的发展，信息系统将快速步入移动互联时代，实现业务创新和移动互联转型成为下一步信息化建设工作的重要内容之一。二是大数据与云计算的融合催生大量行业应用平台，基于云计算、大数据的应用平台将成为信息化建设的主要形式，基于平台为政府和企业提供面向海量富媒体数据的深度信息分析服务，持续提升综合管理水平和客户服务能力。三是物联网及智能控制技术将取得更深入的应用，物联网及智能管控技术是现代工业创新发展的重要内驱动力，在国家大力实施"中国制造2025"战略背景下，面向广义互联的物联网和CPS信息物理系统以及智能控制技术必将得到更为广泛深入的应用，并持续推动工业制造业转型升级，进一步促进社区、交通、医疗、物流等领域智能化及城市现代化走向更高水平。

信息通信产业自身发展趋势表现在六个方面。一是支柱产业作用突出，带动效应日益显著。智能电网、智能制造、智能管理等产品与服务快速增长，促进了相关研发、生产与管理的提升。智能终端、智能语音、信息安全、嵌入式软件等产品和数据处理、存储服务均保持两位数增长，对电子商务、移动平台和软件应用商店的运营提供了有效支撑。二是结构调整步伐加快，融合发展稳步推进。软件企业坚持应用驱动和融合发展，加快推进产业链上下游合作。软件产品不断向平台化、网络化、移动化延伸，经营模式持续向协同化、服务化和融合化推进。信息技术服务已成为软件产业转型升级的重要引擎，嵌入式系统软件收入较上届增长近八成，云计算及服务平台市场应用迅速拓展。三是研发水平日益提升，创新能力不断增强。软件企业更加注重研发投入，创新成果日益突出，工业控制系统、新一代信息通信技术、高端软件操作系统、海量存储系统、中间件应用等一系列国家"核高基"（核心电子器件、高端通用芯片、基础软件产品）重大专项取得明显突破，云计算、物联网、信息安全等技术与应用取得实质性进展。四是品牌效益更加凸显，龙头作用持续增强。随着技术产品快速发展，规模进一步向大企业集中，人才进一步向优势企业流动，市场进一步向优秀品牌倾斜。五是国际化战略取得新进展，"走出去"层次明显提升。一些企业已在国外设有研发机构和子公司。六是产业竞争焦点转向产业生态链整合，互联网企业加速向传统服务业、制造业融合渗透，信息产业与通信产业融合发展，在国家"互联网+"行动计划推动下，以自身强大的资源平台为核心，整合产业链资源，重构产业生态，实现融合发展成为国家经济结构调整、产业升级转型的主要发展模式。

4）竞争环境

竞争环境分析重点选取了在产业形态上与集团相近的ICT领先企业华为技术有限公司，以及与集团同样具有行业背景的行业领先企业上海宝信软件股份有限公司作为比较对象，并从产值规模、技术创新能力、行业位置等方面进行对标分析。

华为技术有限公司的产业链覆盖芯片、ICT基础设施、软件、服务全产业链环节，产业链形态完整，在通信设备研发制造业务领域处于国际领先位置，近年来逐步加强软件和服务业务，积极进军车联网等运营服务领域。每年研发投入占营业收入的10%以上，研发人员占员工总数的45%。上海宝信软件股份有限公司是宝钢集团旗下上市软件企业，业务涵盖工业控制软件开发、系统集成、咨询服务，在依托宝钢的基础上，逐渐和其他大型钢铁公司展开合作，并在石化、煤化工等其他采掘业的信息化方面不断获得突破，着力打造工业软件引领者，近年来开始打造云计算、物联网产业，在全国布局"宝之云IDC"项目。从对标分析结果看，集团在产值规模上领先宝信公司，与华为公司存在较大差距；在行业市场拓展能力上，较华为、宝信公司有较大差距；在产业链完整性方面，与华为相近，资源整合能力优于宝信公司；在技术创新方面，集团与华为和宝信公司均有较大差距。

2. 公司系统环境分析

未来一个时期，我国国民经济和电力需求保持平稳较快增长的大趋势不会改变，我国能源资源与能源需求逆向分布，能源开发重心西移北移、负荷中心在东中部地区，能源基地向负荷中心输送电力的规模将越来越大。公司积极参与国家"一带一路"倡议实施，以能源电力基础设施互联互通为突破口，加快构建以特高压电网为骨干网架、以输送清洁能源为主导的"全球能源互联网"，推动能源生产和消费革命。未来10年甚至更长时间，公司总体投资处于上升趋势，投资重点逐步转向特高压、全球能源互联网、电网智能化配电网、售电侧建设，更加偏向于配、用电侧。未来几年逐渐带动电网智能化和配电网等相关产业3万亿元以上投资，其中智能电网信息化建设投资约550亿元，自动化建设投资约1593亿元，互动化建设投资约1516亿元。

"十三五"期间，公司将建成电网创新发展、公司高效运作、系统安全可靠、覆盖全业务、全用户的智慧化综合信息服务平台，即新一代一体化企业资源计划系统，整体提升信息化水平，向国际领先水平迈进；实现业务活动动态监控和分析优化、核心资产集中管理和在线监控；逐步实现"一平台、一系统、微应用、多场景"蓝图，覆盖各业务全场景、全环节，大力推动坚强智能电网和能源互联网创新发展。公司将开展协同综合服务应用、智能电网运营应用和智能分析决策应用，为集团实现技术创新、运营模式创新和管理创新提供了广阔的空间，站在"互联网+"风口上，集团发展迎来重大历史机遇期。

国家下发《中共中央国务院关于进一步深化电力体制改革的若干意见》，全面实施国家能源发展战略，构建有效竞争的市场结构和市场体系，形成主要由市场决定能源价格的机制。按照管住中间、放开两头的体制架构，有序放开输配以外的竞争性环节电价，有序向社会资本放开配售电业务，有序放开公益性和调节性以外的发用电计划，推进电力交易机构相对独立、规范运行。在电力改革进一步推动下，电力和互联网将深度融合，可以满足客户更高层的需求，能源服务和电力调配，帮助居民用户随时了解电力供求信息，更精准有效地使用廉价能源，为工商用户提供全套的能源管理解决方案，这些均给集团在云服务、物联网、移动互联、信息安全等产业带来了新的发展机遇。

3. 企业核心业务发展趋势及市场分析

"十三五"期间，集团将紧抓新一代信息通信技术重塑产业结构的历史机遇，以管理信息化为依托，积极拓展工业信息化领域，并向社会化服务领域延伸。

1）管理信息化

管理信息化是将现代信息技术与先进的管理理念相融合，转变企业生产方式、经营方式、业务流程、传统管理方式和组织方式，重新整合企业内外部资源，提高企业效率和效益、增强企业竞争力的过程。

随着信息通信技术发展和企业信息化水平的不断提高，管理信息化正向数据驱动、云化、移动化、融合化等方向发展，孕育了信息通信产业的新一轮发展机遇和发展空间。一是管理信息化由流程驱动向数据驱动转变。国内企业已开展一轮以"流程驱动"为特征的信息系统建设，在推进企业信息化进程，提升管理水平等方面发挥了重要作用，但同时存在应用系统间横纵向割裂、信息孤岛、扩展性不强、数据价值挖掘不足等问题。随着大数据分析等技术的发展，信息化系统正步入以"数据驱动"为特征的新一轮升级，数据在促进系统间融合，提升内在价值等方面将发挥更大作用。二是系统建设模式由自建向租用、租建结合等新模式发展。企业信息化建设以自建为主，随着云计算等技术发展，服务租用、租建结合等模式越来越广泛地被用户接受，以云服务为代表的服务租用模式在资源共享和业务创新，降低全社会创业成本，培育形成新产业和新消费热点等方面具有重要意义。"十三五"期间，管理信息化系统云化将更加普遍，服务租用模式应用将更加广泛。三是协同办公等应用向移动化、融合化发展。随着移动互联网时代的全面到来，如何快速决策、适应环境改变、实现低成本高效率运营，已成为企业最基础也是最重要的需求。在传统协同办公的基础上，构建集成多种音视频融合的通信技术、移动通信技术以及各种协作应用的移动协作平台，已逐渐成为企业管理升级的必由之路。四是SAP等企业资源管理系统适用性问题凸显。SAP套装软件在企业资源管理系统建设初期的快速部署方面优势比较明显，但在后期应用过程中适用性问题不断显现，特别是国内非制造类大型企业，需要结合自身特点，开展大量定制开发工作。集团在公司企业资源管理系统建设中积累了大量经验和技术产品，将经验积累推广到其他特征相近的企业，对减少社会投入，提高知识共享价值，拓展行业领域等方面具有重要意义，市场前景广阔。五是去IOE（IBM、Oracle、EMC）为我国信息通信企业带来了新的机遇。I代表IBM，O代表Oracle，E代表EMC。去IOE是与设备采购国产化、自主研发相匹配的一项举措，要求核心领域的IT系统及设备做到自主可控。去IOE一方面对企业信息安全提出了更高要求，另一方面为国内主机、存储、数据库等信息通信企业带来了更多的市场机会和发展机遇。

2）工业信息化

工业信息化是指将现代信息通信技术与企业生产管理相结合，充分发挥信息通信技术在生产要素配置中的优化和集成作用，转变企业的组织方式、生产方式和业务形态，提升工业生产企业的创新力和生产力的过程。

当前，新一轮科技革命和产业变革正在孕育兴起，全球科技创新呈现出新的发展态势和特征。这场变革是信息技术与制造业的深度融合，将给世界范围内的工业带来深刻影响，并为信息、通信产业带来新的发展机遇。一是"互联网+"推动传统行业转型升级。互联网作为推动人类进步和飞跃的关键载体，呈现出连接与聚合、产业互联网化、产业金融化、个性化需求、O2O、智能工业六大趋势。"互联网+"代表一种新的经济形态，将重点促进以云计算、物联网、大数据为代表的新一代信息技术与现代制造业、生产性服务业等的融合创新，发展壮大新兴业态。信息通信企业迎来介入相关行业领域的重要契机。二是"中国制造2025"明晰了制造强国发展蓝图。"中国制造2025"提出了我国制造强国建设三个十年的"三步走"战略，并以信息技术与制造技术深度融合的数字化网络化智能化制造为主线，实现向创新驱动、绿色制造、服务型制造转变，明确提出十大重点发展领域。其中新一代信息技术、电力装备、节能与新能源汽车三大领域与集团发展方向契合度较高，为集团产业提供了更宽广的发展舞台。三是信息通信技术成为智能电网和能源互联网创新发展的重要推动力量。新一代信息通信技术具备泛在、柔性、智能、互动、安全等特征，有助于全面支撑能源与信息的交互，提升能源调控运行、源荷接入、能源交易、能源使用、用户服务和数据价值利用水平，有力推动智能电网和能源互联网技术水平提升，以及生产方式和管理方式的变革。根据公司《信息通信新技术推动智能电网创新发展行动计划》，将重点推进信息通信新技术在输变电智能化智能配用电、源网荷协调优化、智能调度控制和信息通信安全五大领域15个方面的创新应用，全面增强技术融合、业务集成、创新引领和价值创造能力，形成核心业务持续提升、新兴业务快速发展、专业应用互联互通的协同创新发展格局。四是节能服务、新能源、新能源汽车产业发展前景广阔，成为集团拓展工业信息化领域的重要突破口。节能服务、新能源、新能源汽车是我国"十二五"期间确立的战略新兴产业，"十三五"期间，三大产业发展将更加务实高效，内涵将更加丰富，范围将更为广阔，信息通信技术的支撑推动作用将更加显著。节能服务等业务成为集团强化政府及大中型企业合作，积极拓展工业信息化领域的重要切入点。

　　3）社会化服务

　　信息通信资源社会化服务主要是指通过整合信息通信企业基础资源、技术产品及服务能力，面向政府、中小型企业、居民用户提供社会化公共服务。

　　近年来，我国政府积极加强和创新社会管理，改进政府提供公共服务方式，明确提出在公共服务领域更多地利用社会力量，加大政府购买服务力度。社会化服务领域呈现四个特征。一是信息技术进步推动社会生产生活方式的深刻变革。随着两化融合的深入推进及信息化建设向社会各领域的拓展渗透，社会生产生活方式正在发生着深刻变革。互联网不仅在聚合市场，同时在重构市场格局，并带来前所未有的规模效益和丰富的新模式、新业态，不断颠覆传统模式。二是社会化服务向云化、平台化、跨界融合方向发展。计算云化、平台化与服务化，将大幅降低IT投资成本和社会创新成本，在开展社会化服务过程中，平台化的云服务更加符合社会需求。互联网经济的发展为产业跨界和融合提供基础支撑，越来越多的服务提供商走向跨界融合，形成了丰富的新服务、新模式、新业态。三是信息通信资源社会化服务需求旺盛。随着企业信息化建设的推进转型，以移动通信、视频娱乐、电子商务为代表的综合信息服务的蓬勃发展，以及信息资源整合和数据集中、存储需求的急剧扩张，数据流量会呈现爆发式增长，各类企业对通信网络、数据中心等基础信息通信资源的需求迅速增加，电力企业、政府机构、金融企业及互联网企业等用户对信息通信资源需求较大。四是公共服务平台成为社会化服务重要承载形式。随着信息通信技术的发展及城市管理水平的持续提升，与居民生活密切相关的水电气、查询、交易、互动等公共基础服务逐渐走向平台化、智能化，并以此为基础向智慧能源及智慧城市各领域延伸，形成覆盖智慧政务、智慧能源、智慧交通、智慧医疗、智慧物流、智能家居、智慧社区、智慧园区等领域的广义智慧城市公共服务平台，成为城市运营管理的主要载体。

1.3.2 电力信息化咨询的主要优势与面临的挑战

1. 主要优势

　　（1）产业结构较为完整，整体能力具有比较优势。目前，集团拥有硬件产品、软件研发和服务等信息通信业务，已覆盖咨询服务、产品研发、系统集成、实施服务、运维服务务、运营服务等环节，拥有较为完整的产业链。集团在公司信息通信建设中已实现平台、应用、保障体系的全覆盖，承担云计算、物联网、大数据等新技术领域多项国家、公司重大课题，通过整合各产业单位资源与技术优势，具备打造信息通信产业整体解决方案的能力。

（2）产业发展要素齐全，部分资源具有特色优势。智能电网、能源互联网的创新发展和公司管理变革的创新实践，不但持续涌现了大量的信息化需求，更为集团的技术创新、业务模式创新和管理创新提供了广阔的空间，为集团依托同源技术服务行业和社会信息化打下坚实的技术和产品基础。公司高度重视信息通信产业的发展，集团拥有的资本和经营规模为推进产业创新发展提供了有力的保障。在资源方面，公司拥有覆盖全国的骨干光纤通信网，以及北京、上海和西安三地数据中心，积累了5亿条用电企业、个人的基本信息和用电信息数据，依托公司具有鲜明电力特色的信息通信资源，为集团开展差异化社会化服务奠定了雄厚的竞争优势。

（3）产业区域布局均衡，具备发挥区位优势基础。集团各产业单位遍布全国主要区域，地域分布优势明显，并在各自区域范围内已形成具有竞争力的业务态势，凭借各自优势产业已逐步辐射周边区域。北京、福州、合肥、成都等区域人才与创新要素高度密集，福州、合肥、成都高校集中，人力资源成本相对较低，福州、厦门、成都、新疆处于国家"一路一带"经济带，为集团"走出去"发展提供有利的区位优势。

2. 存在的突出问题

整体战略制定与传导机制缺失，产业链整体合力发挥不足。缺乏统一的整体战略统筹和引领，各产业单位自主制定业务发展目标和重点业务领域，导致部分核心业务在各单位重复、交叉和缺失，在业绩指标和短期利益双重压力下，优先选择政策好、易于获取的业务，较少考虑需要较长积累和较高投入的市场竞争力强业务；尚未建立与信息通信产业发展特点相适应的战略管理机构，缺乏对新业务整体战略方向选择、传导和统筹整合机制，对新兴业务、新兴市场机遇把控能力不足，行业市场拓展缺乏统一的价值主张，产业发展未能"聚指成拳"。

（1）运营模式较为单一，业务发展不够均衡。运营模式主要依赖大规模劳动密集型"人天"服务模式，且系统集成、软件实施等业务处于价值链低端，在公司信息化市场逐步开放形势下，竞争日趋激烈，收入增长和盈利水平增长空间有限，主导话语权降低；自主品牌软硬件产品尚未形成系列配套，50%以上收入来自系统集成服务，自主品牌软硬件产品，尤其是硬件产品收入贡献偏低，以咨询服务和整体解决方案带动软硬件产品能力亟待加强，亟须构建由硬件、软件、服务产品组合支撑总体营业收入稳定、持续、快速增长的产业格局。

（2）管理与支撑体系不健全，支撑产业可持续发展能力亟待增强。在研发体系方面，缺乏对研发方向的总体把控，各产业单位自行组织技术创新和产品研发，缺乏在总体战略指导下的研发分工与自上而下的统筹协调，现有基于科技项目管理机制而组织的研发模式，在研发投入、绩效评价等方面不适应以技术创新为核心驱动力的信息通信产业发展要求；在营销体系方面，在营销总体策略、营销开展方式和营销管理机制上距离竞争性市场运作仍有一定差距，统一的营销策划、品牌管理、渠道营销等市场化营销能力仍需增强。

（3）机制体制创新不够，不适应产业快速发展要求。信息通信产业核心竞争力核心要素之一是人才的竞争，构建适应高科技产业特点的人才"选、用、育、留"机制成为企业竞争制胜的关键，集团与领先的市场化企业相比，人才引进、培养和激励机制在竞争中处于不利态势；同时，在市场竞争日趋激烈和产业融合加快推进的形势下，快速、高效的决策和市场响应机制尤为重要。集团国有企业的行业背景，更需要加快机制研究和创新，找到一条适合自身发展特点的道路。

1.3.3 电力信息化咨询工程的主要规划方向

"十三五"期间，紧抓新一代信息通信技术重塑产业结构历史机遇，顺应"互联网+"产业发展趋势，电力信息化咨询主要规划方向表现为以下几方面。

1. 智能用电

智能用电整体解决方案主要发挥集团在智能用电领域积累及资源优势，面向企事业单位及家居、楼宇、园区打造一揽子智能用电解决方案，具体包括用户能量管理系统及服务、智能用电量测（控）系统及服务、智能用电需求响应系统及服务、智能用电信息化及服务、智能用电增值服务、客户服务、交易服务等。

2. 智能感知

智能感知整体解决方案主要整合集团芯片及传感装置、智能终端设备、物联网行业应用平台及云服务等业务产品资源，依托物联网、云计算、大数据等技术，面向企业生产管理、资产全生命周期管理、城市综合管理等领域打造的覆盖多源数据采集、数据存储分析、预警联动、可视化展示等高效可靠智能化服务。

3. 智慧能源

智慧能源整体解决方案主要面向能源的生产、输送、销售等环节打造的整体性解决方案。智慧能源重点聚焦于两方面：一是面向发电企业提供智慧水电、智慧核电等解决方案；二是紧抓新一轮电力体制改革机遇，面向园区及终端用户，打造微网运营平台和售电侧平台，开展微网接入和运营业务。

4. 企业资源管理

企业资源管理整体解决方案主要面向国内大中型企事业单位人财物等企业管理要求，

提供符合国内大型企业管理特色的企业资源管理系统产品及咨询、集成、运维等服务。未来将依托云基础设施，结合大数据、云计算等新技术在企业资源管理领域的应用，实现服务的实时提供与集中部署。

5. 移动协作

移动协作整体解决方案主要以任务协作、流程协同为核心，融合移动互联、云计算等技术，面向企事业单位提供集移动办公、移动作业、融合通信等业务功能于一体的移动协作综合管理平台，实现企业流程的高效运转和管理水平的持续提升。

6. 能源及公用事业运营管理服务

能源及公用事业运营管理服务整体解决方案主要基于支撑城市运营管理的能源及公用事业运营管理服务平台，面向政府、企事业单位、家庭用户开展多样化服务：一是发展水电气表智能抄收、数据分析和综合服务等基础服务；二是顺应电改趋势，基于微网运营平台和售电服务平台，发展运营管理及决策支持服务；三是结合智慧城市规划建设积极拓展智能家居、智能园区、智慧医疗、智慧交通、节能服务等增值服务。

第2章
电力信息化咨询项目基本理论

　　信息化系统工程基本理论、信息化的现代化基本概念、电力企业信息化咨询工程规划、企业信息化标准规范的设计方法、电力信息化咨询工程基本理论、企业战略管理咨询基本概念、信息业务咨询框架及项目管理方法论是本章介绍的重点内容。

2.1 信息化系统工程基本理论

信息与数据基本定义、信息的基本性质及分类、信息资源与信息技术、信息化的现代化基本概念是本节介绍的主要内容。

2.1.1 信息与数据基本定义

信息（Information）是现代社会广泛使用的一个概念。"信息"一词来源于拉丁文Information，原意为解释、陈述。随着信息的地位和作用的不断增强，以及人们对信息的认识的不断加深，信息的含义也在不断发展。

控制论的创始人维纳（Norbert Wiener）认为：信息就是信息，既不是物质也不是能量。这个论述第一次把信息与物质和能量相提并论。信息论的奠基者香农（Claude E. Shannon）认为：信息就是能够用来消除不确定性的东西。这个论述第一次阐明了信息的功能和用途。哲学界认为：信息是事物间普遍联系的方式。

一般认为，信息的众多表述只是因理解信息的角度不同、研究的目的不同而产生的，本质上的差异并不很大。综合各种表述，能够比较准确地包含信息本质特征的定义是：信息是经过加工的数据，信息是有一定含义的数据，信息是对决策有价值的数据。信息反映着客观世界中各种事物的特征和变化，是可借助某些载体传递的有用知识，具体可从如下几个方面进一步理解。

1）信息是对客观事物的特征和变化的反映

客观世界中的任何事物都在不停地运动和变化，呈现出不同的特征。人们通常所说的信号、情况、指令、资料、情报和档案等都属于信息的范畴，因为它们都是对客观事物的特征和变化的反映。

2）信息是可以传递的

信息是构成事物联系的基础。人们通过感官直接获得的周围的信息极为有限，大量的信息需要通过传输工具获得。或者说，信息必须由人们可以识别的符号、文字、数据、语言、图像或声音等信息载体来表现和传递。

3）信息是有用的

信息的有用性是相对于其特定的接收者而言的。同样一则信息，对有的人来说，它就是信息；对另外一些不关心它的人来说，没有什么作用和影响，因而就不是信息。例如，沈阳的天气预报对于当时居住在沈阳的人来说是信息，而对当时居住在其他城市的人来说就不一定是信息。

4）信息形成知识

所谓知识，就是反映各种事物的信息进入人们的大脑，对神经细胞产生作用后留下的痕迹。人们正是通过获得信息来认识事物，区别事物。信息经过加工处理、分析提炼后形成知识用于改造世界。

5）数据是反映客观实体的属性值

数据由一些可以鉴别的符号表示，如数字、文字、声音、图像或图形等。数据本身无特定含义，只是记录事物的性质、形态、数量特征的抽象符号。

6）数据和信息的关系

人们占有信息，可以加深对事物的理解并达到某些特定的目的。因而，区分数据和信息在信息系统开发中十分重要。可以把信息与数据的关系比喻为产品与原料的关系。信息不随承载它的实体形式的改变而变化；数据则不然，随着载体的不同，数据的表现形式可以不同。例如，同一则信息，既可以写在纸上，也可刻在光盘上。

信息与数据是相对的两个不可分割的概念。信息须以数据的形式来表征。对数据进行加工处理，可以得到新的数据；新数据经过解释又得到新的信息。但是，在一些不很严格的场合或不易区分的情况下，人们也把它们当作同义词，如数据处理也可称为信息处理，数据管理亦可称为信息管理等。

2.1.2　信息的基本性质及分类

1. 信息的性质

1）真实性

真实的信息才是有价值的。真实、准确和客观的信息可以帮助管理者做出正确的决策，而虚假、错误的信息可使管理者做出错误的决策。在信息系统中，保证信息的真实性尤为重要。一方面，要注重收集信息的正确性；另一方面，对信息进行传送、存储和加工处理时，要切实保证不失真。

2）时效性

信息的时效性是指从信息源发送信息，经过接收、加工、传递、利用的时间间隔及其效率。对于信息使用者来说，信息的传输、加工和利用都必须考虑其时效性。时间间隔越短，使用信息越及时，使用程度越高，时效性越强。特别是对于需要实时处理信息的场合，必须通过选用载体与通道，将时间间隔控制在允许的范围之内。

3）不完全性

客观事实的信息是不可能全部得到的，这与人们认识事物的程度有关。因此，数据收集或信息转换要有主观思路，需要运用已有的知识，抓住事物的主要矛盾进行分析和判断，去粗取精，去伪存真，抽出有用的信息。

4）层次性

信息与管理一样，也具有层次性。不同级别的管理者有不同的职责，处理的决策类型不同，需要的信息也不同。不同层次的信息具有不同的特征，如表2-1所示。

表2-1　不同管理层次信息的特征

管理层次	战略级	战术级	作业级
信息的来源	信息大都来自外部，如企业发展目标、新产品更新换代、企业竞争对手、市场需求等信息	既有来自外部的信息也有来自内部的信息，如领导的指示、各基层部门的生产能力等来自内部，各种原材料的价格来自外部	大部分来自内部，如生产调度、指标完成情况、成本计算和工资计算等
信息的寿命	一般是企业发展战略和长远规划，考虑的时间尺度比较长，如三年计划、五年计划	涉及的信息时间一般比较短，如年度计划、季度计划和月统计报表	信息时间更短，有的只使用一次后就没有保存价值了，如职工考勤表等
信息加工方法	灵活多变，计算过程和使用的工具复杂，如预测模型、决策模型等	相对固定，如年度计划基本固定，只需根据具体情况个别调整，变化不大	信息加工方法最为固定，如每月工资发放的计算、报表的编制、每月收发料统计等，都有一套固定的办法
信息的精度	不需要十分精确	较精确	精确度高
使用频率	低	中	高
保密要求	高	中	低

5）可存储性

在一定条件下，信息可以借助不同的载体，以某种方式存储起来。存储的信息亦可在适当的条件下与载体一起进行传输。信息在传输中可以转化载体而不影响信息的内容。信息的可存储性为信息的积累、加工以及不同场合的应用提供了可能。

6）共享性

一个信息源的信息可被多个信息接收者接收，并且多次使用，还可以由接收者继续传输。一般情况下，共享不会造成信息源的信息丢失，也不会改变信息的内容。信息的共享有其两面性，一方面它有利于信息资源的充分利用，另一方面也可能造成信息的贬值，不利于保密。

7）价值性

信息是经过加工且对生产经营活动产生影响的数据，是劳动创造的，是一种资源，因而是有价值的。索取一份经济情报，或者利用大型数据库查阅文献所付费用是信息价值的部分体现。信息的使用价值必须经过转换才能得到。信息的价值还体现在及时性上，"时间就是金钱"可以理解为及时获得有用的信息，信息资源就转换为物质财富。如果时过境迁，知道了也没有用，信息也就没有什么价值了。因此，管理者要善于转换，去实现信息的价值。

2. 信息分类

信息所包含的内容是多种多样的，可从不同的角度进行分类。

1）按信息的特征分

按信息特征的不同，信息可分为自然信息和社会信息。自然信息是反映自然事物的、由自然界产生的信息，如遗传信息、气象信息等；社会信息是反映人类社会的有关信息，可以分为政治信息、科技信息、文化信息、市场信息和经济信息等。对于企业来讲，所关心的基本上是经济信息和市场信息。自然信息与社会信息的本质区别在于，社会信息可由人类进行各种加工处理，成为改造世界和发明创造的有用知识。

2）按管理层次分

按管理层次的不同，信息可分为战略级信息、战术级信息和作业（执行）级信息。战略级信息是高层管理人员制订组织长期战略的信息，如未来经济状况的预测信息；战术级信息为中层管理人员监督和控制业务活动，有效地分配资源提供所需的信息，如各种报表信息；作业级信息是反映组织具体业务情况的信息，如应付款信息、入库信息。战术级信息是建立在作业级信息基础上的信息，战略级信息则主要来自组织的外部环境。

3）按信息的加工程度分

按加工程度的不同，信息可分为原始信息和综合信息。从信息源直接收集的信息为原始信息；在原始信息的基础上，经过信息系统的综合、加工产生出来的新的信息称为综合信息。产生原始信息的信息源往往分布广且较分散，收集的工作量一般很大，而综合信息对管理决策更有用。

4）按信息来源分

按来源渠道的不同，信息可分为内部信息和外部信息。凡是在系统内部产生的信息称为内部信息；在系统外部产生的信息称为外部信息（或称为环境信息）。对管理而言，一个组织系统的内、外信息都非常有用。

5）按信息稳定性分

按稳定性的高低，信息可分为固定信息和流动信息。固定信息是指在一定时期内具有相对稳定性，且可重复利用的信息，如各种定额、标准、工艺流程、规章制度、国家政策法规等；流动信息是指在生产经营活动中不断产生和变化的信息，它的时效性很强，如反映企业人、财、物、产、供、销状态及其他相关环境状况的各种原始记录、单据、报表与情报等。

6）按信息流向分

按流向的不同，信息可分为输入信息、中间信息和输出信息。

2.1.3　信息资源与信息技术

1. 信息资源

所谓资源，传统意义上是指那些能够创造物质财富的自然存在物，如土地资源、矿产资源、能源资源、水资源和人力资源等。有用性、稀缺性、可开发性以及经济学意义上的成本、价值等属性都是资源属性的具体表现。现代社会中的信息已经具备了上述属性，说明信息也是一种资源。既然信息是资源，就应该像对待其他资源那样加强管理；既然信息可以带来巨大的社会效益和经济效益，就应该突出信息的利用，坚持需求导向的方针；既然信息的开发是一个生产过程，从宏观上讲就应该有一个行业的统筹规划，并不断有所投入以加快其发展；既然信息具有价值，就应该积极探索合理的价格政策，使信息业具有在市场经济条件下自我发展的能力。

信息资源是各种可供人们直接或间接开发与利用的信息集合的总称。按照本体论信息和认识论信息的概念，信息资源也存在不同的情形。一种是本体论信息资源，这是一类潜在、巨大、未加工的原始信息资源，或称"生信息资源"；另一种是认识论信息资源，这是经过主体感知和加工的信息资源，或称"熟信息资源"。由于信息加工的深度不同，"熟信息资源"的"熟度"也会有所不同。一般，网络上或数据库中的信息资源是各种不同程度的"熟信息资源"。

另外，由于不同主体常常具有不同的具体目的，认识论信息对于主体的"价值"也具有相对性：对此用户（群）有价值的认识论信息对彼用户（群）就不一定有价值；对此用户（群）有正面价值的认识论信息，对彼用户（群）却可能具有负面的价值。在日常生活中，人们喜欢把没有价值的信息称为"垃圾"。显然，在这种意义上，认识论信息究竟是不是垃圾也具有相对性。在甲看来是有用的信息，在乙看来就可能是垃圾。这就引出了信息服务的个性化问题。

知识，是主体关于事物的运动状态和状态变化规律的抽象化描述。知识有两个基本特征：一个是它的抽象性；一个是它的相对普遍适用性。按照这个定义，所谓"得到了关于某个事物的知识"，就是了解了这个事物运动的状态以及状态变化的规律，了解了这个状态和规律的形式、含义和价值。

从知识和信息的定义可以看出，知识和信息也是相通的：本体论信息可以通过主体的感知转化成为认识论信息；认识论信息可以通过加工提炼抽象成为知识。信息是创造知识的原材料，知识是信息加工的抽象化产物。

智能是一种具有内在逻辑性的综合能力，包括：在给定问题、环境和目标的情况下，获取相关信息的能力；把信息加工成知识以实现认知的能力；针对给定目标把知识激活成为策略的能力；按照策略在给定环境下解决问题达到目标的能力。

由上述定义可以看出，智能包含了信息、知识、策略和行为四个基本要素。更具体地说，它包括：获取相关的信息而不是任意的信息；将获得的信息加工成相关的知识，从而达到认知；针对目标激活知识，生成能够求解问题的智能策略；策略变为最终解决问题的智能行为。

无论什么系统（人、生物、机器），只要它能够在给定的环境下成功地解决问题以达到给定目标，就可以认为有智能。当然，智能的水平有高有低。给定的问题、环境和目标越复杂，需要的智能水平就越高；反之，则越低。

虽然信息和知识都非常重要，没有信息和知识，就不会有智能；但是信息和知识本身并不能直接解决实际问题，只有把信息转变成知识并进一步把知识转化为智能，才能最终解决实际问题。因此，研究信息和知识的最终目的是为了获得智能，解决实际问题。

2. 信息技术

虽然"信息技术"一词已经家喻户晓，但人们对它的理解却往往大相径庭。最大的误解是把信息技术等同于计算机技术，就是所谓的1C，这个C就是Computer。后来发现这一理解有问题，于是有人做出修正，把信息技术理解为计算机与通信技术，这就是所谓的2C，或者C&C，就是Computer and Communication。这个理解其实还是不全面，于是又有人把它修正为3C，第三个C又有多种不同的版本，如控制技术（Control）、家用电器（Consumer）、内容（Content）、芯片（Chip）等。这些理解都有一定道理，但都不够准确。

凡是能够用来扩展人的信息功能的技术都是信息技术。以信息技术构成的系统称为信息系统。人的信息功能包括感觉器官承担的信息获取功能、神经网络承担的信息传递功能、思维器官承担的信息认知功能和信息再生功能、效应器承担的信息执行功能。

扩展信息功能的信息技术有感测与识别技术（信息获取）、通信与存储技术（信息传递）、计算与智能技术（信息认知与再生）、控制与显示技术（信息执行），如图2-1所示。

由图2-1可以看出，信息技术可以扩展人的信息功能，而人类正是通过对这些信息功能的运用而表现出高超的智能。因此，"基于现代信息技术的先进社会生产工具"，是一种智能化的社会生产工具，简称为"智能工具"。

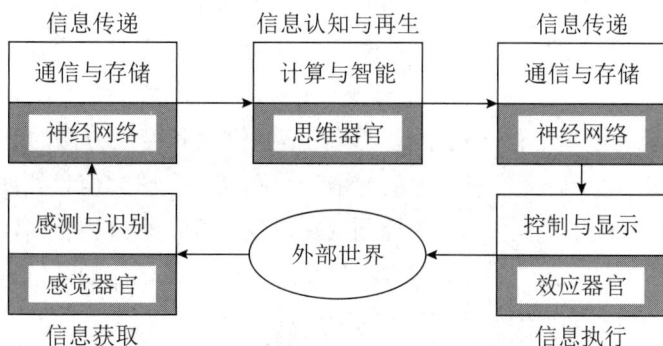

图2-1 信息技术是扩展人的信息功能的技术

现代信息技术在实现方式上主要表现为数字技术。通常，原始的本体论信息多为模拟（随时间取值）形式，与之直接对应的认识论信息（传感器的输出）通常也是模拟的形式。因此，最初发展起来的信息技术基本是模拟技术，如模拟测量仪表、模拟通信、模拟存储、模拟信号处理、模拟计算和模拟控制技术等。数字信息技术具有更多的优越性，如传输和存储的抗干扰能力强，便于实现逻辑处理和控制，便于用大规模集成电路实现等。因此随着编码技术、逻辑开关，特别是超大规模集成电路技术的不断发展与成熟，数字技术越来越多地取代了模拟技术。

数字技术主要包括数字化（时域的离散化、幅值的量化和量化值的编码）技术、数字信息的处理技术以及面向各种实际问题的应用技术。

在一般情况下，典型的信息过程包括从信息产生（提出问题）到最终被利用（解决问题）的全过程。典型的信息全过程模型如图2-2所示。

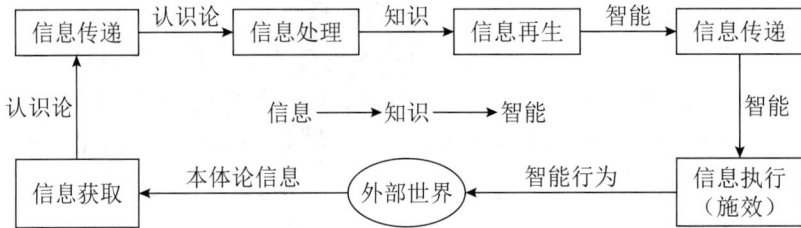

图2-2　典型信息全过程模型

可见，典型的信息全过程包括信息获取过程、信息传递过程、信息处理（认知）过程、信息再生（决策）过程、信息执行过程（按照智能策略形成智能行为并解决问题）。典型的信息过程包含了把信息转化为知识以及把知识转化为智能的过程，这是它的核心过程。

信息科学是一门新学科，人们难免对它有许多不同的理解。例如，有人把它单纯地理解为计算机科学，也有人把它理解为广义的信息论，还有人把它理解为图书情报学或图书馆学等。

一般来说，信息科学是研究信息现象及其转化规律的科学。具体地说，信息科学是以信息为基本研究对象，以信息运动过程和转化规律为基本研究内容，以信息科学方法论为基本研究方法，以扩展人的信息功能（信息功能的有机整体便是智力功能）为基本研究目标的科学。

对照图2-2所示的模型，信息科学包含研究信息性质和度量方法的信息论、研究信息获取的检测论和识别论、研究信息传递的通信论和存储论、研究信息处理的认知论、研究信息再生的决策论、研究人信息执行的控制论，以及研究信息过程全局优化的系统论和智能论。这些理论共同形成了一个有机的学科体系。其中，最核心的是信息、知识和智能的转化理论，以及信息论、知识论和智能论的统一理论。

2.1.4 信息化的现代化基本概念

首先，"现代化"是一个时代色彩很强的概念。任何时代，都可以有那个时代的现代化。但是，不同时代的科学技术发展水平不同，创造的社会生产工具不同，因此，不同时代的现代化内涵也各不相同。

例如，一千多年前，古代基础科学与古代材料科学技术是当时科学技术发展的主要潮流，新出现的社会生产工具是基于材料技术的体力工具。那时"现代化"的主流内涵是：一方面要建立"基于体力工具"的农业，同时要利用这种先进的体力工具来装备、改造和提升传统的游牧业。这就是当时的农业现代化。

又如一百多年前，近代基础科学、近代能量科学技术和近代材料科学技术成为当时科学技术发展的主要内容，新出现的社会生产工具是基于能量技术的动力工具。那时"现代化"的主流内涵是：一方面要建立"基于动力工具"的工业，同时要利用这种先进的动力工具来装备、改造和提升传统农业。这就是当时的工业现代化。

到了现在，现代基础科学技术、现代信息科学技术、现代能量科学技术和现代材料科学技术获得了协调的发展，正在大量涌现的新型社会生产工具是基于信息技术的智能工具。如今"现代化"的主流内涵则是：一方面要建立"基于智能工具"的信息产业，同时要利用先进的智能工具来装备、改造和提升传统工业和传统农业。这就是基于信息化的现代化，是以信息化带动工业现代化和农业现代化的当今时代的现代化。

信息化能够有效地带动工业和农业实现现代化，这体现了先进社会生产工具的作用。既然先进的社会生产工具能够更有效地扩展人类的能力，那么这种得到扩展的能力就不仅能够在建立新产业方面发挥巨大作用，也能在改造传统产业方面发挥巨大作用。换言之，信息化所创造的先进社会生产工具是基于现代信息技术的智能工具，即大规模的智能信息网络。由于这种工具几乎具有人类认识世界和优化世界所需要的除创造性思维功能之外的全部信息功能，因此，人们不仅可以利用智能工具来发展信息产业，也可以利用它来实现工业现代化和农业现代化。

工业化的出路也在于信息化。传统工业的生产方式通常是把一个完整的生产过程分解为一个个任务明确、功能单一的生产环节，因而可以用一些具有相应功能的机器承担其中某些环节的生产任务，然后雇佣一定数量的劳动者来执行那些不容易实现机械化的工作，并完成各个生产环节之间的衔接。在生产流程中，机器的任务通常是快速持久地完成某些相对单一的特定动作过程，人类劳动者完成的则往往是那些比较灵活多变的工作过程。

由于工业时代科学技术观念的特色是强调分析和分解，忽视全局，每个机器都针对生产过程的某个局部环节来设计，因此，传统工业生产过程一般不是整体优化的过程。另外，就每个局部环节来说，工业时代的科学技术只有材料和能量的观念，缺乏信息观念和系统观念。为了保障机器工作的可靠性，每个机器都是基于"材料强度富裕"和"运转能量充足"的观点设计的，没有考虑全部运转过程的整体优化设计。加上当时材料和能量的质量不高，机器的工程设计冗余量往往很大，造成过量的材料和能量消耗。

总之，机器庞大笨重，缺乏过程优化，材耗能耗高，工作效率低，投入产出比不理想，环境污染严重，劳动者围着机器转，见物不见人，这是传统工业生产普遍存在的问题。

利用现代信息技术，特别是智能信息网络技术，可以很好地解决这些问题。

首先，现代信息技术可以完成除创造性思维以外的各种工作，包括一般智力劳动过程和大部分体力劳动过程。因此，只要有必要，生产过程中原本由劳动者承担的那部分工作就可以由智能信息系统来完成。具体的途径是：一方面扩展机器的自动化和智能化水平（如计算机控制的数控机床、自动化机床、专家系统、灵巧加工系统等），缩小劳动者所承担的工作内容和领域；另一方面设计相应的智能信息系统（如机器人、智能机器人等）来承担机器之间的衔接。在此基础上，把所有这些机器系统组织成为一个有机的工作体系，成为能够自动完成全部生产过程的网络。这样，在必要的场合，利用智能信息网络技术就可以实现生产过程的全局自动化和智能化。

其次，现代信息技术，也只有现代信息技术，才能从材料、能量和信息三者统一的观点出发进行系统优化，以信息（知识和智能）来支配与调度材料和能量。因此，可以通过仿真或虚拟现实的方法，设计出能够同时兼顾材料、能量、质量、品种、环境、生态以及工作过程优化的机器系统。

需要特别强调的是，在开放性、竞争性、全球化的现代市场经济环境下，工业系统优化设计和优化运行的约束范围必须大大突破，必须超越一部机器、一条流水线、一个车间、一个工厂、一个地区、一个国家的范围，扩大到整个世界的商品生产、市场销售，以及产品消费的全部领域。这样，企业的顾客、需求、原料、产品、利益和竞争都必须面向全球。考虑到世界市场的复杂性、多样性和快速变化，企业的反应必须非常敏捷、灵活、有序和有效。

从整个现代科学技术的发展现状和未来发展趋势看，这种企业模式不可能有其他选择，只能是"基于全球化智能信息网络的现代企业"的理念，也就是人们经常所说的"网上企业"。

这种"网上企业"的信息网络遍布整个世界市场，所有的网络结点都具有十分敏感的传感测量和识别系统，它们能够灵敏地感知世界市场中一切相关的发展和变化。通信网络能够把这种变化准确、及时地传递到企业的智能处理中心和决策中心，后者能够对这些变化做出正确分析，从而推测市场变化的真相，并在此基础上确定企业的应对策略，发现和定义自己既有优势又有市场前景的产品形态。按照这个策略，企业智能控制中心能够灵活设计并快速实现产品生产的工艺流程，及时控制产品生产的品种和数量，执行所制定的销售策略。遍布全球市场的通信网络和传感测量识别系统能够及时地反馈产品销售情况，为下一步的策略调整提供可靠的依据。这就是一个典型的"基于全球化智能信息网络的现代企业"的工作过程，也是利用信息技术改造传统产业的一般途径和前景。

显然，信息化对传统工业和传统农业改造的结果，使它们能够摆脱传统、落后的生产方式，成为基于信息系统的现代化工业和现代化农业。这就实现了产业的升级。由于生产工具实现了自动化、网络化和智能化，工业产品和农业产品的数量极大增加，质量不断改善，品种更加丰富，适应世界市场和用户需求的能力将大大增强，环境保护、生态协调以及可持续发展将得到保障。由于劳动生产率大大提高，工业和农业就业人数将大大减少，他们将从工业和农业领域大量转出，进入"容量无限"的信息产业、知识产业和智能产业，从而使国民经济的产业结构从根本上得到改善和优化。

由此就从理论和实践两个方面证明："大力推进国民经济和社会信息化，是覆盖现代化建设全局的战略举措"。信息化，也只有信息化，才可以带动工业化，实现国民经济各个部门和社会活动各个领域在信息时代真正意义上的现代化，实现国民经济产业结构的优化。

善用后发优势，实现后来居上，首先是认识问题。对于一个发展中国家来说，最基本的条件是必须有不甘落后和自强不息的志气，有发愤图强和后来居上的强烈愿望，自觉地利用后发优势。从实施的角度讲，关键的问题在于应用先进的社会生产工具。因此，只有理论上的认识还不够，更重要的是要大力发展文化教育，提高全民族的文化科学技术素质，使人们具备掌握和应用先进社会生产工具的基础和能力。

对于推进信息化来说，就是要在全社会开展信息技术和相应文化科学技术知识的教育与培训，使广大社会成员具备足够的能力，掌握和应用信息技术以及基于现代信息技术的信息系统工具，利用这种工具去解决经济发展和社会进步中遇到的各种问题。在此基础上，国家应当从实际的国情出发，制定有基础、有特色、有目标的切实可行的国家信息化规划，引导人们的努力方向。同时，国家要创造良好的政策环境，发挥竞争与合作两方面的积极因素，鼓励人们在规划的方向上努力实现信息化规划的目标。

当然，信息化是一个规模庞大、因素复杂的社会—经济—科学—技术相互作用的系统工程。只要具备了这些最基本的条件，同时注意在实践中不断探索，不断学习，不断积累经验，利用后发优势实现后来居上就大有希望。

信息化是现代人类社会发展的必然过程，大力推进国民经济和社会信息化是覆盖现代化建设全局的战略举措。没有信息化，就没有当今的现代化。只要大力推进信息化，以信息化带动工业现代化和农业现代化，充分发挥后发优势，就能够实现社会生产力的跨越式发展，把工业（农业）社会推进到高度发达的信息社会。

企业信息化是覆盖企业全局的系统工程。企业信息系统是现代化企业不可缺少的基础设施和管理平台。信息化在现代企业生存和发展中的地位和作用确定了信息部门是在企业生产、经营和管理中影响全局的综合管理部门，必须摆到突出的位置，才能使企业在激烈的国际、国内市场竞争中生存和发展。

2.2 电力企业信息化咨询工程规划

制定企业发展目标与经营战略方法、制订企业信息化战略规划的步骤、企业信息化评价及管理制度、企业信息化标准规范的设计方法是本节介绍的主要内容。

2.2.1 制定企业发展目标与经营战略的基本方法

1. 确定企业的发展目标与经营战略

1）确定企业的总体发展目标

企业作为独立的商品生产者，为了使自身不断得到发展和壮大，必须具有自己的总体发展目标。总体目标的确定是企业经营活动的首要任务，它必须由企业所有者和经营者乃至企业的一般员工共同确定。

2）分析企业的外部经营环境

企业的一切经营活动无不受到其所处的外部环境的制约。因此，企业必须去研究分析其外部环境及其发展趋势，分析环境形势的变化对企业的影响，以便采取正确的对策，使企业的经营活动与外部环境的动态平衡。

3）分析企业的内部条件

企业的内部条件是企业经营活动的基础，反映的是企业所具有的经营实力。为了利用企业外部环境变化可能提供的有利机会，避免环境变化可能带来的风险，就必须充分了解企业本身的优劣之处，对自身状况做出正确评价，从而做到知己知彼，并不断地对企业的内部条件加以改善，实现与外部环境的动态平衡。

4）拟定正确的经营战略和经营策略

为了实现企业的总体发展目标，就必须根据企业的外部环境和内部条件的各种信息，制定出正确的经营战略。企业的经营战略是对企业长期的、全局性的经营问题的谋划，是实现企业目标的重大决策或举措。企业除了为达到长期稳定发展的目标而拟定经营战略外，还要随时根据企业面临的短期经营环境采取相应的应变策略。也就是说，经营策略主要是企业为实现经营战略而采取的短期的行动计划。战略与策略主要是目的与手段的关系。

5）建立并及时调整企业的经营组织

所谓经营组织是指为实现经营战略而采取的企业组织结构形式和组织方法，它是企业从事经营活动的重要保证。一个合理的、良好的经营组织必须具有高度的活力并能适应外部环境的变化，能够灵活地根据企业经营战略和策略变化进行调整。

6）制订企业的经营计划

企业的经营计划是关于经营战略和策略的具体安排，可分为中长期规划和年度经营计划。企业的中长期规划是企业长期经营战略的具体化和数量化，是企业总体战略目标的体现。年度经营计划是企业一年中生产经营活动的具体纲领，是经营战略和规划的周期性安排，是实现战略和规划的基础。

2. 企业经营战略的特征及分类

企业经营战略是企业根据其外部环境和自身条件，为求得企业生存和发展，对企业发展目标的实现途径和手段的总体谋划，它是企业经营思想的集中体现，又是制订企业规划和计划的基础。

1）企业经营战略的特征

（1）全局性。经营战略是研究企业全局的指导纲领，它所反映的是有关企业全局性问题的重大决策。但是也要注意，全局由一切局部构成，当某些局部的成败对全局具有决定性影响时，则这些局部问题就具有战略的性质。

（2）长期性。经营战略往往着眼于未来相当长的一段时间，而不只在短时期内起作用，因此，经营战略带有长期性的特征。

2）企业经营战略的分类

（1）按决策层次分类。大型企业经营战略是一个庞大复杂的大系统，包括三个层次：第一层次是公司级战略，第二层次是事业部级战略，第三层次是职能级战略。公司在制定总体战略时要考虑下一层次的情况，而下一层次的战略应服从和体现上一层次的战略意图。

（2）按经营态势分类。按经营态势可分为发展型战略、稳定型战略和紧缩型战略。

①发展型战略。这种战略适用于企业有发展和壮大的机会，其特点是：投入大量资源，扩大产销规模，提高竞争地位，提高现有产品的市场占有率或用新产品开辟新市场，这是一种进攻的态势。企业发展型战略主要有企业产品—市场战略、企业联合战略、企业竞争战略和国际化经营战略等。

②稳定型战略。这种战略强调的是投入少量或中等程度的资源，保持现有的产销规模和市场占有率，稳定和巩固现有的竞争地位。这种战略适用于效益已相当不错、暂时没有进一步发展的机会、其他企业进入屏障又较大的企业。

③紧缩型战略。这种战略适用于外部环境与内部条件都十分不利，企业只有采取撤退措施才能避免更大损失的情况。企业紧缩型战略主要有缩小规模、转让归并及清理等措施。

3. 企业发展和战略管理的误区

我国企业的竞争环境变成全球范围以后，各种不确定因素将大幅增加。因此企业必须强化战略意识，提高战略管理能力，及时把握环境与未来的变化，调整自己，增强优势，抓住机会，避免威胁。目前，不少企业还存在战略问题。

1）缺乏追求市场主动权与支配地位的意志

争取到市场主动权与支配地位，往往需要企业敢于去寻找大行业、大市场、大目标、大资源，敢于发动大动作、大创新、大增长。一些企业管理层缺乏这种魄力。没有意识到从中长期看，市场上的主动权与支配地位是决定企业生死存亡的关键。缺乏进取心和随波逐流的原因是感到自己实力太小，并局限于量力而行的思维习惯，缺乏清晰的战略思考。

2）缺乏发展目标与相应战略规划及提前准备

当企业陷于始料不及的市场环境恶化之中，或机会被别人抓住大获其利时，其高层负责人才会明白战略缺陷是一个多么严重的问题。失败的教训是对别人的战略意见充耳不闻，不以为然。如果在"网站热"中能做到提前进入和提前撤出，而不是步步跟风，那些被套住的公司的结局可能会很不一样。根据企业外部环境和自身情况，制定企业发展目标与相应战略规划，并提前做好各方面的准备工作是企业成功的基础。

3）战略规划流于主观、随意、经验、形式主义

一些企业领导者在制定发展目标与战略规划决策时，脱离对国内外市场环境、行业环境、宏观环境的详尽调研，脱离对特定行业中企业发展成功规律的全面深刻了解。他们满足于投机取巧的小聪明，不愿意做需要投入较多的时间、精力及经费的战略研究工作。

4）战略片面化、粗放化

战略规划缺乏系统化、精算化，匆忙投入运作。结果往往不是失败，就是勉强达成预定的部分目标，也是耗费大于收益。

5）缺少发展目标与战略规划方案论证

一些企业缺少发展目标与战略规划方案论证和深入细致的调查研究，在决策中，方案单一，思路狭窄，缺乏在最佳效果、可行性、风险最低等原则上寻求平衡优化过程。

6）战略缺乏执行系统强有力的支持

（1）战略没有落实为切实可行的战役行动计划与良好的战术方案。

（2）战役级作业部门水平低，如人员素质与专业技能低，业务流程落后、混乱、缺乏效率，激励制度调动不起员工的积极性，管理漏洞多等。

（3）执行控制不力。

（4）仅仅依托信息系统的大量信息收集、加工和处理的决策支持，缺乏战略分析。

前两种情况，由于战略领导层对执行的组织不力造成的。执行控制不力，指管理高层缺少对执行过程全面深入的监督，缺乏明确、持续的进度管理，因而会导致经常性的现场混乱，及一些问题发生后不能及时得到解决、纠正而使问题扩大，影响到全局。

7）投资选项失误和市场进退时机失误

市场分析不及时、不准确，市场进入、项目准备不充分，企业在投资选项与进退时机上易出现决策失误，往往带来难以挽回的灾难性后果。

8）企业负责人缺乏超凡的决断力

胜败是兵家常事，优柔寡断是兵家大忌。关键在于，机会来临的时候，能够使战果扩展到最大，或在失败的时候能够做到壮士断腕，及时扭转败势，使损失减少到最小。否则，成功却无大收获，一次失败便招至灭顶之灾。

9）企业最高决策者对战略工作投入不够

企业最高决策者没有与日常业务脱离，在战略工作上投入的时间、精力、知识与费用不够、不集中、不持续。该问题的发生，是因为企业最高决策者不懂战略，滞留于熟悉的战术工作中，且乐而忘返。

10）缺乏具备战略头脑的领袖及形成机制

一群狮子被一头羊带领，会变成一群羊；一群羊由一头狮子带领，就会成为一群狮子。具备战略智慧和超出意志的企业家，是战略领导机制全部活动的起点。国内不乏胸怀大志的企业家，但缺少的是三合一型的领导者，即同时具有宏大气魄、战略智慧和道德魅力的企业家，其中更缺少的是具有道德魅力的企业家。因为战略可以借脑获得，但道德魅力，如善于让利、让名、容异，则是自身修为。实质上这是一种难以学习的最高战略智慧。自古以来，成大事者少，成大事而久存者更少，原因即在于此。具备战略头脑的领袖一定是在市场经济的大风大浪中冲杀出来的强者，在保护中"培养"不出这样的领袖。创造良好的市场竞争环境和形成机制，是企业战略成长的摇篮。

2.2.2　制定企业信息化战略规划的步骤

1. 企业信息化战略规划的概念

所谓企业信息化战略，就是指基于企业发展目标与经营战略，制定的企业信息化建设与发展的整体思路与指导体系。企业信息化战略规划设计关系到企业的长远发展，是使企业在新一轮竞争格局中取胜的关键，因此实施契合企业实际的信息化战略，是每个企业决策者和信息主管肩上不可推卸的重任。正视企业面临的各种挑战，对企业的内外部环境做尽可能全面和深入的分析，在此基础上，确立企业信息化可能的路径，并预见其方向和可供运行的空间。企业信息化是一项涉及面广、庞大和复杂的系统工程，企业信息化战略的研究与制定，对企业长远目标和经营战略的实现具有十分重要的意义。

2. 企业信息化战略规划的步骤

当前，企业信息化建设已由战术地位提升为战略地位，由局部推进变为整体推进，由技术驱动转变为业务驱动，由政府主导转变为政府和市场共同推动。新阶段企业信息化建设也呈现出规模大、投资强度高、跨部门、关联业务多、涉密性强、安全要求严、求实效、方案选择难、要素多、实施风险大等特点。在制定企业信息化战略规划的时候，必须从企业发展目标和经营战略出发，根据企业发展现状和信息化基础条件，把信息化建设与企业经营战略有机地结合起来，形成目标清晰、定位准确、措施得力的战略部署。

1）明确企业经营战略目标对信息化的要求

基于企业发展目标和经营战略，首先应当明确企业的任务、使命以及长远的发展目标；其次，要定义企业与外部经营环境的关系，明确对付外部竞争势力的方法；第三，明确实现以上目标的指导性原则、政策，以统一各方面的意见，成为企业内集体行动的指南。企业经营战略是企业为求得生存与发展而进行的总体谋划。经营战略有全局性、长远性、竞争性和纲领性的特性，所以它的决策对象是复杂的，面对的问题往往是突发性、难以预测的，而决策的正确与否又关系到企业的全局和前途。目前，随着信息技术的迅猛发展和普及，世界经济一体化趋势的发展，市场变化速度加快，企业竞争愈加激烈，企业经营战略的实现已经离不开信息技术的支撑，企业信息化成为企业生存发展、实现经营战略目标的必然选择。正因为信息技术对企业经营战略的影响重大，所以企业应当有正确的信息化战略。企业信息化战略可以以企业经营战略为基础来制定，也可以把企业经营战略的某些重要部分整合起来，或者完全与企业经营战略合为一体。

企业战略决策层应在掌握企业战略管理的基础上，认真分析企业经营战略目标对信息化的要求，从战略层次考虑企业信息化建设的方向、目标，从而形成企业经营战略目标实现的强有力支持，共同推动企业走向成功。在分析企业经营战略目标对信息化的要求时，一般采取自上而下的逐步分解的方法。第一步，在企业战略分析的基础上明确企业经营战略目标。这种战略目标具有全局性、长期性；如果可能，可进一步对总体战略目标分阶段分解为阶段目标。阶段目标有历史性，有较为明确的时间性。第二步，针对战略目标的要求，在企业经营、生产、销售、研发等各方面分解为功能目标，确定实现功能目标需要具备的条件，列出一定期限内的建设内容和采取的措施，形成一整套目标功能体系。第三步，从上述体系中分析信息化的支撑作用，从而确定信息化建设的总体框架，形成企业战略目标指导下的信息化建设内容，确定信息化战略需求。

2）对企业信息化环境进行分析

在信息化战略目标的指引下，对企业信息化进行环境分析。一方面是对企业内部的信息化条件进行分析，主要是收集全面的信息化基础资料，搞清楚企业现有的软硬件与应用系统等现状，调查业务应用对信息系统的要求，综合分析各业务模块应用信息化技术的实际情况，在辅之以业务流程标准化或业务流程重组分析的前提下，确定企业信息化的关键领域或部门，形成信息化建设的初步方案。另一方面，对企业外部信息化的条件进行分析。一要了解信息技术的发展现状，评析各种广泛应用于企业的信息技术和信息系统的功能和作用，把握企业信息化总体发展趋势。二要研究国际知名企业、国内先进企业的信息化建设案例，学习企业信息化的各种经验和教训，挖掘企业信息化建设的一般规律，为本企业信息化实践奠定基础。

3）制定企业信息化战略规划

在战略层，信息化战略规划应是企业经营战略指导下的信息化战略，甚至信息化战略本身与企业经营战略是融合为一体的；在业务层，信息化建设体现在以业务信息系统建设为主的信息化观念转变、系统建设、业务调整、人员培训等各方面。在确定信息化战略目标和进行了企业内外信息化环境的分析以后，制定企业信息化战略规划，在战略信息管理理论、技术创新和制度创新理论的指导下，运用投资分析技术、技术经济评价方法和其他相关方法，对企业信息化建设作综合评价和设计，提交企业最高决策层讨论，形成今后企业信息化建设的指导性文件。一般包括五部分内容。

（1）环境分析。首先要明确企业的发展目标、发展战略和发展需求。明确为了实现企业级的总目标，企业各个关键部门要做的各种工作。其次要研究整个行业的发展趋势和信息技术产品的发展趋势。不仅要分析行业的发展现状、发展特点、发展动力、发展方向以及信息技术行业发展中起的作用，还要掌握信息技术本身的发展现状、发展特点和发展方向。要了解竞争对手对信息技术的应用情况，包括具体技术、实现功能、应用范围、实施手段以及成果和教训等。最后要认识企业目前的信息化程度和基础条件。信息化程度分析包括现有技术水平、功用、价值、组织、结构、需求、不足和风险等。基础条件分析的内容包括基础设施，如网络系统、存储系统和作业处理系统；信息技术架构，如数据架构、通信架构和运算架构；应用系统，如各种应用程序；作业管理，如方法、开发、实施和管理；企业员工，如技能、经验、知识和创新。

（2）制定战略。它根据环境分析的结果，制定和调整企业信息化的指导纲领，争取企业以最适合的规模，最适合的成本，去做最适合的信息化工作。首先是根据本企业的战略需求，明确企业信息化的愿景和使命，定义企业信息化的发展方向和企业信息化在实现企业战略过程中应起的作用。其次是起草企业信息化指导纲领。它代表着信息化管理部门在管理和实施工作中要遵循的企业条例，是有效完成信息化使命的保证。然后是制定信息化目标。它是企业在未来几年为了实现愿景和使命而要完成的各项任务。

（3）设计信息化总体架构。信息化总体架构是基于前两部分而设计的信息化工作结构和模块。它以层次化的结构涉及企业信息化的各个领域，每一层次由许多功能模块组成，每一功能模块又可分为更细的层次，如图2-3所示。在总体架构下，构造应用层次架构如图2-4所示。

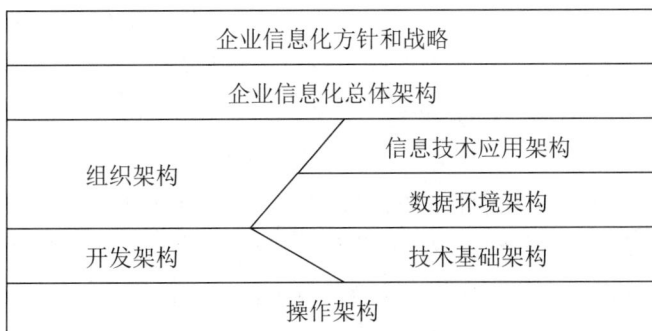

图2-3　信息化总体架构

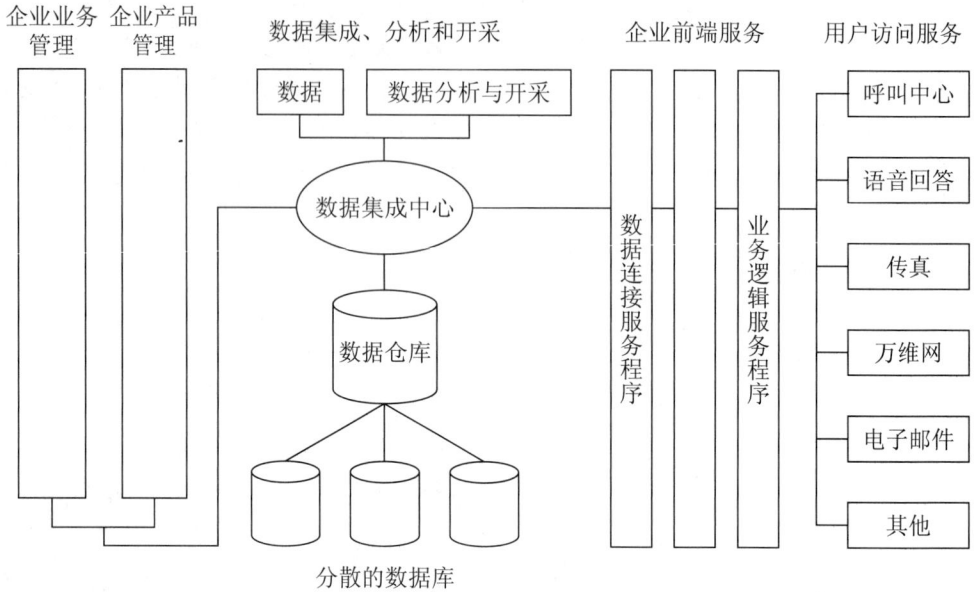

图2-4 信息技术应用架构

构造数据资源架构如图2-5所示。

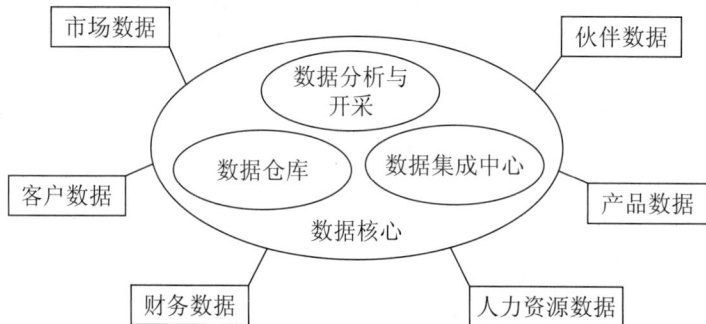

图2-5 构造数据资源架构

（4）拟定信息技术标准。这部分涉及对具体技术产品、技术方法和技术流程的采用，是对信息化总体架构的技术支持。通过选择具有工业标准、应用最为广泛、发展最有前景的信息技术为标准，可以使企业信息化具有良好的可靠性、兼容性、扩展性、灵活性、协调性和一致性，从而提供安全、先进、有竞争力的服务，并且降低开发成本和时间。

（5）项目分派和管理。这部分在第二、第三和第四部分的基础上，首先对每一层次的各个功能模块以及相应的各项企业信息化任务进行优先级评定、统筹计划和项目提炼，明确每个项目的责任、要求、原则、标准、预算、范围、程度、时间以及协调和配合。然后，选择每个项目的实施部门或小组。最后，确定对每个项目进行监控与管理的原则、过程和手段。

2.2.3　企业信息化评价及管理制度

1. 建立企业信息化评价指标体系的意义

根据企业战略发展的需要，设计信息化评价指标，对信息化建设做出客观准确的评价，应以系统的观点，确定一套科学的信息化评价指标体系和计算方法，以全面评价企业信息化建设的效果和效益。

企业信息化水平评估是企业信息化建设的重要环节。企业信息化的目标实现与否，不能靠主观意愿来定，要靠真实的评估。企业信息化是企业不断应用信息技术、深入开发和应用信息资源的过程。或者更确切地说，企业信息化是信息技术应用和信息资源开发由局部到全局、由内部到外部、由战术层次到战略层次不断深化的过程，其建设过程应该包括计划、实施、评估和改进四个环节。

对企业信息化建设进行评估，是从企业引进信息技术的目的和战略出发，考察信息技术应用给企业经营和管理带来的影响。一方面对其全过程进行全面的评价，彻底检查企业信息化的现状，确定信息化建设的阶段，并与企业的既定目标对比，发现实施信息化过程中存在的问题，找出差距；另一方面，总结企业信息化实施过程中的经验和教训，并结合新的现实，根据企业所面临的新环境和新业务，重新定义企业信息系统，制定新的信息化方案。

2. 设置企业信息化评价的指标

企业信息化评价要设置全面的评价指标，即信息技术应用的广度和深度、信息资源的开发和利用、信息安全的评价、信息化人才开发、信息化的组织和控制、企业信息化的经济效益。

1）信息技术应用的广度和深度

通过信息技术应用的广度和深度评估，可以了解管理系统的功能在多大范围内得到信息技术支持；从性能上可以了解技术先进性、可靠性、易维护性和用户界面等。

2）信息资源的开发和利用

信息系统的运行要靠信息资源的开发和利用来支持，如果把信息系统比作人体骨骼的话，信息资源就是肌肉和血液。从信息资源开发利用的角度，可以评价信息系统的利用程度和企业的知识管理水平。这可以从挖潜能力以及信息的收集、加工和共享方面进行评估。

3）信息安全的评价

随着信息技术的发展，各行各业相继建立了不同类型的信息系统，如各类具有信息采集、信息传递、信息存储、信息处理等功能的子系统和分系统。同时，利用相应的信息系统，既可以窃取信息系统中的信息内容，也可以扰乱信息系统中的信息内容。社会信息化程度的提高，信息安全问题也逐步演变为严重限制和制约经济发展的重大问题。因此，对于企业信息化安全的评价应引起足够的重视。

4）信息化人才开发

人力资源是企业信息化的重要组成部分，也是信息化的参与者，即信息化的主体。在这里，人力资源包括信息技术人员和企业的其他员工。对于前者的评价主要考察其计算机应用能力、软件设计开发能力以及理论和实践相结合的能力；而对于后者，由于企业信息化的深入，员工积累了丰富的经验和教训，这是推动企业信息化的基础，因此，对其评价侧重于员工素质的提高和员工参与信息化的程度。

5）信息化的组织和控制

对企业信息化组织和控制的评价基于信息化的深入。随着信息化的深入，企业会逐渐形成比较完善的信息化规划、组织和控制机制，同时，也必然伴随着有关信息化的政策、制度和标准的制定。随着信息化的深入，企业管理日趋规范，信息化规划、组织与控制机制与企业日常管理逐渐融合在一起，形成上下一体的协调运转的信息化管理体制。

6）企业信息化的经济效益

企业信息化为企业带来的收益可以分为有形收益和无形收益，可以分别从定量和定性的角度来确定；在评估企业信息化经济效益时要注意平时数据和资料的积累，还要关注信息技术带来的机会和潜力。企业信息化的经济效益具有广泛性、间接性和时滞性的特点，在评价时需要考虑以下几方面：减少人工信息处理的工作量，从而节约人工费用和办公费用；缩短产品生产、采购的周期，降低库存，加速资金周转，准时交货；加快信息收集、传递、处理的速度，提高企业的反应速度；改善服务水平，提高企业的市场竞争能力；改善员工的工作满意度；改善企业的战略思考。其中前三方面是企业信息化的有形收益，可以用定量的指标来描述，后三方面是无形收益。除此之外，还必须考虑实施企业信息化的成本，包括系统分析与设计费用和实地费用、员工培训费用、系统运行成本（如集成和测试费用）、运行费用、管理费用、数据分析成本、数据转换成本和维护费用等。

3. 制定企业信息化管理制度的原则

制定企业的信息化管理制度，对信息化管理制度的适用性进行动态分析并作出相应调整。在制定信息化管理制度时，应遵循以下原则。

1）效率性原则

信息化是企业为响应市场环境快速发展变化，对效率需求大幅增加的产物，因此企业信息化建设与应用也必然对效率具有很高的要求。在设计合理的企业信息化管理制度时应当意识到管理本身也是具有成本的，因而所设计的制度应该简洁明了，易于理解，易于在企业中推行。

2）精确性原则

企业信息化管理制度要力求准确，切忌含糊其辞，能够量化的管理指标要进行量化。

3）完整性原则

在未来的企业中，很可能每位员工都是企业信息化的建设者或应用者，企业信息化管理制度的制定要覆盖到参与信息化的各层面人员，最大限度地避免信息化建设与应用过程中的管理黑洞。

4）可用性原则

企业分工往往比较明确，人才架构较为复杂，不同工作岗位的人员的信息技术技能参差不齐，在设计信息化管理制度时要注意繁简适宜，照顾到企业人员的各个层面。

5）预见性原则

信息技术的发展日新月异，一方面企业要在新技术引入的过程中及时对一些不适宜的制度进行调整，另一方面要在设计信息化管理制度时对新技术的发展与应用趋势具有一定的预见性，为新技术的引入铺平道路。

6）集成性原则

制定企业信息化管理制度要注重与企业现有制度的有机结合。目前，企业信息化管理制度是企业管理制度中比较新的一个门类，需要专门进行制定，但随着企业信息化步伐的加快，企业信息化管理制度将逐步融入整个企业的管理制度中。

2.2.4　企业信息化标准规范的设计方法

企业信息化标准规范根据企业信息化建设过程中的一般规律、基础要求、共性化需要进行设计和制定。它是企业信息化建设、信息技术应用的重要基础，是保障企业信息化建设成功的重要准则。

1. 标准化和规范化体系

- 技术体系——标准化技术、支撑技术、标准体系。
- 工作体系——标准化组织体系构成的工作体系。
- 管理体系——由政府、管理机构、中介机构、企业构成。
- 组织体系——在一把手领导下，统一管理企业的标准化工作。
- 工作规范——标准化职责、工作程序、工作要求。
- 资源投入——企业开展标准化所需的设备、材料、资金、人力、信息。

企业信息化标准规范可按国际标准规范、国家标准规范、行业标准规范、地方标准规范、企业标准规范等进行分类，也可按技术标准规范、工作标准规范、管理标准规范、组织标准规范等进行分类；还可按不同技术、产品或服务类别划分，如工程设计类企业信息化技术（CAD/CAE/CAPP/CAM/PDM）、经营管理类企业信息化技术（MRP/ERP/SCM/CRM）、过程控制类企业信息化技术、办公自动化类企业信息化技术、网络硬件数据库等平台类技术等。同时，企业信息化标准规范也可分为产品技术标准规范、建设采购标准规范、工程实施标准规范、咨询服务标准规范、认定评价标准规范等；还可按指令性标准、指导性标准、技术或工作规范等进行划分；也可分为面向政府的标准规范、面向供应商的标准规范、面向用户的标准规范等。

2. 设计原则

1）统一性原则

在设计企业的信息化标准规范体系、制定企业信息化具体标准规范时，要注重与企业现有经营管理制度、其他技术标准规范、信息化规章制度等的统一。

2）系统性原则

企业的信息化标准规范的设计，需要自顶向下、分步健全，尽可能考虑到各个方面、层面，在统一框架下逐步建成完整的标准规范体系。

3）适用性原则

企业的信息化标准规范体系的设计、建设及采用，应当实用、可操作，既注意它的先进性，更要注意适时、适度。

4）成熟性原则

企业的信息化标准规范设计和体系建设，应遵守国家指令性标准，尽量采用现有的国际、国家、行业成熟、较广泛使用的技术标准和规范；自行设计的标准规范应具有应用基础。

5）集成性原则

在设计企业信息化标准规范体系、制定企业信息化具体标准规范时，必须注意与国际、国家、本行业、本地区、需进行信息交互的相关单位的标准规范的集成。

3. 制定方法

参照前述分类方法，选取其中一种或几种，先行建立企业的信息化标准体系框架，以此为基础，通过采用国家制定的有关指令性标准和规范，采用国际标准、国家其他有关标准规范，采用行业、地方发布的有关标准规范，并结合信息化的具体实施过程，适时自行制定企业实用的标准或规范，最后形成完整的企业信息化标准规范体系。

1）企业信息化标准体系框架的建立

采用总体规划、分步实施的原则，将自顶向下与自底向上相结合，有计划、有步骤地建立企业信息化标准规范体系。首先建立企业信息化标准规范体系的框架，建立标准规范体系可以像建立规章制度一样，同时从面向资源和工作内容、面向信息化过程两个角度建立，形成矩阵式体系结构。标准规范体系框架可根据企业实际参照前述分类方法中的一种或几种建立。比如，可按下列层次建立体系框架。

- 基础标准：是面向资源的基本标准，如分类及编码标准、数据格式标准等。
- 技术标准：是企业信息化中标准规范最集中的方面。面向资源的技术标准有技术平台和工具标准、各应用分系统技术标准、技术接口标准等；面向过程的技术标准有流程分析方法准则、产品选型标准、工程实施规范，以及各类技术流程规范等。

- 工作标准：主要是面向过程的标准，如企业信息化各项工作的立项、审批及其流程规范，企业的信息化建设评价标准等。
- 管理规范：既有面向资源的，又有面向过程的，如文档管理及其管理规范、产品采购规范、资金投入的有关条件规范等。
- 组织规范：与人相关的各类标准规范，包括职位设置和岗位职责等。

2）基础标准建立的要点

基础标准主要建立在对企业现状分析的基础之上，它需要通过缜密、细致的调查和研究，在专家指导下用科学的方法和手段建立。企业信息分类及编码标准、企业信息模型建立规范等，在基础标准中较为重要。

3）技术标准建立的要点

技术标准的建立应着重遵循成熟性与适用性原则，即采用已发布的现有较成熟的标准化组织或商业标准组织建立的，并已经过较长时间的使用检验而证明有效的标准和规范。面向资源的技术标准要求面向过程的技术标准也尽可能地采用既有标准和规范。

技术标准是企业信息化标准规范体系的主要部分，遵循成熟性与适用性原则，才能使企业的信息化建设具有信息互换性、系统开放性、可扩展性、可维护性，同时，可使建设、运行、维护的成本得以充分降低，与外界集成、互联更容易。

4）工作标准建立的要点

工作标准的建立重在遵循统一性原则，应与企业经营管理制度、其他技术标准规范、信息化规章制度的建立、健全等相结合。

5）管理规范建立的要点

管理规范中最为重要的是企业信息化文档及其管理规范，它是面向资源的标准和规范，但与信息化全过程息息相关。文档规范也是企业信息化实施过程中重要的基础规范。

2.3 电力信息化咨询工程基本理论

企业信息化咨询工程概述、企业战略管理咨询基本概念、信息业务咨询框架及项目管理方法论、国际咨询项目管理十大行业趋势是本节介绍的主要内容。

2.3.1 企业信息化咨询工程概述

1. 信息化咨询工程的基本概念

企业信息化咨询是管理咨询的一种，在对它进行定义之前，需要首先了解管理咨询的概念。所谓管理咨询，是指由经过特殊训练的、具有丰富经营理论知识和实践经验的专家，向各种组织客观并且独立地提供的以合同为基础的顾问服务。服务过程中，通过与企业有关人员的密切配合，帮助客户组织确定和分析相关的问题，推荐这些问题的解决方案，并且在必要的时候为这些解决方案的实施提供帮助。管理咨询最常见的类型包括：战略咨询、财务咨询、市场营销咨询、人力资源咨询、组织设计咨询、企业文化咨询、信息化咨询等。

作为管理咨询的一种，企业信息化咨询是管理咨询和信息化技术实施的结合，咨询提供方对客户进行管理与信息化手段和过程的整合，形成与企业管理基础和资源相适应的、客观有效的信息化解决方案。在这一咨询过程中，咨询师要对企业进行充分的调研和需求分析，甚至对管理流程进行重新设计，将企业的核心问题归纳出来，分析企业需要怎样的管理和怎样的管理软件。在企业建立信息化的过程中，咨询专家的作用不可低估，而且在信息系统交付使用后，专家还要定期评估系统运行效率。

需要注意的是，企业的信息化过程不仅仅是一个信息技术问题，更重要的是一个管理问题。信息化咨询也不仅仅是单纯的管理咨询活动，还和信息技术有紧密的结合，非常注重后期的实施工作，因此，信息化咨询应充分注重和信息技术的结合，信息化咨询必须注重技术上的先进性和可行性。

2. 信息化咨询的目的

企业进行企业信息化的根本目的是为了全面提高企业自身的管理水平，实现企业竞争力的全面提升。因此，在信息化的过程中，合理的信息化规划和分析必不可少，这一过程如果由企业自身来完成的话，将存在若干问题。

1）企业无法从多个层面、多个角度、多种利益维度进行分析和规划

中低层的执行人员，尤其是IT人才，是信息化的具体实施者，很难站在企业全局的角度进行信息化整体规划，他们只是站在本岗位理解整个企业的业务过程。高层管理人员和决策者具备全方位的全局性的视野和思维，但他们对基层的细节问题了解不够，无法判断具体事项的合理与否。所以，企业的各个部门之间、各个管理层面之间必然存在纰漏（人为或非人为的因素同时存在）。

2）企业员工会形成不同的利益群体

在企业信息化的过程中，流程变革是必不可少的，往往会从客观上损害某些利益群体的权益，从而带来企业内部员工的抵触甚至反抗。因此，企业自身进行信息化的规划与分析往往会缺乏必要的公正性和客观性，从而影响其执行效果。

3）信息化不是企业的主业，也不是企业的特长

专业咨询机构可以提供并实施正确的方法和工具，从而对企业的管理业务流程进行改造或优化，并得到企业内部人士的认可。这样就减少了信息化过程中碰到问题再解决问题的尴尬局面，减少了企业内部无休止的争吵。相应地，也缩短了信息化的实施周期，可以使企业在热情高涨时完成信息化的实施工作，避免了因实施周期过长造成企业内部员工的情绪低落以及由此造成的工作效率低下。

因此，借助专业的信息化咨询机构及其专业人才，根据企业发展战略需要，提出符合

企业现状和发展要求的信息化规划和分析，帮助企业完成信息化是一个非常不错的选择。

专业的信息化咨询顾问可以根据企业自身的服务需求进行系统研究和分析，寻找出真正能够提升工作效率、节省资源，先进、合理、贴身的信息化解决方案。在这个过程中，咨询顾问可以帮助企业发现急需解决的问题，并通过对所涉及的具体业务流程和环境的调查，提出最佳业务调整方案和适当的软硬件平台产品建议。此外，咨询顾问还要能够为企业的有关领导提供行业信息化应用的先进管理经验，协助其制定和完善本企业的信息化战略决策、建设目标和行动方案。因此，一个具备良好业务素养和丰富实施经验的咨询顾问（团队），对企业信息化的成败而言，其作用相当关键。

3. 第三方信息化咨询

企业信息化是一项相当艰巨、复杂的系统工程，在整个企业信息化的过程中，往往需要产品提供商、管理咨询公司等多方参与，那么企业又为什么需要第三方的信息化咨询呢？就信息咨询服务而言，按照我国企业信息化咨询服务提供商主体的不同，可以细分为三部分：信息产品提供商自己提供咨询服务；与信息产品提供商结成代理销售关系的咨询机构提供咨询；咨询公司独立提供中立的第三方咨询服务。企业信息化的过程，从某种意义上来看，可以说是上述几个主体信息不对称环境中的博弈问题，具体来讲，存在以下问题。

首先，如果是信息产品提供商自身提供咨询服务，企业与该产品提供商是直接的甲方乙方关系：一方面，作为甲方的企业用户缺乏充足的、系统的信息化知识和判断力，在双方博弈中常常处于弱势，容易盲目听从乙方的游说，仓促上马信息化项目，直接面临信息化的巨大风险，陷入"信息化黑洞"；另一方面，由于商业立场与切身利益的不同，信息化软件的供应商不可能站在为企业着想的管理咨询的立场上来解决问题，而是尽量使企业的业务流程向自己提供的软件固有流程靠拢，不仅导致项目失败率高，造成甲方投资损失，而且在没有第三方帮助沟通、调解的情况下，双方常常对项目是否完工、成功与否等问题认识不同，进而产生纠纷，也可能使乙方套牢在一个项目中难以自拔，陷入"信息化泥潭"。另外，由于在选择软件供应商之前，企业不知道自己的业务流程与软件的吻合程度，导致许多企业在实施的过程中，才发现软件无法满足企业的实际需求，需要进行大量的二次开发，要额外支出高额的开发费用，信息集成也十分麻烦，使得制造业企业陷入被动。

其次，由与信息产品提供商结成代理销售关系的咨询机构提供咨询时，表面上看产品提供商与管理咨询服务商优势互补，携手为甲方服务，都想把事情办好，把项目做成功。但是，由于咨询服务商实际上是产品提供商的代理商，这些咨询公司从自身营利的角度出发，利益驱使决定了他们共同作为乙方与甲方的合作关系，这样就难免出现一个误区，即不管前期诊断的结果如何，开出的方子却是千篇一律，虽然有可能成功，但是企业付出的代价很大，而且难免误导企业，甚至使企业成为花大钱不见效益的冤大头。这不仅仍然使企业用户得不到优质、诚信的咨询服务，也不利于我国整个企业信息化咨询市场的健康发展。

由此看来，企业信息化的健康发展迫切需要并呼唤中立、企业化、产业化的第三方咨询服务商，全程且全面参与企业信息化项目，协调甲方、乙方关系，为企业提供战略诊断、流程分析、流程优化、风险分析、可行性研究、整体规划、选型招标、实施监理、评审验收、绩效评价和信息化培训等服务，保护企业信息化投资，提高项目成功率。

第三方咨询服务应不以推销某一信息化产品为目的，而是站在中立的位置，不依附于任何一方。作为企业在信息化领域的顾问，客观公正地为企业提供咨询服务，通过第三方身份弥补企业在信息化理解和信息化利用中的不对称地位，帮助企业规避风险，使得三方博弈成为一种比较均衡的利益态势，这既是企业信息化咨询服务市场健康发展的需要，也是实现IT企业、咨询公司与用户企业三方共赢的必然选择。

2.3.2 企业战略管理咨询基本概念

企业战略管理咨询是指为企业提供管理、决策、市场、预测等领域的咨询服务，在战略咨询方面需要咨询公司有多年的历史和经验，深厚的行业背景和知识积累。

战略咨询应将业务和技术紧密结合，进而实现企业高级管理者们的普遍期望，即让公司业务战略在技术战略的支持下得以实现。

战略咨询遵循随需应变的原则，通过设计、实施、变革推进的跨领域无缝衔接，推动企业各个层面加速战略落地的进程，帮助企业建立适应变化所需的创新和变革能力。

不同的咨询公司根据自身的背景和优势来提供具有不同侧重点的战略咨询服务。例如，IBM咨询依靠其自身长年积累的技术优势和人才储备，提供战略咨询服务。企业战略管理咨询主要关注四个战略领域。

1. 业务战略

业务战略确定竞争范围和方式。如何突破成长的瓶颈？如何在新领域开拓新业务？如何实现平稳转型？这些是目前很多企业面临的挑战。公司的业务发展战略规划、成长战略、营销转型战略及市场进入战略均是IBM业务战略咨询的主要内容。其他业务战略咨询服务包括兼并收购战略、定价策略、业务策略、渠道策略、经济生态圈分析、营销竞争力评估、业务组合策略、战略情景展望、股东价值分析等。

2. 运营战略

运营战略致力于通过多种手段有效地引导企业价值链和核心功能，形成新的突破性的业务模式及独特的客户价值定位，进行战略性业绩提升以优化利润、资本回报和股东价值等。IBM的运营战略咨询服务包括流程再造/优化、运营转型、采购管理、六西格玛等主要内容。其他运营战略咨询服务包括战略业绩提升、共享服务实施、外包治理等。

3. 组织变革战略

组织变革战略旨在解决企业所面临的挑战，即如何通过系统的变革管理策略和方法，促进企业转型战略实施或大规模技术应用的成功？如何根据内外部环境的变化"随需应变"地进行组织战略调整和实施？如何有针对性地、有效地培育组织能力，特别是业绩领导能力？如何有效地建设企业的文化？变革管理、组织设计、公司治理和管控设计、业绩管理以及变革项目管理是组织变革战略咨询服务的主要内容。

4. 技术战略

技术战略确定技术的战略可行性和现实情况。IBM充分发挥技术可以带来的业务价值，基于长期的成功实践，IBM不断结合新观点、新技术，为企业提供包括IT战略与规划、IT转型、中小企业信息化规划、企业信息技术架构等咨询。

战略咨询可以协助企业实现业务转型。一是分析行业动态和面临的挑战，并制定有效的应对策略。二是制定有效的战略，并将业务目标和技术结合起来。三是通过定制的实施和变革计划加速业务转型。

战略咨询的主要分析工具有波士顿矩阵、五力分析模型、结构—行为—业绩模型（S-C-P）、波特的价值链分析、内部因素评价矩阵（IFE）、外部因素评价矩阵（EFE）、SWOT分析矩阵等。

2.3.3 信息业务咨询框架及项目管理方法论

1. 业务应用实施方法论概念

业务应用实施方法论主要关注如何为客户实施业务应用系统。本方法论将业务应用的实施划分为6个阶段，即计划阶段、分析阶段、设计阶段、开发阶段、测试阶段以及部署阶段。同时，结合项目管理、业务应用、技术架构、培训和性能支持、服务介绍等5个工作流，形成一个矩阵式的方法论框架，如图2-6所示。

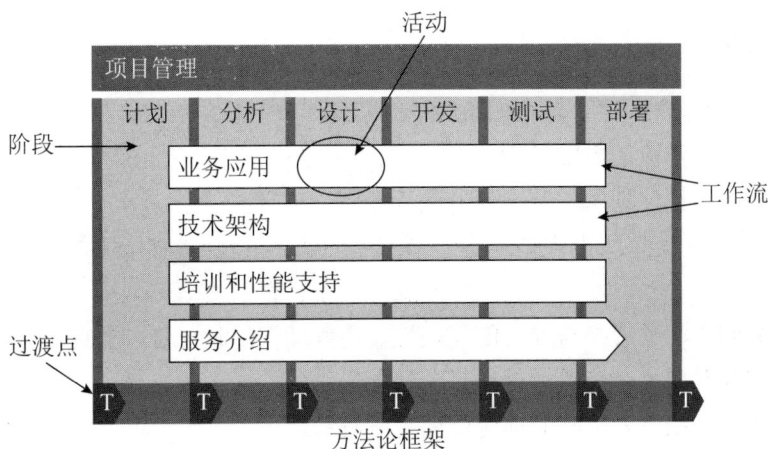

图2-6 方法论框架

图2-6中的6个竖条为业务应用实施的不同阶段，每个阶段有其主要目的。

（1）计划：定义解决方案蓝图并组织项目（如决定项目的业务目标、范围和高层次需求等）。

（2）分析：收集、确认、分析和管理业务需求。对业务应用进行评估并确定技术基础设施单元；决定环境和流程需求以支持新的业务能力。

（3）设计：设计业务应用、技术架构、技术基础设施和与业务应用相关的培训。

（4）开发：开发业务应用、技术架构、技术基础设施和与业务应用相关的培训。

（5）测试：测试在所有工作流中建立的单元，并与用户确认解决方案。

（6）部署：上线业务应用、技术架构、技术基础设施和与组织架构相关的培训。

图2-6中的5个横条分别代表某一特定工作领域的工作流，一个工作流内的任务通常是由一个具有特殊技能的团队完成，每个工作流有其主要目的。

（1）项目管理：决定项目的工作量和资源；管理风险、出现的问题、项目质量、范围和财务问题；创建和维护项目标准；控制项目工作；衡量项目进度，并报告项目状态。与其他工作流不同，项目管理是跨越项目整个生命周期的，因此项目管理作为一个独立的工作流出现。

（2）业务应用：开发支持解决方案的系统。包括用户接口、业务逻辑和数据等内容。

（3）技术架构：建立执行环境、开发环境和操作环境。

（4）培训和性能支持：开发用户所需的组织、教育和性能支持沟通材料等。

（5）服务介绍：验证业务应用的可操作性，并确定业务应用管理维护团队的工作以支持和维护业务应用。

每个流程主要包括两方面的内容。

（1）目标：介绍流程所要实现的最终目标。

（2）流程步骤：介绍实现该流程的详细步骤。

工作流（包括业务应用、技术架构和培训和性能支持）是贯穿于分析、设计、开发、测试四个阶段的。

2. 项目管理

项目管理阶段包含的主要内容如图2-7所示。

1）项目管理工作流的主要目标

（1）采用"项目计划"中定义的流程管理整个项目。

（2）管理项目风险和出现的问题以保证整个项目符合业务目标和利益相关者的期望值。

（3）提高利益相关者参与项目的积极性，使其能够尽量配合并及时地完成工作。

（4）为使利益相关者能够符合项目的目标提供一些必要的支持。

（5）确保利益相关者关心的问题能够得到解决。

（6）时刻平衡项目的范围、质量、工作量、日程、预算和风险。

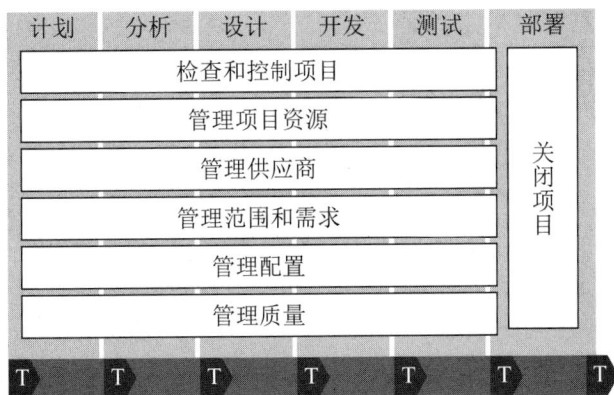

计划	分析	设计	开发	测试	部署

图2-7 项目管理的主要内容

（7）当某些问题或风险的影响超过项目阈值的时候，采用标准的、文档化的决策分析和方案流程来确认合适的解决方案和降低风险的措施。

（8）控制项目范围和需求。

（9）确保遵循项目方法、标准和手段。

（10）在项目生命周期的不同阶段促进交付品的过渡过程，确保项目的关键交付品能够有效过渡，且置于配置管理之内。

（11）实施质量管理流程，如流程和产品质量保证（PPQA）和其他与质量相关的检查（如质量和流程改进或者QPI最佳实践检查）。

（12）将后续维护工作转交给相应的团队。

2）检查和控制项目

目标如下。

（1）采用"计划项目"任务中定义的工作计划来管理项目工作。

（2）针对计划衡量流程和功能。

（3）确认和控制存在的问题和风险。

（4）通过决定和采取合适的校正措施，解决出现的问题并克服出现的困难。对利益相关者参与项目任务进行管理。

（5）在关键的里程碑或范围变动时对项目重新计划和重新评估。

（6）修改原有计划，如果需要可签订新的协议。

流程步骤如下。

（1）收集"团队状态"和"评估标准"数据。

（2）分析"评估标准"和"项目状态报告"。

（3）控制出现的问题。

（4）控制风险。

（5）鼓励利益相关者的参与。

（6）在关键的里程碑和范围变动时对项目重新计划。

（7）决定备选方案并采取校正措施。

3）管理项目资源

目标如下。

（1）当成员加入项目或在项目内转变角色时对其进行培训。

（2）对项目成员提供培训和支持以保证他们能够高效地工作。

（3）鼓励和调整项目成员，阐明他们的角色在项目中的重要性。

（4）管理整合团队，确保项目成员是在一个团队内工作。

（5）管理有形资源。

流程步骤如下。

（1）培训团队成员。

（2）控制团队的满意度。

（3）管理有形资源。

（4）评估和培训项目成员。

（5）下线和过渡项目成员。

4）管理供应商

目标如下。

（1）管理从供应商处获取的产品和服务。

（2）使用决策分析和决议（DAR）流程选择供应商的产品和服务。

（3）监控供应商的工作状态。

（4）进行接受度测试，获得相应的产品。

流程步骤如下。

（1）制定建议需求（RFP）。

（2）检查供应商的活动。

（3）评估供应商。

（4）建立转包。

（5）执行产品接收。

5）管理范围和需求

目标如下。

（1）管理和控制项目的范围。

（2）确保项目的需求都是基于基线的，且置于合适的配置管理之内；同时，保证任何范围和需求的变更都遵守项目定义的变更流程。

（3）记录需求变更的原则，确保在高层次需求和所有产品、产品单元需求之间保持可追查性。

（4）在需求和其他项目交付品间确认和解决任何出现的不一致性。

流程步骤如下。

（1）获得基线需求。

（2）进行转变控制。

（3）维护需求的可追查性。

（4）确认和解决不一致性问题。

6）管理配置

目标如下。

（1）建立和维护那些已在控制范围之内的交付品的完整性。

（2）负责和报告开发工作的进度。

（3）禁止未经授权对项目交付品进行读取。

（4）控制项目交付品的同步更新。

（5）配合、追查和管理转变需求。

流程步骤如下。

（1）建立配置管理环境。

（2）建立基线配置。

（3）进行转变控制。

（4）进行配置管理审计。

（5）检查和报告配置管理状态。

7）管理质量

目标如下。

（1）配合和协助项目的"质量保证"检查。

（2）配合和协助"流程和产品质量保证"检查，如最佳实践回顾和一些关键交付品的回顾。

（3）检查和管理授权、确认和同业对标等活动。

（4）采取校正措施以解决质量问题。

流程步骤如下。

（1）配合和协助"质量保证（QA）"检查。

（2）配合和协助"流程和产品质量保证（PPQA）"检查。

（3）管理确认、授权和同业对标等活动。

（4）对"检查结果"进行分析。

8）关闭项目

目标如下。

（1）关闭整个项目并评估项目的整体结果。

（2）确保所有项目活动已经完成。

（3）完成所有文档的编写，将职责转交给新的团队。

（4）释放全部资源。

（5）对项目流程进行改进，如召开项目检查会议、记录获得的经验、积累知识资产并提交到整个机构供日后重用等。

流程步骤如下。

（1）准备项目完成。

（2）过渡交付品的责任方。

（3）评估项目。

（4）完成文档。

（5）获得对交付品的正式认可。

（6）释放资源。

（7）积累知识资产。

2.3.4　国际咨询项目管理十大行业趋势

随着项目环境日益复杂，项目管理将比从前更加倚赖团队、项目各方及管理层之间的协作。在职培训、定制的项目管理方法、创新性的项目工具及更为智能的资源管理对强化业务效益产生至关重要的作用。无论是项目管理，还是定性"项目成功"与否，都不再局限于传统意义上的三大主要因素，亦即时间、成本控制和项目内容。国际咨询项目管理呈现十大行业趋势。

1. 项目管理需求继续增长，但资源仍旧短缺

随着企业单位和政府机构开展大规模的项目，他们对于项目的定义也随之改变，他们所需的是项目集，而不是项目。项目集管理需要一整套高度完备的管理技巧，同时辅以适当的工具和方法，才能成功执行，但许多机构仍苦于缺乏合适的人才及确保项目成功所必不可少的管理经验。对于能力模型、培训、方法学的发展、工具使用及职业发展的投入将进一步增加，以确保项目集经理能够名副其实。

2. 协同软件解决方案将成为项目团队的重要业务工具

应用于项目环境的协同软件将在更为普及。日益复杂、虚拟化的项目及紧缩的预算对如今的项目环境提出更高的要求，更高效的沟通方法及工作流程管理已势在必行。协作是项目管理的核心，它使得项目得到创建、分享和配送，并通过在线访问及自动化分配和通知、版本控制、用户认证等关键功能的运用来极大地提高生产力。

3. 学以致用将成为新的口号，但有序应用依然有限

学以致用，这种将培训所学知识应用的能力将继续为项目管理人员、培训及发展专业人士所关注，他们希望项目经理在回到工作岗位后能够立刻准确地将培训所学运用到项目中。尽管培训及发展负责人和业务领导都认同持续培训是个不错的主意，但真正愿意投资建立正式而完整的程序的机构少之又少。许多机构将会探讨学以致用的重要性，但他们大多仅仅是纸上谈兵，难以确保在短期内实现对培训内容的应用。

4. 敏捷项目管理与瀑布模型结合，产生全新的混合型管理方案

敏捷项目管理已从最初的概念层面发展成为项目管理的主流，但敏捷项目团队依然面临着实际操作及多方协作的困难。在过渡至完全敏捷项目管理的过程中，项目团队必须将传统与敏捷的方法相结合，来创造出适用于自身的混合型管理方案。在规划、要求、团队沟通等领域，机构必须为自己量身定制切实可行的方案。

5. 加强结合项目管理及业务流程管理，能令项目投资更精明

在金融服务领域，尤其是在保险行业，对于业务流程绩效的监管时刻进行，以尽可能有效地降低运营成本。在项目筛选过程中，业务流程管理将成为一个重要的决定因素。在新项目的规划初期，它们的价值很大程度上取决于它们对于机构业务流程将会产生多大的正面影响力。项目能够减少的内部成本越多，其价值就越高。只有能够降低业务成本，钱才算是花得"精明"。由于项目中的高效业务流程十分重要，项目经理必须熟知业务流程管理这一关键概念。

6. 公司及政府机构内部认证的含金量将超过PMP证书

到目前为止，全球已有约47万项目管理专业人员取得PMP资格证书。虽然PMP是当下最热门、最常见的资格认证，但它仍未在全球各地都获得认可。在美国政府及财富500强企业中，内部的等级证书比PMP证书更有含金量。可以肯定的是，PMP证书依然重要，但如今它只是通往职业生涯顶端的其中一级台阶。

7. 更多的项目管理负责人将对业务成果的有效性进行评估

对于项目管理负责人来说，引进工具、采用方法、规划项目管理实践、安排项目经理参加培训以及增加机构中持有PMP证书的人数都是其汇总信息、制定报告的标准，但这一切都未能从业务的角度来阐述项目管理的有效性。要想判断业务的有效性，项目管理的负责人需要评估其工作是否对业务产生了积极、量化的作用，其中包括停滞项目的减少、项目经理流失量的降低及上市时间的缩短。对于投入的评估将由产出所取代，成为项目管理的重要工作。

8. 优秀的项目经理将无惧失业趋势

尽管失业在许多国家仍处于较高水平，优秀的项目管理经理仍然供不应求。在经济低迷的情况下，招聘依然展开，机构仍需要找到能够完美执行项目基本工作的人才。这种对于项目管理基本功的渴求将更加强烈，项目经理流失率很高，进行长期的新员工培训至关重要。

9. 以客户为中心的项目管理评定将不仅限于"三重标准"

多年以来，时间、成本及项目内容一直是衡量项目及其负责人成功与否的标准。这三

重标准依然重要，但它们已不是衡量一切项目成功与否的终极标准。风险和质量已成为补充的标准，此外，一个明显的趋势就是项目对机构的价值。项目成功的新定义是：不论客户使用何种标准来衡量，该项目都能令其感到满意，即使项目时间和成本超出预期也没有问题。如今，项目的价值由接收方，即客户来决定，而不是提供方。

10. 人力资源专家将寻求评估标准来甄别具有高潜力的项目经理

人力资源专家面临的挑战是，缺乏迅速判别优秀项目经理的方法。现有的知识和技能评估并不适用于初级项目经理的岗位，所以它们的判别作用有限。尽管如此，应聘者不仅需要通过技术能力的评估，还需通过全部关键业务及人际交往能力的评估。

第3章
电力信息化咨询工程基础知识

　　信息工程的基本原理、数据管理基础标准与数据字典、信息化咨询项目实施方法论、信息化工程咨询典型分析模型、数据仓库联机分析处理（OLAP）、结构化生命周期法开发方法、原型法及其主要特点，以及公共信息模型基础知识是本章重点介绍的主要内容。

3.1 信息化咨询工程基本原理

信息工程的基本原理、数据管理基础标准与数据字典、信息化咨询项目实施方法论、信息系统项目组织及实施方法是本节介绍的主要内容。

3.1.1 信息工程的基本原理

约翰·柯林斯（John Collins）在为世界第一本信息工程专著所写的序言中说："信息工程作为一个学科要比软件工程更为广泛，它包括了为建立基于当代数据库系统的计算机化企业所必需的所有相关的学科。"

从这一定义中可以看出：信息工程的基础是当代的数据库系统；信息工程的目标是建立计算机化的企业管理系统；信息工程的范围是广泛的，是多种技术、多种学科的综合。

软件工程仅仅是关于计算机软件的规范说明、设计和编制程序的学科，实际上是信息工程的一个组成部分。

1. 数据位于现代数据处理系统的中心

在现代数据处理系统中，借助各种数据系统软件，对数据进行采集建立和维护更新，如图3-1所示。使用这些数据生成日常事务单据，如打印发票、收据、运单和工票等。上级部门或专业人员只要进行信息查询，对这些数据进行汇总或分析，就可得出图表和报告。为帮助管理人员进行决策，要用这些数据来回答"如果怎样，就会怎样"之类的问题。数据库管理人员检查某些数据，以确信是否有问题。

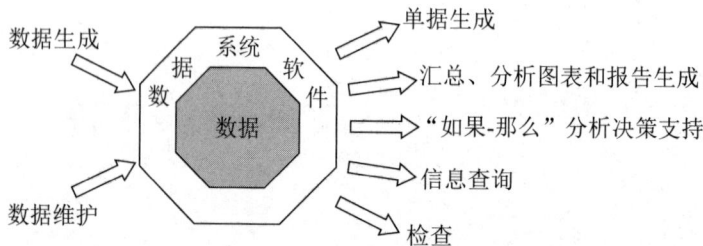

图3-1 数据位于现代数据处理系统的中心

2. 数据是稳定的，处理是多变的

一家企业所使用的数据类型很少变化。具体来说，数据实体的类型是不变的，除偶尔少量地加入几个新的实体外，变化的只是这些实体的属性值。对于一些数据项集合，可找到一种最好的方法来表达它们的逻辑结构，即稳定的数据模型。这种模型是企业所固有的，问题是如何把它们提取出来，设计出来。这些模型在其后的开发和长远应用中很少变化，而且避免了破坏性的变化。虽然企业的数据模型是相对稳定的，但是应用这些数据的处理过程却是经常变化的。事实上，最好是系统分析员和最终用户可以经常改变处理过程。只有建立了稳定的数据结构，才能使行政管理上或业务处理上的变化被计算机信息系统适应，这正是面向数据的方法所具有的灵活性，而面向过程的方法往往不能适应管理上的变化需要。

3. 最终用户必须真正参与开发工作

企业的高层领导和各级管理人员都是计算机应用系统的用户，他们是最终用户（End User）。正是他们最了解业务过程和管理上的信息需求，所以从规划到设计实施，在每一阶段都应该有用户的参与。在总体规划阶段，有充分理由要求企业高层领导参与。首先，对如何发挥信息资源作用的规划工作，高层领导当然要亲自掌握。其次，总体规划要涉及企业长远发展政策和目前的组织机构及管理过程的改革和重新调整，而只有高层领导才能决定这些重大事情。各管理层次的业务人员对业务过程和信息需求最熟悉，单靠数据处理部门无法搞清用户的需求。然后，要使频繁的业务变化在计算机信息处理中得到及时的反映，满足管理的变化要求，也是数据处理部门所不能完全胜任的。这样，用户和数据处理部门的关系应加以改变，用户要参与开发，由被动地使用系统变为积极地开发系统；数据处理部门由独立开发变为培训、组织、联合用户开发，这就是信息中心的重要职能。

《信息系统宣言》的作者马丁阐述了一整套自顶向下规划（Top-Down Planning）和自底向上设计（Bottom-Up Designing）的方法论。他指出，建设计算机化的企业需要该组织的每个成员都为这一共同目标进行一致的努力，这就包括采用新方法论的总体策略，并要求每个成员对此应有清楚的理解。他在《信息系统宣言》一书中提出了"信息工程"组成的13块构件，如图3-2所示。

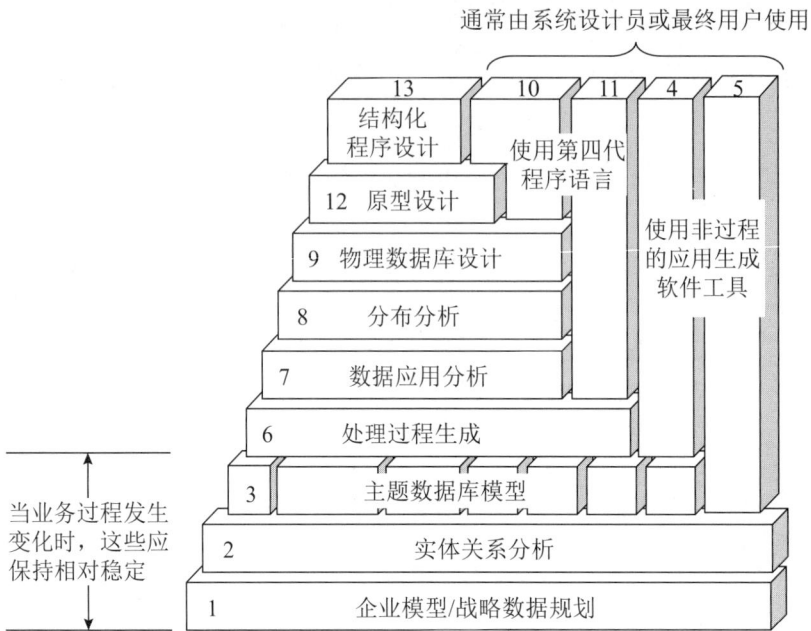

通常由系统设计员或最终用户使用

13 结构化程序设计

10 11 4 5

使用第四代程序语言

12 原型设计

使用非过程的应用生成软件工具

9 物理数据库设计

8 分布分析

7 数据应用分析

6 处理过程生成

3 主题数据库模型

2 实体关系分析

1 企业模型/战略数据规划

当业务过程发生变化时，这些应保持相对稳定

图3-2　信息工程方法论的组成

3.1.2　数据管理基础标准与数据字典

威廉·德雷尔1985年出版的专著《数据管理》（*Data Administration：A Practical Guide to Successful Data Management*）总结了数据管理标准化方面的经验。著名的论点是：没有卓有成效的数据管理，就没有成功高效的数据处理，更建立不起整个企业的计算机信息系统。他认为，早期的计算机信息系统开发缺乏数据结构的设计和管理方面的科学方法，直到20世纪80年代，才对这些问题加以认真地考虑。信息系统设计人员应该了解和掌握数据管理的标准，否则，是设计不好信息系统的。为了有效地制定和实施这些标准，威廉提出了一些重要的原则。

（1）不能把例外当成正规。任何原则都有例外的情况，没有适用于所有情况的标准。但是，数据管理人员决不允许把例外当成正规。

（2）管理部门必须支持并乐于帮助执行标准。如果违背了标准，管理部门必须帮助确保那些违背标准的行为得以纠正。

（3）标准必须是从实际出发的、有生命力的、切实可行的。标准必须以共同看法为基础，标准中复杂难懂的东西越少，就越好执行，要保持标准的简明性。

（4）标准不是绝对的，必须有某种灵活的余地。尽管有些标准必须严格遵守，但是大多数标准不应该严格到严重束缚数据设计人员灵活性的程度。

（5）标准不应该迁就落后。标准要控制和管理当前和未来的活动，而不是恢复和重演过去的做法。在大多数情况下，今天制定的标准是几个月前数据设计所未曾采用的。

（6）标准必须是容易执行的。要达到这一点，必须容易发现违反标准的情况。能自动检查标准符合情况的方法愈多，标准本身愈加有效。

（7）标准必须加以宣传推广，而不是靠强迫命令。即使上级主管部门完全支持数据管理标准，也要向各级业务人员宣传这些标准。数据管理人员必须热情地向所有职员宣传这些标准，向他们讲明为什么需要这些标准。数据管理标准要求程序员和分析员改变他们的数据设计方法。任何持久的、有意义的变化必须来自员工自己的认识。

（8）关于标准的细节本身并不是重要的，重要的是有某些标准。数据管理人员必须善于综合考虑和商讨所要制定的标准细节。

（9）标准应该逐渐制定出来，不要企图把所有的数据管理标准一次搞完。一旦标准制定出来，就要开始执行，但执行标准是渐进的、有节奏的。允许非数据管理人员有充足的时间对新的标准做出反应和适应。标准的实现必须是渐进过程，而不是突变过程。

（10）数据管理的最重要标准是一致性标准，即数据命名、数据属性、数据设计和数据使用的一致性。

1. 数据管理基础标准

所谓"数据管理基础标准"，是指那些决定信息系统质量的标准，因而也是进行数据管理的最基本的标准。数据管理标准有数据元素标准、信息分类编码标准、用户视图标准、概念数据库标准和逻辑数据库标准。

1）数据元素标准

（1）数据元素（Data Elements）是最小的不可再分的信息单位，是一类数据的总称。例如，从电厂资料中的厂名"清河厂""沈海厂"等，可以抽象出"电厂名称"这个数据元素；每一座电厂都有一个编号，可以概括出"电厂编号"这个数据元素。通常，职工档案中的"简历""受奖情况"等不是数据元素。因为"简历"至少包括时间、地点等信息，是可以继续分解的信息；"受奖情况"也是可以继续分解的信息。

数据处理系统中所使用的大部分数据名，是少数数据元素的同义词或别名。这些同义词或别名的产生，是因为缺少数据元素命名标准，或者缺少考虑数据元素的创建和使用的规划。它们是由那些只管标记自己拥有的数据，而不顾及别人（其他的程序员和分析员）已建立并命名数据的人所建立的重复数据。实际上，在数据处理系统中所使用的数千个数据名，可以减少到或合并成为数不多的"核心"数据元素。

（2）数据元素命名有既定的标准。数据元素命名的原则是用一个简明的词组来描述一个数据元素的意义和用途。这个词组的一般结构是：

> 修饰词—基本词—类别词

其中，类别词和基本词都只有一个，修饰词可以有一个或多个；一般类别词居后，修饰词和基本词居前，但按汉语或英语习惯，顺序可以灵活调整。

类别词是数据元素命名中的一个最重要的名词，用来识别和描述数据元素的一般用途或功能，一般不具有行业特征，条目比较少。

基本词是类别词的最重要的修饰词，它对一大类数据对象进一步分类（反映一小类数据对象），一般具有行业特征，条目比较多。

（3）为数据元素命名，就能控制数据元素的定义准确性和总体数目。运用类别词表与基本词表分析数据元素集，可进一步标准化数据元素的命名和标识，辅助数据元素的一致性控制，并可大大压缩数据元素的总数。

（4）"数据元素命名"和"数据元素定义"是有区别的。前者是给一个数据元素起名字，这个名字一般来说是一个词组；后者是给一个数据元素下定义，即用一句话来确切界定。如果数据元素命名的词组结构和含义清晰，就不必再作定义；否则，需要作定义。例如，"员工总数""机组编号"和"合同签订日期"等数据元素名不需要再作解释，已经很清楚了。但"发电设备容量"的定义是"统计期末发电机铭牌额定容量的总和"，"原煤耗用量"的定义是"统计期内用正平衡计算法计算的发电（供热）耗用的原煤数量"。如果只有数据元素的命名，而无进一步的定义，就不能满足管理的需要；而且，数据元素的定义常常与专业技术术语解释相结合，甚至包括数据之间的关系或计算方法，这些都是在数据元素创建时应该注意的。

（5）数据元素标识有既定的标准。数据元素标识即数据元素的编码，是计算机和管理人员共同使用的标识。数据元素标识用限定长度的大写字母字符串表达，字母字符可按数据元素名称的汉语拼音抽取首音字母，也可按英文词首字母或缩写规则得出。

（6）数据元素一致性标准。数据元素命名和数据元素标识要在全企业中保持一致，或者说不允许有"同名异义"的数据元素，也不允许有"同义异名"的数据元素。这里的"名"是指数据元素的标识，"义"是指数据元素的命名或定义。

例如，会出现"同名异义"的数据元素，数据元素标识（汉语）DC和DC对应的数据元素名称可以是电厂编码或电车编码。这是因没有遵循数据元素标识规则而用两个字符来标识数据元素（过于简单）的结果。

也会出现"同义异名"的数据元素，如"职工姓名"和"员工姓名"的标识分别是ZGXM和YGXM，"单位编码"和"单位号码"的标识分别是DWBM和DWHM等，实际上是对同一个数据元素用了不同的标识。

2）信息分类编码标准

信息分类编码（Information Classifying and Coding）是标准化的一个领域，有自身的研究对象、研究内容和研究方法。

（1）信息分类就是根据信息内容的属性或特征，将信息按一定的原则和方法进行区分和归类，并建立起一定的分类系统和排列顺序，以便管理和使用信息。信息编码就是在信息分类的基础上，将信息对象（编码对象）赋予有一定规律性的、易于计算机和人识别与处理的符号。具有分类编码意义的数据元素是最重要的一类数据元素。按照"国际/国家标准—行业标准—企业标准"的顺序原则，引用或建立企业的信息分类编码标准。

（2）一般可将信息分类编码对象划分为A、B、C三种类型。

①A类编码对象：在信息系统中不单设编码库表，代码表寓于主题数据库表之中的信息分类编码对象称为A类编码对象。这类编码对象具有一定的分类方法和编码规则，其编码表内容一般随信息的增加而逐步扩充，很难一次完成。虽然不单设编码库表，但其编码表可以从数据库表中抽取出来作为一个虚表（是数据库表的一个投影）在信息系统中使用。这类编码对象一般在具体的应用系统中使用较多。如身份证号码（国家标准）、客户编码、职工编码、设备编码（企业标准）等，都是A类编码。

②B类编码对象：在信息系统中单独设立编码库表信息分类的编码对象称为B类编码对象。这类码表内容具有相对稳定性，可以组织力量一次编制出来。这类编码表一般都较大，像一些数据库表一样，在应用系统中往往被多个模块共享，作为一些单独的库表管理是方便的。如国家行政区划编码、职称编码（国家标准）、生产统计项目编码（行业标准）、设备配件编码（企业标准）等，都是B类编码。

③C类编码对象：在应用系统中有一些编码表短小而使用频度很大的编码对象，如人的性别代码、文化程度代码和婚姻状况代码等，如果都设立编码库表，不仅系统运行时资源开销大（或内外存交换编码信息频繁），还给系统管理带来一系列的问题，所以把这类对象统一设一个编码库来管理。这类对象称为C类编码对象。

（3）信息分类编码的标准化管理。首先要分析识别企业生产经营所需要的信息分类编码对象，并规定将其归属为A、B、C的哪种类型。然后，对每种编码对象制定出相应的编码规则，编制代码表。

编码规则一般采用层级分类法，即按生物学的"门、纲、目、科、属、种"的分类思想，将信息对象从上到下逐层划分。为方便企业内部信息处理并满足系统外的信息交换，可以在企业内制定简化编码规则标准，同时制定与上级标准的自动换码规则或对照表。

（4）信息分类编码标准的建立过程。在企业信息系统建设之初，就应该注意信息分类编码工作。按"诺兰模型"在由控制阶段向集成阶段发展的总体数据规划期间，更应该设置专门的信息分类编码工作小组来负责信息分类编码工作。在总体数据规划过程中，通过对全企业的信息需求分析，建立起全企业的信息资源管理标准和稳定的数据模型，这是系统建设成功的关键。用户分析员和系统分析员在建立数据元素标准时，就要识别出哪些数据对象具有分类编码意义，按该对象的什么属性或特征进行分类编码，并把这些成果和资料提交给信息分类编码小组，由信息分类编码小组继续完成后续部分的工作。信息分类编码小组首先要调查这些编码对象是否有国际、国家或行业标准，以及在本组织和外单位的应用情况。信息分类编码的使用原则，一般是"自上而下"的，即有上级标准的就要使用上级标准，在没有上级标准的情况下，可自行组织力量，根据编码对象的某些属性或特征，依照信息分类编码的原理和方法，按一定的规律搞好信息分类编码工作。

在系统设计和建造阶段，信息分类编码工作要确定每个编码对象的编码规则、编码表结构和代码表，支持含有信息分类编码的数据库逻辑设计，并建成物理的数据库。

在系统运行维护阶段，要做好代码表的更新维护工作。随着应用的不断发展，信息分类编码也要做一些相应的调整和更新维护，如编码规则的调整、代码表的扩充和修改，以便随时满足系统运行的需要。

3）用户视图标准

用户视图（User View）是一些数据元素的集合，它反映了最终用户对数据实体的看法。用户视图是数据在系统外部（而不是内部）的样子，是系统的输入或输出的媒介或手段。

（1）用户视图的分类编码。我们将用户视图分为三大类和四小类："输入"大类代码为1，"存储"大类代码为2，"输出"大类代码为3；"单证"小类代码为1，"账册"小类代码为2，"报表"小类代码为3，"其他"（屏幕表单、电话记录等）小类代码为4；为区别不同的职能域的用户视图，需要在编码的最前面标记职能域的代码。

（2）用户视图组成的规范化。用户视图组成是指顺序描述其所含的数据元素或数据项，一般格式是：

序号 数据元素/项标识 数据元素/项标识

对于用户视图的组成的表述，不是简单地照抄现有报表的栏目，而是要做一定的分析和规范化工作。一般来说，存储类用户视图在表述其组成时要规范化到一范式，标出其主关键字。

4）概念数据库标准

概念数据库（Conceptual DataBase）是最终用户对数据存储的看法，是对用户信息需求的综合概括。简单说，概念数据就是主题数据库的概要信息。概念数据库一般用数据库名称及其内容的描述来表达。

5）逻辑数据库标准

逻辑数据库（Logical DataBase）是系统分析设计人员的观点，是对概念数据库的进一步分解和细化，一个逻辑主题数据库由一组规范化的基本表（Base Table）构成。基本表是按规范化的理论与方法建立起来的数据结构，一般要达到三范式（3-NF）。

由概念数据库演化为逻辑数据库，主要工作是采用数据结构规范化的理论与方法，将每个概念数据库分解、规范化成三范式（3-NF）的一组基本表。企业的逻辑数据库标准是指以基本表为基本单元，列出企业全部的逻辑数据库。

2. 数据字典

"有关数据的信息"也称元数据（Meta Data）。例如，"职工姓名"是职工张大光、李小惠等姓名的抽象，这些具体的姓名是业务数据，而抽象的"职工姓名"即为元数据。其实，与"职工姓名"相关的元数据还有"职工代码""出生日期""基本工资""住址"等。信息系统中代表"职工姓名"的标识（字母字符串）的数据类型、长度等信息也属于元数据。

企业所有的元数据可以存储在一个数据库中，这个数据库就叫元数据库（Meta DataBase）或中心元库（Central Repository）。

1）数据字典的基本内容

数据字典提供关于数据元素、元素组（记录或片段）、记录组（文件或数据库表）信息的定义和使用机制，以及这些数据实体之间的联系。可以定义其他对象，如输入格式、报表、屏幕界面、处理程序模块等。但是，所有数据实体定义是建立在数据元素定义的基础之上的。

在企业信息系统开发的不同阶段，对数据元素在数据字典中描述的详略程度是不同的。在总体规划阶段，只需要界定数据元素的标识和名称（"数据元素标准"），称为概念数据字典；在系统设计阶段，要界定数据元素的数据类型、长度等，称为逻辑数据字典；在系统建造实现阶段，要说明数据元素在具体应用系统内是什么样的以及如何被使用的（数据元素内容），称为物理数据字典。基于数据元素的记录、库表等数据实体的元数据，以及与数据实体关联的程序模块等元数据，也将分别存储在概念数据字典、逻辑数据字典和物理数据字典之中。

2）通过数据字典进行数据管理

数据库、数据字典是数据管理人员可以使用的资源和工具，但这仅仅是整个目标的一个方面。数据管理的整个目标是规划、管理和控制全企业的信息资源。数据字典和数据库帮助数据管理人员达到这一目的，但是两者本身并不是最终目的。数据管理的任务并不是维护个别的数据库和数据字典。数据管理的任务是通过使用数据字典和设计良好的数据结构来集中管理全企业范围的信息资源。

通常，数据库管理员（DataBase Administrator，DBA）仅仅负责物理数据库（Physical DataBase）的设计、实现、安全性和维护工作。数据管理员（Data Administrator，DA）的职责在于确定每个数据库的内容和范围。数据管理首先建立数据库的逻辑模型（Logical Model），随后由DBA来实现。这类似于系统分析员和系统设计员之间的区别。尽管在数据管理之前，DBA就可以设计单个的逻辑的和物理的数据库，而数据管理则应该致力于规划和协调整个组织的所有数据库的建设。表3-1说明了DA和DBA的职责区别。

表3-1　数据管理员（DA）和数据库管理员（DBA）的职责区别

项目	数据管理员（DA）	数据库管理员（DBA）
主要职责	管理上	技术上
范围	所有数据库	特定数据库
数据设计	逻辑的	物理的
主要联系人	管理人员	程序员、系统分析员
关注问题	长期数据规划	更关心短期数据库的开发和使用
主要倾向	元数据、数据字典、数据分析、DBMS无关性	数据、数据库、数据设计、特定的DBMS

（注：DBMS是"数据库管理系统"的英文缩写）

分析员和程序员所管理的仅仅是在他个人控制下的系统和程序中的数据结构。这种分散的管理已经导致程序与系统中的冗余数据和不一致数据激增。

　　企业建立的数据字典用来存储信息资源管理基础标准的全部内容，以支持各个应用项目的开发，多个项目的互连，全系统的建设、运行、维护和数据信息的使用。数据字典之所以需要计算机化，不仅体现在上述标准的执行上，更重要的是这些标准的形成过程需要计算机的辅助。这是因为大量调查数据的整理与分析、多个小组工作结果的合成与一致性保障、多次修改的执行和新版本的发布等工作，单靠手工是无法完成的。概念层的数据字典系统主要支持总体数据规划，建立概念数据字典从数据元素定义到概念数据库定义；而逻辑层和物理层的数据字典系统主要支持应用项目的系统分析设计和实施工作中的数据管理。

　　数据字典的建立和使用会加强企业内各部门之间关于数据和系统知识的沟通。图3-3所示的交叉阴影部分代表了数据字典的通信含义，是共享信息的集中存放地。数据字典是一个中心元库，它所存储的资料可以被公司所有部门存取。不像传统的借助备忘录或其他纸张形式的通信手段，数据字典在更新流通方面是不受限制的。任何人只要有一台终端，并且具有数据字典方面的知识，就可以存取所需要的全部资料。

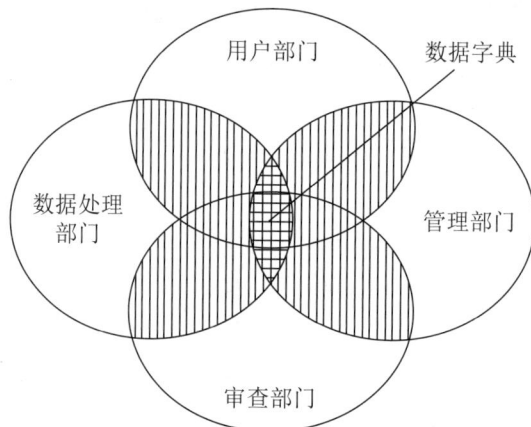

图3-3　数据字典作为沟通工具

　　数据字典的另一作用是作为一个术语汇编。在许多方面，数据字典类似于大词典，其中包含公司所使用的术语。数据字典可支持最终用户参与应用系统开发。图3-4所示为使用数据字典的系统开发过程。

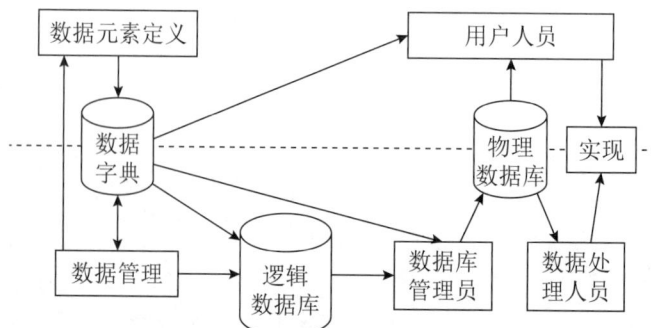

图3-4　使用数据字典的系统开发过程

（1）在数据管理人员的帮助下，用户定义用于进行日常业务工作的数据元素。这些数据元素是从最终用户的日常经营活动所有输入方式和报表中收集的。实际上，这些数据元素应该构成所有数据处理系统中数据元素的大部分。其他数据元素仅是定义系统和程序控制所必需的，这些数据元素可在其后的设计阶段由数据处理工作人员来定义。

（2）利用数据字典中定义的数据性质和关系，建立逻辑数据库模型。

（3）利用逻辑数据库模型和硬件的物理约束、数据库管理系统、操作系统的知识，由数据库管理人员建立物理数据库。

（4）根据处理过程的复杂程度，以及处理过程与现行系统的接口情况，每个过程的编码或者由用户，或者由数据处理工作人员来完成。编码过程可以使用传统的语言，也可以使用对用户友好的非过程语言。

3）数据字典的使用：新系统与旧系统

参与新系统开发的数据管理工作所获得的效益，要比把现有系统的元数据送入数据字典的收益大得多。然而，很少有新系统的开发与现有系统是无关的。大多数情况下，一些新系统的开发是对现有系统的若干部分进行有步骤的替换或改造。采取这种方法，一些系统可以分阶段实现或交付使用。这样，项目开发的时间进度和费用消耗更加容易控制，还会使培训和对最终用户的转换影响减至最小。

图3-5反映了新系统开发生命周期中，数据字典内容变化的一条重要原则，即在一个项目开发的稍后阶段，数据元素的数量可直接依赖于数据设计的质量。假如在详细设计和程序设计期间，数据元素的数目还呈现一直增长的趋势，这就意味着初步设计期间的数据设计工作是很不完善的；这也可能意味着项目后面阶段数据管理工作对冗余数据元素的引进缺乏控制。图中的曲线反映了经验丰富的数据管理人员对数据定义主动的最佳控制。

图3-6反映了新系统开发期间数据元素的变化情况。在最佳情况下，图3-6中的曲线应该是图3-5中曲线的相反情形。详细设计阶段的数据元素变化数目应该明显地少于初步设计阶段的变化数目。这反映了初步设计阶段，数据处理和用户全体人员对数据元素设计进行综合复查的情况。程序设计阶段的少量变化意味着前两个阶段的数据设计与复查工作的彻底性。

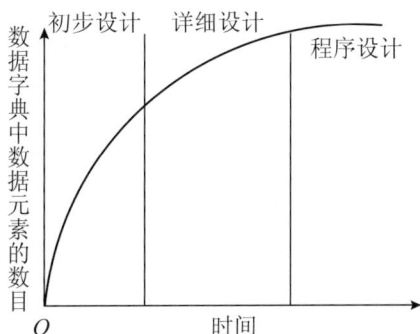

图3-5　系统开发期间数据元素的变化情况

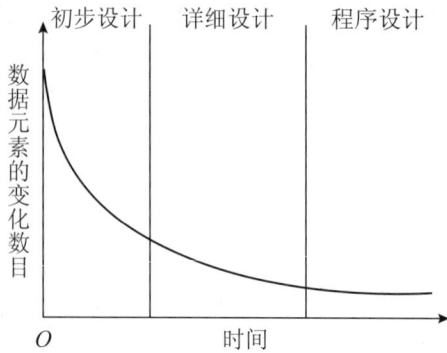

图3-6 新系统开发期间数据元素的增长情况

4）数据字典的设置

对于具有若干部门或子公司的大公司，所建数据字典的个数取决于该公司各个领域所使用的公用数据的情况。

数据字典系统的用户可分为两类：一类为系统用户，即数据处理部门的系统开发、维护人员；另一类为最终用户，即信息系统的使用人员。虽然一个公司可能有几个分散在很大的地理区域的分部，但是该公司所有的信息资源应该由一个中心数据字典来管理。整个中心数据字典或其中一些部分可以下载装入或传输到几个远处地点，形成分布式数据字典。这就为大批的远处地点的数据字典用户提供了元数据和各种数据定义。但是，最终用户所做的任何更新或修改，应该与数据管理部门沟通。

3.1.3 信息化咨询项目实施方法论

优秀的咨询公司和ERP厂商几乎都有自己的ERP实施方法论，能够全面提供面向客户的、步骤清晰的项目实施过程指导。比如，埃森哲、SAP、IBM对ERP项目实施都有自己独特的、在实践中得到检验的ERP项目实施方法论。下面对埃森哲公司和SAP公司的ERP实施方法论做简要介绍。

1. 埃森哲ADM项目实施方法论

埃森哲是全球领先的管理咨询、信息技术及外包服务机构，凭借在各个行业领域积累的丰富经验、广泛能力以及对全球最成功企业的深入研究，致力于帮助客户成为卓越绩效的企业和政府。埃森哲公司实施ERP项目采用其ADM项目实施方法论（模型如图3-7所示），其ERP项目实施过程包括计划（Plan）、分析（Analyze）、设计（Design）、建置（Build）、测试（Test）、上线（Deploy）。

在ADM项目实施方法论的每个阶段，如同项目的工作分解结构（Work Breakdown Structure，WBS），又有下一级具体的工作包支持，细分每个阶段的任务、方法、模板和成果。比如，在埃森哲ADM项目实施方法论在计划阶段，根据客户的愿景和商业目标，明确管理和业务的需求和最能满足这些需求的软件实施范围；对客户可利用资源、实施成本、实施进度、主要业务情景、潜在风险等因素进行评估；在此基础上选择合适的软件、模块，定义解决方案蓝图，并确定项目实施的范围。

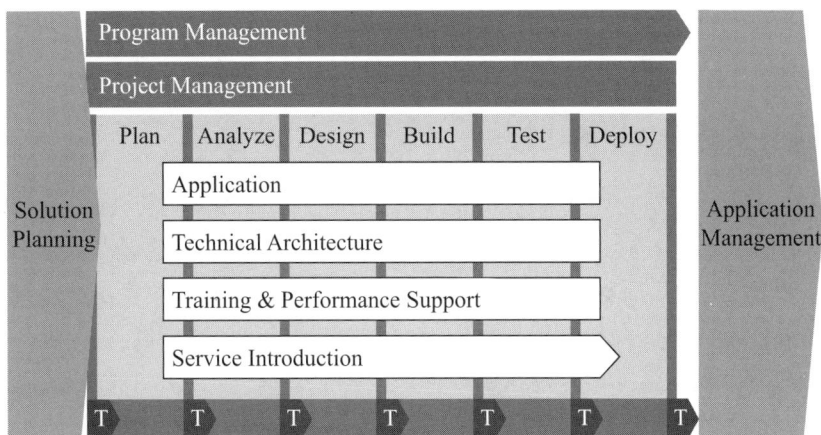

图3-7　ADM方法论模型

2. SAP公司ASAP实施方法论

ASAP是SAP公司在项目实施经验的基础上总结出来的一整套ERP项目实施方法论以及辅助工具体系，用于对项目实施时间、质量和资源的使用等方面进行有效的控制，保障项目成功实施。SAP的ASAP实施方法论包含五部分内容，分别是ASAP路线图、SAP工具包、SAP技术支持和服务、SAP培训和SAP参考模型。其中路线图标明ERP项目实施流程分为五个阶段，分别为项目准备阶段（Project Preparation Phase）、企业蓝图设计阶段（Business Blueprint Phase）、实现阶段（Realization Phase）、上线准备阶段（Final Preparation Phase）、上线与支持阶段（Go Live & Support Phase），如图3-8所示。

图3-8　ASAP方法论模型

SAP工具包包含项目实施过程中用到的所有工具，如MS-Project用于项目计划制订。

ASAP的"估算师"（Best Estimator）工具测算实施中所需的资源、成本和时间；在这个工具箱中包含了建模、实施、改进和建立技术文件等工具和模板。

SAP的技术支持和服务指SAP公司为客户在项目实施或上线后使用过程中提供的远程或现场问题解答。比如，在系统环境准备上线前，SAP提供对系统硬件、参数配置等进行"上线检查"（Go-Live Check）或"早期预警"（Early Watch），在系统上线应用支持服务上可以提供24小时在线和现场的技术支持。

　　SAP的培训策略和参考模型包含了对项目小组和最终用户的培训方法，参考模型是SAP开发的以商业术语描述ERP系统所支持的标准应用功能与业务过程，帮助企业识别应用中的不同过程以及各应用之间的集成关系。

3. 两个项目实施方法论的比较

　　对于ERP项目实施方法论，每个咨询企业或ERP软件厂商都有不同的特点，但以结果为导向的目标管理思想是一致的，都以项目管理的基本思想为理论基础，保障按时、高质量地成功实施和交付项目。不同的实施方法论之间内容彼此相通，往往在阶段划分、过程控制和应用模板上各有特点。在实施方法论中都应有明确详细的项目规划向导、明确的阶段划分和过程及交付管理，过程中每个子项都有明确的目标、输入、时间、人员安排和成果输出；各项活动如何开展的指导性描述；各类文档都有模板和交付成果要求；质量管理、风险管理、项目变更管理等，进而项目实施团队可利用方法论定义的标准规范实施的流程，控制项目风险，在保证实施质量的前提下快速实现项目的预定实施目标，提高项目实施成功率。通过图3-9可以比较埃森哲和SAP公司ERP项目实施方法论的共性之处。

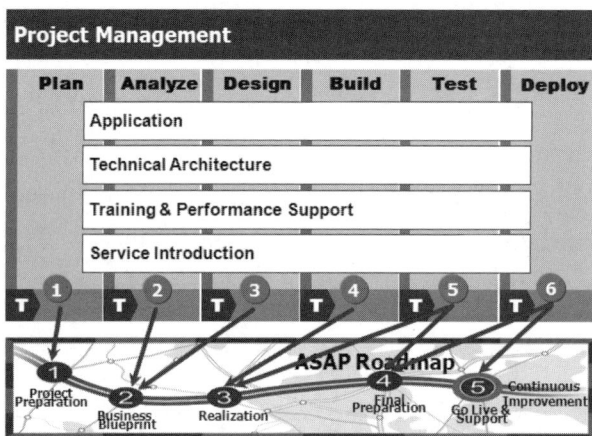

图3-9　两个项目实施方法论的比较

3.1.4　信息系统项目组织及实施方法

1. 瀑布式（Waterfall）方法

　　该方法在20世纪60年代由美国海军开发，用于开发复杂的军事软件。使用瀑布式模型进行项目开发，需要按照一定的步骤进行。每个步骤结束，项目小组都要进行复核或签字移交。客户满意后，才能继续进行下一步的开发。若发生修改，则开发小组需要重复项目中的各个步骤，这个过程既困难又烦琐。瀑布式方法有两个主要特点：一是文档驱动非常正规，有大量文档式的可交付的产品；第二是高度重视规划，减少项目进展过程中的不断规划。需求相对固定和可预见的用户，适合使用瀑布式方法，如用于航天飞机的导航系统。然而，依赖于文档来描述客户和用户的需求可能会引发问题。交流方面常会出现问题，导致软件质量低劣。开发过程中编写的文档可能无可挑剔，但实际的产品可能存在缺陷、不完整或不可用。

瀑布式方法是所有软件开发方法的鼻祖。它所归纳的开发活动是其他所有方法的基本组成单元。瀑布式方法是软件开发方法的自然总结，符合人们思维的一般规律。在软件开发行业中已经和正在被不同程度地实施着，所以在中小型软件项目中实施起来会比较自然，变动较小。从某种意义上说，其他方法基本都是瀑布式方法的变种，差别在于速度、可交付产品的类型以及更高的灵活性。

2. 进化式原型化方法

进化式原型化是一种RAD方法，它偏向于项目进展过程中的系统概念开发。这种模型依赖于使用可视化原型和最终系统的模型。这些模型可能是简单的白板略图、图形图像，甚至是期望系统的完整的HTML副本。通过这种可视化方法，可以降低最终结果的不确定性，真正的开发工作并非要等到原型确定后才开始。当需求发生变化时，EP方法非常灵活，但它仍需要确定和控制。其缺点在于难以进行高效的规划。开发工作开始后，还原为编码-修复周期。对开发工作的规划可能是种挑战，因为小组并不能真正确定工作需要花多长时间。

3. 分布交付方法

分布交付方法是瀑布式方法的另一种变体。在每一个流程结束，也都需要进行签字移交。分布交付方法与瀑布式方法的区别就是将客户的整个业务需求划分为大型组件，并在各个独立的阶段交付这些组件。分布交付方法把主题和特性组作为重点，让客户能够首先开发最重要的需求。然而，这种分布交付并不要求进行详细的规划，因此在处理需求变化时仍然会不方便。因为没有进行阶段规划，开发人员需要了解所要考虑的组件和函数之间的互依赖性。使用分布式交付方法时，开发小组必须通过构建字节块来降低风险，同时要控制和监视变化。

4. RUP方法

RUP是一种过程，它使用一套标准的工具、模板和可交付产品提供了一种严格有序的开发方法。由厂商Rational Software所拥有，是RUP与前面介绍的其他方法之间的最大不同之处。这种标准化方法对于需要在公司内部使用某种通用的语言或者工具的大型组织很有吸引力。RUP使用统一建模语言（UML）来表达需求、架构和设计。Rational Software公司首次开发了UML，现在由标准组织OMG（Object Management Group）维护。RUP是另一种迭代式开发方法，重点关注降低项目风险。

RUP对需要维护外部交流以及开发小组内部交流标准的组织是极具价值的。其缺点在于需要更多的文档和客户必须对UML有所了解。此外，这种方法归一个软件厂商所有。开发人员开始更多地结合使用RUP和EP，不足是EP必须按已有的指导原则进行开发工作，但EP在开发速度和构建流程方面显然优于RUP。

5. MSF方法

微软解决方案框架（Microsoft Solutions Framework，MSF）使用模型来解释开发过程，从某种意义上讲，它并非一种方法。每个使用MSF进行开发的小组都将根据它们的需要对其进行修改。与RUP不同，MSF只能在某个范围内使用，因为MSF并没有阐释如何完成真正的开发工作。然而，这种灵活性可能成为MSF积极的一面，可以按照现有的开发风格来定制其实现模型。另一方面，它将导致框架的用户艰难地想象核心开发工作是如何被管理的。

6. 敏捷方法

敏捷方法在两个方面解决了传统的重量级软件开发难以解决的问题：一是需求的变更；二是软件开发中软件设计与软件编程实现分离。为此，敏捷软件开发方法都采用迭代式开发过程，强调软件开发过程的自适应性。因为低成本和灵活高效，中小型软件企业非常青睐敏捷软件开发方法，特别适合在要求高、工期短的项目中进行推广。极限编程（Extreme Programming，EP）因为对测试的极度重视成为近年来最为流行的敏捷软件开发方法。在国际上还成立了对应的极限编程组织，每两年召开一次敏捷软件工程及极限编程国际会议，由工业界和学术界双方共同探讨解决极限编程及其他敏捷软件开发过程中的问题，分享成功的经验。

3.2 信息化工程咨询分析模型

信息化工程咨询典型分析模型、PEST分析模型、SWOT分析模型、波士顿矩阵模型、KSF-关键成功因素分析法是本节介绍的主要内容。

3.2.1 PEST分析模型

PEST分析是战略咨询顾问用来帮助企业检阅其外部宏观环境的一种方法。宏观环境又称一般环境，是指影响一切行业和企业的各种宏观力量。对宏观环境因素作分析时，不同行业和企业根据自身特点和经营需要，分析的具体内容会有差异，但一般都应对政治（Political）、经济（Economic）、社会（Society）和技术（Technological）这四大类影响企业的主要外部环境因素进行分析。简单而言，称之为PEST分析法，如图3-10所示。表3-2所示为一个典型的PEST分析。

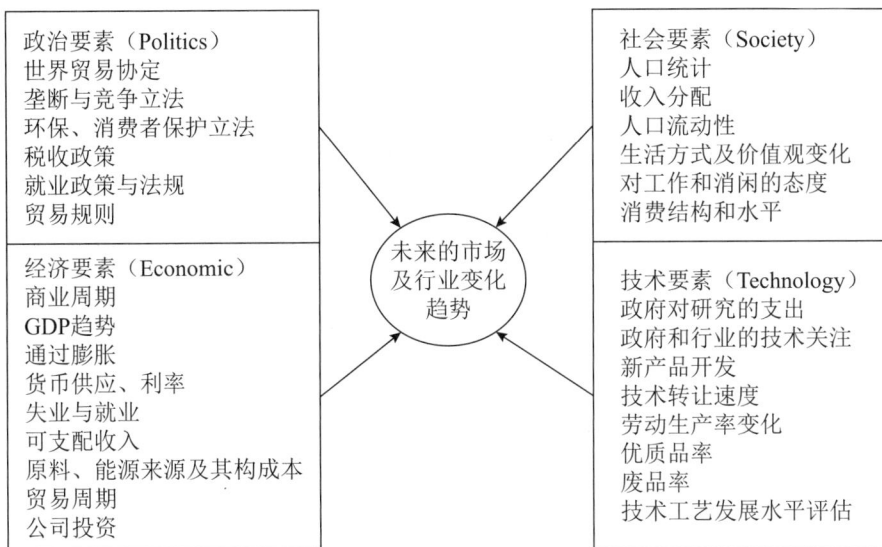

图3-10 典型的PEST分析

表3-2 一个典型的PEST分析

政治（包括法律）	经济	社会	技术
环保制度	经济增长	收入分布	政府研究开支
税收政策	利率与货币政策	人口统计、人口增长率与年龄分布	产业技术关注
国际贸易章程与限制	政府开支	劳动力与社会流动性	新型发明与技术发展
合同执行法 消费者保护法	失业政策	生活方式变革	技术转让率
雇用法律	征税	职业与休闲态度、企业家精神	技术更新速度与生命周期
政府组织/态度	汇率	教育	能源利用与成本
竞争规则	通货膨胀率	潮流与风尚	信息技术变革
政治稳定性	商业周期的阶段	健康意识、社会福利及安全感	互联网的变革
安全规定	消费者信心	生活条件	移动技术变革

1. PEST分析的内容

1）政治法律因素

政治法律因素（Political Factors）包括一个国家的社会制度，执政党的性质，政府的方针、政策、法令等。不同的国家有不同的社会性质，不同的社会制度对组织活动有不同的限制和要求。即使社会制度不变的同一国家，在不同时期，由于执政党的不同，其政府的方针特点、政策倾向对组织活动的态度和影响也是不断变化的。

重要的政治法律变量包括执政党性质，政治体制，经济体制，政府的管制，税法的改变，各种政治行动委员会，专利数量，专程法的修改，环境保护法，产业政策，投资政策，国防开支水平，政府补贴水平，反垄断法规，与重要大国的关系，地区关系，对政府进行抗议的活动的数量、严重性及地点，民众参与政治的行为，政局稳定状况，各政治利益集团。

2）经济因素

经济因素（Economic Factors）主要包括宏观和微观两个方面的内容。宏观经济因素主要指一个国家的人口数量及其增长趋势，国民收入、国民生产总值及其变化情况以及通过这些指标能够反映的国民经济发展水平和发展速度。微观经济因素主要指企业所在地区或所服务地区的消费者的收入水平、消费偏好、储蓄情况、就业程度等。这些因素直接决定着企业目前及未来的市场大小。

重要关键经济变量包括：GDP及其增长率，国家向工业经济转变，贷款的可得性，可支配收入水平，居民消费（储蓄）倾向，利率，通货膨胀率，规模经济，政府预算赤字，消费模式，失业趋势，劳动生产率水平，汇率，证券市场状况，外国经济状况，进出口因素，不同地区和消费群体间的收入差别，价格波动，货币与财政政策。

3）社会文化因素

社会文化因素（Sociocultural Factors）包括一个国家或地区的居民教育程度和文化水平、宗教信仰、风俗习惯、审美观点、价值观念等。文化水平会影响居民的需求层次，宗教信仰和风俗习惯会禁止或抵制某些活动的进行，价值观念会影响居民对组织目标、组织活动以及组织存在本身的认可与否，审美观点则会影响人们对组织活动内容、活动方式以及活动成果的态度。

关键的社会文化因素包括妇女生育率，人口结构比例，性别比例，特殊利益集团数量，结婚率、离婚率，人口出生、死亡率，人口移进移出率，社会保障计划，人口预期寿命，人均收入，生活方式，平均可支配收入，对政府的信任度，对政府的态度，对工作的态度，购买习惯，对道德的关切，储蓄倾向，性别角色，投资倾向，种族平等状况，节育措施状况，平均教育状况，对退休的态度，对质量的态度，对闲暇的态度；对服务的态度，对老外的态度，污染控制，对能源的节约，社会活动项目，社会责任，对职业的态度，对权威的态度，城市、城镇和农村的人口变化，宗教信仰状况。

4）技术因素

技术因素（Technological Factors）除了要考察与企业所处领域的活动直接相关的技术手段的发展变化外，还应及时了解国家对科技开发的投资和支持重点、该领域技术发展动态和研究开发费用总额、技术转移和技术商品化速度、专利及其保护情况等。

2. PEST分析的应用

PEST分析相对简单，并可通过头脑风暴来完成。PEST分析的运用领域有公司战略规划、市场规划、产品经营发展、研究报告撰写。

有时会用到PEST分析的扩展变形形式，如SLEPT分析、STEEPLE分析。STEEPLE是以下因素英文单词的缩写，社会/人口（Social/Demographic）、技术（Technological）、经济（Economic）、环境/自然（Environmental/Naturals）、政治（Political）、法律（Legal）、道德（Ethical）。此外，地理因素（Geographical Factors）有时也可能会有显著影响。

3.2.2　SWOT分析模型

SWOT分析模型（SWOT Analysis）即态势分析法，也称TOWS分析法、道斯矩阵，分析内容包括：优势（Strengths）、劣势（Weaknesses）、机会（Opportunities）和威胁（Threats）。因此，SWOT分析实际上是将对企业内外部条件各方面内容进行综合和概括，进而分析组织的优劣势、面临的机会和威胁的一种方法。通过SWOT分析，可以帮助企业把资源和行动聚集在自己的强项和有最多机会的地方，并让企业的战略变得明朗。

1. 优劣势分析

优劣势分析主要着眼于企业自身的实力及其与竞争对手的比较，而机会和威胁分析将注意力放在外部环境的变化及对企业的可能影响上。在分析时，应把所有的内部因素（即优劣势）集中在一起，然后用外部的力量来对这些因素进行评估。

在适应性分析过程中，企业高层管理人员应在确定内外部各种变量的基础上，采用杠杆效应、抑制性、脆弱性和问题性四个基本概念进行这一模式的分析。

1）杠杆效应（优势+机会）

杠杆效应产生于内部优势与外部机会相互一致和适应时。在这种情形下，企业可以用自身内部优势撬起外部机会，使机会与优势充分结合。然而，机会往往是稍瞬即逝的，因此企业必须敏锐地捕捉机会，把握时机，以寻求更大的发展。

2）抑制性（劣势+机会）

抑制性意味着妨碍、阻止、影响与控制。当环境提供的机会与企业内部资源优势不相适合，或者不能相互重叠时，企业的优势再大也将得不到发挥。在这种情形下，企业就需要提供和追加某种资源，以促进内部资源劣势向优势方面转化，从而迎合或适应外部机会。

3）脆弱性（优势+威胁）

脆弱性意味着优势的程度或强度的降低、减少。当环境状况对公司优势构成威胁时，优势得不到充分发挥，出现优势不优的脆弱局面。在这种情形下，企业必须克服威胁，以发挥优势。

4）问题性（劣势+威胁）

当企业内部劣势与企业外部威胁相遇时，企业就面临着严峻挑战，如果处理不当，可能直接威胁到企业的生存。

2. SWOT分析步骤

（1）确认当前的战略是什么？

（2）确认企业外部环境的变化（五力分析模型或者PEST）。

（3）根据企业资源组合情况，确认企业的关键能力和关键限制。

（4）按照通用矩阵或类似的方式打分评价。

把识别出的所有优势分成两组，分组的时候以两个原则为基础：它们是与行业中潜在的机会有关，还是与潜在的威胁有关。用同样的办法把所有的劣势分成两组，一组与机会有关，另一组与威胁有关。

（5）将结果在SWOT分析图上定位或者用SWOT分析表将优势和劣势按机会和威胁分别填入表格，如图3-11和表3-3所示。

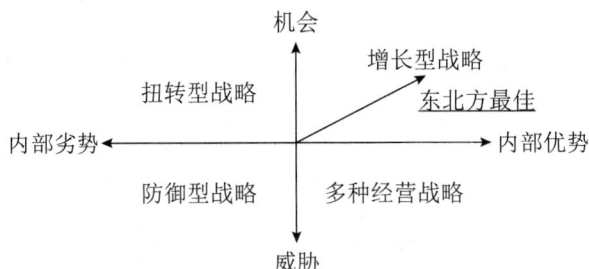

图3-11 SWOT分析图

表3-3 SWOT分析表

3. 成功应用SWOT分析法的简单规则

规则如下。

（1）进行SWOT分析的时候必须对公司的优势与劣势有客观的认识。

（2）进行SWOT分析的时候必须区分公司的现状与前景。

（3）进行SWOT分析的时候必须考虑全面。

（4）进行SWOT分析的时候必须与竞争对手进行比较，比如优于或是劣于竞争对手。

（5）保持SWOT分析法的简洁化，避免复杂化与过度分析。

（6）SWOT分析法因人而异。

一旦使用SWOT分析法决定了关键问题，也就确定了市场营销的目标。SWOT分析法可与PEST分析法、五力分析模型等工具一起使用。市场营销人士热衷于SWOT分析法是因为它的易学性与易用性。运用SWOT分析法的时候，要将不同的要素列入相关的表格中，很容易操作。

3.2.3　波士顿矩阵模型

波士顿矩阵（BCG Matrix）又称为市场增长率—相对市场份额矩阵、波士顿咨询集团法、四象限分析法、产品系列结构管理法等。波士顿矩阵认为，一般决定产品结构的基本因素有两个，即市场引力与企业实力。市场引力包括整个市场的销售量（额）增长率、竞争对手强弱及利润高低等。其中最主要的是反映市场引力的综合指标——销售增长率，这是决定企业产品结构是否合理的外在因素。

企业实力包括市场占有率，技术、设备、资金的利用能力等，其中市场占有率是决定企业产品结构的内在要素，它直接显示出企业竞争实力。销售增长率与市场占有率既相互影响，又互为条件。市场引力大，市场占有率高，可以显示产品发展的良好前景，企业也具备相应的适应能力，实力较强；如果仅仅是市场引力大，而没有相应的高市场占有率，则说明企业尚无足够实力，则该种产品也无法顺利发展。相反，企业实力强，而市场引力小的产品也预示了该产品的市场前景不佳。

通过以上两个因素相互作用，会出现四种不同性质的产品类型，形成不同的产品发展前景：①销售增长率和市场占有率"双高"的产品群（明星类产品）；②销售增长率和市场占有率"双低"的产品群（瘦狗类产品）；③销售增长率高、市场占有率低的产品群（问题类产品）；④销售增长率低、市场占有率高的产品群（现金牛类产品）。

1. 基本原理

本法将企业所有产品从销售增长率和市场占有率角度进行再组合。在坐标图上，以纵轴表示企业销售增长率，横轴表示市场占有率，各以10%和20%作为区分高、低的中点，将坐标图划分为四个象限，依次为"明星类产品（★）""问题类产品（？）""现金牛类产品（￥）""瘦狗类产品（×）"。其目的在于通过对产品所处不同象限的划分，使企业采取不同决策，以保证其不断地淘汰无发展前景的产品，保持"问号""明星""现金牛"产品的合理组合，实现产品及资源分配结构的良性循环。

2. 基本步骤

1）核算企业各种产品的销售增长率和市场占有率

销售增长率可以用本企业的产品销售额或销售量增长率。时间可以是一年或是三年以至更长时间。市场占有率，可以用相对市场占有率或绝对市场占有率，但是用最新资料。

基本计算公式为：

本企业某种产品绝对市场占有率=该产品本企业销售量/该产品市场销售总量

本企业某种产品相对市场占有率=该产品本企业市场占有率/该产品市场占有份额最大者
（或特定的竞争对手）的市场占有率

2）绘制四象限图

以10%的销售增长率和20%的市场占有率为高低标准分界线，将坐标图划分为四个象限；然后把企业全部产品按其销售增长率和市场占有率的大小，在坐标图上标出其相应位置（圆心）。定位后，按每种产品当年销售额的多少，绘成面积不等的圆圈，顺序标上不同的数字代号以示区别。定位的结果将产品划分为四种类型，如图3-12所示。

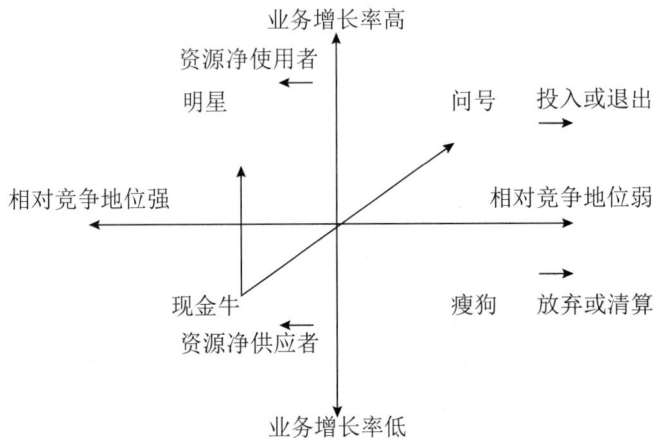

图3-12　波士顿矩阵分析模型

波士顿矩阵对于企业产品所处的四个象限具有不同的定义和相应的战略对策。

（1）明星产品（Stars）。它是指处于高增长率、高市场占有率象限内的产品群，这类产品可能成为企业的现金牛产品，需要加大投资以支持其迅速发展。采用的发展战略是：积极扩大经济规模和市场机会，以长远利益为目标，提高市场占有率，加强竞争地位。发展战略以及明星产品的管理与组织最好采用事业部形式，由对生产技术和销售两方面都很内行的经营者负责。

（2）现金牛产品（Cash Cow），又称厚利产品。它是指处于低增长率、高市场占有率象限内的产品群，已进入成熟期。其财务特点是销售量大，产品利润率高，负债比率低，可以为企业提供资金，而且由于增长率低，也无须增大投资。因而成为企业回收资金，支持其他产品，尤其明星产品投资的后盾。采用的战略是：把设备投资和其他投资尽量压缩；采用榨油式方法，争取在短时间内获取更多利润，为其他产品提供资金。对于这一象限内的销售增长率仍有所增长的产品，应进一步进行市场细分，维持现存市场增长率或延缓其下降速度。对于现金牛产品，适合于用事业部制进行管理，其经营者最好是市场营销型人物。

（3）问题产品（Question Marks）。它是处于高增长率、低市场占有率象限内的产品群。前者说明市场机会大，前景好，而后者则说明在市场营销上存在问题。其财务特点是利润率较低，所需资金不足，负债比率高。例如，在产品生命周期中处于引进期、因种种原因未能开拓市场局面的新产品属于问题产品。对问题产品应采取选择性投资战略。因此，对问题产品的改进与扶持方案一般均列入企业长期计划中。对问题产品的管理组织，最好是采取智囊团或项目组织等形式，选拔有规划能力，敢于冒风险、有才干的人负责。

（4）瘦狗产品（Dogs），也称衰退类产品。它是处在低增长率、低市场占有率象限内的产品群。其财务特点是利润率低，处于保本或亏损状态，负债比率高，无法为企业带来收益。对这类产品应采用撤退战略：首先应减少批量，逐渐撤退，对那些销售增长率和市场占有率均极低的产品应立即淘汰；其次是将剩余资源向其他产品转移；第三是整顿产品系列，最好将瘦狗产品与其他事业部合并，统一管理。

3. 基本应用法则

按照波士顿矩阵的原理，产品市场占有率越高，创造利润的能力越大；另一方面，销售增长率越高，为了维持其增长及扩大市场占有率所需的资金亦越多。这样可以使企业的产品结构实现互相支持，资金良性循环的局面。按照产品在象限内的位置及移动趋势的划分，形成了波士顿矩阵的基本应用法则。

第一法则：成功的月牙环。在企业所从事的事业领域内，各种产品的分布若显示月牙环形，这是成功企业的象征，因为盈利大的产品不止一个，而且这些产品的销售收入都比较大，还有不少明星产品。问题产品和瘦狗产品的销售量都很少。若产品结构显示为散乱分布，说明其事业内的产品结构未规划好，企业业绩必然较差。这时就应区别不同产品，采取不同策略。

第二法则：黑球失败法则。如果在第三象限内一个产品都没有，或者即使有，其销售收入也几乎近于零，可用一个大黑球表示。该种状况显示企业没有任何盈利大的产品，说明应当对现有产品结构进行撤退、缩小的战略调整，考虑向其他事业渗透，开发新的事业。

第三法则：东北方向大吉。一个企业的产品在四个象限中的分布越是集中于东北方向，则显示该企业的产品结构中明星产品越多，越有发展潜力；相反，产品的分布越是集中在西南角，说明瘦狗类产品数量越大，说明该企业产品结构衰退，经营不成功。

第四法则：踊跃移动速度法则。从每个产品的发展过程及趋势看，产品的销售增长率越高，为维持其持续增长所需资金量也相对越高；而市场占有率越大，创造利润的能力也越大，持续时间也相对长一些。按正常趋势，问题产品经明星产品最后进入现金牛产品阶段，标志了该产品从纯资金耗费到为企业提供效益的发展过程，但是这一趋势移动速度的快慢也影响到其所能提供的收益的大小。

如果某一产品从问题产品（包括从瘦狗产品）变成现金牛产品的移动速度太快，说明其在高投资与高利润率的明星区域的时间很短，因此对企业提供利润的可能性及持续时间都不会太长，总的贡献也不会大；但是相反，如果产品发展速度太慢，在某一象限内停留时间过长，则该产品也会很快被淘汰。

这种方法假定一个组织有两个以上的经营单位组成，每个单位产品又有明显的差异，并具有不同的细分市场。在拟定每个产品发展战略时，主要考虑它的相对竞争地位（市场占有率）和业务增长率。以前者为横坐标，后者为纵坐标，然后分为四个象限，各经营单位的产品按其市场占有率和业务增长率高低填入相应的位置。

在本方法的应用中，企业经营者的任务是通过四象限法的分析，掌握产品结构的现状及预测未来市场的变化，进而有效地、合理地分配企业经营资源。在产品结构调整中，企业的经营者不是在产品到了"瘦狗"阶段才考虑如何撤退，而应在"现金牛"阶段时就考虑如何使产品造成的损失最小而收益最大。

3.2.4　关键成功因素分析法

关键成功因素法（Key Success Factors，KSF），是以关键因素为依据来确定系统信息需求的一种MIS总体规划的方法。在现行系统中，总存在多个变量影响系统目标的实现，其中若干个因素是关键的和主要的（即成功变量）。通过对关键成功因素的识别，找出实现目标所需的关键信息集合，从而确定系统开发的优先次序。

关键成功因素指的是对企业成功起关键作用的因素。关键成功因素法就是通过分析找出使得企业成功的关键因素，然后再围绕这些关键因素来确定系统的需求，并进行规划。

1. 关键因素

关键成功因素的重要性置于企业其他所有目标、策略和目的之上，寻求管理决策阶层所需的信息层级，并指出管理者应特别注意的范围。若能掌握少数几项重要因素（一般关键成功因素有5～9个），便能确保相当的竞争力，它是一组能力的组合。如果企业想要持续成长，就必须对这些少数的关键领域加以管理，否则将无法达到预期的目标。即使同一个产业中的个别企业会存在不同的关键成功因素，关键成功因素有4个主要的来源。

（1）个别产业的结构：不同产业因产业本身特质及结构不同，而有不同的关键成功因素，此因素由产业本身的经营特性决定，该产业内的每一公司都必须注意这些因素。

（2）竞争策略、产业中的地位及地理位置：企业的产业地位是由过去的历史与现在的竞争策略决定，在产业中每个公司因其竞争地位的不同，而关键成功因素也会有所不同。对于由一两家大公司主导的产业而言，领导厂商的行动常为产业内小公司带来重大的问题，所以对小公司而言，大公司竞争者的策略，可能就是其生存的竞争的关键成功因素。

（3）环境因素：外在因素（总体环境）的变动都会影响每个公司的关键成功因素。如在市场需求波动大时，存货控制可能就会被高阶主管视为关键成功因素之一。

（4）暂时因素：大部分是由组织内特殊的理由而来，这些是在某一特定时期对组织的成功产生重大影响的活动领域。

2. 确认方法

（1）环境分析法：包括将要影响或正在影响产业或企业绩效的政治、经济、社会等外在环境的力量，换句话说，即重视外在环境的未来变化，比公司或产业的总体变化更重要，唯实际应用到产业或公司业务会产生困难。

（2）产业结构分析法：应用五力分析模型，作为此项分析的基础。此架构由五个要素构成。要素和要素间关系的评估可提供分析者客观的数据，以确认及检验产业的关键成功因素。产业结构分析的另一个优点是此架构提供一个很完整的分类，另一项优点就是以图形的方式找出产业结构要素及要素间的主要关系。

（3）产业/企业专家法：向产业专家、企业专家或具有知识与经验的专家请教，除可获得专家累积的智慧外，还可获得客观数据中无法获得的信息，唯因缺乏客观的数据导致实证或验证上的困难。

（4）竞争分析法：分析公司在产业中应该如何竞争，以了解公司面临的竞争环境和态势，研究焦点的集中可以提供更详细的资料，且深度的分析能够有更好的验证性，但其发展受到特定的限制。

（5）产业领导厂商分析法：经由该产业领导厂商的行为模式，可当作产业关键成功因素重要的信息来源。因此对领导厂商进行分析，有助于确认关键成功因素，唯对于其成功的解释仍会受到限制。

（6）企业本体分析法：此项技术乃针对特定企业，对某些构面进行分析，如优劣势评、资源组合、优势稽核及策略能力评估等。由于透过各功能的扫描，确实有助于关键成功因素的发展，但实在耗费时间且数据相当有限。

（7）突发因素分析法：此项技术亦是针对特定企业，需要对企业相当熟悉的专家协助。虽然较主观，却常能揭露一些其他传统客观技术无法察觉到的关键成功因素，且不受别的功能限制，甚至可以获得一些短期的关键成功因素，唯难以验证这些短期的关键成功因素。

（8）市场策略对获利影响的分析法（PIMS Results）：针对特定企业，以PIMS（Profit Impact of Market Strategy）研究报告的结果进行分析。此技术的主要优点为其实验性基础，而缺点在于"一般性的本质"，即无法指出这些数据是否可直接应用于某一公司或某一产业，也无法得知这些因素的相对重要性。

3. 基本步骤

关键成功因素法主要包含以下步骤。（一个完整的KSF分析方法主要有5个步骤：公司定位；识别KSF；收集KSF情报；比较评估KSF；制订行动计划。）

（1）确定企业或MIS的战略目标。

（2）识别所有的成功因素：主要是分析影响战略目标的各种因素和影响这些因素的子因素。

（3）确定关键成功因素。不同行业的关键成功因素各不相同。即使是同一个行业的组织，由于各自所处的外部环境的差异和内部条件的不同，其关键成功因素也不尽相同。

（4）明确各关键成功因素的性能，指标和评估标准。

关键成功因素法的优点是能够使所开发的系统具有很强的针对性，能够较快地取得收益。应用关键成功因素法需要注意的是，当关键成功因素解决后，又会出现新的关键成功因素，就必须重新开发系统。

3.3　数据分析处理及软件工程开发方法

数据分析处理及软件工程开发方法、数据仓库联机分析处理（OLAP）、结构化生命周期法开发方法、原型法及其主要特点、公共信息模型基础知识是本节介绍的主要内容。

3.3.1　数据仓库的基本概念

1. 数据仓库的定义

目前，数据仓库尚没有统一的定义。著名的数据仓库专家W. H. Inmon在其著作《数据仓库》（*Building the Data Warehouse*）一书中给予如下描述：数据仓库（Data Warehouse）是一个面向主题的（Subject Oriented）、集成的（Integrate）、相对稳定的（Non-Volatile）、反映历史变化（Time Variant）的数据集合，用于支持管理决策。对于数据仓库的概念，可以从两个层次予以理解。首先，数据仓库用于支持决策，面向分析型数据处理，它不同于企业现有的操作型数据库；其次，数据仓库是对多个异构的数据源有效集成，集成后按照主题进行了重组，并包含历史数据，而且存放在数据仓库中的数据一般不再修改。

数据仓库可以理解为企业数据资源的合理集合，数据仓库拥有以下四个特点。

1）面向主题

操作型数据库的数据组织面向事务处理任务，各个业务系统之间各自分离，而数据仓库中的数据是按照一定的主题域进行组织。主题是一个抽象的概念，是指用户使用数据仓库进行决策时所关心的重点方面，一个主题通常与多个操作型信息系统相关。

2）集成的

面向事务处理的操作型数据库通常与某些特定的应用相关，数据库之间相互独立，并且往往是异构的。数据仓库中的数据是在对原有分散的数据库数据进行抽取、清理的基础上经过系统加工、汇总和整理得到的，必须消除源数据中的不一致性，以保证数据仓库内的信息是关于整个企业的一致的全局信息。

3）相对稳定的

操作型数据库中的数据通常实时更新，数据根据需要及时发生变化。数据仓库的数据主要供企业决策分析之用，所涉及的数据操作主要是数据查询，一旦某个数据进入数据仓库以后，一般情况下将被长期保留，也就是数据仓库中一般有大量的查询操作，但修改和删除操作很少，通常只需要定期加载和刷新。

4）反映历史变化

操作型数据库主要关心当前某一个时间段内的数据，而数据仓库中的数据通常包含历史信息。系统记录了企业从过去某一时点（如开始应用数据仓库的时点）到目前的各个阶段的信息，通过这些信息，可以对企业的发展历程和未来趋势做出定量分析和预测。

2. 数据仓库的建设

企业数据仓库的建设以现有企业业务系统和大量业务数据的积累为基础。数据仓库不是静态的概念，只有把信息及时交给需要这些信息的使用者，供他们做出改善其业务经营的决策，信息才能发挥作用，信息才有意义。把信息加以整理归纳和重组，并及时提供给相应的管理决策人员，是数据仓库的根本任务。整个数据仓库系统是一个包含四个层次的体系结构，如图3-13所示。

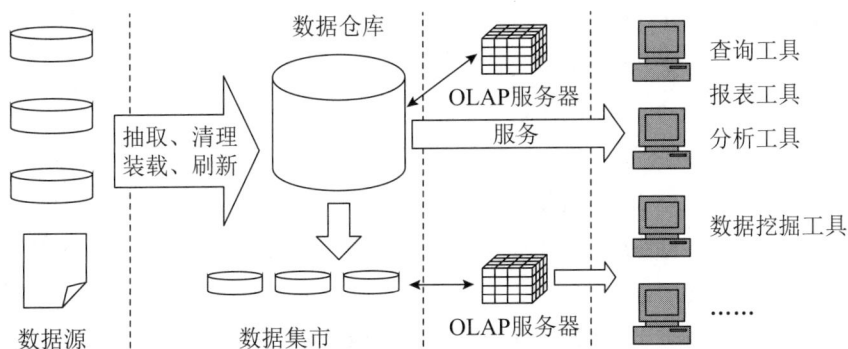

图3-13　数据仓库系统

1）数据源

这是数据仓库系统的基础，是整个系统的数据源泉，通常包括企业内部信息和外部信息。内部信息包括存放于RDBMS中的各种业务处理数据和各类文档数据。外部信息包括各类法律法规、市场信息和竞争对手的信息等。

2）数据的存储与管理

这是整个数据仓库系统的核心。数据仓库的真正关键是数据的存储和管理。数据仓库的组织管理方式决定了它有别于传统数据库，同时也决定了其对外部数据的表现形式。要决定采用什么产品和技术来建立数据仓库的核心，则需要从数据仓库的技术特点着手分析。针对现有各业务系统的数据，进行抽取、清理，并有效集成，按照主题进行组织。数据仓库按照数据的覆盖范围可以分为企业级数据仓库和部门级数据仓库（通常称为数据集市）。

3）OLAP服务器

对分析需要的数据进行有效集成，按多维模型予以组织，以便进行多角度、多层次的分析，并发现趋势。其具体实现可以分为ROLAP、MOLAP和HOLAP。ROLAP基本数据和聚合数据均存放在RDBMS之中；MOLAP基本数据和聚合数据均存放于多维数据库中；HOLAP基本数据存放于RDBMS之中，聚合数据存放于多维数据库中。

4）前端工具

主要包括各种报表工具、查询工具、数据分析工具、数据挖掘工具以及各种基于数据仓库或数据集市的应用开发工具。其中数据分析工具主要针对OLAP服务器，报表工具、数据挖掘工具主要针对数据仓库。

3. 知识发现（KDD）与数据挖掘

数据挖掘就是从大量不完全的、有噪声的、模糊的或者随机的数据中提取人们事先不知道的但又是有用的信息和知识。数据挖掘其实是知识发现的核心部分，而知识发现是在积累了大量数据后，从中识别出有效的、新颖的、潜在的、有用的及最终可以理解的知识，人们利用这些知识改进工作，提高效率和效益。数据挖掘是信息发展到一定程度的必然产物，是利用积累数据的一个高级阶段。

用数据库管理系统来存储数据，用机器学习的方法来分析数据，挖掘大量数据背后的知识，这两者的结合促成了数据库中的知识发现（KDD）的产生。

1）知识发现（KDD）与数据挖掘（DM）

KDD是从数据集中识别出有效的、新颖的、潜在有用的以及最终可理解模式的高级处理过程。从定义中可以看出，KDD是一个高级的处理过程，它从数据集中识别出以模式来表示的知识。高级的处理过程是指一个多步骤的处理过程，多步骤之间相互影响、反复调整，形成一种螺旋式的上升过程。数据挖掘是KDD的核心部分，是采用机器学习、统计等方法进行知识学习的阶段。KDD是一门交叉学科，涉及人工智能、机器学习、模式识别、统计学、智能数据库、知识获取、数据可视化、专家系统等多个领域。数据挖掘算法的好坏将直接影响到所发现知识的好坏。数据挖掘的任务是从数据中发现模式。

2）数据挖掘模式的种类

（1）分类模式：是一种分类器，能够把数据集中的数据映射到某个给定的类上，从而可以应用与数据预测。它常表现为一棵分类树，根据数据的值从树根开始搜索，沿着数据满足的分支往上走，走到树叶就能确定类别。

（2）回归模式：与分类模式相似，其差别在于分类模式的预测值是离散的，回归模式的预测值是连续的。

（3）时间序列模式：根据数据随时间变化的趋势预测将来的值。其中要考虑时间的特殊性质，只有充分考虑时间因素，利用现有的数据随时间变化的一系列的值，才能更好地预测将来的值。

（4）聚类模式：把数据划分到不同的组中，组之间的差别尽可能大，组内的差别尽可能小。与分类模式不同，进行聚类前并不知道将要划分成几个组和什么样的组，也不知道根据哪些数据项来定义组。

（5）关联模式：是数据项之间的关联规则。关联规则是描述事物之间同时出现的规律的知识模式。在关联规则的挖掘中要充分理解数据，目标明确，数据准备工作要做好，选取恰当的最小支持度和最小可信度，很好地理解关联规则等。

（6）序列模式：与关联模式相似，它把数据之间的关联性与时间联系起来。为了发现序列模式，不仅需要知道事件是否发生，而且需要确定事件发生的时间。

在解决实际问题时，经常要同时使用多种模式。分类模式和回归模式使用最为普遍。

在数据挖掘技术日益发展的同时，出现了许多数据挖掘工具，如何选择满足需要的数据挖掘工具已成为一个问题。常用的模式有以上六种。

3）解决复杂问题的能力

数据量的增大，对模式精细度、准确度要求的增高都会导致问题复杂性的增大。数据挖掘系统可以提供下列方法解决复杂问题。

（1）多种模式：多种类别模式的结合使用有助于发现有用的模式，降低问题的复杂性。

（2）多种算法：很多模式，特别是与分类有关的模式，可以用不同的算法来实现，以适应不同的需求环境。数据挖掘系统提供多种途径产生同种模式，将更有能力解决复杂问题。

（3）验证方法：在评估模式时采用多种校验方法，从而达到最大的准确度。

（4）可视化：可视化工具提供了直观、简洁的方法，方便了用户，更有助于定位重要的数据，评价模式的质量，从而减少建模的复杂性。

（5）数据选择和转换：模式通常被大量的数据项隐藏。有些数据是冗余的，有些数据是完全无关的，而这些数据项的存在会影响有价值的模式的发现。数据挖掘系统的一个很重要的功能就是能够处理数据复杂性，提供工具，选择正确的数据项和转换数据值。

（6）扩展性：为了更有效地提高处理大量数据的效率，数据挖掘系统的扩展性十分重要。要了解数据挖掘系统能否充分利用硬件资源？是否支持并行？支持哪种并行计算机？当处理器的数量增加时，计算规模是否相应增长？是否支持数据并行存储？为单处理器的计算机编写的数据挖掘算法不会在并行计算机上自动以更快的速度运行。为充分发挥并行计算的优点，需要编写支持并行计算的算法。

（7）操作性能：操作性能的好坏是一个至关重要的因素。图形界面友好的工具可以方便用户操作，引导用户执行任务，为用户节省时间。提供嵌入技术的工具更是它的可取之处，通过嵌入到应用程序中，缩短了开发时间。既可以将模式运用到已存在或新增加的数据上，也可以把模式导出到程序或数据库中。

（8）数据存取能力：好的数据挖掘工具可以使用SQL语句直接从DBMS中读取数据。这样可以简化数据准备工作，并且可以充分利用数据库的优点。没有一种工具可以直接支持大量的DBMS，但可以通过通用的接口来连接大多数流行的DBMS。在考虑数据仓库应用时，重点考虑与OLAP数据访问的结合能力。

（9）与其他产品的接口：传统的查询工具、可视化工具可以帮助用户理解数据和结果。数据挖掘工具能否提供与这些工具集成的简易途径是衡量数据挖掘工具好坏的标准。

3.3.2　数据仓库联机分析处理

1. 联机分析处理（OLAP）与联机事务处理（OLTP）

联机分析处理（OLAP）的概念最早是由关系数据库之父E. F. Codd于1993年提出的，他同时提出了关于OLAP的12条准则。OLAP的提出引起了很大的反响，OLAP作为一类产品同联机事务处理（OLTP）明显区分开来。

1）联机分析处理（OLAP）与联机事务处理（OLTP）的比较

当今的数据处理大致可以分成两大类：联机事务处理OLTP（On-Line Transaction Processing）、联机分析处理OLAP（On-Line Analytical Processing）。OLTP是传统的关系型数据库的主要应用，主要是基本的、日常的事务处理，如银行交易。OLAP是数据仓库系统的主要应用，支持复杂的分析操作，侧重决策支持，并且提供直观易懂的查询结果。表3-4所示为OLTP与OLAP之间的比较。

表3-4　OLTP与OLAP之间的比较

比较项目	OLTP	OLAP
用户	操作人员，低层管理人员	决策人员，高级管理人员
功能	日常操作处理	分析决策
DB设计	面向应用	面向主题
数据	当前的，最新的细节的，二维的分立的	历史的，聚集的，多维的集成的，统一的
存取	读/写数十条记录	读上百万条记录
工作单位	简单的事务	复杂的查询
用户数	上千个	上百个
DB大小	100MB～100GB	100GB～100TB

2）联机分析处理（OLAP）的多维分析

OLAP是使分析人员、管理人员或执行人员能够从多角度对信息进行快速、一致、交互的存取，从而获得对数据的更深入了解的一类软件技术。OLAP的目标是满足决策支持或者满足在多维环境下特定的查询和报表需求，它的技术核心是"维"这个概念。

"维"是人们观察客观世界的角度，是一种高层次的类型划分。"维"一般包含层次关系，这种层次关系有时会相当复杂。通过把一个实体的多项重要的属性定义为多个维（Dimension），使用户能对不同维的数据进行比较。因此OLAP也可以说是多维数据分析工具的集合。OLAP的基本多维分析（如图3-14所示）操作有钻取（Roll Up和Drill Down）、切片（Slice）和切块（Dice），以及旋转（Pivot）、钻透（Drill Across）、钻取细节（Drill Through）等。

钻取是改变维的层次，变换分析的粒度。它包括向上钻取（Roll Up）和向下钻取（Drill Down）。向上钻取是在某一维上将低层次的细节数据概括到高层次的汇总数据，或者减少维数；而向下钻取则相反，它从汇总数据深入到细节数据进行观察或增加新维。

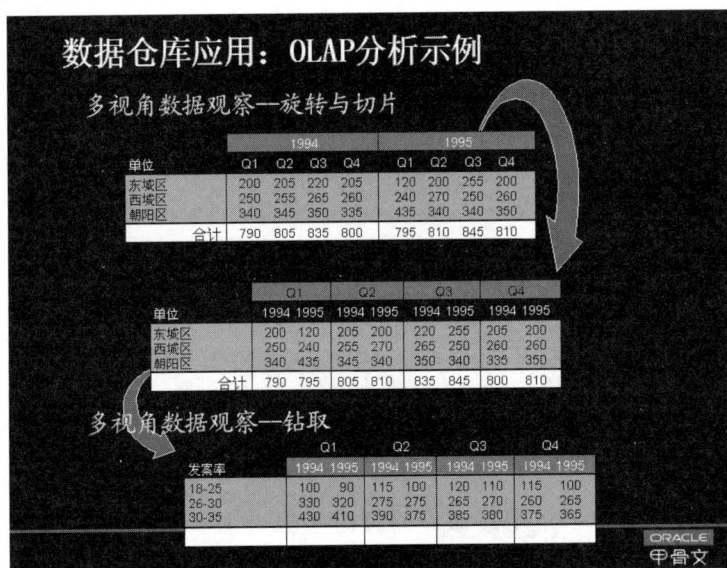

数据仓库应用：OLAP分析示例

多视角数据观察—旋转与切片

单位	1994				1995			
	Q1	Q2	Q3	Q4	Q1	Q2	Q3	Q4
东城区	200	205	220	205	120	200	255	200
西城区	250	255	265	260	240	270	250	260
朝阳区	340	345	350	335	435	340	340	350
合计	790	805	835	800	795	810	845	810

单位	Q1		Q2		Q3		Q4	
	1994	1995	1994	1995	1994	1995	1994	1995
东城区	200	120	205	200	220	255	205	200
西城区	250	240	255	270	265	250	260	260
朝阳区	340	435	345	340	350	340	335	350
合计	790	795	805	810	835	845	800	810

多视角数据观察—钻取

发案率	Q1		Q2		Q3		Q4	
	1994	1995	1994	1995	1994	1995	1994	1995
18-25	100	90	115	100	120	110	115	100
26-30	330	320	275	275	285	270	260	265
30-35	430	410	390	375	385	380	375	365

ORACLE 甲骨文

图3-14　OLAP的基本多维分析

切片和切块是在一部分维上选定值后，关心度量数据在剩余维上的分布。如果剩余的维只有两个，则是切片；如果有三个，则是切块。

旋转是变换维的方向，即在表格中重新安排维的放置（如行列互换）。

3）联机分析处理（OLAP）的技术实现方法

OLAP有多种实现方法，根据存储数据的方式不同可以分为ROLAP、MOLAP、HOLAP。

ROLAP表示基于关系数据库的OLAP实现（Relational OLAP）。以关系数据库为核心，以关系型结构进行多维数据的表示和存储。ROLAP将多维数据库的多维结构划分为两类表：一类是事实表，用来存储数据和维关键字；另一类是维表，即对每个维至少使用一个表来存放维的层次、成员类别等维的描述信息。维表和事实表通过主关键字和外关键字联系在一起，形成了"星形模式"。对于层次复杂的维，为避免冗余数据占用过大的存储空间，可以使用多个表来描述，这种星形模式的扩展称为"雪花模式"。

MOLAP表示基于多维数据组织的OLAP实现（Multidimensional OLAP）。以多维数据组织方式为核心，也就是说，MOLAP使用多维数组存储数据。多维数据在存储中将形成"立方块（Cube）"的结构，在MOLAP中对"立方块"的"旋转""切块""切片"是产生多维数据报表的主要技术。

HOLAP表示基于混合数据组织的OLAP实现（Hybrid OLAP）。如低层是关系型的，高层是多维矩阵型的。这种方式具有更好的灵活性。

还有其他的一些实现OLAP的方法，如提供一个专用的SQL Server，对某些存储模式

（如星形、雪片形）提供对SQL查询的特殊支持。

4）联机分析处理（OLAP）前端工具功能

OLAP工具是针对特定问题的联机数据访问与分析。它通过多维的方式对数据进行分析、查询和报表。

多维分析是指对以多维形式组织起来的数据采取切片（Slice）、切块（Dice）、钻取（Drill-Down和Roll-Up）、旋转（Pivot）等各种分析动作，以求剖析数据，使用户能从多个角度、多侧面地观察数据库中的数据，从而深入理解包含在数据中的信息。

在数据仓库应用中，OLAP应用一般是数据仓库应用的前端工具，同时OLAP工具还可以同数据挖掘工具、统计分析工具配合使用，增强决策分析功能。

2. 联机分析处理（OLAP）与数据挖掘（DM）

1）联机分析处理（OLAP）与数据挖掘（DM）的关系

OLAP（联机分析处理）与DM（数据挖掘）都是数据仓库（数据库）的分析工具，在实际应用中各有侧重。前者是验证型的，后者是挖掘型的。前者建立在多维视图的基础之上，强调执行效率和对用户命令的及时响应，而且其直接数据源一般是数据仓库；后者建立在各种数据源的基础上，重在发现隐藏在数据深层次的对人们有用的模式（Pattern），一般并不过多考虑执行效率和响应速度。联机分析挖掘（On-Line Analytical Mining，OLAM）是两者相结合的产物，又称为联机分析处理挖掘（OLAP Mining）。

2）联机分析处理（OLAP）与数据挖掘（DM）的特点

OLAP主要有两个特点，一是在线性（On-Line），体现为对用户请求的快速响应和交互式操作，它的实现是由Client/Server体系结构来完成的；二是多维分析（Multi-Analysis），这也是OLAP技术的核心所在。

数据挖掘（Data Mining，DM），或者说知识发现（KDD），是从大量原始数据中抽取模式的一个处理过程，抽取出来的模式就是所谓的知识，必须具备可信、新颖、有效和易于理解的特点。

3）联机分析处理（OLAP）与数据挖掘（DM）的结合

从以上的分析中我们可以发现，OLAP和DM虽然都是数据仓库（数据库）的分析工具，但其应用范围和侧重点是不同的。

OLAP的在线性体现在与用户的交互和快速响应，多维性则体现在它建立在多维视图的基础上。用户积极参与分析过程，动态地提出分析要求、选择分析算法，对数据进行由浅及深的分析。

DM与OLAP不同，主要体现在它分析数据的深入和分析过程的自动化，其分析过程不需要用户的参与。这是它的优点，也正是它的不足，因为在实际中，用户也希望参与到挖掘中来，如只想对数据的某一子集进行挖掘，以及对不同抽取、集成水平的数据进行挖掘，还想根据自己的需要动态选择挖掘算法等。

由此可见，OLAP与DM各有所长，如果能将两者结合起来，发展一种建立在OLAP和数据仓库基础上的新的挖掘技术，将更能适应实际的需要。

4）技术结合的优势和缘由

DM工具需要的数据是一些经过净化、集成处理的数据，通常这种处理过程也是昂贵的；而DW（Data Warehouse，数据仓库）作为OLAP的数据源，存储的就是这样的数据。它能为OLAP提供数据，当然也可以为DM提供数据。

DW是一项崭新的技术，很多人在研究它。围绕着它有许多工具或体系结构。而DM作为数据分析工具的一种，不是孤立的，也必然要与其他的工具发生联系。因此，考虑到如何最大限度地利用这些现成的工具，也是OLAM发展之初所关心的问题。

成功的数据挖掘需要对数据进行钻探性（Exporatory）分析，比如，挖掘所需的数据可能只是一部分、一定范围的数据。因此，对多维数据模型的切片、切块、下钻等操作，同样可以应用于DM。也就是说，可以将DM建立在多维模型（或说超级立方体）的基础之上。

用户的参与对DM的重要性体现在动态地提出挖掘要求、选择挖掘算法。故可以将OLAP的Client/Server结构或三层结构应用于DM中来。

通过以上分析可以得出结论：OLAP与数据挖掘相结合，兼有OLAP多维分析的在线性、灵活性和数据挖掘对数据处理的深入性，是数据仓库（数据库）应用工具未来发展的方向。在具体的数据仓库项目中，采用的根本技术思想也正是此先进思想。这为项目实施过程也提供了特有的扩展性。

3.3.3　结构化生命周期法开发方法

结构化开发方法（Structured System Analysis and Design，SSA&D）亦称结构化生命周期法，是指用系统工程的思想和工程化的方法，按照用户至上的原则，自顶向下整体性分析设计和自底向上逐步实施的系统开发过程。

结构化开发方法是系统工程思想和工程化方法在系统开发领域的运用。它先将整个信息系统开发过程划分出若干个相对独立的阶段，如系统规划、系统分析、系统设计、系统实施等，再严格规定每个阶段的任务和工作步骤，同时提供便于理解和交流的开发工具与方法（图表）。在系统分析时，采用自顶向下、逐层分解，由抽象到具体的逐步认识过程；在系统设计时，先考虑系统整体的优化，再考虑局部的优化问题；在系统实施时，则自底向上，先局部后整体，通过标准化模块的链接形成完整的系统。

使用结构化开发方法开发一个系统，可将整个开发过程划分为若干个首尾相连接的阶段，每个阶段内部又包含若干前后关联的工作步骤，一般称之为系统开发的生命周期。生命周期各阶段的划分不尽相同，如三阶段、四阶段、五阶段等，但人们对整个开发过程完成的主要工作有一致的认同。管理信息系统生命周期的五阶段划分方法如图3-15所示。

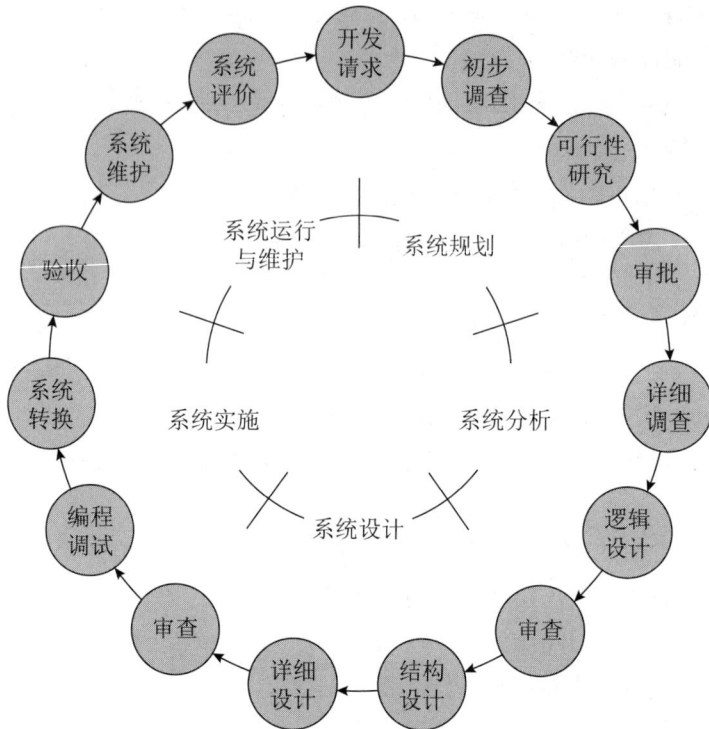

图3-15　管理信息系统的生命周期

1）系统规划阶段

这一阶段的任务是对企业的环境、目标、现行系统的状况进行初步调查，明确问题，确定信息系统的发展战略，对建设新系统的需求做出分析和预测，分析建设新系统所受的各种约束，研究建设新系统的必要性和可能性。根据需要和可能，给出拟建系统的备选方案，从技术和经济角度对方案进行可行性分析，写出可行性分析报告，提交用户批准后，将系统建议方案及实施计划编写成系统开发任务书，进入系统分析阶段。

2）系统分析阶段

该阶段的主要内容是对现行系统进行详细调查，在此基础上进行组织机构功能分析、管理业务流程分析、数据与数据流程分析、功能与数据之间的关系分析，再建立新系统的逻辑模型，形成综合性的系统分析报告，并提交用户讨论审核，然后转入系统设计阶段。

3）系统设计阶段

在系统分析工作基础上，以系统分析报告为依据，进行总体结构设计，然后分别进行代码设计、数据库/文件设计、输入/输出设计、模块结构与功能设计。与此同时，根据总体设计的要求，购置有关设备，并且安装调试。最终给出系统的物理模型和系统设计报告，提交用户讨论审核。批准确认后，转入系统实施阶段。

4）系统实施阶段

系统实施是将设计的系统付诸实现的阶段。这一阶段工作内容包括程序设计，程序调试（单调、分调、总调），计算机等设备的购置、安装与调试，人员培训，数据准备和初始化，系统调试与转化，最后投入试运行并且进行完善性维护。

5）系统运行与维护阶段

该阶段是系统开发成功后，交付用户正式使用、发挥效益的时期。其主要工作内容包括系统的日常运行管理与维护，系统综合评价及系统开发项目的监理审计等。在系统运行过程中，可能由于环境变化导致系统功能不足，或者开发过程中未能发现或无法解决的功能要求，需要对系统进行修改、维护或者局部调整。当系统运行若干年之后，系统运行的环境可能发生了根本性的变化，出现一些不可调和的大问题。此时，用户将会进一步提出开发新系统的要求，也就标志着老系统生命的结束，新系统的诞生。

强调规范化、标准化的结构化系统开发方法逐渐地暴露出一些缺点和不足，主要表现在以下四个方面。

（1）开发周期过长。严格的阶段划分和文档要求误时费事，致使开发周期延长。

（2）难以适应迅速变化的环境。由于开发周期长，不能随便变更前一阶段的工作成果，可能导致后一阶段工作无法及时把环境变化的要求反映到开发方案中来，致使最终开发出来的系统可能脱离现实。

（3）使用的工具落后。大量的分析设计图表难以采用计算机完成，而必须通过手工绘制，费事费时。

（4）有违认识事物的规律性。要求系统开发者在调查中充分掌握用户需求、管理状况以及预见可能发生的变化，这不大符合人们循序渐进地认识事物的规律性。

3.3.4 原型法及其主要特点

原型法（Prototyping Approach，PA）是20世纪80年代随着计算机软件技术的发展，特别是在关系数据库系统、第四代程序设计语言和各种功能强大的辅助系统开发工具产生的基础之上，提出的一种具有全新的设计思想和开发工具的系统开发方法。

1. 原型与原型法概念

所谓原型，是指由系统分析设计人员与用户合作，在短期内定义用户基本需求的基础上，开发出来的一个只具备基本功能、实验性的、简易的应用软件。它不同于只是逻辑意义上的、不可运行的"模型"。实际上，原型就是一个实实在在的、可运行的管理信息系统软件，只不过由于对用户需求把握尚不全面和准确，软件的功能并不十分完善而已。

原型法是指借助于功能强大的辅助系统开发工具，按照不断寻优的设计思想，通过反复的完善性实验而最终开发出来符合用户要求的管理信息系统的过程和方法。首先快速开发一个原型，然后运行这个原型，再通过对原型的不断评价和改进，使之逐步完善，直至用户满意为止。

原型法的工作流程如图3-16所示。原型法的开发必须满足四个条件，即开发周期必须短且成本低，要求用户参与评价原型，原型必须是可运行的，原型易于修改。

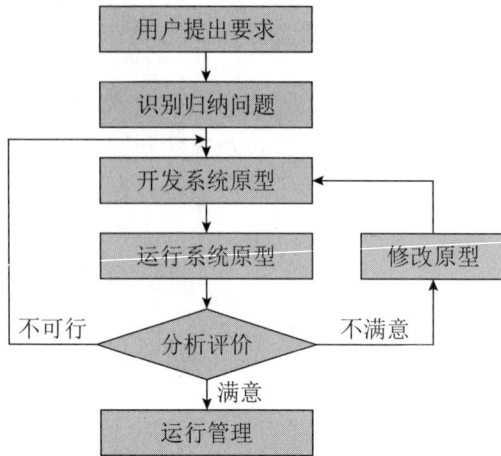

图3-16 原型法的工作流程

2. 原型法的软件支持环境

原型法的运用必须有一个前提,那就是要有一个强有力的软件支持环境。没有功能强大的辅助系统开发工具的支持,原型法的优势难以变成现实。

3. 原型法的特点

原型法的原理和流程都十分简单,并无任何高深的理论和技术,因而备受推崇,并且在实践中获得巨大的成功。这主要是由于原型法更多地遵循了人们认识事物的规律,更容易为人们所普遍接受。

1)认识论上的突破

从认识论的角度来看,人们认识事物不可能一次就完全了解。开发过程是一个循环往复的反馈过程,它符合用户对计算机应用的认识逐步发展、循序渐进的过程。人们对于事物的描述,往往都受环境的启发而不断完善,开始时用户和设计者对于系统的功能要求的认识是不完整的、粗糙的,通过建立原型、演示或使用原型、修改原型的循环过程,设计者以原型为媒介,及时取得来自用户的反馈信息,不断发现问题,反复修改、完善系统,确保用户的要求得到较好的满足。

2)改进了用户和系统设计者的信息交流方式

原型法将模拟手段引入系统分析的初期阶段,有用户的直接参与,所有问题的讨论都是围绕某个确定原型而进行的,这样可以直接及时地发现问题,并且进行修正。能够及早暴露系统实现后存在的一些问题,可以减少信息系统的设计错误,开发人员在开发过程中就能对系统做出改进。

3)更加贴近实际,提高用户满意程度

借助于原型系统,为用户建立正确的信息模型和功能模型,由用户和系统设计者、编程人员共同制订合理的解决方案。由原型法得出的最终系统的需求来自原型系统的运行经验，为用户建立了正确的信息模型，完全符合用户的需求。

4）降低了开发风险及开发成本

由于使用原型系统测试开发思想及方案，只有当风险程度通过原型使用户和开发人员意见一致时，才能继续开发最终系统，因而减少了开发失败的可能性。在原型法的应用中无须多余的文档资料，还可充分利用最新的软件工具，摆脱了老一套的工作方法，使系统开发的时间、费用大大减少，效率、技术等方面都大大地提高了。

4. 原型法的局限性

原型法比起结构化系统开发方法固然有其时代的优越性，但它不能取代结构化开发方法。它的应用有一定的局限性，主要表现在以下四个方面。

1）开发工具要求高

原型法需要现代化的开发工具支持，否则开发工作量太大，成本过高，就失去了采用原型法的优势。应该说，开发工具的水平是原型法能否顺利实现的第一要素。

2）解决复杂系统和大系统问题很困难

对于大型的系统，如果不经过系统分析来进行整体性划分，想要直接用屏幕一个一个地模拟是很困难的。对于复杂系统（如复杂的控制系统），功能种类多，技术复杂，实现困难，与性能仿真模拟工具和应用业务领域知识密切相关，进入实用阶段的很少，所以原型法很难解决大系统和复杂系统问题。

3）管理水平要求高

如果原系统的基础管理不善，信息处理过程混乱，将使原型法的运用产生困难。首先是由于对象工作过程不清，构造原型有一定困难；其次是由于基础管理不好，没有科学合理的方法可依，系统开发容易走上机械地模拟原来手工系统的做法。

4）系统的交互方式必须简单明了

对于大量运算的、逻辑性较强的程序模块，原型法很难构造模型供人评价，因为这类问题没有那么多的交互方式，也不是三言两语就可以把问题说清楚的。对于有大量批处理的系统，由于交互方式问题，使用原型法也会遇到某些困难。

3.3.5 公共信息模型基础知识

1. 公共信息模型（CIM）基本概念

公共信息模型（CIM）是一个抽象模型，描述电力企业的所有主要对象，特别是与电力运行有关的对象。它分为CIM规范（CIM Specification）和CIM模式（CIM Schema）两个部分，包含15种逻辑包，且CIM的类包含唯一标识对象实例的关键字。通过提供一种用对象类和属性及它们之间关系来表示电力系统资源的标准方法，CIM方便了实现不同卖方独立开发的能量管理系统（EMS）应用的集成，多个独立开发的完整EMS系统之间的集成，以及EMS系统和其他涉及电力系统运行的不同方面的系统，如发电或配电系统之间的集成。这是通过定义一种基于CIM的公共语言（即语法和语义），使得这些应用或系统能够不依赖于信息的内部表示而访问公共数据和交换信息来实现的。

CIM中描述的对象类本质上是抽象的，可以用于各种应用。CIM的使用远远超出了它在EMS中应用的范围。应当把本标准理解为一种能够在任何领域实行集成的工具，只要该领域需要一种公共电力系统，使得应用和系统之间能够实现互操作和插入兼容性，而与任何具体实现无关。

由于完整的CIM的规模较大，所以将包含在CIM中的对象分成了几个逻辑包，每个逻辑包代表整个电力系统模型的某一部分。这些包的集合发展成为独立的标准。DL/T890的本部分规定了包的基本集合，提供了电力企业内部各应用共享的EMS信息的物理方面的逻辑视图。其他标准规定了某些特定应用所需的模型的特殊部分。

（1）核心包（Core）：包含所有应用共享的核心的命名（Naming）、电力系统资源（Power System Resource）、设备容量器（Equipment Container）和导电设备（Conducting Equipment）实体，以及这些实体的常见的组合。并不是所有的应用都需要所有的核心包实体。这个包不依赖于任何其他的包，而其他包中的大部分都具有依赖于本包的关联和普遍化。

（2）拓扑包（Topology）：这个包是核心包的扩展，它与Terminal类一起建立连接性（Connectivity）的模型，而连接性是设备怎样连接在一起的物理定义。另外，它还建立了拓扑（Topology）的模型，拓扑是设备怎样通过闭合开关连接在一起的逻辑定义。拓扑的定义与其他的电气特性无关。

（3）电线包（Wires）：这个包是核心包和拓扑包的扩展，它建立了输电（Transmission）和配电（Distribution）网络的电气特性的信息模型。这个包用于网络应用，如状态估计（State Estimation）、潮流（Load Flow）及最优潮流（Optimal Power Flow）。

（4）停运包（Outage）：这个包是核心包和电线包的扩展，它建立了当前及计划网络结构的信息模型。这些实体在典型的网络应用中是可选的。

（5）保护包（Protection）：这个包是核心包和电线包的扩展，它建立了保护设备，例如继电器的信息模型。这些实体用于培训模拟和配电网故障定位应用。

（6）测量包（Meas）：这个包包含描述各应用之间交换的动态测量数据的实体。

（7）负荷模型包（Load Model）：这个包以曲线及相关的曲线数据的形式为能量用户及系统负荷提供模型。这里还包括影响负荷的特殊情况，如季节与日类型。这一信息由负荷预测（Load Forecasting）和负荷管理（Load Management）使用。

（8）发电包（Generation）：这个包分成两个子包，即电力生产包（Production）和发电动态包（Generation Dynamics）。

①电力生产包（Production）：这个包提供了各种类型发电机的模型。它还建立了生产成本信息模型，用于发电机间进行经济需求分配及计算备用量大小。这一信息用于机组

组合（Unit Commitment）、水力和火力发电机组的经济调度（Economic Dispatch）、负荷预测及自动发电控控制（Automatic Generation Control）等应用。

②发电动态包（Generation Dynamics）：这个包提供原动机，如汽轮机和锅炉的模型，这些模型在模拟和培训应用中需要用到。这一信息用于动态培训仿真器（Dynamic Training Simulator）应用的机组建模。

（9）域包（Domain）：域包是量与单位的数据字典，定义了可能被其他任何包中的任何类使用的属性的数据类型。此包包含原始数据类型的定义，包括量测的单位和允许的值。每一种数据类型包含一个值（Value）属性和一个可选的量测单位（Unit），这个单位指定为一个被初始化为该量测单位文字描述的静态变量。枚举型数据的允许值在该属性的文档（documentation）中用UML约束句法在大括号（{}）内列出。字符串长度在文档中列出，并被指定为长度属性。

（10）财务包（Financial）：财务包与结算和会计有关。这些类表达了参与正式和非正式协议的法律实体。

（11）能量计划包（Energy Scheduling）：能量计划包提供了对公司之间的电力交易进行计划和考核的能力。它包括电力产生、消费、损失、输送、出售和采购的交易。这些类应用在电能的考核结算、发电容量、电能传输、辅助服务中。

（12）备用包（Reservation）：备用包包含了用于电能交易计划、发电容量、电能传输、辅助服务中的信息。

（13）SCADA包（SCADA）：SCADA包描述了用于数据采集（SCADA）和控制应用的模型信息，涉及量测、PT、CT、RTU、扫描装置、通信电路等设备。控制应用支持对设备的控制操作，如断开/合上断路器；数据采集应用从多个来源采集遥测数据，遥测实体的子类型要遵照IEC61850标准的定义。SCADA包也支持报警的表达，但是不希望被其他应用使用。

2. CIM类和关系

每一个CIM包的类图展示了该包中的所有的类及它们的关系。在与其他包中的类存在关系时，这些类也展示出来，而且标以表明其所属的包的类别。

类与对象所建的模型正是电力系统中需要一种对多种EMS应用通用的方法来描绘的东西，一个类是对现实世界中发现的一种对象的表示，如在EMS中需要表示为整个电力系统模型的一部分的变压器、发电机或负荷。其他类型的对象包括EMS应用需要处理、分析与储存的计划与量测。这些对象需要一种通用的表示，以达到EMS-API标准的插入兼容和互操作的目的。在电力系统中具有唯一身份的一个具体对象则被建模成它所属类的一个实例。

还应该注意到，定义CIM是为了方便数据交换。CIM实体除了默认主人的生成、删除、更新和读出外，没有其他行为。为了使CIM尽可能地通用，非常希望对具体实现于配置。一般来说，改变属性的值或域比改变类定义更为容易。这些原则暗示CIM应当避免定义类的太多的具体子类型。相反，CIM定义一些通用的类，由属性来给定类型名。因而应用可以根据需要使用这一信息去实例化具体的对象类型。应用可能需要其他信息去定义有效类型与关系的集合。

类具有描述对象特性的属性。CIM中的每一个类包含描述和识别具体实例的属性。只有各个EMS应用共同感兴趣的那些属性才包括在类的描述中。

每一个属性都有一个类型，它识别该属性是哪一种类型的属性。典型的属性类型有整型、浮点型、布尔型、字符串型及枚举型，它们被称为原始类型。然而，许多其他类型也被定义为CIM规范的一部分。例如，补偿器（Compensator）有一个类型为Voltage的Maximumkv属性。数据类型的定义包含在Domain包中。

类之间的关系揭示了它们相互之间是怎样构造的，即普遍化、简单关联、聚集。

1）普遍化

普遍化是一个被称为普遍的类与一个较具体的类之间的一种关系。较具体的类只能包含附加的信息。例如，一台电力变压器是电力系统资源的一种具体型。普遍化使具体的类可以从它上层的所有更普遍的类中继承属性和关系。

2）简单关联

简单关联是类之间的概念上的联系。每一个关联具有两个角色。每个角色表示了关联中的一种方向，表示目标类与源类有关系，角色给定为目标类的名称，具有或不具有动词短语。每一个角色也具有多样性/汇集性的属性，以确定有多少对象可以参与指定的关系。在CIM中，关联关系是不需要命名的。

3）聚集

聚集是关联关系的一个特例。聚集关系指明类之间的关系是整体和局部的关系，整体的类由局部的类"组成"，或整体的类"包含"局部的类，局部的类是整体的类的一部分。局部的类并不是像泛化关系中从整体的类继承而来。

然而，与面向对象的类不同，CIM的类包含唯一标识对象实例的关键字。纯面向对象的设计不用关键字标识实例，虽然一些对象技术（如Enterprise JavaBeans）的确有关键字定义。另外，CIM包含一个很像数据库连接的特别的关联类。这个关联涉及的实例，就像磁盘外壳和外壳里的物理磁盘。这种关联不是创建外壳和磁盘类之间的关系，而是定义两个类之间的关系，类本身没有这样的关系。通过关联而不是通过显式查询受管资源类实例来为实例定位，使用CIM对象实例中的关键字才可使关联定位成为可能。

CIM和纯面向对象设计的区别是由于它们在各自环境中有不同的使用意向。然而面向对象技术已经发展成服务于创建应用程序编程环境的需求，CIM则明确地适用于描述，编目录和与受管资源交互。为进一步理解CIM是如何工作的，应该看创建和构建它的类层次和各种模型的方式。

第4章
电力大数据工程技术项目咨询与应用分析

　　国内外大数据技术应用历程及发展趋势、大数据时代新思维基本方法、数据处理与数据分析方法、电力业务大数据融合应用方法、大型电力企业信息化需求分析、电力人财物数据集约化设计，以及大数据技术创新发展全球能源互联网是本章重点介绍的主要内容。

4.1 大数据工程项目咨询基础知识

电力大数据应用工程基础知识、国内外大数据技术应用历程及发展趋势、电力行业大数据技术应用历程及发展趋势、大数据产业发展需求与面临的形势是本节介绍的主要内容。

4.1.1 电力大数据应用工程基础知识

1. 大数据基本概念

大数据（Big Data）是指那些数据量特别大且数据类别特别复杂的数据集，这种数据集无法用传统的数据库进行存储、管理和处理。大数据的主要特点为数据量大（Volume），数据类别复杂（Variety），数据处理速度快（Velocity）和数据真实性高（Veracity），合起来被称为4V。

大数据中的数据量非常巨大，达到了PB级别。而且这庞大的数据之中，不仅包括结构化数据（如数字、符号等数据），还包括非结构化数据（如文本、图像、声音、视频等数据）。这使得大数据的存储、管理和处理很难利用传统的关系型数据库去完成。在大数据之中，有价值的信息往往深藏其中。这就需要对大数据的处理速度非常快，才能在短时间之内从大量的复杂数据之中获取到有价值的信息。在大数据的大量复杂的数据之中，通常不仅仅包含真实的数据，一些虚假的数据也混杂其中。这就需要在大数据的处理中将虚假的数据剔除，利用真实的数据来分析得出真实的结果。

2. 大数据分析

大数据，从表面上看就是大量复杂的数据，这些数据本身的价值并不高，但是对这些大量复杂的数据进行分析处理后，却能从中提炼出很有价值的信息。大数据分析（Big Data Analysis），主要分为五个方面：可视化分析（Analytic Visualization）、数据挖掘算法（Date Mining Algorithms）、预测性分析能力（Predictive Analytic Capabilities）、语义引擎（Semantic Engines）和数据质量管理（Data Quality Management）。

（1）可视化分析是普通消费者常常可以见到的一种大数据分析结果的表现形式，比如，百度制作的"百度地图春节人口迁徙大数据"就是典范的案例之一。可视化分析将大量复杂的数据自动转化成直观形象的图表，使其能够更容易地被普通消费者所接受和理解。

（2）数据挖掘算法是大数据分析的理论核心，其本质是一组根据算法事先定义好的数学公式，将收集到的数据作为参数变量带入其中，从而能够从大量复杂的数据中提取出有价值的信息。著名的"啤酒和尿布"的故事就是数据挖掘算法的经典案例。沃尔玛通过对啤酒和尿布购买数据的分析，挖掘出以前未知的两者间的联系，并利用这种联系，提升了商品的销量。亚马逊的推荐引擎和谷歌的广告系统都大量使用了数据挖掘算法。

（3）预测性分析能力是大数据分析最重要的应用领域。从大量复杂的数据中挖掘出规律，建立起科学的事件模型，通过将新的数据带入模型，就可以预测未来的事件走向。预测性分析能力常常被应用在金融分析和科学研究领域，用于股票预测或气象预报等。

（4）语义引擎是机器学习的成果之一。过去，计算机对用户输入内容的理解仅仅停留在字符阶段，不能很好地理解输入内容的意思，因此常常不能准确地了解用户的需求。通过对大量复杂的数据进行分析，让计算机从中自我学习，可以使计算机能够尽量精确地了解用户输入内容的意思，从而把握住用户的需求，提供更好的用户体验。苹果的Siri和谷歌的Google Now都采用了语义引擎。

（5）数据质量管理是大数据在企业领域的重要应用。为了保证大数据分析结果的准确性，需要将大数据中不真实的数据剔除掉，保留最准确的数据。这就需要建立有效的数据质量管理系统，分析收集到的大量复杂的数据，挑选出真实有效的数据。

3. 分布式计算

对于如何处理大数据，计算机科学界有两大方向。第一个方向是集中式计算，就是通过不断增加处理器的数量来增强单个计算机的计算能力，从而提高处理数据的速度。第二个方向是分布式计算（Distributed Computing），就是把一组计算机通过网络相互连接组成分散系统，然后将需要处理的大量数据分散成多个部分，交由分散系统内的计算机组同时计算，最后将这些计算结果合并得到最终的结果。尽管分布式系统内的单个计算机的计算能力不强，但是由于每个计算机只计算一部分数据，而且是多台计算机同时计算，所以就分布式系统而言，处理数据的速度会远高于单个计算机。

过去，分布式计算理论比较复杂，技术实现比较困难，因此在处理大数据方面，集中式计算一直是主流解决方案。大型机就是集中式计算的典范硬件，很多银行和政府机构都用它处理大数据。不过，对于当时的互联网公司来说，互联网公司把研究方向放在了可以使用在廉价计算机上的分布式计算上。

4. 服务器集群

服务器集群（Server Cluster）是一种提升服务器整体计算能力的解决方案。它是由互相连接在一起的服务器群所组成的一个并行式或分布式系统。服务器集群中的服务器运行同一个计算任务。因此，从外部看，这群服务器表现为一台虚拟的服务器，对外提供统一的服务。

尽管单台服务器的运算能力有限，但是将成百上千的服务器组成服务器集群后，整个系统就具备了强大的运算能力，可以支持大数据分析的运算负荷。谷歌、亚马逊、阿里巴巴的计算中心里的服务器集群都达到了5000台服务器的规模。

5. 电力应用大数据

电力大数据是大数据理念、技术和方法在电力行业的实践。电力大数据涉及发电、输电、变电、配电、用电、调度各环节，是跨单位、跨专业、跨业务数据分析与挖掘，以及数据可视化。电力大数据由结构化数据和非结构化组成，随着智能电网建设和物联网的应用，非结构化数据呈现快速增长的势头，其数量将大大超过结构化数据。电力大数据的特性满足大数据的五个特性，即数据量大（Volume）、处理速度快（Velocity）、数据类型多（Variety）、价值大（Value）、精确性高（Veracity）。

电力大数据的应用一方面是与宏观经济、人民生活、社会保障、道路交通灯信息融合，促进经济社会发展；另一方面，是电力行业或企业内部，跨专业、跨单位、跨部门的数据融合，提升行业、企业管理水平和经济效益。电力大数据对电力数据进行分析挖掘，得到信息，然后将信息转化为知识，最后通过可视化展现与表达，与人们进行分享。电力大数据技术满足电力数据飞速增长，满足各专业工作需要，满足提高电力工业发展需要，满足服务经济发展需要。电力大数据技术包括高性能计算、数据挖掘、统计分析、数据可视化等。

电力主数据是企业内部关于核心业务实体的参照数据，为企业信息提供统一的视图。公司主数据的统一管理和应用是消除数据冗余、提升数据质量的关键。组织机构、会计科目、资产、物料、供应商、项目、设备、客户等反映企业核心资源的业务对象，都应纳入企业级主数据管理范畴。

根据电力业务实际，对主数据采取两类管理策略，一类是由企业主数据管理系统作为数据唯一入口，包括物资、项目、供应商、组织机构等相关主数据；一类是针对设备、资产、客户等相关主数据，与业务关系密切，变更复杂，由相关业务系统作为数据唯一入口。所有主数据同步到主数据管理系统后向各应用发布，各应用系统以主数据管理系统中的内容为准，确保"源端唯一、一处维护、多处使用"。

电力主数据管理需要在技术上和管理上分别采取有效措施。技术上，需要企业级主数据管理系统的支撑，实现主数据采集、审核、分发等功能；管理上，要分业务领域明确主数据的责任部门，并建立相应管理流程。通过技术和管理手段，建立统一高效的数据管理域，通过管理与技术手段持续的、有序的优化治理，将有效推进企业数据的规范化、标准化，大幅提升数据质量，逐步形成数据流向清晰、标准统一、交互高效的数据服务能力，将极大简化企业业务融合难度，提升业务协作效率，有效避免大量人工维护数据对应关系的工作量，有效降低信息化建设运营成本，为公司开创信息化服务新局面打好坚实基础。

例如，目前的ERP、PMS、营销等系统各自根据业务需要，独立维护一套组织机构，因编码、命名规范不统一，难以通过组织机构关联、贯通各类业务数据。通过将组织机构纳入主数据管理体系，规范组织机构对象，实现组织机构在各个系统中的统一发布和更新，提供统一的访问视图和管理视角，将项目工程建设、资产设备运营和资金筹措等相关业务数据关联贯通，有效避免上述问题。

4.1.2　国内外大数据技术应用历程及发展趋势

1.国内外大数据技术的发展新动态

纵观世界各国的大数据策略，存在三个共同点：一是推动大数据全产业链的应用；二是数据开放与信息安全并重；三是政府与社会力量共同推动大数据应用。

1）美国

2009年，美国政府推出公共服务平台（data.gov），全面开放了40万条联邦政府原始数据和地理数据。2012年3月，美国白宫科技政策办公室发布《大数据研究和发展计划》，成立"大数据高级指导小组"。通过对海量数据分析萃取信息，提升对社会经济发展的预测能力。美国国家科学基金会、国家卫生研究院、国防部、能源部、国防部高级研究局、地质勘探局6个联邦部门和机构宣布投资2亿美元，共同提高收集、储存、保留、管理、分析和共享海量数据所需核心技术的先进性，并形成合力；加强对信息技术研发投入以推动超级计算和互联网的发展。2013年，美国发布《政府信息公开和机器可读行政命令》，要求公开教育、健康等七大关键领域数据，并对各政府机构数据开放时间提出了明确要求。2013年11月，美国信息技术与创新基金会发布《支持数据驱动型创新的技术与政策》指出，政府不仅要大力培养所需技能劳动力和推动数据相关技术研发，还要制定推动数据共享的法律框架，并提高公众对数据共享重大意义的认识。2014年5月，美国发布《大数据：把握机遇，守护价值》白皮书，对美国大数据应用与管理的现状，政策框架和改进建议进行集中阐述。2016年4月，麻省理工学院推出了"数据美国"在线大数据可视化工具，可以实时分析展示美国政府公开数据库（Open Data）。

2）英国

2011年11月，英国政府发布了对公开数据进行研究的战略决策，建立了有"英国数据银行"之称的data.gov.uk网站，希望通过完全公布政府数据，进一步支持和开发大数据技术在科技、商业、农业等领域的发展。2012年5月，英国政府注资10万英镑，支持建立了世界上首个开放数据研究所（Open Data Institute，ODI）。ODI将为那些对公众有益的商业企业活动提供数据背景支持，不但释放了新的商业潜力，还推动了经济发展以及个人收入增长的新形式。2013年5月，英国政府和李嘉诚基金会联合投资9000万英镑，在牛津大学成立全球首个综合运用大数据技术的医药卫生科研中心。中心将通过搜集、存储和分析大量生物医疗数据，与业界共同界定新药物研发方向，处理新药研发过程中的瓶颈，并为发现新的治疗手段提供线索。2013年8月，英国政府发布《英国农业技术战略》。该战略指出，英国今后对农业技术的投资将集中在大数据上，目标是将英国的农业科技商业化。2014年，英国政府投入7300万英镑进行大数据技术的开发，包括在55个政府数据分析项目中展开大数据技术的应用；以高等学府为依托投资兴办大数据研究中心，如图灵大数据研究院。2015年，英国政府承诺将开放有关交通运输、天气和健康方面的核心公共数据库。

3）日本

2012年6月，日本IT战略本部发布电子政务开放数据战略草案，迈出了政府数据公开的关键一步。2012年7月，日本总务省ICT基本战略委员会发布了《面向2020年的ICT综合战略》，提出"活跃在ICT领域的日本"的目标，将重点关注大数据应用所需的社会化媒体等智能技术开发、传统产业IT创新、新医疗技术开发、缓解交通拥堵等公共领域应用等。2013年6月，日本正式公布新IT战略——创建最尖端IT国家宣言。全面阐述2013—2020年期间以发展开放公共数据和大数据为核心的日本新IT国家战略，提出要把日本建设成为具有世界最高水准的广泛运用信息产业技术的社会。为此，日本政府推出数据分类网站（data.go.jp），目的是提供不同政府部门和机构的数据供使用，向数据提供者和数据使用者开放数据。数据涉及各类白皮书、地理空间信息、人群运动信息、预算、年终财务和流程数据等。2013年7月，日本三菱综合研究所牵头成立了"开放数据流通推进联盟"，旨在通过产官学联合，促进日本公共数据的开放应用。2014年8月，日本内阁府决定在每月公布的月度经济报告中采用互联网上累积的"大数据"作为新的经济判断指标。内阁府将根据网络用户对产品和服务的搜索情况和推特网站上所发帖子来分析实时消费动向。日本防卫省从2015年开始正式研讨将"大数据"运用于海外局势的分析。这一举措作为自卫队海外活动扩大背景下的新方案，旨在强化情报收集能力。

4）德国

2010年，德国制定《数字德国2015的ICT战略》，在能源、交通、保健、教育、休闲、旅游和管理等传统行业采用现代ICT技术实现智能网络化。2013年4月，德国政府提出了"工业4.0"的概念。德国联邦政府对该项目投入2亿欧元，由德国联邦教研部与联邦经济技术部联手资助，在德国工程院、弗劳恩霍夫协会、西门子公司等德国学术界和产业界的建议和推动下形成，并已上升为国家级战略。德国IT行业协会BITKOM于2014年初发表报告称，大数据业务在德国发展迅速，到2016年有望达到136亿欧元。2014年8月20日，德国联邦政府内阁通过了由德国联邦经济和能源部、内政部、交通与数字基础设施建设部联合推出的《2014—2017年数字议程》，提出在变革中推动"网络普及""网络安全""数字经济发展"三个重要进程，希望以此打造具有国际竞争力的"数字强国"。

由此可见，大数据超越信息技术、使人们重新界定国家竞争的主战场，重新审视政府治理水平，重新认识科学研究的新范式，重新审视产业变迁的驱动因素，重新理解投资的决策依据，重新思考公司的战略和组织结构。

2. 大数据技术的发展现状及展望

1）大数据技术的发展现状

当前大数据技术的研究发展状况主要体现在基础理论、关键技术、应用实践、数据安全等方面。在基础理论方面，当前学界对大数据技术的科学定义、结构模型、数据理论体系等基本问题并未有确切的认识和判定标准，在数据质量和数据计算效率的评估活动中，也缺乏一个统一的标准，这就直接造成了技术人员在数据质量评价活动中工作效率低下的问题。在关键技术研究方面，大数据格式的转化、数据转移和处理等问题技术是亟需处理的核心问题。大数据由于其异构性和异质性的特征，使提高大数据格式转化的效率成为了增加大数据技术应用价值的必经途径；而提升大数据计算能力的关键在于提高数据的转移速率，这就要求技术人员要及时对大数据进行整合与处理。在大数据的处理中，数据的重组与错误数据的再利用都是有效提高大数据应用价值的措施。在应用实践研究方面，目前大数据在实际中的研究应用主要体现为数据管理、数据搜索分析和数据集成。其中，数据管理主要用于大型互联网数据库和新型数据储存模型与集成系统，而数据搜索分析则多用于模型社交网络，数据集成则通过将不同来源不同作用的数据进行整合，从而开发出整体数据库新的功能，目前正处于研究发展的起始阶段。最后，在数据安全方面，大数据技术的用户隐私和数据质量问题是当前数据安全研究工作的重点。一方面，大数据技术下用户隐私更容易被获取，信息泄露风险更大；另一方面，大数据由于在准确性、冗余性、完整性等方面的偏差，数据质量问题不可避免，急需开发应用相应的数据自动检测修复系统。

2）大数据技术发展中面临的问题

当前大数据技术在发展过程中所面临的问题主要有两个。首先，现有的IT技术架构无法适应大数据技术的发展要求。科学技术的迅速发展推动了企业在数据生成、储存等多方面的长足进步，一方面，企业爆炸式的数据增加加剧了原有数据存储的储存压力；另一方面，大量的数据给传统的数据分析处理技术带来巨大挑战。这就要求IT行业必须及时革新数据储存和分析处理能力，重构IT技术架构以满足大数据的技术需求。其次是传统信息安全措施的失效。传统信息安全措施只能在一定程度上保护单个用户在单个地点的单一行为隐私信息，而在大数据技术的网络环境下，单个个人的不同行为信息从不同独立地点在网络数据中汇聚，就很有可能造成隐私泄露的问题，这就加大了大数据环境下对动态数据利用和隐私保护的难度。

3）大数据技术的应用前景展望

（1）数据的资源化。在大数据技术中蕴含着丰富的信息资源，它们的科学有效应用能够切实为企业带来巨大的经济产值，产生更多经济收益。因此，要利用好信息资源就要进一步开放研究大数据技术。信息资源的有效应用离不开先进的数据技术和信息化思维，网络技术人员应当将传统信息资源开发管理方法与大数据技术有机地结合起来，通过将不同数据集进行重组和整合，发挥旧数据集所不具有的新功能，从而为企业创造出更多的价值。而掌握了数据资源处理技术的企业，在未来还能够通过将数据使用权进行出租或者转让等方式获取巨大的经济收益。

（2）科技的交叉融合。大数据技术的发展不仅能够将网络计算中心、移动网络技术和物联网、云计算等新型尖端网络技术充分地融合成一体，促进不同科学技术的交叉融合，同时还能够促进多学科的交叉融合，充分发挥出交叉学科和边缘学科在新时代的新功能与效用。大数据技术的长足进步与发展既要求工程技术人员要立足于信息科学，通过对大数据技术中的信息获取、储存、处理等各方面的具体技术进行创新发展，也要将大数据技术与企业管理手段结合起来，从企业经营管理的角度研究分析现代化企业在生产经营管理活动中大数据技术的参与度及其可能带来的影响。在一些需要处理和应用到大量数据的信息部门，企业一方面要着力提高大数据技术的应用水平，另一方面要及时引进跨学科人才，充分发挥多科学与交叉学科在本部门中的参与度。

（3）以人为本的大数据技术发展趋势。科学技术的使用主体归根结底是人，虽然在大数据技术支撑的网络信息环境下，信息数据的及时流通与整合能够满足人类生产生活的所有信息需求，能够为人的科学决策提供有效指导，但大数据技术终究无法代替人脑，这就要求大数据技术在发展过程中要坚持以人为本的基本原则，重视人的地位，将人的生产活动与网络大数据虚拟关系结合起来，在密切人与人之间的交流的同时，充分发挥每一个独立个体的个性和特长。

4.1.3 电力行业大数据技术应用历程及发展趋势

1. 电力大数据的现状与未来

随着智能电网建设的持续推进，ICT（信息通信技术）在电力系统的广泛应用不仅提升了电力系统的智能化水平，也推动电力大数据呈几何级数增长。各类数据的覆盖范围不断扩大，获取频度不断提高，数据的综合价值也得到极大提升，数据再利用使得数据的价值潜力得到巨大释放，电力大数据已经站在了量变到质变的关键节点。随着第三次工业革命浪潮来袭，互联网、物联网与电网将深度融合，未来的智能电力系统将使得电网不仅承载电流，也将承载着信息流和业务流，实现"三流合一"的智能电力系统的价值也将随之跃升，而这种跃升显然具有大数据的时代特征。当电网中传输的不只是电能，更重要的还有超乎人们想象的数据增长量，探索如何科学合理地释放数据能量来推动电力工业的升级便成为电力企业所面临的重大命题。电力大数据的价值已经相当庞大，但如果实现进一步延伸，将电力大数据与人们生产生活数据、与政府企业等多行业数据相结合，将产生更多更大的价值增值潜力，电力大数据所带来的经济回报也将远超我们的想象。

未来的中国电网必将是一张巨大的数字化电网和具有世界领先水平的电力物联网，未来的电力企业也必将转型为擅长大数据运营的新型电力企业。电力公司在这一领域进行了积极的研究与探索，确定将电力营销作为大数据推进的突破口是符合大数据发展普遍规律的。其选取新成立的县级供电企业，具有极强的发展潜力和可塑性，非常适合作为大数据试点单位。坚持电网数字化、运营数据化方向，把供电公司建设成为"数字化电网、数据化运营"的具有世界先进水平的新型供电企业，为电力基于大数据的全面转型提供有益借鉴。

2. 把握大数据时代电力企业发展转型的关键

进入新世纪以来，随着"两化融合"工作的推进，电力大数据进入了新的时代，一方面是电力系统的智能化、数字化水平突飞猛进，沿着电力系统的价值链，发、输、配、售、用及调度交易全过程所生产的数据堪称海量；另一方面是电力企业普遍都开展了信息化建设，企业的信息化水平获得显著提高，数据的生产和存储能力大幅提升，电力企业内部已经拥有了海量生产运营数据，信息化的价值提升悄然而至。电力企业要实现大数据转型必须从大数据战略、组织、技术、管理及行业联盟等关键要素方面推动公司发展方式转变。

从战略视角来看，要大力推动数据资产化进程，充分挖掘数据的价值创造潜力。数据分析是实现大数据价值的核心，成为企业获取价值、赢得竞争的决定性抓手，关键要推动大数据对企业实现客户洞察和流程革新的指导。从目前电力企业的普遍现状来看，比较务实的做法有四种。一是加快大数据业务试点，推动大数据在规划、运维、客服、采购、投资等重要传统业务的应用，把大数据分析紧密嵌入到企业的核心业务流程中去，提升业务的绩效水平。二是运用大数据提升电力系统的智能化水平，提高新能源并网的能力，促进风能、太阳能等新能源有序发展，服务国家节能减排总体战略。三是充分发挥数据资源的商业价值，以大数据为基础培育数据生态链，创新商业模式，形成更加有机协调的业务体系，促进公司发展方式的深刻转变，有力推动数据资源转化为战略资产的大数据战略转型。四是随着时代变革加速，企业面临的环境更加复杂，智能决策和科学决策的需求增长，大数据在这一领域将有着广阔的空间。

从企业组织视角来看，要基于大数据所带来的重大变革重组企业组织架构。大数据领先企业已经把其商业活动的每一环节都建立在数据收集、分析和行动的能力之上，它们的组织是基于数据竞争来架构的。这些企业要么在数据运用最多最频繁的业务领域成立了数据分析部门，要么成立了独立的数据分析部门，设立了专职的首席数据官。首席数据官这一新兴职位的设立是企业推进大数据战略的重要举措，随着大数据的演进，首席数据官对企业运行的重要性将与首席财务官一样重要。电力企业必须基于行业特征、自身实际，积极研究和借鉴大数据领先企业的成功实践，变革企业组织架构，创新企业运行体制机制，探索设立首席数据官，适应大数据时代的要求。

从技术视角来看，要加快建设适应大数据发展的"电力云"，为大数据发展提供强大的技术基础。首先，从生产、管理、服务三大视角探索建设符合电力企业发展客观规律、具有电力企业特色的"电力云"，满足电力企业海量数据的存储与计算需要。其次，转变企业信息化建设的发展思路，以建设企业级信息项目为主体，实现企业信息化集中建设和统一推广应用，构建分散在各业务条线的数据大融合通道，提升企业数据资源集中管理能力和共享水平，为数据资源的价值创造提供基础条件。再次，基于先进算法探索建立投资、电量、气候、负荷等各类分析模型，提高电力企业智能化决策水平，提升公司管理、发展和服务水平。

从数据管理视角来看，要加强大数据人才培养，提升大数据风险管理能力。大数据战略推进必须首先解决大数据人才问题，人才是企业实现数据资源向数据资产转变的关键，要着力培养一批数据管理人才、数据分析人才和电力数据科学家，数据分析与挖掘人才将成为未来的稀缺人才，电力企业要做好大数据人才的培养和储备工作。另一方面要强化数据的共享和风险管理，数据公开和流动是大数据时代的重要趋势，电力大数据与人们生产生活数据，与政府企业等多行业数据相结合，将产生更多更大的价值增值潜力，但是，在共享数据价值的同时必须强化数据的风险管理。

从行业视角来看，要推动成立大数据行业联盟，建立行业数据治理和共享机制。数据，与其他生产要素相比无疑有着独特的特征。与工业原材料一般都因排他性而无法共享不同，数据从技术上很容易实现共享，而且数据共享的范围越大，使用的人越多，价值创造的潜力就越大。与机器设备不一样，数据使用的过程不是价值折损的过程，而是价值增值的过程。电力大数据的价值取决于数据在更大范围的开放与共享，不同电力企业之间若能建立数据流动与共享机制，电力大数据的价值将更加巨大，打破业务、企业、行业之间的数据壁垒将成为电力大数据迈进新时代的重要前提。建设电力行业统一的元数据和主数据管理平台，建立统一电力数据分析模型和行业级电力数据中心，开发电力数据分析挖掘技术，挖掘电力大数据价值，面向行业内外提供内容增值服务将成为电力大数据未来的发展方向。

3. 拥抱电力大数据

随着智能时代的到来，世界正在进入一个"万物皆联网、无处不计算"的崭新时代。在大数据时代，每一天都有无数的数据在被收集、整理、交换、分析和价值挖掘，数据已如一股"洪流"注入了世界经济，成为全球各经济领域的重要组成部分。电力关乎国计民生，电力数据不仅反映宏观经济运行情况，也反映居民消费结构、生活水平、用电行为模式等重要信息，电力大数据具有极强的正外部性。电力企业处于数据汇集的黄金位置，且在过去的经营过程中已经累积了大量的高质量数据，只要把握这一巨大的数据优势，充分发挥企业的资源优势，电力企业就具备成功转型为大数据生态系统领袖企业的优势。

4.1.4 大数据产业发展需求与面临的形势

大数据产业是指以数据生产、采集、存储、加工、分析、服务为主的相关经济活动，包括数据资源建设、大数据软硬件产品的开发、销售和租赁活动，以及相关信息技术服务。

1. 信息化积累了丰富的数据资源

我国信息化发展水平日益提高，对数据资源的采集、挖掘和应用水平不断深化。政务信息化水平不断提升，全国面向公众的政府网站达8.4万个。智慧城市建设全面展开，"十二五"期间近300个城市进行了智慧城市试点。两化融合发展进程不断深入，正进入向纵深发展的新阶段。信息消费蓬勃发展，网民数量超过7亿，移动电话用户规模已经突破13亿，均居世界第一。月度户均移动互联网接入流量达835Mb/s。政府部门、互联网企业、大型集团企业积累沉淀了大量的数据资源。我国已成为产生和积累数据量最大、数据类型最丰富的国家之一。

2. 大数据技术创新取得明显突破

在软硬件方面，国内骨干软硬件企业陆续推出自主研发的大数据基础平台产品，一批信息服务企业面向特定领域研发数据分析工具，提供创新型数据服务。在平台建设方面，互联网龙头企业服务器的集群规模达到上万台，具备建设和运维超大规模大数据平台的技术实力。在智能分析方面，部分企业积极布局深度学习等人工智能前沿技术，在语音识别、图像理解、文本挖掘等方面抢占技术制高点。在开源技术方面，我国对国际大数据开源软件社区的贡献不断增大。

3. 大数据应用推进势头良好

大数据在互联网服务中得到广泛应用，大幅度提升了网络社交、电商、广告、搜索等服务的个性化和智能化水平，催生了共享经济等数据驱动的新兴业态。大数据加速向传统产业渗透，驱动生产方式和管理模式变革，推动制造业向网络化、数字化和智能化方向发展。电信、金融、交通等行业利用已积累的丰富数据资源，积极探索客户细分、风险防控、信用评价等应用，加快服务优化、业务创新和产业升级步伐。

4. 大数据产业体系初具雏形

2015年，我国信息产业收入达到17.1万亿元，比2010年进入"十二五"前翻了一番。其中软件和信息技术服务业实现软件业务收入4.3万亿元，同比增长15.7%。大型数据中心向绿色化、集约化发展，跨地区经营互联网数据中心（IDC）业务的企业达到295家。云计算服务逐渐成熟，主要云计算平台的数据处理规模已跻身世界前列，为大数据提供强大的计算存储能力并促进数据集聚。在大数据资源建设、大数据技术、大数据应用领域涌现出一批新模式和新业态。龙头企业引领，上下游企业互动的产业格局初步形成。基于大数据的创新创业日趋活跃，大数据技术、产业与服务成为社会资本投入的热点。

5. 大数据产业支撑能力日益增强

形成了大数据标准化工作机制，大数据标准体系初步形成，开展了大数据技术、交易、开放共享、工业大数据等国家标准的研制工作，部分标准在北京、上海、贵阳开展了试点示范。一批大数据技术研发实验室、工程中心、企业技术中心、产业创新平台、产业联盟、投资基金等形式的产业支撑平台相继建成。大数据安全保障体系和法律法规不断完善。

6. 大数据成为塑造国家竞争力的战略制高点之一，国家竞争日趋激烈

一个国家掌握和运用大数据的能力成为国家竞争力的重要体现，各国纷纷将大数据作为国家发展战略，将产业发展作为大数据发展的核心。美国高度重视大数据研发和应用，2012年3月推出《大数据研究与发展倡议》，将大数据作为国家重要的战略资源进行管理和应用，2016年5月进一步发布《联邦大数据研究与开发计划》，不断加强在大数据研发和应用方面的布局。欧盟2014年推出了"数据驱动的经济"战略，倡导欧洲各国抢抓大数据发展机遇。此外，英国、日本、澳大利亚等国也出台了类似政策，推动大数据应用，拉动产业发展。

7. 大数据驱动信息产业格局加速变革，创新发展面临难得的机遇

当今世界，新一轮科技革命和产业变革正在孕育兴起，信息产业格局面临巨大变革。在大数据推动下，信息技术正处于新旧轨道切换的过程中，分布式系统架构、多元异构数据管理技术等新技术、新模式快速发展，产业格局正处在创新变革的关键时期，我国面临加快发展重大机遇。

8. 我国经济社会发展对信息化提出了更高要求，发展大数据具有强大的内生动力

推动大数据应用，加快传统产业数字化、智能化，做大做强数字经济，能够为我国经济转型发展提供新动力，为重塑国家竞争优势创造新机遇，为提升政府治理能力开辟新途径，是支撑国家战略的重要抓手。当前我国正在推进供给侧结构性改革和服务型政府建设，加快实施"互联网+"行动计划和"中国制造2025战略"，建设公平普惠、便捷高效的民生服务体系，为大数据产业创造了广阔的市场空间，是我国大数据产业发展的强大内生动力。

9. 我国大数据产业仍然存在一些困难和问题

一是数据资源开放共享程度低。数据质量不高，数据资源流通不畅，管理能力弱，数据价值难以被有效挖掘利用。二是技术创新与支撑能力不强。我国在新型计算平台、分布式计算架构、大数据处理、分析和呈现方面与国外仍存在较大差距，对开源技术和相关生态系统影响力弱。三是大数据应用水平不高。我国发展大数据具有强劲的应用市场优势，但是目前还存在应用领域不广泛、应用程度不深、认识不到位等问题。四是大数据产业支撑体系尚不完善。数据所有权、隐私权等相关法律法规和信息安全、开放共享等标准规范

不健全，尚未建立起兼顾安全与发展的数据开放、管理和信息安全保障体系。五是人才队伍建设急需加强。大数据基础研究、产品研发和业务应用等各类人才短缺，难以满足发展需要。

4.2　电力大数据项目咨询及实用方法

大数据时代新思维基本方法、数据处理与数据分析方法、电力业务大数据融合应用方法、大数据技术创新发展全球能源互联网是本节介绍的主要内容。

4.2.1　大数据时代新思维基本方法

大数据思维是客观存在，大数据思维是新的思维观。用大数据思维方式思考问题，解决问题是当下的时代潮流。大数据思维开启了一次重大的时代转型。

1. 功能是价值转变为数据是价值

大数据真正有意思的是数据变得在线了，这恰恰是互联网的特点。非互联网时期的产品，功能一定是它的价值，今天的产品，数据一定是它的价值。

例如，大数据的真正价值在于创造，在于填补无数个还未实现的空白。有人把数据比喻为蕴藏能量的煤矿，煤炭按照性质有焦煤、无烟煤、肥煤、贫煤等分类，而露天煤矿、深山煤矿的挖掘成本又不一样。与此类似，大数据并不在"大"，而在于"有用"，价值含量、挖掘成本比数量更为重要。不管大数据的核心价值是不是预测，但是基于大数据形成决策的模式已经为不少企业带来了盈利和声誉。

信息总量的变化导致了信息形态的变化，量变引发了质变，最先经历信息爆炸的学科，如天文学和基因学，创造出了"大数据"这个概念。如今，这个概念几乎应用到了所有人类致力发展的领域。从功能为价值转变成数据为价值，说明数据和大数据的价值在扩大，数据为"王"的时代出现了。数据被解释是信息，信息常识化是知识，所以说数据解释、数据分析能产生价值。

2. 抽样转变为全部数据样本

需要全部数据样本而不是抽样，不知道的事情比知道的事情更重要，但如果现在数据足够多，它会让人能够看得见、摸得着规律。数据这么大，这么多，所以人们觉得有足够的能力把握未来，对不确定状态进行判断，从而做出自己的决定。这些东西听起来都是非常原始的，但是实际上背后的思维方式和今天所讲的大数据是非常像的。

在大数据时代，无论是商家，还是信息的搜集者，会比用户自己更知道自己可能会想干什么。现在的数据还没有被真正挖掘，如果真正挖掘的话，通过信用卡消费的记录，可以成功预测未来5年内的情况。统计学最基本的一个概念就是全部样本才能找出规律。为什么能够找出行为规律？一个更深层的概念是人和人是一样的，如果是将一个人特例出来，可能很有个性，但当人口样本数量足够大时，就会发现人的共性是一致的。

从抽样中得到的结论总是有水分的，而全部样本中得到的结论水分就很少，大数据越大，真实性也就越大，因为大数据包含了全部的信息。

3. 注重精确度转变为注重效率

注重效率而不是精确度，大数据标志着人类在寻求量化和认识世界的道路上前进了一大步，过去不可计量、存储、分析和共享的很多东西都被数据化了，拥有大量的数据和更多不那么精确的数据为我们理解世界打开了一扇新的大门。大数据能提高生产效率和销售效率，原因是大数据能够让我们知道市场的需要，人的消费需要。大数据让企业的决策更科学，由注重精确度转变为注重效率的提高，大数据分析能提高企业的效率。

在利用互联网、大数据提高企业效率的趋势下，快速就是效率，预测就是效率，预见就是效率，变革就是效率，创新就是效率，应用就是效率。竞争是企业的动力，而效率是企业的生命，效率低与效率高是衡量企业成败的关键。一般来讲，投入与产出比是效率，追求高效率也就是追求高价值。手工、机器、自动机器、智能机器之间效率是不同的，智能机器效率更高，已能代替人的思维劳动。智能机器的核心是大数据制动，而大数据制动的速度更快。在快速变化的市场，快速预测、快速决策、快速创新、快速定制、快速生产、快速上市成为企业行动的准则，也就是说，速度就是价值，效率就是价值，而这一切离不开大数据思维。

4. 注意因果关系转变为注重相关性

关注相关性而不是因果关系，社会需要放弃它对因果关系的渴求，而仅需关注相关关系，也就是说只需要知道是什么，而不需要知道为什么。这就推翻了自古以来的惯例，而我们做决定和理解现实的最基本方式也将受到挑战。

大数据思维一个最突出的特点，就是从传统的因果思维转向相关思维，传统的因果思维要求一定要找到一个原因，推出一个结果来。而大数据没有必要找到原因，不需要科学的手段来证明这个事件和那个事件之间有必然的因果关系。它只需要知道，出现这种迹象时的一般情况，数据统计的高概率显示会有相应的结果，那么在发现这种迹象的时候，就可以做决策。这和以前的思维方式很不一样，是一种有点反科学的思维，因为科学要求实证，要求找到准确的因果关系。

在这个不确定的时代，等找到准确的因果关系，再去办事的时候，这个事情早已经不值得办了。所以"大数据"时代的思维像回归了工业社会的机械思维，按某个按钮，一定会出现相应的结果。农业社会之前，不需要找到中间非常紧密的、明确的因果关系，只需要找到相关关系，只需要找到迹象就可以了。社会因此放弃了寻找因果关系的传统偏好，开始挖掘相关关系的好处。

5. 由企业生产产品转变为由客户定制产品

下一波的改革是大规模定制，为大量客户定制产品和服务，成本低，又兼具个性化。比如，消费者希望他买的车有红色、绿色，厂商有能力满足要求，但价格又不至于像手工制作那般让人无法承担。因此，在厂家可以负担得起大规模定制带去的高成本的前提下，要真正做到个性化产品和服务，就必须对客户需求有很好的了解，这背后就需要依靠大数据技术。

大数据改变了企业的竞争力。定制产品是一个很好的技术，但是能不能够形成企业的竞争力呢？在产业经济学里有一个很重要的区别，就是生产力和竞争力的区别。一种生产力变成通用生产力的时候，就不能形成竞争力，因为每个人，每个企业都有这种生产力的时候，只能提高自己的生产力。从没有车到有车，活动半径、运行速度会大大提高。当其他人没有车而某个人有车的时候，该人就会形成竞争力。大数据也一样，当某人可由大数据定制产品，而别人没有，就会形成竞争力。

正因为在大数据规律面前，每个人的行为都跟别人一样，没有本质变化，所以商家会比消费者更了消费者的行为。大数据时代用定制产品思维方式思考问题，解决问题，让企业找到了定制产品、订单生产、用户销售的新路子。用户在家购买商品已成为趋势，快递的便捷，让用户体验到实时购物的快感，个人消费不是减少了，反而增加了。企业产品直接销售给用户，省去了中间商流通环节，使产品的价格可以以出厂价销售，让消费者获得了好处，网上产品便宜成为用户的信念，网购市场形成了。要让用户成为你的产品粉丝，就必须了解用户需求，定制产品成为用户的心愿，也就成为企业发展的新方向。

6. "流程"驱动转变为"数据"驱动

大数据时代，计算模式也发生了转变，从"流程"驱动转变为"数据"驱动。Hadoop体系的分布式计算框架已经是以"数据"为核心的范式。非结构化数据及分析需求，将改变IT系统的升级方式，即从简单增量到架构变化。

例如，IBM将使用以数据为中心的设计，目的是降低在超级计算机之间进行大量数据交换的必要性。大数据下，云计算找到了破茧重生的机会，在存储和计算上都体现了数据为核心的理念。云计算为大数据提供了有力的工具和途径，大数据为云计算提供了很有价值的用武之地。大数据比云计算更为落地，可有效利用已大量建设的云计算资源。

科学进步越来越多地由数据来推动，海量数据给数据分析既带来了机遇，也构成了新的挑战。大数据往往是利用众多技术和方法，综合源自多个渠道、不同时间的信息而获得的。为了应对大数据带来的挑战，我们需要新的统计思路和计算方法。

7. 人找信息转变为信息找人

互联网和大数据的发展是一个从人找信息到信息找人的过程。先是人找信息，人找人，信息找信息，现在是信息找人。信息找人的时代与广播模式类似。在广播模式中，信息找人，但不知道我们是谁。互联网则提供搜索引擎技术，帮助找到所需要的信息，所以搜索引擎是一个很关键的技术。

网络有一个机器翻译团队，开始时翻译之后的文字根本看不懂，但是现在60%的内容都能读得懂。

从人找信息到信息找人，是交互时代的转变，也是智能时代的要求。智能机器已不是冷冰冰的机器，而是具有一定智能的机器。企业懂用户，机器懂用户，需要什么信息，企业和机器提前知道，而且主动提供需要的信息。

8. 人懂机器转变为机器懂人

不是让人更懂机器，而是让机器更懂人，或者说是能够在使用者很笨的情况下，仍然可以使用机器。甚至不是让人懂环境，而是让环境来懂人，让环境来适应人。在数字化环境中，人们所在的世界越来越趋向于更适应人们，更懂人们。哪个企业能够真正做到让机器更懂人，让环境更懂人，那一定是具有竞争力的，而"大数据"技术能够助人们一臂之力。

让机器懂人，是让机器具有学习的功能。人工智能已转变为研究机器学习。大数据分析要求机器更智能，具有分析能力，机器即时学习变得更重要。机器学习是指计算机利用经验改善自身性能的行为。机器学习主要研究如何使用计算机模拟和实现人类获取知识（学习）的过程、创新、重构已有的知识，从而提升自身处理问题的能力，机器学习的最终目的是从数据中获取知识。

大数据技术的一个核心目标是要从体量巨大、结构繁多的数据中挖掘出隐蔽在背后的规律，从而使数据发挥最大的价值。由计算机代替人去挖掘信息，获取知识。从各种各样的数据（包括结构化、半结构化和非结构化数据）中快速获取有价值信息的能力，就是大数据技术。在大数据机器分析中，半监督学习、集成学习、概率模型等技术尤为重要。

机器从没有常识到逐步有点常识，这是很大的变化。去年，美国人把一台云计算机送到大学里去进修，增加知识和常识。最近俄罗斯人开发的一台计算机软件通过了图灵测试，表明计算机已初步具有智能。

9. 机器学习实现预测

大数据的核心就是事物预测性，大数据的预测体现在很多方面。大数据不是要教机器像人一样思考，相反，它是把数学算法运用到海量的数据中预测事情发生的可能性。正因为在大数据规律面前，每个人的行为都跟别人一样，没有本质变化，所以商家会比消费者更了解消费者的行为。

世界杯预测模型的方法与设计其他事件的模型相同，诀窍就是在预测中去除主观性，让数据说话。预测性数学模型几乎不算新事物，但它们正变得越来越准确。在这个时代，数据分析能力终于开始赶上数据收集能力，分析师不仅有比以往更多的信息可用于构建模型，也拥有在很短时间内通过计算机将相关数据转化为信息的技术。

人们已经进入了一个用数据进行预测的时代，虽然可能无法解释其背后的原因。如果一个医生只要求病人遵从医嘱，却没法说明医学干预的合理性的话，情况会怎么样呢？实际上，这是依靠大数据取得病理分析的医生们一定会做的事情。

互联网、移动互联网和云计算机保证了大数据实时预测的可能性，也为企业和用户提供了实时预测的信息。相关性预测的信息让企业和用户抢占先机。由于大数据的全样本性，人和人都是一样的，因此云计算机软件预测的效率和准确性大大提高，有这种迹象，就有这种结果。数据预测、数据记录预测、数据统计预测、数据模型预测，数据分析预测、数据模式预测、数据深层次信息预测等，已转变为大数据预测、大数据记录预测、大数据统计预测、大数据模型预测，大数据分析预测、大数据模式预测、大数据深层次信息预测。

10. 数据提升电子商务智能

商务智能在大数据时代获得了重新定义。

传统企业在掌握了"大数据"技术应用途径之后，会有一种豁然开朗的感觉，就像在黑屋子里找东西时，突然碰到了一个开关，那么费了半天力而又没找到的东西，会很容易找到。大数据思维事实上不是一个全称的判断，只是对人们所处的时代某一个纬度的描述。

大数据让软件更智能。尽管仍处于大数据时代来临的前夕，但日常生活已经离不开它了。交友网站根据个人的性格与之前成功配对的情侣之间的关联来进行新的配对。具有"自动改正"功能的智能手机通过分析我们以前的输入，将个性化的新单词添加到手机词典里。在不久的将来，世界许多现在单纯依靠人类判断力的领域都会被计算机系统所改变甚至取代。计算机系统可以发挥作用的领域远远不止驾驶和交友，还有更多更复杂的任务。亚马逊可以帮人们推荐想要的书，谷歌可以为关联网站排序，脸书知道人们的喜好，而领餐员可以猜出某位客人要找的人。

人脑思维与机器思维有很大差别，但机器思维在速度上是取胜的，而且智能软件在很多领域已能代替人脑思维的操作工作。例如，美国一家媒体公司已用电脑智能软件写稿，可用率已达70%。云计算机已能处理超字节的大数据量，人们需要的所有信息都可显现，而且每个人的互联网行为都可记录，这些记录的大数据经过云计算处理能产生深层次信息，经过大数据软件挖掘，企业需要的商务信息都能实时提供，为企业决策和营销、定制产品等提供了大数据支持。

4.2.2　数据处理与数据分析方法

1. 数据处理及目的

数据是对事实、概念或指令的一种表达形式，可由人工或自动化装置进行处理。数据经过解释并赋予一定的意义之后，便成为信息。数据处理（Data Processing）是对数据的采集、存储、检索、加工、变换和传输。数据处理对数据（包括数值的和非数值的）进行分析和加工的技术过程，包括对各种原始数据的分析、整理、计算、编辑等加工和处理，比数据分析的含义广。随着计算机的日益普及，在计算机应用领域中，数值计算所占比重很小，通过计算机数据处理进行信息管理已成为主要的应用，如测绘制图管理、仓库管理、财会管理、交通运输管理，技术情报管理、办公室自动化等。在地理数据方面，既有大量自然环境数据（土地、水、气候、生物等各类资源数据），也有大量社会经济数据（人口、交通、工农业等）。经常要求对这些数据进行综合性数据处理，故需建立地理数据库，系统地整理和存储地理数据以减少冗余，发展数据处理软件，充分利用数据库技术进行数据管理和处理。

数据处理的基本目的是从大量的、杂乱无章的、难以理解的数据中抽取并推导出对某些特定的人们来说是有价值、有意义的信息。数据处理是系统工程和自动控制的基本环节。数据处理贯穿于社会生产和社会生活的各个领域。数据处理技术的发展及其应用的广度和深度，极大地影响着人类社会发展的进程。

2. 数据处理方式

根据处理设备的结构方式、工作方式，以及数据的时间空间分布方式的不同，数据处理有不同的方式。不同的处理方式要求不同的硬件和软件支持。每种处理方式都有自己的特点，应当根据应用问题的实际环境选择合适的处理方式。数据处理主要有四种分类方式：根据处理设备的结构方式区分，有联机处理方式和脱机处理方式；根据数据处理时间的分配方式区分，有批处理方式、分时处理方式和实时处理方式；根据数据处理空间的分布方式区分，有集中式处理方式和分布处理方式；根据计算机中央处理器的工作方式区分，有单道作业处理方式、多道作业处理方式和交互式处理方式。

数据处理器是用计算机收集、记录数据，经加工产生新的信息形式的技术。数据指数字、符号、字母和各种文字的集合。数据处理涉及的加工处理比一般的算术运算要广泛得多。

计算机数据处理主要包括8个方面。

①数据采集：采集所需的信息。

②数据转换：把信息转换成机器能够接收的形式。

③数据分组：指定编码，按有关信息进行有效的分组。

④数据组织：整理数据或用某些方法安排数据，以便进行处理。

⑤数据计算：进行各种算术和逻辑运算，以便得到进一步的信息。

⑥数据存储：将原始数据或计算的结果保存起来，供以后使用。

⑦数据检索：按用户的要求找出有用的信息。

⑧数据排序：把数据按一定要求排成次序。

数据处理的过程大致分为数据的准备、处理和输出三个阶段。在数据准备阶段，将数据脱机输入到穿孔卡片、穿孔纸带、磁带或磁盘。这个阶段也可以称为数据的录入阶段。数据录入以后，就要由计算机对数据进行处理，为此预先要由用户编制程序并把程序输入到计算机中，计算机是按程序的指示和要求对数据进行处理的。所谓处理，就是指上述8个方面工作中的一个或若干个的组合。最后输出的是各种文字和数字的表格和报表。

数据处理系统已广泛用于各种企事业单位，内容涉及薪金支付、票据收发、信贷和库存管理、生产调度、计划管理、销售分析等。它能产生操作报告、金融分析报告和统计报告等。数据处理技术涉及文卷系统、数据库管理系统、分布式数据处理系统等方面的技术。

此外，由于数据或信息大量地应用于各种各样的企事业机构，工业化社会中已形成一个独立的信息处理行业。数据和信息，本身已经成为人类社会极其宝贵的资源。信息处理行业对这些资源进行整理和开发，借以推动信息化社会的发展。

3. 数据处理软件及工具

数据处理离不开软件的支持，数据处理软件包括用以书写处理程序的各种程序设计语言及其编译程序、管理数据的文件系统和数据库系统、各种数据处理方法的应用软件包。为了保证数据安全可靠，还有一整套数据安全保密的技术。

数据处理软件有Excel、Matlab、Origin等，当前流行的图形可视化和数据分析软件有Matlab、Mathematica和Maple等。这些软件功能强大，可满足科技工作中的许多需要，但使用这些软件需要一定的计算机编程知识和矩阵知识，并熟悉其中的大量函数和命令。而使用Origin就像使用Excel和Word那样简单，只需单击鼠标，执行菜单命令就可以完成大部分工作，获得满意的结果。

根据数据处理的不同阶段，有不同的专业工具来对数据进行处理。

在数据转换部分，有专业的ETL工具来帮助完成数据的提取、转换和加载，相应的工具有Informatica和开源的Kettle。

在数据存储和计算部分，有数据库、数据仓库等工具，有Oracle、DB2、MySQL等知名产品，列式数据库在大数据背景下的发展也非常快。

在数据可视化部分，需要对数据的计算结果进行分析和展现，有BIEE、Microstrategy、Yonghong的Z-Suite等工具。

大数据时代需要可以解决大量数据、异构数据等多种问题带来的数据处理难题。Hadoop是一个分布式系统基础架构，由Apache基金会开发。用户可以在不了解分布式底层细节的情况下，开发分布式程序，充分利用集群的威力高速运算和存储。Hadoop实现了分布式文件系统（Hadoop Distributed File System，HDFS）。HDFS有高容错性的特点，并且设计用来部署在低廉的硬件上。它提供高传输率来访问应用程序的数据，适合那些有着超大数据集的应用程序。

4. 数据分析及方法

数据分析是指用适当的统计分析方法对收集来的大量数据进行分析，提取有用信息和形成结论，对数据加以详细研究和概括总结的过程。这一过程也是质量管理体系的支持过程。在实用中，数据分析可帮助人们作出判断，以便采取适当行动。数据分析的数学基础在20世纪早期就已确立，但直到计算机的出现才使得实际操作成为可能，并使数据分析得以推广。数据分析是数学与计算机科学相结合的产物。

在统计学领域，有些人将数据分析划分为描述性统计分析、探索性数据分析以及验证性数据分析。其中，探索性数据分析侧重于在数据之中发现新的特征，而验证性数据分析则侧重于已有假设的证实或证伪。

探索性数据分析是指为了形成值得假设的检验而对数据进行分析的一种方法，是对传统统计学假设检验手段的补充。该方法由美国著名统计学家约翰·图基（John Tukey）命名。

定性数据分析又称为"定性资料分析""定性研究"或者"质性研究资料分析"，是指对诸如词语、照片、观察结果之类的非数值型数据（或者说资料）的分析。

1）分析工具

Excel作为常用的分析工具，可以完成基本的分析工作。在商业智能领域有Cognos、Style Intelligence、Microstrategy、Brio、BO和Oracle，国内产品有大数据魔镜、FineBI、Yonghong Z-Suite BI套件等。

2）分析方法

数据分析有极广泛的应用范围。典型的数据分析可能包含3步：第1步是探索性数据分析。当数据刚取得时，可能杂乱无章，看不出规律，通过作图、造表、用各种形式的方程拟合\计算某些特征量等手段探索规律性的可能形式，即往什么方向和用何种方式去寻找和揭示隐含在数据中的规律性。第2步是模型选定分析。在探索性分析的基础上提出一类或几类可能的模型，然后通过进一步的分析从中挑选一定的模型。第3步是推断分析。通常使用数理统计方法对所定模型或估计的可靠程度和精确程度做出推断。

5. 数据分析主要步骤

数据分析过程的主要活动由识别信息需求、收集数据、分析数据、评价并改进数据分析的有效性组成。

1）识别信息需求

识别信息需求是确保数据分析过程有效性的首要条件，可以为收集数据、分析数据提供清晰的目标。识别信息需求是管理者的职责。管理者应根据决策和过程控制的需求，提出对信息的需求。就过程控制而言，管理者应识别需求要利用哪些信息支持评审过程输入、过程输出、资源配置的合理性、过程活动的优化方案和过程异常变异的发现。

2）收集数据

有目的地收集数据，是确保数据分析过程有效的基础。组织需要对收集数据的内容、渠道、方法进行策划。策划时应考虑四方面的内容。

（1）将识别的需求转化为具体的要求，如评价供方时，需要收集的数据可能包括其过程能力、测量系统不确定度等相关数据。

（2）明确由谁在何时何处，通过何种渠道和方法收集数据。

（3）记录表应便于使用。

（4）采取有效措施，防止数据丢失和虚假数据对系统的干扰。

3）分析数据

分析数据是将收集的数据通过加工、整理和分析使其转化为信息。

老七种工具包括排列图、因果图、分层法、调查表、散布图、直方图、控制图。

新七种工具包括关联图、系统图、矩阵图、KJ法、计划评审技术、PDPC法、矩阵数据图。

4）过程改进

数据分析是质量管理体系的基础。组织的管理者应在适当时，通过对以下问题的分析，评估其有效性：

（1）提供决策的信息是否充分、可信，是否存在因信息不足、失准、滞后而导致决策失误的问题。

（2）信息对持续改进质量管理体系、过程、产品所发挥的作用是否与期望值一致，是否在产品实现过程中有效运用数据分析。

（3）收集数据的目的是否明确，收集的数据是否真实和充分，信息渠道是否畅通。

（4）数据分析方法是否合理，是否将风险控制在可接受的范围。

（5）数据分析所需资源是否得到保障。

6. 数据预处理过程

数据预处理（Data Preprocessing）是指在主要的处理以前对数据进行的一些处理。主要是清理异常值和纠正错误数据。

现实世界中的数据大体上都是不完整和不一致的脏数据，无法直接进行数据挖掘，或挖掘结果差强人意。为了提高数据挖掘的质量产生了数据预处理技术。数据预处理有多种方法，如数据清理、数据集成、数据变换、数据归约等。这些数据处理技术在数据挖掘之前使用，大大提高了数据挖掘模式的质量，降低了实际挖掘所需的时间。

1）数据清理

数据清理例程通过填写缺失的值、光滑噪声数据、识别或删除离群点并解决不一致性来"清理"数据，主要是达到格式标准化、异常数据清除、错误纠正、重复数据的清除的目标。

2）数据集成

数据集成例程将多个数据源中的数据结合起来并统一存储，建立数据仓库的过程实际上就是数据集成。

3）数据变换

通过平滑聚集、数据概化、规范化等方式将数据转换成适用于数据挖掘的形式。

4）数据归约

数据挖掘时，数据量往往非常大，在少量数据上进行挖掘分析需要很长的时间。用数据归约技术可以得到数据集的归约表示，它小得多，但仍然接近于保持原数据的完整性，结果与归约前结果相同或几乎相同。

数据预处理是数据挖掘的一个热门研究方面，这是由数据预处理的产生背景所决定的。

4.2.3　电力业务大数据融合应用方法

1. 大数据时代电力企业面临的挑战

我国原有电力企业实行垂直一体化管理，近年来，我国电力企业实行更全面更深刻的改革。就现状来看，电力企业包括独立的发电厂、五大发电公司、两大独立核算的电网经营企业，以及电力建设公司等其他独立核算单位。基于目前我国电力企业的发展现状，大数据产生于电力企业的各个方面。在发电侧，随着数字化电厂的建成，海量的有关故障监控、设备运行状态等数据被各大电厂保留下来；在输电侧和配电侧，在输变电设备状态监测系统中，为了能对绝缘放电等状态进行诊断，最大程度地减少线损，需存储和监控的数据量十分巨大；在用电侧，电力用户的个人信息、电价信息以及智能电网的发展、电动汽车充放电监测信息都会产生海量数据。

然而，大多数电力企业的数据库仅仅实现了数据存储、查询、统计等最基本的功能，无法深入挖掘出隐藏在海量数据背后潜在的价值。电力大数据时代必将会对存储电力运行信息知识、提供电力运行数据的电力企业带来巨大的影响。因此，深刻理解大数据的内涵，联系目前我国电力系统的发展以及电力系统数据存储、利用的现状就显得十分必要，这也为电力企业真正应对大数据时代的挑战提供了相关思考。电力企业数据来源不仅仅是企业内部的历史年度数据，还包括来自互联网和信息机构的各种数据。收集这些信息要附上相应的时空标志，必要的时候要剔除无效数据，同时应当尽可能收集不同数据来源、结构化程度不同的数据，并且做到尽可能和企业内部的历史数据相对照，以便于验证信息的可靠性和真实性，这对于电力企业来说，将是不小的挑战。现代互联网应用呈现非结构化和半结构化数据大幅度增长的特点。据不完全统计，这类数据占有比例已经达到整个数据量的75%以上。同时，由于数据网络化的存在，使得这类数据的复杂关系无处不在；另外，这类数据是以数据流的形式存在，数据价值化的体现与时间呈明显的相关性，价值稍纵即逝。尽管目前计算机智能化有了很大进步，但还只能针对有结构或类结构的数据进行分析，谈不上深层次的数据挖掘。

大量观测数据虽然可以映射各种复杂的网络系统，但由于这些数据往往是孤立的数据点，映射的数据网络难免片面。如何做好数据集成，使之成为一个完整的数据网络，这是值得思考的问题。以发电企业为例，单单考虑发电量数据，得到的仅仅是发电厂发电量单一方面的数据。然而，发电数据是与电压数据、线损数据、用户用电数据等相互联系的，如何利用模糊分析方法，考虑这些数据的参数关系，分析复杂网络之间的联系，对发电企业来说将是一个巨大的挑战。

因此，理解数据挖掘技术及其在电力企业中的应用就显得非常必要。数据挖掘技术是通过对海量数据进行建模，并通过数理模型对企业的海量数据进行整理与分析，以帮助企业了解其不同的客户或不同的市场划分的一种从海量数据中找出企业所需知识的技术方法。如果说云计算为海量分布的电力数据提供了存储、访问的平台，那么如何在这个平台上发掘数据的潜在价值，使其为电力用户、电力企业提供服务，将成为云计算的发展方向，也将是大数据技术的核心议题。电力系统是一个复杂的系统，数据量庞大，特别是在电力企业进入大数据时代后，仅仅是电力设备运行和电力负荷的数据规模就已十分惊人。因此，光靠传统的数据处理方法就显得不合时宜，而数据挖掘技术的实现为解决这一难题提供了新的出路。数据挖掘技术在电力系统负荷预测和电力系统运行状态监控、电力用户特征值提取、电价预测等方面有很好的应用前景。

2. 有关电力数据挖掘技术的应用

在我国电力市场化运行过程中，电力市场运行模式大体经历了垄断模式、发电竞价模式、电力转运模式，现在正在积极过渡到配电网开放模式。在这个过渡阶段，高质量的数据更是大数据发挥效能的前提，先进的数据挖掘技术是大数据发挥功效的必要手段。国际数据公司指出，在大数据时代下，新的数据类型与新的数据分析技术的缺失将是阻碍企业成为其行业领导者的重要因素。

在大数据时代，由于数据信息量巨大，数据挖掘是知识的自发现过程。在无明显目标的情况下，需要从不同的数据源获得数据，然后对数据进行预处理，并使用模糊识别等算法对数据进行挖掘分析。为此，中国人民大学网络与移动管理实验室开发出了一种采用面向领域的Deep Web数据集成技术，进而实现对Web数据自动集成和处理。大数据时代下电力企业数据挖掘技术主要由数据收集、数据整理、数据管理、数据分析、数据展示等过程组成。数据来源层实现大数据收集工作得益于移动设备、无线射频识别技术、互联网、自动记录系统等技术设备，数据来源层主要存放了电力企业内部大量的事务型数据，以及会对电力企业决策产生影响的外部性数据。同时，为了使获得的数据更具代表性，电力企业要尝试收集不同数据源产生的数据，为数据挖掘的后续工作做好准备。

在数据整理过程中，数据源数据内容往往交叉，所以需要按照互动性对观测数据进行分类。同时，由于原始数据中有噪声数据、冗余数据及缺失数据等问题，需要对数据进行解析、清洗、重构，并填补缺失数据以提高待挖掘数据的质量。数据被大致分为两大类，即结构化数据、半结构化与非结构化数据。对于结构化数据，需要对其进行数据过滤，剔除无效数据以提高分析效率；对于半结构化和非结构化数据，需要按照一定的标准处理成机器语言或索引。数据管理层在数据挖掘技术中的实现通过数据整理层，将经过整理和转化的数据存储到电力数据仓库中。由于不同的电力数据库储存标准不同，因此需要整合转化后才能储存到数据仓库中，这里就需要对数据仓库进行重新设计。

经过重新设计的数据仓库，可以根据不同的主题设计不同的属性集，从而减少数据处理量；针对不同的主题数据库，可以采取粗糙集的属性归约算法删除数据中的冗余信息，得到精简的数据集；然后将决策树所表示的数据集表示为IF-THEN的分类规则知识，并储存在规则知识库中；如果有新数据样本需要处理，可以按照一定的规则算法进行识别匹配，从而进行综合评价。经过数据管理层处理的数据，可以通过联机分析处理技术来支撑复杂的决策分析过程，从而将数据转化成为辅助决策的信息。鉴于电力企业对数据实时性要求很高，可以将电力企业的数据分为实时性数据和非实时性数据进行分类处理。针对非实时性数据，可以考虑基于分布式文件系统和MapReduce技术的云计算来进行处理；也可以基于Hadoop，一种DFS和MapReduce的开源实现的云计算平台来进行数据处理。对于实时性数据，如电力负荷数据，一方面电力企业可以通过内存计算技术，将全部数据通过内存运行进行计算，这将是提高计算速度的有效办法；另外，可以在云平台前面设置若干前置机，用于实时接收数据。

3. 数据展示层可视化企业目标

借助图形表达数据中的复杂信息，可将数据挖掘的成果可视化，并将其运用到电力企业未来的发展规划中。将深度挖掘的数据可视化，可以使员工清楚地认识到电力企业未来的发展方向、评价决策制定的正确与否。结果是否符合实际，是决定整个系统挖掘技术是否成功的标准。基于我国的基本国情，电力企业具备非常好的从数据运营角度获取更大程度信息、资源、知识发现的基础。

大数据与电网的融合涉及从发电企业到最终用户的整个能源转换过程和电力输送链。由于智能电网的快速发展，信息通信技术正以前所未有的广度、深度与电网生产、企业管理快速融合，信息通信系统俨然已经成为智能电网的"中枢神经系统"，支撑新一代电网生产和管理的快速发展。一个行业的结构越合理，内部摩擦越小，功效越大，系统的智慧程度就越高，每次人与数据的互动就更有机会以更高效和更多产的方式分析汇总，从而更好地支持决策行动。当前，国家电网公司已初步建成了国内领先、国际一流的信息集成平台，随着后续智能电表的逐步普及，电网业务数据将从时效性层面进一步丰富和拓展。通过对拓展到家庭、企业的广泛覆盖的数据采集网络进行深度的数据挖掘，可以进一步实现智能用电管理，使用户掌握实时用电信息、在线互动能耗数据，实现能源高效循环利用，进而为节能减排提供依据。因此，智能电网的发展，将更好地推动数据挖掘技术在电力行业的运用。

4. 基于数据挖掘技术的客户关系管理

随着电力企业改革的不断深入发展，客户关系管理已经广泛应用到电力企业管理中，电力用户日益成为电力企业竞争的核心。不同的用户对电力的需求是不同的，哪家供电企业如果能够及时运用一定的方法和工具将电力需求不同的客户进行分类，谁就能获得先机，取得竞争优势。对此，电力企业可以通过挖掘由客户信息、用电信息组成的主题仓库，对电力用户进行进一步了解。

将聚类分析运用到CRM中，能够针对不同的消费者群体提供更多的个性化服务，以便于更好地满足电力客户的需求，为电力企业争取更多的客户。由于计算机技术、网络技术在处理数据资料上的便捷、高效，电力企业为了适应时代的需求，大多探索性地建立了信息系统来辅助自己对内外部数据进行系统统计和精确分析，这样使得电力用户资料统计变得相对简单、易于操作。对于现代电力企业，应该逐渐摒弃"以产品为中心"的传统管理模式，转变为"以服务为中心"的面向"社会媒体—网民群体—电力企业"的"企业网络生态系统"的新型管理模式。

4.2.4　大数据技术创新发展全球能源互联网

1. 智慧能源系统与电力大数据的发展需求

为了有效应对日益严重的环境污染、气候变化及能源危机问题，以电网为核心并深入融合可再生新能源技术和互联网信息技术的能源互联网，是实现广泛互联、高度智能、开放互动的未来能源利用新模式。2016年2月，为推进能源互联网发展，国家发改委能源局下发了《国务院关于积极推进"互联网+"行动的指导意见》，其中重点任务之一就是推动能源与信息通信基础设施深度融合。

在可再生能源高渗透率及能源互联网发展趋势下，电网将呈现更加复杂的随机特性、多源大数据特性及多时间尺度动态特性，大电网扰动冲击范围及协调控制难度增大。2017年1月，国家发改委能源局发布《能源发展"十三五"规划》，强调了更加注重系统优化、积极构建大电网智能监控系统。"十三五"期间，要积极推动能源、信息、大数据等领域新技术深度融合，推进电网信息物理系统的高效集成和智能化调控，助推大电网智能监控系统建设。

因此，要实现巨型电网的智能分析和控制，需要全面依托大数据技术，改变传统思维范式和科研模式，采用全新的方法路径，解决目前电网分析与控制领域所面临的诸多机制性问题，建立信息驱动的大电网态势感知与智能控制新模式，实现大电网主动式全景安全防御。

2. 核心思想与建设目标

1）核心思想

全面贯彻"一带一路"和"互联网+"国家创新战略，面向全球能源互联网发展新格局、大型能源互联工业系统智能分析与控制等重大工业发展趋势。以大数据、人工智能为核心技术支撑，以提升大电网安全和智能水平、加强技术产品研发、深化应用创新为重点，打造数据、技术、安全、节能与智能协同发展的自主产业生态体系，全面提升能源互联网大数据的资源掌控能力、技术支撑能力和价值挖掘能力，加快建设大电网智能监控系统，有力支撑全球能源互联网建设。

2）遵循原则

（1）创新驱动。应对能源互联网多源大数据和智能调控挑战，聚焦大电网智能监控国际发展前沿。以国家电网公司、中国电力科学研究院为主体，强化创新能力，提高创新层次，集中攻克电力大数据智能应用关键技术。加强能源互联网大数据技术、应用和商业模式的协同创新，打造具有全球竞争优势的可信云与能源大数据产业集群。

（2）应用引领。发挥我国电网规模大、信息采集平台完备的优势，以国家战略、能源格局、工业发展为牵引，加快能源互联网大数据核心技术攻关及在关联行业的应用。

（3）多元合作。汇聚全球大数据技术、人才和资金等要素资源，坚持自主创新和多元合作相结合，促进跨行业、跨领域、跨地域大数据应用，形成良性互动的产业发展格局。

（4）统筹协调。发挥国家电网公司和中国电力科学研究院在能源互联网大数据产业创新中的主体作用，加大政府、国家电网公司政策支持和引导力度，营造良好的政策、法规、科研环境，形成政产学研用统筹推进的协调机制。

3）建设目标

到2020年，基本形成以自主可信云与能源互联网大数据为主体的产业生态体系，打造具有全球竞争优势的可信云与能源大数据产业集群。促进新能源和绿色能源的广泛消纳，进一步提升资源汇聚、数据整合、存储管理、分析挖掘、安全保障、按需服务等能力。

3. 重点任务和重大工程

1）促进大数据与智慧能源系统的新机理新体制与标准体系建立

包括大电网智能监控的信息流形态、功能架构及标准，大电网智能监控的能量流形态、功能架构及标准，多能流融合建模仿真及分析方法；大电网智能监控的信息流和能量流融合及交互机制，抽象与统一，耦合特性建模、仿真和安全特性分析；形成巨型能源互联系统的综合能量管理系统框架及标准体系。

2）强化大数据与智慧能源系统的全景状态感知智能传感产品研发

大电网综合环境监测技术，在已有的广域同步测量技术基础上，针对不同工况和场景态势评估与控制需求，提出能源互联网所涉及的各种电源侧、电网侧、负荷侧、环境等信息广域同步测量方案。智能测量终端对设备状态、系统安全水平、潜伏故障及风险具有智能分析与诊断，并支持实时数据的远传。

3）加快大数据与智慧能源系统的时空一体化信息组网技术攻关

由于能源互联网的广域、紧急和工业控制对空间和时间的要求苛刻，需要采用高安全、高可靠的大颗粒业务传输模式，即分布式高精度全景同步录波数据融合与反演技术，高性能大电网智能监控时空一体化特种通信和组网技术，面向大电网智能监控的智能云端协作关键技术及系统。同时采用分层分域（核心、骨干、接入），大容量低时延的网络架构。

4）推进大数据与巨型电网智能监控系统的新型软件平台建设

包括针对巨型能源互联系统的智能管控问题，突破可信云计算服务器和安全技术，研究可信网络和可信实体框架，大电网可持续演化的智能化软件理论、方法和技术，大电网智能驾驶系统的软件体系结构和支撑技术，面向大电网调控的智能化集成化软件互操作平台。

5）加强大数据与巨型电网智能监控类人智能技术攻关

完全基于能源互联系统的广域测量信息，电网大数据全息地图获取与状态信息聚合技术，大电网大数据深度挖掘与时空模式发现技术。大电网大数据类人智能感知与强化深度学习技术，进而实现状态、事件、环境等要素之间的广义关联分析，主导特征提取。大电网的智能驾驶形态与情景交互关键技术。

6）深化大数据与巨型电网智能监控的关键技术研究

大电网复杂时变场景的高效虚拟映射与绘制引擎，大电网全景运维态势协同感知与态势图构建技术，实现不同场景的安全态势感知和评估。虚拟建模技术，如拓扑结构识别、关联关系刻画、主控对象浓缩、参数跟踪辨识等。大电网时空一体化智能协同控制技术，广域协调控制建模及鲁棒优化算法，并动态跟踪时空演变轨迹进行自适应控制。大电网多源大数据综合智慧服务模式与系统框架设计。

7）部署大数据与巨型电网智能监控机器人重大工程示范

能源互联网多源时空大数据融合技术，如统一时标、统一建模。大电网智能监控机器人功能规范与标准，大数据支撑平台构建及通用算法移植，重特大事故时空一体化协同监测与紧急控制。智能监控机器人的人机接口技术，如人机界面、语义理解、语音合成与识别、图像识别与处理、机器翻译等技术。还包含人机接口装置和交互技术、监控技术、远程操作技术、通信技术等。开展大区电网的智能监控机器人样机研发和工程示范。

4.3　电力大数据咨询项目实施与应用分析

大型电力企业信息化需求分析、大型集团企业信息化建设总体目标、电力人财物数据集约化设计、电力安全生产综合数据管理是本节介绍的主要内容。

4.3.1　大型电力企业信息化需求分析

1. 大型电力企业信息化建设需求特征

1）信息化建设特征

在信息化建设过程中，大型电力企业由于自身企业组织机构、运维模式、资金等各方面的原因，导致企业对信息化运营商存在各种各样的需求。但总体而言，特大型集团企业在信息化过程中的需求具有一定的独特性、规律性、层次性。

2）信息化需求的独特性

由于大型电力企业的架构复杂，甚至存在先有子公司，再有总部的情况，在人员、资金等方面庞杂，其信息化需求也呈现独特性。

一是复杂的需求。大型集团企业具有层级多、链条长、员工多、企业文化、管理流程复杂的特点，决定了大型集团企业的信息化需求的复杂。大型集团企业除了注重信息化产品本身外，还需要为企业提供即时性、定制化、高质量的客户服务，只有这样才能适合大型集团企业自身的特性，满足为自身定制的要求，才能在信息化过程中很快地适应。同样，大型集团企业的架构复杂性使企业的信息化需求显得更为迫切。

二是极高的服务标准。大型集团企业在生产、管理上的独有特点要求运营商提供的信息化服务须在安全、高速、稳定性等方面有极高的标准，这样才能保证大型集团企业在运行过程中信息安全，运转高速，系统稳定等。

三是较高的转换成本。由于转换成本很高，因此企业一旦接受了某家厂商的信息化服务，很难轻易转换。于是企业对厂商有很强的依赖性，这就使得企业在选择厂商的过程中要对各厂商的风险进行充分评估，再谨慎选择。

3）信息化需求呈现明显的规律性

一是需求递进历程。通俗地讲就是"先硬件后软件、先网络后应用"，即企业首先要解决基本通信、网络接入和组网、基础IT服务等需求，然后才会产生高级的企业信息化需求。特大型集团企业在信息化过程中存在需求递进的历程。

二是信息化与管理互相促进。大型集团企业的信息化促进管理的提升，而管理的提升反过来对信息化提出了更高的要求。信息化使大型集团企业在集中管理、高效管理方面有了相应的手段，管理的精细化推动信息化深入发展。大型集团企业在信息化过程中，这类需求是普遍存在的。

4）信息化需求存在明显的层次性

大型集团企业在信息化建设过程中的需求主要可以划分为四个层次，即基础IT服务、网络接入和组网、内外部通信、企业信息化应用。

基础IT服务需求包括主机托管、主机租用等，此类服务为企业信息化过程中最基础的服务需求。

网络接入和组网需求包括宽带和专线等互联网接入、企业局域网建设、网元出租等，这类服务可以满足企业内部之间网络输入、输出等要求，属于较高层次的服务需求。

内外部通信需求包括企业固话、集团V网、会议电话、传真、VoIP等，该类服务需求实现了企业完全的无纸化办公，满足了企业即时、高效的要求，属于高层次的需求。

企业信息化应用需求包括信息化标准产品、行业解决方案和信息化系统建设等，将企业成功的产品生产建立标准的信息化模式，并将经常出现的企业问题制定成标准的解决方案放在企业网站上供员工使用等，这属于最高层次的需求。

不同规模、不同行业的企业信息化需求虽然千差万别，但是大致符合这四个层次，只是需求所处层次有所差别。

2. 信息化企业实施过程需求

随着近几年大规模的信息化投入，大型集团企业已经基本具备了网络接入和组网条件，信息化应用是目前的主要薄弱环节。基于企业运营活动，按照信息的采集、处理、发送、接收、反馈五个环节对企业的信息化需求进行梳理。除了具备一般信息化企业的需求外，更加强调高效管理、成本控制、安全运营三个方面。

1）企业对信息化厂商的需求

企业的信息化需求是伴随企业规模、信息技术变革而发生变化的，为此要求厂商服务能力也相应地逐步提升。针对企业信息化需求的不断变化，厂商需要应需而变，根据企业需求的特征，提供灵活、安全、高效的信息化服务。需要提及的是，大型集团企业在选择系统厂商时往往选择国内外知名企业，这为后期的系统维护和调整带来了一定的优势。

2）企业信息化应用的需求

由于资金雄厚，大型集团企业对信息化有比较前瞻性的理解，投入了巨资满足基础信息服务、网络接入和组网、内外部通信的需求。在满足基层需求后，往往对第四层次企业信息化应用产生强烈的需求，包括生产管理、市场营销、内部运营等。通过对工业和信息化部的行业信息化调研资料进行分析发现，企业的信息化需求在黑色金属、装备工业、石油和化工等大型集团企业集中的行业中，基本全面覆盖信息化需求的四个层次，各层次均有大量投入，反映出大型集团企业希望借助信息化实现成本控制和高效管理的意愿。

3）大型集团企业对流程整合的需求

相对而言，集团企业信息建设是一个庞大且复杂的工程。目前，很多集团企业虽然已经完成了对ERP的布局，但整体信息建设还存在诸多问题。由于大多数集团企业往往是集生产、销售为一体，同时也存在多线路、多品牌以及高精细化的管理层结构，此时的信息化建设不在单一的应用环上，而是扩展为兼容兼协作式应用。集团企业的信息化建设概念已不仅仅是片面定位，而应清晰地认识到信息化是一个应用整合的操作过程。对此，大型企业需要对内部的供应链、业务流程、ERP系统等进行整合，也需要对内部应用和外部应用进行整合。这种整合主要体现在信息系统的建设上，不同应用间就要进行整合，使应用间横向集成、纵向贯通，就是要做大集中、统一建设及运维，同时利用灾备中心和数据中心对数据和信息资源进行整合，提高企业核心竞争力。实践表明，深层次的信息化工作部署关乎整个集团的信息化战略带来的效用及成果。

4）大型集团企业对高素质信息化人员的需求

任何企业信息化建设的成功，均需要高素质、不同层次的信息化人员，特大型集团企业也不例外。虽然经历了十几年的飞速发展，但我国特大型集团企业信息化建设在方法的科学性和体系性方面，仍然有很大的改进潜力。

因为信息化是一个漫长的征途，需要专业人员负责建设、操作、维护和更新。因此，企业需要让信息技术人员感觉到被关心被重视，并及时对员工进行信息技术培训，另外要注重高水平信息化管理人才的培养。为此，在理论和业内标杆企业的最佳实践方面，领导者需要为企业信息化架构师制订持续的培养计划。

在具体的信息化项目实施中，工程实施人员需要具备规范化项目管理意识和能力。在信息化系统交付运维时，技术运维人员和服务台工作人员等信息化人员的专业素质和个人能力将对企业信息化的成效有直接影响。同样，对于这些层面的信息化人员，也要为其制订良好的人才培养计划。

4.3.2　大型集团企业信息化建设总体目标

大型集团企业信息化经过持续发展，将逐渐过渡到一个全新的高级阶段，大型企业应当有明确的信息化建设总体目标。

1. 融入企业所有活动

信息化完全融入企业所有活动应当是信息化企业首要的和基本的特征，缺少了这一点无论如何不能称为信息化企业。这一特征从表面上看就是信息技术的全覆盖和全应用。对正在推进信息化的企业而言，实现信息技术的全覆盖也许并不难，实现全应用的难度也可以克服。信息化如何与企业所有活动真正融为一体是难度最大之所在。这会涉及企业内部很多深层次的问题，如企业文化塑造、工作作风转变、员工绩效评估等。正因为如此，相关专家和学者才将信息化企业称为"创新组织形式"或"21世纪的企业模式"。

2. 整合企业内外部各种资源

这里所说的各种资源就是指"人、财、物、信息"，外部除一般意义上的客户、供应商、竞争对手以外，也包括政府、社团、媒体等其他的利益相关方。企业应当能够在集成和共享信息的基础上整合资源，并在生产、经营、管理、决策等过程实现完全的流程化管理。此处的流程在企业内外部应当透明，建立在价值流或价值链的基础上，流程中的每个环节从创造价值的角度看是不可缺少的。最大限度地整合企业内外部各种资源，客观上要求所有利益相关方都能够树立"一盘棋"思想，整体利益至上，主动沟通，高效协同。

3. 高度智能化和全面自动化

高度智能化主要表现为能从不同数据源搜集到的数据中提取有用的数据，并对这些数据进行筛选、转换、重构后，将其存入数据仓库；然后运用适合的管理分析工具对信息进行处理，使信息变为辅助决策的知识，并通过适当的方式呈现给决策者，本质上就是围绕信息的收集、处理和呈现三方面，提取真正有价值的信息。

全面自动化即生产过程自动化、管理自动化和数据处理自动化，与智能化有密切关系，难以截然分开。从当前相关企业信息化实际状况看，收集信息相对容易，但从海量的原始信息中提取决策层和经营层真正需要的信息还有不小的难度。此外，如何保证相关信息的及时性和准确性也是智能化和自动化面临的难点。

4. 引领企业发展方式

信息技术的兴起和发展，对人类的工作、学习和生活方式产生了深远的影响，这是不以任何人的意志为转移的。其中电子商务和网络经济的形成，更是为企业借助信息化转变发展方式提供了契机。试想，如果一家银行不能开通电子银行业务，那么它的客户流失和收益损失必然难以估量，这当然还是从企业借助信息化转变发展方式的角度来假设的。企业应该密切关注信息化的最新发展趋势，并随时准备调整自我，乘势而上，实现最有利于企业的发展方式。例如，国家电网近年来密切关注欧美国家对智能电网的研究和相关技术的研发，果断提出建设"坚强智能电网"的战略。

5. 关注长远发展

对大型集团企业而言，不仅是企业是否做大做强的问题，更是能否做久的问题。因此，保持核心与刺激进步的思想，以及核心价值观传承、社会责任履行、核心竞争力保持、创新进步机制营造等重要事项，必然要融入企业，并通过信息化的手段加以固化。企业中的每一位员工，其核心理念和行为方式都能够在信息系统的固化下与企业保持高度一致。企业需要抛弃急功近利的思想，选择最有利于企业长期发展的方式。

6. 提升总体效益

一般而言，大型集团企业的经济效益在行业中应处于领先地位。大型集团企业需要明确并定期回顾一些在同行业或不同行业之间可以进行对比的指标，如全员劳动生产率、成本费用利润率、流动资产周转率、存货周转率、客户满意度、总资产报酬率等，确定本企业与同行或其他优秀企业相比处于何种位置，并分析差距持续改进。对大多数处于完全市场竞争环境下的企业而言，经济效益应该是首先需要高度关注的重点。

4.3.3　电力人财物数据集约化设计

1. 人力资源业务管理模块

人力资源业务应用管理规范全公司的人力资源管理流程，提高公司管控能力，降低企业运作成本，提升人力资源管理效益；建设一体化的人力资源管理平台，建设涵盖整个公司范围的大型人力资源管理数据库；形成与人力资源相关的组织、人事、时间、薪酬、招聘、绩效与人员发展、教育培训等各子模块之间的数据关联和规范流程，实现人力资源管理业务与其他相关管理模块间的业务集成。

人力资源管理业务应用包括组织管理、人事管理、考勤管理、薪酬管理、招聘管理、教育培训管理、绩效管理、能力管理、自助服务管理、个人发展、决策支持等模块。按照模块的功能定位，可以分为三类，即基础模块、战略模块和支持模块。基础模块包括组织管理、人事管理、考勤管理、薪酬管理，是整个人力资源信息化平台的基础。战略模块包括绩效管理、能力管理、招聘管理、教育培训管理。战略模块是对人力资源基础信息管理的进一步提升，是为公司提供人才支持的重要手段。支持模块包括能力管理、个人发展、自助服务管理、决策支持。战略模块一方面为公司领导层提供人力资源决策支持信息，另一方面也为公司员工提供自助式的人事服务功能。

2. 财务业务应用管理

财务业务应用管理以价值链管理为核心，以财务管理需求为前提，以标准化建设为先导，实现公司财务信息实时共享，提升财务的主动控制和决策支持能力，并结合集中管理与分散管理的现状以及未来发展的可扩展性，提供集中管理与分散管理两种模式，支持对系统架构的灵活调整，为实现财务管理现代化提供支撑，与物资管理、项目管理、人资管理等业务应用紧密集成。

财务管理业务应用主要包括会计核算、预算管理、资金管理、资产管理、分析与评价等核心应用等模块功能。其中，会计核算包括总账管理、项目成本管理、应收应付管理、税务核算管理、资产管理、收入成本管理等内容。资金管理包括资金预测、银行账户管理、融资管理等。预算管理包括预算编制、预算控制、预算报告与分析等。财务管理业务应用与人力资源、物资管理、设备管理、项目管理等由ERP实现的业务应用和营销管理等由非ERP实现的其他业务应用高度集成。

3. 物资业务应用管理

物资业务应用管理实现物料主数据管理、物资需求计划管理、招投标管理、采购管理、库存管理、应急物资管理、废旧物资处置管理、供应商评估管理、配送管理、监造管理等功能，覆盖物资从需求计划产生到使用的全过程管理；加强业务流程横向集成和纵向贯通，优化配置系统资源，降低物流成本，提高集约化规模效益；对物资管理业务数据进行综合分析，为领导决策提供有力的支持。

4.3.4 电力安全生产综合数据管理

1. 安全监督业务应用管理

系统建设遵循"一个系统、两级部署、三级应用"的原则，建设公司总部、网省公司、地市公司三级上下一体的安全监督与管理系统，纵向通过统一数据交换平台实现数据纵向贯通，横向与门户、数据中心及其他业务应用实现横向集成。

安监管理的主要业务功能包括综合业务管理、安全统计分析、安全监督监控、安全风险管理、安全教育培训等功能。

2. 应急业务应用管理

应急管理业务应用是以SG186工程一体化平台为载体，涉及多层面、多专业的跨部门安全生产管理类应用。对《国家电网公司应急指挥中心建设规范》（Q/GDW Z 202—2008）中涉及的应急管理和应急处置两部分业务功能进行梳理、分析、归纳，提炼为八大功能域，即日常工作管理、应急资源管理、应急培训演练、预警管理、应急值班、信息上报统计、辅助应急指挥、信息汇集，贯穿于应急日常工作与应急事件的接报、启动、处置、评估的全过程，服务于突发事件应急管理及应急指挥。

应急管理的主要业务功能包括日常工作管理、应急资料管理、应急培训演练、预警管理、应急值班、辅助应急指挥等模块。

3. 生产业务应用管理

生产管理业务应用生产管理系统是SG186工程八大应用中最为庞大和复杂的应用之一，系统采用五大中心设计思想，通过"两级部署、三级应用"的网省大集中部署模式，贯通总部、网省和地市三级，功能覆盖输电、变电、配电三大专业，电压等级跨度从特高压1000kV到配网10kV，管控电网设备从新投、运行、检修、异动、技改直至退役的全过程。系统提供从班组运行日志、两票等基础功能到状态评估决策、总部汇总展示等高级功能在内的全套生产管理应用功能，实现与ERP、应急指挥、门户、目录、GIS公共平台等横向集成，并最终通过总部系统将全公司各系统在广域网上连为一个整体，目前已实现了系统内4个分部、27家网省公司以及国网运行分公司与公司总部系统的纵向贯通，为实现电网生产规范化、标准化和精细化管理，提高电网生产管理水平和效益提供坚强的技术支撑。

生产管理业务应用主要包括标准规范管理、设备管理、生产运行管理、技术改造大修管理、计划任务管理、专项管理、综合业务管理等模块，覆盖输电、变电、配电电力生产业务。

系统采用五大中心设计思想，由五大中心及围绕五大中心分布的众多外围应用组成的有机体组成。设备中心代表了整个电网生产管理的核心对象、基本出发点和最终目标；计划任务中心代表了整个电网生产管理的工作方式和组织策划；运行工作中心代表了整个电网生产管理的执行过程、工作内容及工作结果；评价中心代表了整个电网生产管理的评估监督和价值取向；标准中心代表了整个电网生产管理的规范化和标准化力度和水平。在PMS中，所有中心均为设备中心服务。设备中心被定位为PMS的核心，围绕这个核心，计划任务中心、运行工作中心和评价中心三者之间汇聚了PMS中的一组主干信息流，通过该主干信息流三大中心相互依存，相互驱动，并围绕设备中心闭合循环。在这个设计视角上，设备中心成为电网生产管理所有业务过程产生的主流信息的最终归属地和终点，并从这个终点开始启动新一轮信息循环。

  系统总体建设思路以设备的生命周期全过程管理为基础，以计划来规范电网生产管理。计划作为生产运行业务的源头，发起各种生产运行业务处理流程。以工作任务单为主线，通过工作任务单，实现生产业务的串接、流程的嵌套及同其他系统的交互，方便任务和流程的跟踪、监控。在公司总部、网省公司和地市公司的三层应用中，国家电网公司和网省公司应用的主要定位在分析决策级和管理级，实现对电网生产的监管作用；地市公司的应用除了管理级以外，还包括大量的业务级应用，应用范围将深入到各生产基层班组。

第5章
人工智能工程咨询项目实施与应用分析

　　人工智能基本概念及发展历程、新一代人工智能技术发展战略态势、输变电系统人工智能工程方法、配用电人工智能工程应用方法、电网智能运检人工智能技术应用、电网运行人工智能工程应用分析、供用电服务人工智能工程应用分析是本章重点介绍的主要内容。

5.1 人工智能工程技术基础知识

人工智能基本概念及发展历程、新一代人工智能技术发展战略态势、我国电力企业人工智能应用工程概述是本节介绍的主要内容。

5.1.1 人工智能基本概念及发展历程

1. 人工智能的基本概念

人工智能（Artificial Intelligence，AI）是研究开发用于模拟、延伸和扩展人的智能的理论、方法、技术及应用系统的一门新的技术学科。人工智能是计算机科学的一个分支，它企图了解智能的实质，并生产出一种新的能以人类智能相似的方式做出反应的智能机器，该领域的研究包括机器人、语言识别、图像识别、自然语言处理和专家系统等。人工智能从诞生以来，理论和技术日益成熟，应用领域也不断扩大，可以设想，未来人工智能带来的科技产品，将会是人类智慧的"容器"。人工智能不是人的智能，但能像人那样思考，也可能超过人的智能。

著名的美国斯坦福大学人工智能研究中心的尼尔逊教授对人工智能下了这样一个定义："人工智能是关于知识的学科——怎样表示知识以及怎样获得知识并使用知识的学科。"而美国麻省理工学院的温斯顿教授认为："人工智能就是研究如何使计算机去做过去只有人才能做的智能工作。"这些说法反映了人工智能的基本思想和基本内容，即人工智能是研究人类智能活动的规律，构造具有一定智能的人工系统，研究如何让计算机去完成以往需要人的智力才能胜任的工作，也就是研究如何应用计算机的软硬件来模拟人类某些智能行为的基本理论、方法和技术。

人工智能是计算机科学的一个分支，20世纪70年代以来被称为世界三大尖端技术之一（空间技术、能源技术、人工智能）。也被认为是21世纪三大尖端技术（基因工程、纳米科学、人工智能）之一。这是因为近30年来它获得了迅速的发展，在很多学科领域都获得了广泛应用，并取得了丰硕的成果，人工智能已逐步成为一个独立的分支，无论在理论和实践上都已自成一个系统。

人工智能是研究使计算机模拟人的某些思维过程和智能行为（如学习、推理、思考、规划等）的学科，主要包括计算机实现智能的原理、制造类似于人类智能的计算机，使计算机能实现更高层次的应用。人工智能涉及计算机科学、心理学、哲学和语言学等学科，可以说几乎是自然科学和社会科学的所有学科，已远远超出了计算机科学的范畴。人工智能与思维科学的关系是实践和理论的关系，人工智能处于思维科学的技术应用层次，是它的一个应用分支。从思维观点看，人工智能不仅限于逻辑思维，还要考虑形象思维、灵感思维，才能促进人工智能的突破性发展。数学常被认为是多种学科的基础科学，数学也进入了语言、思维领域，人工智能也必须借用数学工具。数学不仅在标准逻辑、模糊数学等范畴发挥作用，数学也进入了人工智能领域，它们将互相促进，从而更快地发展。

2. 人工智能的发展历程

从诞生至今，人工智能已有60多年的发展历史，大致经历了三次浪潮。第一次浪潮为20世纪50年代末至20世纪80年代初，第二次浪潮为20世纪80年代初至20世纪末，第三次浪潮为21世纪初至今。在人工智能的前两次浪潮中，由于技术未能实现突破性进展，相关应用始终难以达到预期效果，无法支撑起大规模商业化应用，最终在经历过两次高潮之后，人工智能归于沉寂。随着信息技术快速发展和互联网快速普及，以2006年深度学习模型的提出为标志，人工智能迎来第三次高速成长。

1）第一次浪潮：人工智能诞生并快速发展，但技术瓶颈难以突破

符号主义盛行，人工智能快速发展。1956—1974年是人工智能发展的第一个黄金时期。科学家将符号方法引入统计方法中进行语义处理，出现了基于知识的方法，人机交互开始成为可能。科学家发明了多种具有重大影响的算法，如深度学习模型的雏形贝尔曼公式。除在算法和方法论方面取得了新进展，科学家们还制作出具有初步智能的机器，如能证明应用题的机器STUDENT（1964年）、可以实现简单人机对话的机器ELIZA（1966年）。人工智能发展速度迅猛，以至于研究者普遍认为人工智能代替人类只是时间问题。

模型存在局限，人工智能步入低谷。1974—1980年，人工智能的瓶颈逐渐显现，逻辑证明器、感知器、增强学习只能完成指定的工作，对于超出范围的任务则无法应对，智能水平较为低级，局限性较为突出。造成这种局限的原因主要体现在两个方面：一是人工智能基于的数学模型和数学手段被发现具有一定的缺陷；二是很多计算的复杂度呈指数级增长，依据现有算法无法完成计算任务。先天的缺陷是人工智能在早期发展过程中遇到的瓶颈，研发机构对人工智能的热情逐渐冷却，对人工智能的资助也相应被缩减或取消，人工智能第一次步入低谷。

2）第二次浪潮：模型突破带动初步产业化，但推广应用存在成本障碍

数学模型实现重大突破，专家系统得以应用。进入20世纪80年代，人工智能再次回到了公众的视野当中。人工智能相关的数学模型取得了一系列重大发明成果，其中包括著名的多层神经网络（1986年）和BP反向传播算法（1986年）等，这进一步催生了能与人类下象棋的高度智能机器（1989年）。其他成果包括通过人工智能网络来实现能自动识别信

封上邮政编码的机器，精度可达99%以上，已经超过普通人的水平。与此同时，美国的卡耐基·梅隆大学为DEC公司制造出了专家系统（1980年），这个专家系统可帮助DEC公司每年节约4000万美元的费用，特别是在决策方面能提供有价值的内容。受此鼓励，很多国家包括日本、美国都再次投入巨资开发所谓第5代计算机（1982年），当时叫作人工智能计算机。

成本高且难维护，人工智能再次步入低谷。为推动人工智能的发展，研究者设计了LISP语言，并针对该语言研制了Lisp计算机。该机型指令执行效率比通用型计算机更高，但价格昂贵且难以维护，始终难以大范围推广普及。与此同时，在1987—1993年，苹果和IBM公司开始推广第一代台式机，随着性能不断提升和销售价格的不断降低，这些个人电脑逐渐在消费市场上占据了优势，越来越多的计算机走入家庭，价格昂贵的Lisp计算机由于古老陈旧且难以维护逐渐被市场淘汰，专家系统也逐渐淡出人们的视野，人工智能硬件市场出现明显萎缩。同时，政府经费开始下降，人工智能又一次步入低谷。

3）第三次浪潮：信息时代催生新一代人工智能，但未来发展存在诸多隐忧

新兴技术快速涌现，人工智能发展进入新阶段。随着互联网的普及、传感器的泛在、大数据的涌现、电子商务的发展、信息社区的兴起，数据和知识在人类社会、物理空间和信息空间之间交叉融合、相互作用，人工智能发展所处信息环境和数据基础发生了巨大而深刻的变化，这些变化构成了驱动人工智能走向新阶段的外在动力。与此同时，人工智能的目标和理念出现重要调整，科学基础和实现载体取得新的突破，类脑计算、深度学习、强化学习等一系列的技术萌芽也预示着内在动力的成长，人工智能的发展已经进入一个新的阶段。

人工智能水平快速提升，得益于数据量的快速增长、计算能力的大幅提升以及机器学习算法的持续优化，新一代人工智能在某些给定任务中已经展现出达到或超越人类的工作能力，并逐渐从专用型智能向通用型智能过渡，有望发展为抽象型智能。随着应用范围的不断拓展，人工智能与人类生产生活联系的愈发紧密，一方面给人们带来诸多便利，另一方面也产生了一些潜在问题。一是加速机器换人，结构性失业可能更为严重；二是隐私保护成为难点，数据拥有权、隐私权、许可权等界定存在困难。

5.1.2 新一代人工智能技术发展战略态势

1. 战略态势

1）人工智能发展进入新阶段

经过60多年的演进，特别是在移动互联网、大数据、超级计算、传感网、脑科学等新理论新技术以及经济社会发展强烈需求的共同驱动下，人工智能加速发展，呈现出深度学习、跨界融合、人机协同、群智开放、自主操控等新特征。大数据驱动知识学习、跨媒体协同处理、人机协同增强智能、群体集成智能、自主智能系统成为人工智能的发展重点，

受脑科学研究成果启发的类脑智能蓄势待发，芯片化硬件化平台化趋势更加明显，人工智能发展进入新阶段。当前，新一代人工智能相关学科在理论建模、技术创新、软硬件升级等整体推进，正在引发链式突破，推动经济社会各领域从数字化、网络化向智能化加速跃升。

2）人工智能成为国际竞争的新焦点

人工智能是引领未来的战略性技术，世界主要发达国家都把发展人工智能作为提升国家竞争力、维护国家安全的重大战略，加紧出台规划和政策，围绕核心技术、顶尖人才、标准规范等强化部署，力图在新一轮国际科技竞争中掌握主导权。当前，我国国家安全和国际竞争形势更加复杂，必须放眼全球，把人工智能发展放在国家战略层面系统布局、主动谋划，牢牢把握人工智能发展新阶段国际竞争的战略主动，打造竞争新优势、开拓发展新空间，有效保障国家安全。

3）人工智能成为经济发展的新引擎

人工智能作为新一轮产业变革的核心驱动力，将进一步释放历次科技革命和产业变革积蓄的巨大能量，并创造新的强大引擎，重构生产、分配、交换、消费等经济活动各环节，形成从宏观到微观各领域的智能化新需求，催生新技术、新产品、新产业、新业态、新模式，引发经济结构重大变革，深刻改变人类生产生活方式和思维模式，实现社会生产力的整体跃升。我国经济发展进入新常态，深化供给侧结构性改革任务非常艰巨，必须加快人工智能深度应用，培育壮大人工智能产业，为我国经济发展注入新动能。

4）人工智能带来社会建设的新机遇

我国正处于全面建成小康社会的决胜阶段，人口老龄化、资源环境约束等挑战依然严峻，人工智能在教育、医疗、养老、环境保护、城市运行、司法服务等领域广泛应用，将极大提高公共服务精准化水平，全面提升人民生活品质。人工智能技术可准确感知、预测、预警基础设施和社会安全运行的重大态势，及时把握群体认知及心理变化，主动决策反应，将显著提高社会治理的能力和水平，对有效维护社会稳定具有不可替代的作用。

5）人工智能发展的不确定性带来新挑战

人工智能是影响面广的颠覆性技术，可能带来改变就业结构、冲击法律与社会伦理、侵犯个人隐私、挑战国际关系准则等问题，将对政府管理、经济安全和社会稳定乃至全球治理产生深远影响。在大力发展人工智能的同时，必须高度重视可能带来的安全风险挑战，加强前瞻预防与约束引导，最大限度降低风险，确保人工智能安全、可靠、可控发展。

6）我国发展人工智能具有良好基础

国家部署了智能制造等国家重点研发计划重点专项，印发了"互联网+"人工智能三年行动实施方案，从科技研发、应用推广和产业发展等方面提出了一系列措施。经过多年的持续积累，我国在人工智能领域取得重要进展，国际科技论文发表量和发明专利授权量已居世界第二，部分领域核心关键技术实现重要突破。语音识别、视觉识别技术世界领先，自适应自主学习、直觉感知、综合推理、混合智能和群体智能等初步具备跨越发展的能力，中文信息处理、智能监控、生物特征识别、工业机器人、服务机器人、无人驾驶逐步进入实际应用，人工智能创新创业日益活跃，一批龙头骨干企业加速成长，在国际上获得广泛关注和认可。加速积累的技术能力与海量的数据资源、巨大的应用需求、开放的市场环境有机结合，形成了我国人工智能发展的独特优势。

同时，要清醒地看到，我国人工智能整体发展水平与发达国家相比仍存在差距，缺少重大原创成果，在基础理论、核心算法以及关键设备、高端芯片、重大产品与系统、基础材料、元器件、软件与接口等方面差距较大；科研机构和企业尚未形成具有国际影响力的生态圈和产业链，缺乏系统的超前研发布局；人工智能尖端人才远远不能满足需求；适应人工智能发展的基础设施、政策法规、标准体系亟待完善。

面对新形势新需求，必须主动求变应变，牢牢把握人工智能发展的重大历史机遇，紧扣发展、研判大势、主动谋划、把握方向、抢占先机，引领世界人工智能发展新潮流，服务经济社会发展和支撑国家安全，带动国家竞争力整体跃升和跨越式发展。

2. 新一代人工智能的主要驱动因素

当前，随着移动互联网、大数据、云计算等新一代信息技术的加速迭代演进，人类社会与物理世界的二元结构正在进阶到人类社会、信息空间和物理世界的三元结构，人与人、机器与机器、人与机器的交流互动愈加频繁。人工智能发展所处的信息环境和数据基础发生了深刻变化，愈加海量化的数据，持续提升的运算力，不断优化的算法模型，结合多种场景的新应用已构成相对完整的闭环，成为推动新一代人工智能发展的四大要素。

1）人机物互联互通成趋势，数据量呈现爆炸性增长

近年来，得益于互联网、社交媒体、移动设备和传感器的大量普及，全球产生并存储的数据量急剧增加，为通过深度学习的方法来训练人工智能提供了良好的土壤。目前，全球数据总量每年都以倍增的速度增长，预计到2020年将达到44万亿GB，中国产生的数据量将占全球数据总量的近20%。海量的数据将为人工智能算法模型提供源源不断的素材，人工智能正从监督式学习向无监督学习演进升级，从各行业、各领域的海量数据中积累经验，发现规律，持续提升。

2）数据处理技术加速演进，运算能力实现大幅提升

人工智能领域富集了海量数据，传统的数据处理技术难以满足高强度、高频次的处理需求。人工智能芯片的出现加速了深层神经网络的训练迭代速度，让大规模的数据处理效率显著提升，极大地促进了人工智能行业的发展。目前，出现了GPU、NPU、FPGA和各种各样的AI-PU专用芯片。相比传统的CPU只能同时做一两个加减法运算，NPU等专用芯片多采用"数据驱动并行计算"的架构，特别擅长处理视频、图像类的海量多媒体数据。在具有更高线性代数运算效率的同时，只产生比CPU更低的功耗。

3）深度学习研究成果卓著，带动算法模型持续优化

2006年，加拿大多伦多大学教授杰弗里·辛顿提出了深度学习的概念，极大地发展了人工神经网络算法，提高了机器自学习的能力。例如，谷歌大脑团队在2012年通过使用深

度学习技术，成功让计算机从视频中"认出"了猫。随着算法模型的重要性进一步凸显，全球科技巨头纷纷加大了这方面的布局力度和投入，通过成立实验室，开源算法框架，打造生态体系等方式推动算法模型的优化和创新。目前，深度学习等算法已经广泛应用在自然语言处理、语音处理以及计算机视觉等领域，并在某些特定领域取得了突破性进展，从有监督式学习演化为半监督式、无监督式学习。

4）资本与技术深度耦合，助推行业应用快速兴起

当前，在技术突破和应用需求的双重驱动下，人工智能技术已走出实验室，加速向产业各个领域渗透，产业化水平大幅提升。在此过程中，资本作为产业发展的加速器发挥了重要的作用。一方面，跨国科技巨头以资本为杠杆，展开投资并购活动，得以不断完善产业链布局；另一方面，各类资本对初创型企业的支持，使得优秀的技术型公司迅速脱颖而出。据美国技术研究公司Venture Scanner的调查报告显示，到2017年12月，全球范围内总计2075家与人工智能技术有关公司的融资总额达到65亿美元。同时，美国行业研究公司CB Insight公布了对美国人工智能初创企业的调查结果，这类企业的融资金额约是2012年的10倍。目前，人工智能已在智能机器人、无人机、金融、医疗、安防、驾驶、搜索、教育等领域得到了较为广泛的应用。

3. 新一代人工智能的主要发展特征

在数据、运算能力、算法模型、多元应用的共同驱动下，人工智能的定义正从用计算机模拟人类智能演进到协助引导提升人类智能，通过推动机器、人与网络相互连接融合，更为密切地融入人类生产生活，从辅助性设备和工具进化为协同互动的助手和伙伴。

1）大数据成为人工智能持续快速发展的基石

随着新一代信息技术的快速发展，计算能力、数据处理能力和处理速度实现了大幅提升，机器学习算法快速演进，大数据的价值得以展现。与早期基于推理的人工智能不同，新一代人工智能是由大数据驱动的，通过给定的学习框架，不断根据当前设置及环境信息修改、更新参数，具有高度的自主性。例如，在输入30万张人类对弈棋谱并经过3000万次的自我对弈后，人工智能AlphaGo具备了媲美顶尖棋手的棋力。随着智能终端和传感器的快速普及，海量数据快速累积，基于大数据的人工智能也因此获得了持续快速发展的动力来源。

2）文本、图像、语音等信息实现跨媒体交互

当前，计算机图像识别、语音识别和自然语言处理等技术在准确率及效率方面取得了明显进步，并成功应用在无人驾驶、智能搜索等垂直行业。与此同时，随着互联网、智能终端的不断发展，多媒体数据呈现爆炸式增长，并以网络为载体在用户之间实时、动态传播，文本、图像、语音、视频等信息突破了各自属性的局限，实现跨媒体交互，智能化搜索、个性化推荐的需求进一步释放。未来人工智能将逐步向人类智能靠近，模仿人类综合利用视觉、语言、听觉等感知信息，实现识别、推理、设计、创作、预测等功能。

3）基于网络的群体智能技术开始萌芽

随着互联网、云计算、物联网等新一代信息技术的快速应用及普及，大数据不断累积，深度学习及强化学习等算法不断优化，人工智能研究的焦点，已从单纯用计算机模拟人类智能打造具有感知智能及认知智能的单个智能体，向打造多智能体协同的群体智能转变。群体智能充分体现了"通盘考虑、统筹优化"的思想，具有去中心化、自愈性强和信息共享高效等优点，相关的群体智能技术已经开始萌芽并成为研究热点。例如，我国研究开发了固定翼无人机智能集群系统，并于2017年6月实现了119架无人机的集群飞行。

4）自主智能系统成为新兴发展方向

在长期以来的人工智能发展历程中，对仿生学的结合和关注始终是其研究的重要方向。例如，美国军方曾经研制了机器骡，各国科研机构研制了一系列人形机器人，但均受技术水平的制约和应用场景的局限，没有在大规模应用推广方面获得显著突破。当前，随着生产制造智能化改造升级的需求日益凸显，通过嵌入智能系统对现有的机械设备进行改造升级成为更加务实的选择，也是中国"制造2025"、德国"工业4.0"、美国"工业互联网"等国家级战略的核心举措。在此引导下，自主智能系统正成为人工智能的重要发展及应用方向。例如，沈阳机床以i5智能机床为核心，打造了若干智能工厂，实现了"设备互联、数据互换、过程互动、产业互融"的智能制造模式。

5）人机协同正在催生新型混合智能形态

人类智能在感知、推理、归纳和学习等方面具有机器智能无法比拟的优势，机器智能则在搜索、计算、存储、优化等方面领先于人类智能，两种智能具有很强的互补性。人与计算机协同，互相取长补短将形成一种新的1+1>2的增强型智能，也就是混合智能，这种智能是一种双向闭环系统，既包含人，又包含机器组件。其中人可以接收机器的信息，机器也可以读取人的信号，两者相互作用，互相促进。在此背景下，人工智能的根本目标已经演进为提高人类智力活动能力，更智能地陪伴人类完成复杂多变的任务。

5.1.3 我国电力企业人工智能应用工程概述

1. 国内人工智能应用的发展现状

我国人工智能研究起步较晚，研究水平与发达国家存在一定差距，但近年来，国内人工智能产业得到了快速发展，形成了以基础技术支撑、人工智能技术及人工智能应用为主体的生态圈。

（1）基础技术支撑层主要由硬件、数据库和运算平台组成。国内处于基础技术支撑层的企业主要有百度、阿里巴巴等IT巨头及少量创业公司，业务范围主要集中在数据工厂和超算平台建设方面。

（2）人工智能技术层旨在建立基于不同算法的模型，形成可供应用的有效技术。目前，国内人工智能技术层的优势领域主要集中在智能识别领域，这一领域主要以创业公司为主，FACE++、小i机器人、科大讯飞、格灵深瞳等企业的视觉、语音识别技术处于国际领先水平。

（3）人工智能应用层利用技术层输出的人工智能技术为用户提供智能化的服务和产品。目前，此领域参与企业众多，以百度为首的IT巨头依托现有海量数据资源和强大数据处理能力，加大深度学习等核心算法和其他人工智能技术的研究力度，企图开拓人工智能应用市场；以科大讯飞、FACE++为首的创业新贵，凭借自身技术优势，从技术层发力，开拓认知智能应用市场；以海尔、格力为首的传统制造业龙头企业加快人工智能技术研发和引进，力争实现从制造到"智造"的转变。

2. 电力行业人工智能的发展现状

人工智能在国内电力行业的应用，总体来讲可以归纳为传统方式的智能化改进和关键技术的延展与创新，主要体现为管理方式的升级和业务模式的创新。

1）专家系统

人工智能在国内电力行业的应用较多的是专家系统，主要用于故障诊断、规划调度与运行控制等领域，多面向系统而非装置。

2）负载和可再生能源预测

电力行业需要重点关注的是每时每刻保持电力生产和消费的平衡。大量风能和太阳能等可再生能源极不稳定，对电力生产调度提出了极大的考验，因此精准预测地区负载以及可再生能源发电量对如何调度发电至关重要。利用人工智能技术对大量历史数据进行建模，可以有效提高预测的准确度，保持电力生产和消费的平衡。

3）智能设备维护

电力行业大量的电表、变压器及变电站设备需要维护，此类设备的稳定可靠对电网安全运行相当重要。一旦失效，轻则造成停电，重则可能引发火灾。基于大量变压器历史维护记录和其余相关数据，通过人工智能技术训练设备健康度回归模型，可有效监测发现设备运行异常情况，及时预警，减少电网重大事故的发生概率。

4）核电机器人

在核电领域，为了降低工作人员受辐射剂量和劳动强度，采用机器人进行设备检修、放射性废物处理、应急响应等工作。目前，核电机器人大致分为观察型和作业型。"观察型"，指携带摄像头、温度和压力传感器以及辐射强度检测仪等进入后传回现场数据。"作业型"的工作内容包括切割、搬运放射物质、关阀门、喷水等。

3. 集团企业人工智能的发展现状

重视语音识别、自然语言理解、计算机视觉、深度学习等人工智能技术在电网中的科研和应用，目前已在智能电网输、变、配、用和公司经营管理领域研发和应用了多款产品，涉及智能运检、智能配网运维、智慧客服、智能营业厅、智能家居以及可信身份认证等领域。

智能运检以机器人、智能穿戴设备、无人机为系统核心，整合计算机视觉、自然语言处理、机器学习等前沿人工智能技术，实现变电站、电气设备、输电线路全天候、全方位和全自主运检作业、关键数据采集、微气象数据收集、数据智能分析及展现、视频监控及设备安全隐患预警等服务，目前已用于天津市检修公司数字化变电站运维管理系统建设和天津城西供电公司变电站运检智能化管控平台建设。

智能配网运维平台融合应用"互联网+"技术、移动4G通信技术、人工智能技术和便携式设备，构筑完整的作业现场安全、质量监督、任务调度、路径规划、身份识别智能管控体系，目前已用于福建三明市等地供电公司。

应用智慧客户服务方案的客服中心智能质检分析系统，目前已在国网客服中心上线使用，提升了座席人员的工作效率，减少了客户的等待时间。

智能营业厅机器人系统及设备已在国网晋江供电公司智能营业厅和国网石狮供电公司智能营业厅投入使用，有效减少了营业大厅工作人员的工作量，节约了人力成本，并有效缓解了营业大厅的排队现象。

互联网可信身份认证签到系统在国网客服中心南方分中心"精准服务，精彩互动"会议上首次应用成功，参会人员可通过生物识别、人证比对的方式到会登记，使会议组织高效便捷。

同时，近年来，集团在大数据分析处理领域进展显著，自主研发了多项业界领先的大数据平台和产品，并完成了一些业务应用。

4. 问题与分析

近年来，随着新能源持续高比例运行、电力电子装置大量应用、电力市场化水平不断提高，电力系统的动态非线性、多时间尺度、不确定性和难预测性表现得更加突出，基于物理模型的分析方法，难以精准地刻画电力系统特征，以人工智能为核心的数据驱动方法将发挥越来越重要的作用。同时，为了应对上述变化，集团为国网公司部署了众多用于监测、控制、管理的信息通信系统，产生着大量的数据，在很多应用场景下表现出大维度、小样本、非结构化的数据特性，常规的统计分析、数据挖掘、机器学习，难以满足需求。

针对上述问题，新一代人工智能的应用，将为集团提供新的解决方案，以应对电网发展带来的挑战。目前，集团在人工智能产业处于初步发展阶段，存在着技术协同创新不足、产业技术基础薄弱、行业应用不够深入等问题和矛盾，导致技术与市场的"孤岛"和"碎片化"情况严重。

1) 产业基础薄弱，缺乏核心技术

集团在人工智能方面的高端人才比较欠缺，人才引进培育难度较大，导致在基础理论方面研究较为薄弱，缺乏具有自主知识产权的核心算法模型。在配用电、电网安全与控制、企业经营管理等领域，如智能客服、可信认证、舆情分析等，业务研究不深，很多核心技术极其依赖外部单位，甚至还未拥有核心技术产品。

2）行业应用不深入，效果提示不明显

集团人工智能技术产品在电力系统中的应用不够广泛和深入，尚未涉及电力核心领域，难以对电力主营业务和经营管理产生明显和深远的影响。比如输变电领域，关于线损的监测、分析、反制等场景，若能基于新一代人工智能技术研发出有所突破的产品和应用，将带来巨大收益。

3）产品线较单一，未能形成规模

在配用电领域，集团主要以智能客服机器人、智能家居、电动汽车等应用为主。产品线较为单一，未能形成一定规模，未能覆盖配用电全业务领域。集团可与高校等科研院所合作，共同研发核心业务技术和规模化的产品。

5.2　电力人工智能咨询工程实用方法

输变电系统人工智能工程方法、配用电人工智能工程应用方法、电网安全与新能源人工智能工程应用方法、企业经营管理人工智能应用工程方法是本节介绍的主要内容。

5.2.1　输变电系统人工智能工程方法

1. 输电线路智能巡视

1）目标

通过人工智能技术的研发与应用，对生导线断股、绝缘子破损、销钉缺失等缺陷进行智能识别，对树障、鸟害、金具浮放电、绝缘子污闪等安全隐患进行智能检测。快速实现输电线路的故障定位和故障类型识别，以便及时准确地消除故障，确保电力系统安全稳定运行，提高巡检自动化水平，降低运维成本。

2）内容

在本解决方案里，将重点发展四类硬件产品，即架空线路智能巡检无人机、架空输电线路巡检机器人、电力隧道巡检机器人、智能眼镜/智能安全帽/智能腕表。

架空线路智能巡检无人机：研究开发架空线路智能巡检无人机，实现输电杆塔、导地线、通道走廊各部位的可见光图像、红外图像数据采集，在无人机上直接完成对巡检目标的智能图像分析及故障诊断，给出巡检结论，而无需将视频、图像数据回传至服务器再分析，大幅提升巡检工作效率。

架空输电线路巡检机器人：开展机器人接触式巡检作业研究，打造架空输电线路巡检机器人，利用携带的传感仪器对杆塔、导线及避雷线、绝缘子、线路金具、线路通道等实施接近检测，辅助智能带电检修，提高输电线路巡检效率和检修质量。

电力隧道巡检机器人：基于精确定位技术、自动避障、路径规划等相关技术，打造电力隧道智能巡检机器人，通过机器人携带的可见光、红外线摄像机采集图像视频，结合人工智能技术，实现线路定点巡检、故障缺陷识别；对机器人采集的红外图谱数据进行智能分析与诊断，对隧道巡检过程中发现的异常数据进行实时定位报警。

用于智能巡检的可穿戴设备：开展服务于巡检业务的智能可穿戴设备的研发与应用，打造智能眼镜、智能安全帽、智能腕表等产品，实现智能语音交互、设备自动识别、设备台账自动分析等功能，提高巡检效率。

2. 变电站智能巡检

1）目标

通过机器人、在线检测装置、带电检测仪器等智能设备在变电站的应用，实现复杂设备的部件部位识别、故障智能诊断等应用，将一线巡检人员从设备巡检层面解脱出来，缓解变电运维绝对缺员及结构性缺员带来的运维压力，切实提高工作效率和质量，真正起到减员增效的作用，更快地推进变电站无人值守的进程。

2）内容

在本解决方案里，将重点发展两款硬件产品，即变电站巡检机器人和带电作业机器人视觉伺服控制模块。

变电站巡检机器人：以智能巡检机器人为系统核心，开展变电站智能巡检应用研发，整合前沿智能技术，实现变电站全天候、全方位和全自主的巡检作业、关键数据采集、微气象数据收集、数据智能分析及展现、视频监控及设备安全隐患预警等服务。

带电作业机器人视觉伺服控制模块：掌握双目立体视觉技术，结合人工智能算法，利用双目视觉得到设备的准确位置信息；机器人控制单元接收此位置信息，实现高压带电作业机器人的视觉伺服控制。

3. 电网智能规划、研判与故障诊断

1）目标

通过人工智能手段，实现对于电网规划的智能决策支撑，实现自动化的电气设备运行状况分析和热故障诊断，实现对电气设备的热状态进行监控，并根据热状态进行分析和诊断，保障设备和电网可靠运行；为电网运检过程管控、故障图像研判等提供深层次的价值信息，为运检决策提供重要的平台、技术及数据支撑；为专业技术人员的深度分析和处置提供强有力的技术手段。

2）内容

在本解决方案里，将重点发展4个系统，即电网规划智能决策支撑系统、输变电设备智能综合诊断系统、电网灾害智能预报预警系统和输变电智能视频识别监控系统。

电网规划智能决策支撑系统：采用深度学习技术、迁移学习技术，基于电网历史规划数据及电网管理、运行大数据，打造电网规划智能决策支撑系统，对电网规划进行全面、

深入的学习与训练，实现对于电网规划的智能决策支撑，有效优化能源布局和电网运行。

输变电设备智能综合诊断系统：针对不同设备运行特点，掌握不同数据收集机制，研发基于电气设备可见光、红外、紫外图像的设备故障识别、问题研判技术；掌握基于多源异构数据的输变电设备故障智能诊断技术；结合电气设备历史维护记录，对设备运行状况及健康状况进行分析，预测设备可能发生的故障点及故障类型；对变电设备历史维修记录分析、汇总，推送故障处理建议方案，辅助运维人员对故障设备进行维修；对设备故障原因统计分析汇总，进行故障规律关联分析，对变电设备重复故障进行预防维修，为运检决策提供重要的技术及数据支撑；结合变电设备历史运行工况，诊断设备寿命，合理安排设备维修、更换策略；掌握基于知识图谱构建和推理的线路通道隐患智能识别技术和通道环境风险评估技术。

电网灾害智能预报预警系统：基于多类传感数据、跨媒体分析推理技术及深度学习网络，综合考虑气象参数（覆冰、降水、风速、风向），还有地形地貌特征、线路结构等，掌握影响电网主要灾害特征的主导因素及灾害发生机理；基于小样本深度学习技术，提升电网主要灾害特征分析及精确预警能力；完善基于气象—监测—线路结构—灾害发生—破坏程度等环节的一体化灾害预警模式。

输变电智能视频识别监控系统：利用深度学习、多媒体处理技术，打造输变电智能视频识别监控系统，实现对输变电场景监控视图的智能分析，建立可持续扩展的视频图像库、标签库，对视频图像中变压器、刀闸、杆塔、绝缘子、杆塔鸟巢、金具锈蚀、线路树障等典型设备及隐患进行自动标签分类，对视频图像中大型物体靠近、人员进出等典型事件进行智能识别。对重要输电通道运行状态进行实时监测、监视预警、分析诊断和评估预测，提升输电专业生产运行管理精益化水平。

5.2.2 配用电人工智能工程应用方法

1. 智能营业厅

1）目标

智能供电营业厅是在营业厅标准化建设的基础上，利用人工智能技术优化营业厅的软硬件系统，改变传统营业厅的单向被动服务模式，以主动服务、互动服务、智能服务和全时服务为设计原则，为用电客户提供一个智能化、互动化、人性化、24小时全天候的新型用电服务营业厅。

2）内容

智能营业厅能够承载的业务可以包括：智能服务机器人，负责辅助业务办理以及业务引导；业务智能预办理，基于影像识别和签名识别技术实现证件、资质材料、审批材料等资料的采集提交，以及填单无纸化；大客户智能交互，通过智能茶几、互动终端等为大客户提供智能供电方案、业务查询和用能建议；智能互动展厅，基于增强现实为客户提供互动创意体验，如新技术、新产品的展示和试用。在本解决方案里，将重点发展一款硬件产品，即营业厅服务机器人。

营业厅服务机器人：营业厅服务机器人内部集成语音识别、语音合成技术，实现机器人与客户直接的语音交互，利用人脸识别技术，读取客户面部信息，实现对来客的识别，并自动关联到其用电记录等多类信息。通过机器人的交互能力，实现宾客迎接、业务查询，并协助用户进行事务处理和业务办理。

2. 智能化配电

1）目标

通过深度学习、强化学习、智能控制等人工智能技术手段，实现对配电网运行状态在线分析，对配网故障做出有效预警，对配网故障进行智能分析和研判，并根据故障问题进行及时的自动带电作业。

2）内容

在本解决方案里，将重点发展一款软件产品及一款硬件产品，分别是配网运行状态在线分析及故障预警系统和配网带电作业机器人。

配网运行状态在线分析及故障预警系统：掌握基于智能算法的配电网运行状态分析技术，并结合故障特征、外部环境数据与运维经验的关联特性，掌握故障原因自动分析和推送的关联规则技术，掌握包含故障录波数据、故障原因、故障位置、故障处理方案等信息的配电网故障样本库知识建模方法；突破配电网故障原因知识推理技术，掌握利用故障样本库的知识推理实现在线故障原因快速分析的方法；构建配电网故障线路和设备信息库，建立面向故障预测的深度神经网络及在线增强学习模型；掌握基于历史数据、实时波形、高频模型交叉关联性分析并结合长短期记忆网络的配电网故障智能化预测技术；掌握基于深度学习的配电网运行态势构建技术，通过拓扑、量测、停电、电气参数等电网运行数据的大规模训练，构建配电网运行可靠性、供电能力、转供能力、负荷需求等综合态势。

配网带电作业机器人：掌握基于图像分割、图像分析的配网故障分析技术，掌握基于智能推理的配网故障研判技术，掌握基于智能控制的机器人控制技术，并基于上述技术研发成果研制配网带电作业机器人，实现对于配网故障的智能识别、问题研判，并依据不同故障问题进行有针对性的带电作业，将故障及时解决。

3. 智慧客服

1）目标

实现智能互动服务与人工客服无缝衔接，为客户提供更加人性化的交互体验，提升服务质量与竞争力，提升服务效率。

2）内容

在本解决方案里，将重点发展两款软件产品，即人工客服应答智能辅助系统和多渠道客服智能化应答系统。

人工客服应答智能辅助系统：利用语音识别技术实时转写座席和客户对话，为座席及其班组长实时展示客服双方对话内容。同时，利用自然语言理解技术提取客户通话过程中的关键信息，结合知识库，实时给出座席回复话术建议。在整个客户服务过程中，对座席的服务进行实时监督与检查。发现问题后，及时通知座席人员修正，并通知客服班组长注意。

多渠道客服智能化应答系统：通过自然语言理解、语音识别、语音合成等多项人工智能技术的整合，构建全局知识共享的智能知识库，实现知识管理流程规范化、知识处理能力一体化、知识应用服务互动化，为客服专员提供精准、高效的知识检索服务，场景化的知识推送服务，有效提升服务响应速度及服务质量，并能基于海量客服数据分析客户热点诉求。

4. 智能化用电服务

1）目标

利用移动互联、物联网、云计算等多种技术手段，打造智能用电互动服务平台。通过智能家居、智能小区建设和运营，形成规模化用户资源，借助国家相关部委、电网企业在需求响应方面的政策和服务支持，引导居民用户积极参与电网调峰运行，实现电网的移峰填谷和有序用电，促进社会资源的合理利用。

2）内容

在本解决方案里，将重点发展一款硬件产品，即家居服务机器人，以及两款软件产品，即用电能效智能管理系统、需求侧智能管理系统。

家居服务机器人：打造家居服务机器人，采用语音识别技术和自然语言处理技术，与用户进行友好的互动，实现对家用电器的智能控制、对于家庭电器的巡视、对于日常生活的辅助等。

用电能效智能管理系统：掌握自学习、自感知的家居、楼宇、园区智能用电服务技术，打造智能用电服务系统，通过收集不同用户的用电信息和电器的使用情况，挖掘用户的用电行为和最优用电模型，为用户提供多种用电服务和增值服务。

需求侧智能管理系统：掌握需求侧错峰资源优化管理知识库、集群行为特征分析技术，以及基于递归神经网络算法的资源集群优化决策算法；掌握基于贝叶斯网络随机学习算法的需求侧资源潜力预测模型和方法；掌握电动汽车行为分析方法，形成用户、车辆、充电设施及电网间复杂时变拓扑及交互的多智能体模型；综合气象条件、空间信息、社会活动、用户偏好等大数据，掌握含电动汽车、分布式新能源与移动式储能等源荷设备的供需策略与风险管控技术，建立兼顾交通状况、充电用户体验和电网均衡运行的智能充电协调控制机制；打造并应用需求侧智能管理系统。

5. 智能线损监测与防窃电

1）目标

利用物联网、移动互联等技术对配用电领域的线损进行实时监测，并运用人工智能技术，对配用电领域的电能线损进行实时分析，及时判断线损产生的原因。一旦判定线损是由窃电行为造成的，及时发出警告，提醒相关部门及时处理窃电事故，同时对窃电处进行智能断电。

2）内容

在本解决方案里，将重点研发一款软硬件结合的系统，即配电线损智能监控系统。

配电线损智能监控系统：打造并推广配用电线损监控系统，采用非侵入式方法实现对线损的实时监测；同时，运用深度学习等人工智能技术，对测得的线损数据进行智能分析，研判是否为窃电行为。当系统判定线损由窃电行为造成时，将及时向相关管理部门发出警报提醒，同时实施智能断电，及时阻止窃电行为。

6. 充电桩选址智能决策

1）目标

通过新能源汽车的行驶轨迹以及时域信息，采用机器学习方法，预测新能源汽车高利用率的充电桩位置，在减少建设成本的同时，为新能源汽车用户提供更加有效、便捷的充电服务。

2）内容

在本解决方案里，将重点发展一款软件产品，即充电桩选址智能决策系统。

充电桩选址智能决策系统：打造充电桩选址智能决策系统，通过和新能源车企合作，获取新能源汽车的行驶轨迹以及对应的时间分布信息，结合车辆里程信息，使用深度学习技术，训练优化的充电桩充电位置预测模型，利用该模型预测服务新能源汽车的高利用率的充电桩优选位置。

5.2.3 电网安全与新能源人工智能工程应用方法

1. 电网生产与调度智能研判

1）目标

通过开展基于人工智能的故障分析与研判技术研究，实现对电网运行状态的智能研判与智能决策支撑，实现电网故障的原因查找、快速定位和智能研判，提升电网运行管控质量和水平，有力保障电网安全。

2）内容

在本解决方案里，将重点发展三款软件产品，即电网运行控制智能决策支撑系统、配网多源信息故障诊断系统和电网设备及元件故障智能研判系统。

电网运行控制智能决策支撑系统：掌握大型交直流混联电网故障特征深度学习和智能识别及控制技术；掌握基于电网运行数据的调控知识发现总体架构和数理分析智能算法，以及覆盖全业务全过程全周期的调控知识模型构建技术；掌握电网运行操作、计划调整、自动控制等智能化技术，以及电力系统故障及薄弱点智能识别技术；掌握电力系统源网荷一体化智能协调控制技术；打造并应用电网运行控制智能决策支撑系统。

配网多源信息故障诊断系统：基于电力生产管理系统、调度管理系统以及地调能量管理系统海量数据，以事故分闸为主线获取关联的遥信变位、遥测、保护、遥控、操作票等辅助数据，基于这些数据训练深层神经网络模型，及时给出故障预判提示，实现配网故障的高效准确处理。同时，结合线路过负荷、运行操作、检修试验、雷电、气象、重大活动和节假日等内外部数据进行关联分析和推理，为配网运维检修策略的制定提供参考依据。

电网设备及元件故障智能研判系统：打造电网设备及元件故障智能研判系统，对于重合闸不成功的电网故障，定位故障设备，对于重合闸成功的电网故障，识别和定位电压暂降源并分析电压暂降规律，掌握基于母线故障的电气量、线路故障的电气量、保护/断路器和PMS/OMS为判据的电网故障设备定位以及电网故障影响范围研判技术，分析不同类型暂降事件的波形特征，对电压暂降海量数据进行波形特征匹配判断。

2. 新能源发电预测

1）目标

通过引入人工智能预测技术，利用风能、太阳能时域、空域分布数据以及用户用电量时域分布信息有效预测风能、太阳能发电状况，提升新能源发电效率，降低发电成本。

2）内容

在本解决方案里，将重点发展二款软件产品，即风能发电预测系统和太阳能发电预测系统。

风能发电预测系统：基于电厂过往的风能时域分布信息，以及对应的用户用电量信息，借助深度神经网络等机器学习方法，训练风能效率预测模型，并对小区域气象变化进行准确预测，打造高精度的预测系统，对风能发电效能进行预判，指导风能发电效能分配，提高发用电效率。

太阳能发电预测系统：根据历史发电信息、光照情况、天气情况等，采用深度学习等智能技术，建立针对电源具体情况的太阳能发电情况预测模型，并采用图像增强、图像识别技术基于云图进行光伏功率快速波动的准确预测，打造太阳能发电智能预测系统，对太阳能发电出力状况进行全面的预测。

3. 新能源消纳分析及研判

1）目标

采用深度学习、主因子分析等人工智能技术，实现对新能源消纳能力的分析与评价，并依据态势进行分级预警，提升新能源接纳能力智能化在线评估水平，全方位掌握新能源消纳状况。

2）内容

在本解决方案里，将重点发展一款软件产品，即新能源消纳能力评估及预警系统。

新能源消纳能力评估及预警系统：基于大量历史运行数据和复杂场景消纳能力算例结果，掌握不同运行场景的新能源消纳特征提取技术，挖掘新能源消纳的关键影响因子；建立新能源消纳智能评估模型，掌握基于深度学习算法和区域新能源消纳规律的在线新能源消纳评估技术；基于深度学习挖掘新能源消纳复合影响因子，打造新能源消纳能力评估及预警系统。

5.2.4　企业经营管理人工智能应用工程方法

1. 信息安全预警

1）目标

通过过往大量的安全攻击记录数据，利用机器学习方法训练攻击预测模型，防范第三方人工智能的破解，实现自我学习，持续优化提升信息系统的智能安全化程度，降低安全隐患。

2）内容

在本解决方案里，将重点发展一款软件产品，即信息安全智能预警系统。

信息安全智能预警系统：通过获取包括用户数据、攻击数据和各种威胁情报数据，使用深度神经网络等机器学习方法，训练网络攻击分析与研判模型，基于这些模型打造信息安全智能预警系统，对各类安全威胁进行有效监测和预警。

2. 人员身份认证

1）目标

基于生物识别认证技术的用户认证可同时解决身份可靠认证、访问控制和直观追溯抗抵赖的安全防范技术，既可增强业务系统身份信息安全的主动防御能力，又可提升国网公司整体信息安全水平和安全管控；同时实现对办公大楼出入口人脸抓拍、布控、识别，增强国网公司安防能力。

2）内容

在本解决方案里，将重点发展一款软件产品，即面向电网业务的可信身份认证系统。

面向电网业务的可信身份认证系统：利用人脸识别、生物特征识别技术，实现与企业门户、综合运维审计、安全系统的用户身份认证集成应用；实现作业现场人员身份认证、信息机房人脸识别门禁、外协人员人脸识别考勤管理等应用。

3. 人才智能招聘

1）目标

利用人工智能技术，搭建智能化招聘平台，实现人才自动筛选、测评，并进行精准的简历推荐服务。辅以大数据分析，避免现有"人工"招聘模式的缺点，减少招聘HR

劳力费时的简历筛选和初面环节，提高招聘效率，更快、更好地为企业找到所需的合适"人才"。

2）内容

在本解决方案里，将重点发展一款软件产品，即智能人才筛选及人岗匹配系统。

智能人才筛选及人岗匹配系统：借助互联网海量的简历，利用深度神经网络学习算法和个体画像技术，构建智能人才筛选及人岗匹配系统，借助专业招聘网络和社交网站，获取公开可见的人员简历信息，建立人员筛选模型，对人才进行智能筛选，并建立人岗匹配模型，从多个维度对人才和岗位进行自动匹配和智能推荐。

4. 舆情智能管理

1）目标

通过人工智能关键技术，使舆情分析得以智能化、自动化，而不是只是单靠人工来完成，从而让舆情工作人员的工作效率大幅提升。利用舆情分析产品，进行企业形象分析，话题用户参与度情况分析以及风险管控。

2）内容

在本解决方案里，将重点发展一款软件产品，即智能舆情管理系统。

智能舆情管理系统：利用先进的爬虫技术，爬取以新闻、论坛、微博为主的与国家电网相关的互联网文章，将其作为舆情分析数据。通过"文本摘要提取"技术，得到国网相关的主题结构。建立文档主题生成模型（LDA）、浅层语义分析（LSA）、概率浅层语义分析（PLSA）等关键技术主题模型，从而得到公司相关的关键主题词。通过卷积神经网络等深度学习技术，对每个主题的网民情感倾向性进行分析。通过社交网络的图计算关键技术，发现舆情的传播途径以及关键的意见领袖，准确掌握传播核心和关键用户。

5. 企业智能经营支撑

1）目标

利用人工智能技术，实现对企业经营状况的智能研判及预测，对企业各项投资的智能研判，有效支撑企业的经营决策和活动。

2）内容

在本解决方案里，将重点发展两款软件产品，即企业经营状况智能分析与预测系统和企业投资智能决策支撑系统。

企业经营状况智能分析与预测系统：掌握基于深度神经网络的企业物资管理、廉政建设、法律事务、企业文化等内部管理风险智能识别技术，实现企业经营管理风险的全方位跟踪预警，打造采用人工智能算法、基于企业生产状况、营销状况、财务状况等多方面信息的企业经营状况智能分析与预测系统，实现对企业各方面状况的全面、深入研判和准确预测。

企业投资智能决策支撑系统：打造企业投资智能决策支撑系统，掌握基于会计税务政策、人工成本、利率汇率、政府规划等复杂环境下的投资目标知识图谱技术；掌握跨公司跨行业的数据动态关联技术，增强企业对投资目标未来基本面的量化见解能力；掌握基于深度学习的高精度产品/业务收入预测技术，实现从信息获取到投资研判的自动跨域，解决传统人工投研的干扰因素多、主观性大、效率较低、准确性不足等问题。

5.3　电力企业人工智能技术应用案例分析

电网智能运检人工智能技术应用、电网运行人工智能工程应用分析、企业管理人工智能工程应用分析、供用电服务人工智能工程应用分析是本节介绍的主要内容。

5.3.1　电网智能运检人工智能技术应用

1. 变电设备智能识别与故障诊断

1）应用简介

目前，通过机器人巡检、变电统一监控获取表计、开关/刀闸开合状态、油位计等可见光图像、红外图谱、声音检测数据，代替了传统的人工现场巡视相关工作。基于采集的图像、图谱、声音数据，应用人工智能技术，先后实现了刀闸和开关状态检测、仪表自动读数、异物悬挂及设备外观异常检测、变压器声音异常检测、温度异常检测等变电站设备状态检测应用场景。

在变电站巡检中，通过监控视频、巡检机器人对设备状态感知及感知数据的智能化识别分析，及时发现电网运行的事故隐患与故障，提高了变电站的自动化及智能化应用水平。

2）设计实现

通过分析变电站内采集的红外图像、可见光图像、声音数据，建立不同设备、不同状态的样本库，并根据样本库中不同状态设备的图像或声音特征建立变电站设备故障监测模型，对变电站设备温度情况、外观情况、刀闸及开关状态、仪表示数等通过图像预处理、图像识别、特征提取及机器学习等算法进行自动分析，实现设备状态的实时监测。

3）基于红外图像的变电站设备故障诊断

红外图像包含设备的温度信息，通过图像的分割和特征提取，建立红外图像特征数据库，并对采集的红外图像中的设备进行分类识别。

（1）基于图像的设备状态识别。通过可见光图像中不同设备的特征分析，进行刀闸和开关的状态识别、仪表的自动读数、异物及悬挂物的检测，对异常状态的设备进行报警。

（2）基于声音的变压器状态识别。变压器运行的声音信号很大程度上反映变压器的运行状况，借助高灵敏度的声音采集器和现代数字信号处理技术，通过分析声音信号中的多类特征，设计合理的分类器进行判别，可以实现比人耳更加客观可靠的在线检测和故障诊断。

4）应用成效

应用统一监控视频、变电站室内/外智能巡检机器人巡检及人工智能识别技术，大大减轻运维人员日常巡视、红外测温、设备工况检查等简单重复性工作，实现简单劳动自动化，避免了运维站至各变电站之间的往返交通占用的大量时间，特巡和事故后巡视的及时性不够。同时，解决了受运维人员技术水平等因素影响，巡视质量参差不齐，容易发生漏查、误判等问题，大大提高了变电运维工作效率与智能化水平。

2. 输电线路智能识别与缺陷诊断

1）应用简介

目前，应用无人机与巡线机器人实现了输电杆塔、导地线、通道走廊的可见光图像数据采集，在一定程度上减轻了传统的人工巡视工作量。基于采集的可见光图像数据，将人工智能技术应用于电网智能巡检，有效提高了公司对海量巡检数据处理能力，实现了输电线路部件、部位智能识别和输电线路缺陷智能诊断。集成了巡检数据后处理管理平台，对识别出的设备及缺陷进行管理，并形成相应的缺陷诊断报告，从而及时发现输电线路设备的外观异常和热缺陷等隐患，在降低运维成本和提高巡检自动化水平方面有巨大的应用价值。

2）设计实现

（1）提高图像数据处理能力。深度学习是图像智能处理的常用手段，训练数据规模庞大，因此计算能力是智能图像分析的基础。首先需在视频图像智能分析基础支撑技术层面做出重大革新，形成满足算法和模型需要的高性能基础支撑平台，进一步提高电网海量巡检图像处理能力。基础支撑平台的建设包括设计面向电网的图像智能分析技术框架，搭建异构计算架构，有效整合现有软件和计算资源，以及数据和标签管理。此平台可为试验和实践最新的人工智能理论和算法提供整套环境。

（2）巡检图像智能理解。对有人机、无人机与巡线机器人采集的输电线路巡检图像进行预处理和特征提取，在此基础上采用深度学习和传统图像处理技术实现巡检图像智能理解。

（3）输电线路巡检图像智能分析系统。立足于航拍巡检图像智能分析典型业务应用场景，开发输电线路巡检图像智能分析系统，相当于一个数据后处理管理平台。其中集成了图像智能理解算法核心模块，在实际应用中可与现有的数据采集系统结合，从而实现在直升机/无人机巡检、巡线机器人所采集图像中，对电网设备典型缺陷的智能识别。

3）应用成效

（1）输电线路巡检图像场景分类。多角度不同距离下拍摄的图片差异巨大，因此针对单张巡检航拍图像，从整体角度理解拍摄内容，并进行图片拍摄内容的分类，降低图片的无序性,为缺陷识别提供先验知识。

(2)输电线路部件、部位智能识别。在输电线路巡检时,判断输电线路中的杆塔金具、绝缘子、导地线在图像上的位置有着极其重要的意义。输电线路缺陷智能诊断当前已实现杆塔异物缺陷检测、导线异物缺陷检测、绝缘子掉片缺陷检测、防震锤移位缺陷检测等缺陷诊断。

3. 基于可穿戴装备的变电站智能巡检专家系统

1)应用简介

采用自主研发的可穿戴智能巡检主机、高清可见光/红外热成像双光头盔、超小型便携式紫外成像仪、便携式局放检测仪等智能化巡检装备,获取现场巡检高清可见光、红外、紫外图片/图像及局放图谱数据,通过电力4G无线专网(或VPN网)实时传送至电力内网后台服务器,通过基于人工智能技术开发的智能巡检专家诊断系统对巡检数据进行处理、分析及预测,从而有效降低变电站巡检人员的工作量,大幅提升巡检效率和故障检出率,全面支撑设备运行维护和状态检修。

2)设计实现

系统通过基于智能图像处理的关键变电设备的识别技术体系,实现对可见光、红外、紫外图像中的设备准确识别、定位及融合;通过典型故障诊断专家系统,利用融合方法实现多重故障信息的综合表达,利用深度学习技术实现典型故障的研判及综合诊断。

(1)变电站主设备识别。基于智能图像处理的变电站主设备识别技术主要分为两部分。首先是通过特征提取技术提取对象的几何、纹理、颜色、空间关系等特征,形成特征表达。比如,通过稀疏编码或视觉单词模型等,对特征进行训练特征子集选择,也就是对特征样本进行特征降维,再训练特征分类器,分类器完成对输入的图像表达特征进行分类,从而达到对设备的识别。

特征提取采用HOG特征或不变矩通过计算经过预处理后剩余图像区域的7个不同特征来构成一组特征;卷积神经网络(CNN)通过卷积层和池化层来提取特征;决策分类采用支持向量机(Support Vector Machine,SVM)或者卷积神经网络的全连接神经网络等。

(2)基于深度学习的专家诊断模型。基于深度学习的专家诊断模型分为两部分。首先通过智能图像处理技术实现主设备的识别,通过主设备的识别获取设备工况信息,以卷积神经网络(CNN)为诊断核心算法,对获取的设备图像进行状态分类,再融合设备状态信息,调用层级实时记忆(HTM)算法及推理知识,最终得到设备的状态情况和可能的故障诊断信息。

(3)基于可穿戴装备和深度学习的专家诊断系统。通过智能可穿戴装备完成巡检数据的实时采集、预处理和传输,通过卷积神经网络(CNN)人工智能算法对可见光、红外、紫外图像及局放图谱进行特征提取,通过层级实时记忆(HTM)人工智能算法对带时间标签的特征参数数据进行深度学习,形成设备故障诊断信息和趋势预测,为专业技术人员的深度分析和处置提供强有力的技术手段。

3）应用成效

目前，可穿戴巡检装备（可穿戴智能巡检主机、高清可见光/红外热成像双光头盔、超小型便携式紫外成像仪、便携式局放检测仪等）已完成样机研制，并已经过近一年的应用测试，其中可穿戴巡检主机已达量产水平。基于深度学习的专家诊断系统部分功能已在实验室进行测试，但目前还未投入现场实际应用。

2017年1月，已完成500kV南京东善桥变、无锡梅里变、苏州木渎变TD-LTE 4G无线专网基站部署，构建了无线专网络环境，为下一步开展可穿戴巡检装备的现场应用和基于人工智能的专家诊断系统的建立创造了条件。2017年10月，基于深度学习的人工智能专家诊断系统投入实际应用测试，着力通过人工智能技术为变电站主设备的故障诊断和趋势预测开辟一条新思路。

4. 智能变电站安全远程监控

1）应用简介

目前，国网公司110kV及以上变电站约有1.5万个，大部分虽然已经实现了基于场区安全防护需要的视频监控，但还是完全使用人工远程查看的方式。这种方式从实际应用的价值上来说，仅仅能起到一个辅助查看的作用，应用价值不高。其实并非视频监控的应用方式只能满足人工查看，根本原因还是缺乏人工智能的监控手段，业务价值的发挥被技术支撑能力的短板限制了。

2）设计实现

针对无人值守变电站远程安全监控业务需求，面向已建变电站摄像头终端设备升级换代及新建变电站摄像头终端设备布点，通过运用高清复眼摄像头产品，保证变电站各个运行部件清晰展示，为监控人员提供清晰、真实、立体化的变电站实时运行场景。

3）应用成效

根据变电站视频监控数据本地化存储的特征，使用公司非结构化数据存储系列产品，并基于视频浓缩摘要服务，突破原有30天的视频数据存储时限，实现安全事件管理可追溯周期的大幅延伸。采用三维可视化、视频智能识别与分析及物联传感技术，实现设备运行状态与场区环境状态的全时联动，打造智能变电站一体化全景监控防护体系。

5. 基于智能眼镜的智能巡检

1）应用简介

智慧单兵平台对接生产管理系统，可从生产管理系统数据库获取待办事项及设备台账等数据。智能眼镜与智慧单兵平台实时连接，包含待办事项提醒、设备台账获取、红外测温、调焦拍照、巡视轨迹记录、远程专家等功能，智能眼镜的相关功能都是独立的，用户可随时调用，当用户接收待办事项以后，在使用过程中产生的数据都将与该待办事项绑定，在后台形成记录，供管理人员进行查看。

2）设计实现

待办事项：智慧单兵平台对接生产管理系统数据，从生产管理系统里获取人员近期的待办事项，并实时下发至智能眼镜上，当到达待办事项时间点时，自动进行提醒。

设备台账获取：智能眼镜可以根据现场情况实时获取设备的台账数据，并通过AR技术实时叠加在智能眼镜的屏幕上，下面介绍智能眼镜获取台账的方式。

（1）语音识别：用户通过语音输入台账名称，智能眼镜自动将用户的语音转化成设备台账名称文字并传到智慧单兵平台，智慧单兵平台通过设备名称到生产管理系统后台数据库检索设备对应的台账信息并下发至智能眼镜。

（2）标牌文字识别：现场设备都有对应的标牌信息，标明了设备的名称，智能眼镜通过摄像头智能识别标牌上的文字信息，得到设备名称传到智慧单兵平台，智慧单兵平台通过设备名称到生产管理系统后台数据库检索设备对应的台账信息并下发至智能眼镜。

（3）设备实物识别：智慧单兵平台对现场设备实物进行建模，智能眼镜通过摄像头拍摄设备实物传到智慧单兵平台，智慧单兵平台根据得到的设备实物照片进行匹配，得到设备名称，通过设备名称到生产管理系统后台数据库检索设备对应的台账信息并下发至智能眼镜。

（4）红外测温：智能眼睛集成红外成像测温功能，用户可实时获取设备的温度数据，并实时传送到后台，后台设定的温度阈值数据，当温度超出设备的阈值时，及时产生报警并实时下发给智能眼镜。

（5）MR拍照：巡视过程中用户可以调用拍摄功能，拍摄现场照片或者视频并上传至云平台。其中，拍摄照片时，可以通过语音输入缺陷内容并叠加在照片上。

（6）巡视轨迹记录：智慧单兵平台下发待办事项时自动形成一条巡视轨迹路线，智能眼镜结合GPS信息实时记录人员的位置信息，并上传至智慧单兵平台，智慧单兵平台形成实时巡视轨迹，智慧单兵平台对用户的实时位置信息及巡视轨迹进行监控匹配，当用户位置或者巡视轨迹偏移时产生报警信息并发送给相关管理人员，用户通过智能眼镜拍摄的照片同时结合位置信息叠加于巡视轨迹上。

（7）远程专家：抢修过程中用户可以发起远程协助请求，专家通过前端第一人称视角对现场做出准确判断，并给出切实可行的指导意见。

3）应用成效

（1）2016年在龙岩局试点应用，主要利用智慧单兵平台及智能眼镜进行现场巡视工作以及安全稽查，效果显著，工作效率提高了30%以上。

（2）2017年在厦门城市共用电检修有限公司进行试点应用，利用智能眼镜进行现场作业，实时回传现场音视频，方便了现场工作监督以及现场工作调配。

6. 基于国网统一视频平台的输变电监控分析

1）应用简介

基于国网统一视频平台，利用多媒体处理、大数据、深度学习技术，实现对输变电场景监控视图的接入管理及分析，建立了可持续扩展的视频图像库、标签库，对视频图像中变压器、刀闸、杆塔、绝缘子、杆塔鸟巢、金具锈蚀、线路树障等典型设备及隐患进行自动标签分类，对视频图像中大型物体靠近、人员进出等典型事件进行智能识别，为电网运检过程管控、故障图像研判等提供深层次的价值信息，为运检决策提供重要的平台、技术及数据支撑。

2）设计实现

视频平台从运检业务层面出发，梳理输变电巡检内容，针对设备、人员、环境等重点关注信息，建立视频图像库、标签库，实现对视频图像及结构化信息的配置管理，基于大数据存储技术实现分布式视频图像的存取，并结合大数据计算、视频图像处理、深度学习技术，搭建分布式视频图像文件处理框架，实现分布式的编解码、图像分析，完成输变电视频图像文件的典型标签自动分类与智能识别，为输变电视频图像深度智能分析提供了重要的平台框架及技术基础，在提供输变电可视化监控的同时，可以为运检管控及分析决策提供重要视频图像价值内容信息。

（1）存储管理。通过存储管理，可以实现大数据存储环境配置以及与集中存储服务的关联，保证视频图像数据的分布式存储。

（2）算法管理。通过算法管理功能，实现对智能分析算法包的添加、修改和删除，支持各类分析算法的灵活接入和快速扩展。

（3）标签管理。通过标签管理功能，可以为输变电视频图像不同业务应用场景提供灵活的标签管理。

（4）算法与标签关联。通过算法与标签关联功能，实现算法与标签目录中标签类别的关联，实现视图标签的自动标注。

（5）智能分析任务管理。通过智能分析任务管理功能，实现智能分析任务的管理。输变电图像智能分析任务不仅包括标签分类（变压器、刀闸、杆塔、绝缘子、杆塔鸟巢、金具锈蚀、线路树障、线路违建），还包括人员进出检测、大型物体靠近分析，实现了对典型视频图像文件的分布式结构化分析。

（6）视图库。通过视图库功能，可以设置查询条件检索大数据存储中的视频图像，对视频图片进行手动标签标注和修改。

3）应用成效

智能型统一视频平台继承前期建设成果，进一步提升平台实用化水平，利用大数据、深度学习技术，打造智能型统一视频平台，重点实现了对输变电监控视频图像价值数据的高效存储管理、分析挖掘及快速检索。

（1）通过高效存储管理，实现对电力视频图像数据的集中存储。针对重要视频资源未有效存储的情况，通过建立大数据分布式存储机制，实现对平台重要视频图像的集中存储，建立可持续扩展的电力场景视频图像库和标签库，妥善保存电力视频图像数据资源。

（2）通过快速检索分析，实现由人工分析检索到智能分析检索的转变。针对视频图像处理中数据、算法、计算三大资源需要，结合大数据、深度学习等技术，对视频图像文件进行结构化分析，实现输变电图像标签分类（变压器、刀闸、杆塔、绝缘子、杆塔鸟巢、金具锈蚀、线路树障、线路违建），还有人员进出检测、大型物体靠近分析，提升平台对输变电视频图像的快速检索分析能力，保证工程应用成效。

（3）通过提供价值内容，实现对视频图像业务应用支撑能力的全面提升。针对各业务场景智能分析算法的多样性情况，形成的平台存储及分析能力，能够便于后期集成优势分析算法，支撑运检视频图像深度智能应用。

5.3.2　电网运行人工智能工程应用分析

1. 基于多源数据融合的电网故障分析及应用

1）应用简介

在当前互联大电网下当故障发生时，大量的报警信息会在短时间内涌入调度中心，这远远超过运行人员的处理能力，往往使调度员误判、漏判。为了适应各种简单和复杂事故情况下对故障的快速而准确的识别，需要电网故障诊断系统进行决策参考。同时由于电力系统调度自动化水平不断提高，越来越丰富的报警信息通过各变电所的远方终端，传送到各级电网调度中心，使得利用采集的实时信息进行电力系统故障诊断成为可能。另外，对于电力系统故障的仿真分析和模拟培训也可以通过电力系统故障诊断系统来提升调度员的经验和水平。

2）设计实现

针对电网实际情况，侧重电网运行信息、设备状态信息、环境监测信息深度融合与综合应用，开展基于多源数据融合的电网故障辅助分析系统的研制。研究内容主要包括三个方面。

（1）多源数据融合处理技术。多线程通用数据采集框架整合了数据采集程序常用的各种基础功能，包含线程管理、业务逻辑接口和公共服务三个模块，如图5-1所示。

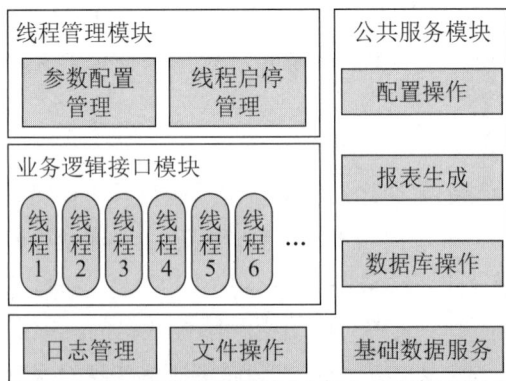

图5-1　多线程通用数据采集框架

（2）利用多源数据的电网故障智能诊断技术。以一种基于时间序列匹配的电力系统故障诊断方法，通过计算警报假说时间序列与实际警报时间序列之间的距离，得出时间序列假说置信度和元件故障置信度，识别出故障元件；以一种综合利用电气量和时序信息的电力系统故障诊断方法，建立元件的加权模糊时序Petri网模型，综合SCADA信息、WAMS的电气量信息以及这些信息所包含的时序特性，形成警报信息判据、库所延时约束和电气量判据；采用高斯函数，结合时序推理，为Petri网模型置信度矩阵赋初值，通过迭代进行模型求解，得出元件故障置信度，识别出故障元件，提高诊断结果准确性；以一种考虑气象等影响要素的电网故障原因推理分析方法，通过比较故障前后的电力系统拓扑结构，识别停电区域，确定候选故障元件，再根据继电保护和断路器状态，确定故障元件，最后分析导致故障的气象等影响因素，以帮助系统运行人员快速定位和排除故障，尽快恢复系统正常运行。利用多源数据的电网故障智能诊断框架如图5-2所示。

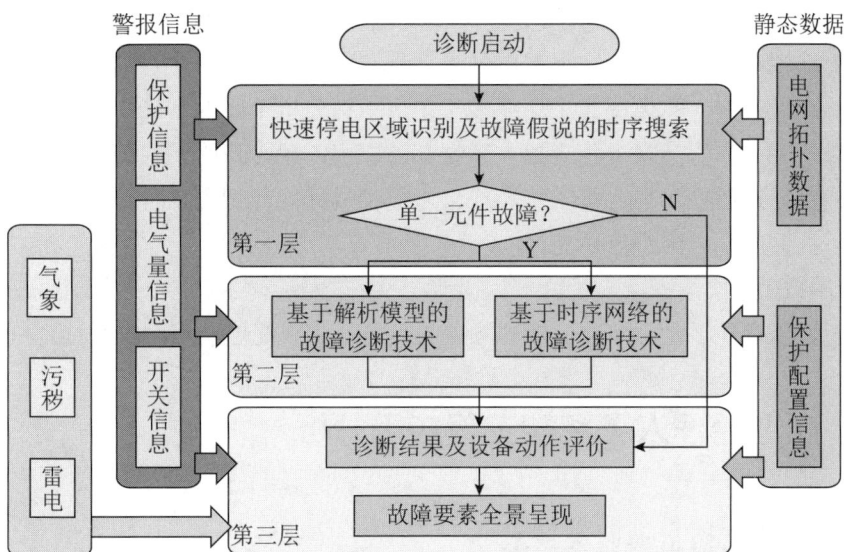

图5-2　利用多源数据的电网故障智能诊断框架

（3）基于规则推理的配网多源信息故障诊断技术。该模块集成了电力生产管理系统（PMS）、调度管理系统（OMS）以及辽宁省13个地调能量管理系统（EMS）海量数据，以事故分闸为主线获取关联的遥信变位、遥测、保护、遥控、操作票等辅助数据，并用基于时序信息的规则给出预判提示，简化了配网故障分析的流程，实现了配网故障的高效准确处理。此外，在本系统积累的配网故障信息基础之上，结合线路过负荷、运行操作、检修试验、雷电、气象、重大活动和节假日等内外部数据开展大数据关联分析研究，为配网运维检修策略的制定提供参考依据。

3）应用成效

针对电网故障诊断预警应用特点，实现了电网运行信息、设备检修信息、气象环境信息的深度融合与综合应用，为电网企业生产、运行部门高效开展电网故障诊断、配网事故跳闸在线分析统计、基于机器学习分析的电网故障预警、故障应急处理以及专业闭环管理等工作提供了重要的技术支撑手段。项目研究成果直接服务于电网生产，有助于提升电网安全稳定运行水平，提高电网供电可靠性，具有显著的经济和社会效益。

2. 配网站房智能综合监控

1）应用简介

针对配电网的开关站、配电房、环网柜、分支箱、柱上开关、箱式变压器等配网运行相关环节，运用视频监控、环境监测、门禁管理、智能控制、红外热成像测温、智能分析、通信传输等技术，实现对配电网现场图像及各种环境信息采集、分析、监控、控制管理等功能。

2）设计实现

通过与配电自动化系统的信息交互，实现配电遥控可视化联动。通过智能化管理平台，结合前端视频采集设备，实现配电站点远程智能巡视。采用先进的图像识别技术，基于丰富的标准模型库，实现图像采集终端与图像识别分析单元的智能交互，为视频监控装上永不疲倦的"大脑"，既可作为独立系统部署应用，也可作为图像智能分析核心功能模块与输电线路远程巡检云平台等系统集成，可提供目标图像识别、行为分析、边界防护、流量统计、视频质量自诊断等功能。

3）应用成效

通过智能化管理平台，结合前端视频采集设备，实现配电站点远程智能巡视。

5.3.3 企业管理人工智能工程应用分析

1. 国网公司文档自动归类技术

1）应用简介

应用深度神经网络以及统计学模型，实现了一种可用于在线实时文档自动归类的功能模块，主要基于人工对文档的标注，应用循环神经网络、LDA主题模型以及TF-IDF词频信息等进行模型特征提取，通过线下模型学习实现文档自动分类的功能。对输入文档通过模型预测可给出其在各个类别上的概率分布，并对最高概率结果进行输出，对概率分布均匀，即分类结果不明确的样本进行单独输出，后续由人工进行判断。单样本的预测在毫秒级别，精确度在85%以上，整个过程减少了大量的人力，释放了大量的人力资源，同时提升了工作效率。

2）设计实现

（1）标注数据。针对文档管理系统设定的文档各个类别，人工针对每个类别的数据进行批量标注，为提升模型准确度以及学习时间，确保各个类别的标注文档的个数几近相等。另外，为确保后续模型学习过程顺利进展，对标注数据进行分词处理，并将结果进行保存。

（2）应用统计学模型以及深度神经网络模型进行文档类别分布分析。根据文档固有的结构特征以及文档内容，提出一种集合了统计学特征、深度特征以及规则判断三种方法的预测模型。该模型方案综合考虑了文档词频、题和章节题目信息以及文档内容所具有的深层次的隐含特征等三方面信息，模型学习通过最小化模型目标函数（及模型预测结果与实际结果的误差），求得各个特征的权重，最后进行权重求和，进行文档的类别概率分布预测。

（3）不确定文档单独输出。该功能模块所用模型功能适用于分类，模型实现算法为回归算法，因此可用于判断输入文档属于每个类别的概率（经过归一化处理）。经过信息熵判断，对于结果超过一定阈值的文档我们认为其分类结果不明确，将其进行单独输出，为保证文档归类的准确度，对不明确归类的文档进行后续的人工处理。

3）应用成效

（1）文档分类效率的提高。人工对文档进行分类的过程，包括打开文档、查看文档、关闭文档三个过程。针对每个文档该过程是一致的，对专业人员每个文档归类的完成大概需要15秒，而且随着重复工作的进行，这个时间会有所提升。

然而，我们的模型对每个文档的归类耗时是在毫秒级别的，其准确度在85%以上，针对不确定文档会进行单独处理，所以该功能模块的引入总体给工作效率带来大幅度提升。

（2）保证文档归类的精确度。人工对文档分类是一项重复的工作，长时间重复工作往往会造成员工的浮躁以及一定程度的误判率提升。该功能模块的引入，可以让相关人员至少减轻85%的工作量，只需要定期对模型不确定文档的输出进行判断即可，其他时间可进行其他工作，保证了相关人员的工作多样性，同时保证了文档分类的精确度。

2. 基于人脸识别的用户身份可靠认证

1）应用简介

传统用户身份认证使用密码、数字证书等数字认证技术，由于数字认证技术与身份主体的可分离性，使其存在不少问题。

（1）存在防伪性差，易泄露、伪造、盗用、破译等安全隐患问题，同时复杂的密码易忘记。

（2）擅自授意他人利用个人身份信息登录业务系统，私自替代他人执行业务操作等现象难以杜绝。

（3）在盗用、伪造等用户身份信息非法侵入业务系统的情况下，侵入者真实身份难以查询和追溯，造成公司蒙受的物质和经济损失因缺乏强有力的证据而难以有效追回。

（4）在公司重要场所出入管控方面，传统的身份证、工作牌、门禁卡等通行或出入认证方式，存在私自窃取或借用他人身份证件冒名出入机房重地、重要办公场所、核心涉密区域等安全隐患，对公司的人、财、物安全带来严重威胁。

基于人脸识别的用户身份可靠认证作为一种先进的生物识别认证技术手段，是当前同时解决身份可靠认证、访问控制和直观追溯抗抵赖的安全防范技术，对于增强业务系统身份信息安全的主动防御能力，提升公司整体信息安全水平和安全管控具有重要的意义。同时实现对办公大楼出入口人脸抓拍、布控、识别，增强公司安防能力。

2）设计实现

针对当前身份认证方式中存在的问题，结合先进、科学的安防理念和先进的人脸识别技术，为业务系统提供统一人脸识别身份认证服务。

公共组件主要包括人脸注册组件和人脸识别认证组件。

3）应用成效

系统在福建省电力公司上线运行，实现了与企业门户、综合运维审计系统的用户身份认证集成应用；实现了信息机房人脸识别门禁应用、外协人员人脸识别考勤应用管理。通过人脸识别身份认证登录企业门户，有效地解决了现有的用户身份认证方式中存在的安全隐患问题；通过与综合运维审计系统的集成，对系统运维人员身份信息和可访问维护信息进行严格验证管控，可有效杜绝私自替代他人执行非法运维操作的现象；通过机房人脸识别门禁应用，对机房出入人员进行识别认证和准入授权管控，有效杜绝私自窃取他人身份证件冒名进入机房重地的现象，消除非法潜入或未经授权许可擅自闯入所构成的潜在安全威胁；通过外协人员人脸识别考勤管理应用，实现对信息化建设厂商人员进行考勤管理，杜绝厂商人员迟到、旷工、早退及随意更换人员等现象，为评价厂商人员用工费用评估及厂商评价提供数据参考依据。

5.3.4 供用电服务人工智能工程应用分析

1. 潜在电子化缴费用户自动化识别

1）应用简介

通过对低压居民用户的行为分析，建立用户实名制认证的用户（人）与用电户（户）的动态数据映射库，透过用户画像建立人户间的用电行为和缴费行为关系，为后期开展业务精准推荐、信息精准推送、诉求精准预测的延伸性营销服务，唤醒对现有用户数据的使用和价值挖潜，真正实现主动感知、主动服务，解决以往对于服务谁、服务什么、如何服务的业务瓶颈。

2）设计实现

通过分析低压居民用电信息的基本数据、属性数据、用电数据和外部数据（房价和天气等），建立电子化渠道适应度模型和渠道偏好度模型，对低压居民的用电量、缴费方式、居住区域和立户年限等因素进行分析，构建分类规则，通过数据挖掘算法，创建基于客户体验的电子渠道运营评估体系，建立闭环的优化机制，持续提升电子渠道客户满意度及运营能力，促进电子渠道用户数的快速增长。

（1）场景验证思路。制订详细的需求调研计划，收集用户业务问题，掌握客户核心应用需求，落实以客户需求为核心的工作思路和方法，完成分析体系搭建和建模，形成电子渠道业务验证方案。

（2）缴费渠道模型建模思路。制订详细的需求调研计划，收集用户业务问题，掌握客户核心应用需求，落实以客户需求为核心的工作思路和方法，完成分析体系搭建和建模。

3）应用成效

在大数据环境下，一方面通过构建偏好度模型，将偏好程度进行量化，从而进行用户偏好度划分；另一方面通过构建渠道适应度模型，将电子缴费场景的预测结果与客户的渠道偏好度相结合，创建基于客户体验的电子渠道运营评估体系，建立闭环的优化机制，持续提升电子渠道客户满意度及运营能力，进而促进电子渠道用户数的快速增长。

2. 基于文本相似度的重复来电分析

1）应用简介

利用文本挖掘技术，结合客服业务需求，对来电信息中隐含的语义特征进行挖掘，重点关注重复来电次数多的客户，对来电出现的热点问题及时发现与跟踪，以便能把握处理问题的最佳时机，从而提高处理热点问题的能力和监测能力。

2）设计实现

在提取重复来电工单的过程中，首先进行数据清理，即对95598工单文本清除异常来电号码，比如无故挂断、内部拨测、12345等异常来电。其次进行数据预处理，即根据关联规则来提取来电相同的工单。再次进行文本语义分析，包括中文分词、特征向量矩阵，相似度计算，聚类等步骤，对来电相同的工单的受理内容进行文本聚类，提取同一用户和来电内容相似的重复来电工单，并对语义特征进行分析。

3）应用成效

首先，从效率上来讲，重复来电专题分析替代了人工查找重复来电工单，能提高工作速率。一个月工单量大约24万条，仅凭人工借助关联工单或电话号码、户号筛查的方式统计，不仅耗时巨大，要基于全量工单进行重复来电分析的可操作性也不高，也较难彻底反映用户用电重复关心的问题和原因。通过该系统，利用大数据挖掘、语义分析技术，计算时间短，时效性更强，更有助于及时决策。其次，从质量上来讲，利用重复来电模型对数据进行处理，经实验验证，准确率能达到90%，数据质量较优。

3. 利用智能语音技术实现话务录音自动质检

1）应用简介

利用智能语音技术，将95598话务录音数据精准转译为结构化文本数据，实现海量话务录音数据的全量自动质检，并对话务服务过程中存在的问题进行及时判别和分析，辅助人工质检，提高人工质检效能。智能语音质检能自动提取业务关键数据信息，有效辅助管理人员开展来电原因、客户行为、疑似投诉等专项分析工作，提升95598服务监督力度和质量管理工作质效。

2）设计实现

采用目前国际主流的DNN（深度神经网络）+HMM（隐马尔可夫模型）的方法训练

中文语音识别技术，能够适应不同年龄、不同地域、不同人群、不同信道、不同终端和不同噪声环境的应用环境，利用中心海量语音、文本语料进行模型定制化训练，构建高可用、高识别率的语音转写及分析平台。按照公司统一接口规范与第三方业务系统对接，提供标准统一的集成方案，便于后续的升级和扩展。此外，该平台还可提供国际通用的媒体服务协议接口，与业务应用系统进行无缝集成。

智能语音识别核心为智能语音转写技术，主要包括语言模型训练、前端语音处理、后端识别处理三部分。

3）应用成效

通过智能语音识别技术与呼叫行业质量管理工作深度融合，实现工单全量自动质检和分级分类，并提供相关功能辅助人工质检，实现质量管理模式由"随机抽取"质检向"先分类、后质检"的精准化、智能化模式转变。

一是对电力客户，开展规范、全面的客户服务，切实解决客户实际问题，更准确地识别客户需求、评估服务能力、识别服务风险，提高客户满意度，不断推进供电服务品质的提升。

二是对国网客服中心，为持续优化业务流程、服务话术、系统运行提供依据，全面提升客服专员服务能力，实现中心服务质量持续改进、风险防控能力持续加强的目标。

三是对省（市）公司，实现95598业务协同和全过程监督，为省（市）公司经营管理提供以客户为导向的服务质量改善建议。

四是对国网公司，提高公司智能化水平，打造公司品牌效应，通过对智能语音识别技术的研究和应用，引入深度学习、神经网络技术等人工智能核心技术。

五是对呼叫中心行业，通过所积累的研究和应用经验，为其他呼叫中心开展人工智能技术研究提供技术支撑、理论指导和应用经验。

4. 电子渠道智能客服机器人

1）应用简介

智能客服机器人借助自然语言处理和深度学习等核心技术，构建基于结构化数据和非结构化数据的专业知识库，提供拟人化的场景式自动应答能力，提供智能检索、智能应答、智能分析等能力，有效改善用户体验和提高用户满意度，辅助企业提升电子渠道业务发展和营销客服业务能力。

2）设计实现

智能客服机器人系统的核心功能主要通过自然语言处理技术和深度学习技术来实现，系统主要功能模块包括统一客服工作台、机器人客户端、智能应答知识库管理、统计分析等功能模块。

客服工作台：包含服务会话窗口、客服资料展示、智能回复、快捷回复、客服转接、客服交接单、交办单、忽略词处理、近义词管理等。

客户端：多渠道接入、自动应答、转人工、客户留言、满意度评价等。

客服管理后台：智能应答知识库管理、知识审批、用户管理、机器人设置、系统报表、自动化处理功能等。

接口能力：接入各渠道（微信公众号、网站、95598、微博、APP等）客服数据的标准化接口和集成能力。

3）应用成效

亿榕智能客服机器人在福建电力省客服中心开展了试点应用，系统集成了福建电力微信公众号及营销业务系统，实现了机器人能够自动回答用户通过公众号的留言，提升了福建省客服工作的智能化、自动化应用水平，有效解决了电费、电价、停电、故障等覆盖客服72%工作量的咨询工作，极大提升了客服人员的工作效率和客户满意度。

第6章
电力信息安全工程技术咨询与应用分析

信息安全工程技术发展主要趋势、我国电力信息安全工程技术发展的历程、棱镜门事件、震网病毒是工控系统"超级破坏性武器"、"超级火焰"是工控网络攻击病毒、乌克兰电力系统遭受攻击事件、电力信息安全工程技术咨询案例分析是本章重点介绍的内容。

6.1　电力信息安全工程技术基础知识

电力信息安全工程技术基本概念、信息安全工程技术发展主要趋势、我国电力信息安全工程技术发展的历程、信息安全工程技术发展的新特点是本节介绍的主要内容。

6.1.1　电力信息安全工程技术基本概念

1. 信息安全工程的概念

信息安全是指信息网络的硬件、软件及其系统中的数据受到保护，不因偶然的或者恶意的原因而遭到破坏、更改、泄露，系统连续、可靠、正常地运行，信息服务不中断。信息作为一种资源，它的普遍性、共享性、增值性、可处理性和多效用性，使其对于人类具有特别重要的意义。信息安全的实质就是要保护信息系统或信息网络中的信息资源免受各种类型的威胁、干扰和破坏，即保证信息的安全性。信息安全是一门涉及计算机科学、网络技术、通信技术、密码技术、信息安全技术、应用数学、数论、信息论等多种学科的综合性学科。网络信息安全工程是在网络环境下，保证信息存取、处理、传输和服务中安全的保护工程。

2. 信息安全工程主要内容

（1）网络信息安全工程是实现网络中保证信息内容在存取、处理、传输和服务的保密性（机密性）、完整性和可用性以及信息系统主体的可控性和真实性等特征的系统辨别、控制、策略和过程。

（2）保密性主要是指信息只能在所授权的时间、地点暴露给所授权的实体，即利用密码技术对信息进行加密处理，以防止信息泄露。

（3）完整性是指信息在获取、传输、存储和使用的过程中是完整的、准确的和合法的，防止信息被非法删改、复制和破坏，也包括数据摘要、备份等。

（4）可用性是指信息与其相关的服务在需要时是可以访问和使用的。

（5）可控性是指信息网络的系统主体可以全程控制信息的流程和服务（如检测、监控、应急、审计和跟踪）。

（6）真实性是指信息网络系统主体身份（如人、设备、程序）的真实合法（如鉴别、抗否认）。

3. 网络信息系统安全威胁的分类

信息网络系统本身存在着脆弱性，常被非授权用户利用。非授权用户对计算机信息网络系统进行非法访问，这种非法访问使系统中存储信息的完整性受到威胁，导致信息被破坏而不能继续使用，更为严重的是系统中有价值的信息被非法篡改、伪造、窃取或删除而不留任何痕迹。另外，计算机还易受各种自然灾害和各种误操作的破坏。网络信息系统安全威胁的分类可以简单地分成自然威胁和人为威胁两种。

（1）自然威胁是指因自然力造成的地震、水灾、风暴、雷击等，它可以破坏计算机系统实体，也可以破坏信息。自然威胁可以分为自然灾害、自然损坏、环境干扰等。自然损坏是由系统本身的脆弱性造成的，如元器件失效，设备（包括计算机、外围设备、通信及网络、供电设备、空调设备等）故障，软件故障（含系统软件和应用软件），设计不合理，保护功能差和整个系统不协调等。环境干扰是指高低温冲击、电压降低、过压或过载、振动冲击、电磁波干扰和辐射干扰等环境因素对计算机系统造成的破坏。

（2）人为威胁分为无意和有意两种。无意威胁是过失性的，如操作失误、错误理解等无意造成的信息泄漏或破坏。有意威胁是指攻击，如直接破坏建筑设施或设备、盗窃资料及信息、非法使用资源、施放病毒或使系统功能改变等，这是应该引起特别注意的。有意威胁又可分成被动和主动两类。被动攻击包括只对信息进行监听而不修改，主动攻击包括对信息进行篡改等。主要的威胁包括渗入式威胁（内部威胁、假冒、旁路等）和植入式威胁（特洛伊木马、逻辑炸弹、后门等）。另外，人员的疏忽、窃听、业务流分析等也是重要的潜在威胁。

4. 信息安全工程有关问题

1）网络信息安全的相关性

网络信息安全既是一个理论问题，又是一个工程实践问题，网络信息安全也是一个完整的系统概念。单一的信息安全机制、技术和服务及其简单组合，不能保证网络信息系统的安全、有序和有效地运行。忽视信息系统运行、应用和变更对信息安全的影响而制定的安全策略，无法获得对信息系统及其应用发生变化所出现的新的安全脆弱性和威胁的认识，这样的安全策略是不完整的，只有充分考虑并认识到信息系统运行、应用和变更可能产生新的安全风险和风险变化，由此制定的安全策略才是完整的，这就是网络信息安全的相关性问题。

2）网络信息安全的动态性

安全策略必须能根据风险变化进行及时调整。一成不变的静态策略，在信息系统的脆弱性以及威胁技术发生变化时将变得毫无安全作用，因此安全策略以及实现安全策略的安全技术和安全服务，必须具有"风险检测→实时响应→策略调整→风险降低"的良性循环能力，这就是网络信息安全的动态性问题。

3）网络信息安全的相对性

网络信息安全策略的完整实现，完全依赖技术并不现实，而且有害。因为信息安全与网络拓扑、信息资源配置、网络设备、安全设备配置、应用业务、用户及管理员的技术水平、道德素养、职业习惯等变化性因素联系密切。因此，强调完整可控的安全策略实现必须依靠管理和技术的结合，这样才符合信息安全自身规律。必要时以牺牲使用方便性、灵活性或性能来换取信息系统整体安全也是值得的，再完善的网络信息安全方案也有可能出现意想不到的安全问题，这就是网络信息安全的相对性问题。

4）网络信息安全的系统性

只有对网络进行安全规划，对信息进行保护优先级的分类，对信息系统的安全脆弱性（包括漏洞）进行分析，对来自内外部威胁带来的风险进行评估，建立起PP-DRR（策略、保护、检测、响应和恢复）的安全模型，形成人员安全意识、安全政策法律环境、安全管理和技术的安全框架，才是符合信息系统自身实际的科学合理的信息安全体系，这就是网络信息安全的系统性问题。

6.1.2　信息安全工程技术发展主要趋势

1. 信息安全工程技术应用研究的现实意义

互联网是20世纪最伟大的发明之一，从1994年我国首次全功能接入互联网，中国互联网经过20多年的发展，网民规模迅速扩大。随着现代信息和网络技术的不断发展和广泛应用，国际信息化浪潮更加深刻地影响和改变着人们的生产方式、生活方式和工作方式，不断推出的各种网络接入更加便捷，应用更加多样，内容极大丰富，网络已经变得"无处不在、无时不在、无所不包"，极大地促进了国家经济、政治、文化、社会等各个方面的发展。信息已经成为人类社会发展的重要战略资源。对中国而言，网络空间最大限度地激发了信息化高速发展的活力，蕴含着新一轮技术革命的丰厚能量，网络技术的迭代式发展和互联网公司的创新应用，让互联网经济成为拉动消费需求的重要力量。可以说，网络空间为维护和延长中国的战略机遇期赢得了新的发展机会，又为中国开拓新的发展空间创造了历史条件。与此同时，网络和业务发展过程中也出现了许多新情况、新问题、新挑战，世界各国对信息安全的重视程度不断提高，国际信息安全领域动作频繁，各国政府、军队、相关企业成为该领域的主角，网络信息安全已经成为国家战略重点。发展信息安全工程技术已成为世界各国信息化建设的重要任务，信息安全已成为维护国家安全和社会稳定的重要基石。

伴随着大数据持续升温，云计算加速落地，给网络安全带来了新的威胁。为此，新一代信息技术网络安全已经关系到国家政治、经济的安全，并引起各级领导的高度关注。

新一代信息技术的主要表现为"大、智、移、云、物",即大数据、智能化、移动互联网、云计算、物联网,主要特点是网络化和智能化,是以制造业为基础的方案设计、软件服务和信息服务,即端到端的产业生态环境。网络安全即网络空间安全(Cyberspace Security),是指保障在网络空间上存储信息的保密性、完整性和可用性,同时亦保证其真实性、可核实性、不可抵赖性和可靠性。新一代信息技术进一步拓展了网络空间,并加剧了网络空间上信息的安全性及可靠性等威胁。一是新一代信息技术基础设施具有虚拟化和分布式性质等特点,容易遭受到非授权访问、信息泄露或丢失、网络基础设施传输过程中破坏数据完整性等安全威胁。二是大规模集群管理、数据量大、多租户、资源共享、数据存储的非本地化、承载业务多元化等对网络安全带来了新的隐患。三是网络攻击技术不断成熟使得攻击手段更加隐蔽化,用户难以辨识。四是反动势力对网络信息的利用愈演愈烈,已经成为国外情报机构获取情报的重要来源。

信息技术的发展,以其拓展人类感知、处理、存储、传递的能力,为人类开拓出崭新的生存空间。这种能力渗透到各行各业,显示了任何人,在任何地方,任何时间,高效高速的完成计算、通信、控制的潜能,使人们进入了无限遐想的信息革命时代。网络已经成为继陆、海、空、天之外的国家第五大主权空间。正如美国著名未来学家托夫勒的预言:"电脑网络的建立与普及将彻底地改变人类生存及生活的模式,而控制与掌握网络的人就是主宰。谁掌握了信息,控制了网络,谁就将拥有整个世界"。如果网络安全出现了问题,国家安全就没有保障。控制网络空间,就可以控制一个国家的经济命脉、政治导向和社会稳定。

2. 国内外网络信息安全工程技术发展的新趋势

近几年来,国际信息安全领域动作频繁,各国政府、军队、相关企业成为了该领域的主角。云计算、云安全、物联网、智慧地球、智能化安全产品、网络战等新概念、新技术和新产品纷纷登场,国际信息安全领域的发展呈现新特点和新趋势。

1)技术发展关联性和主动性显著加强

信息安全技术向完整、联动、快速响应的防护系统方向发展,采用系统化的思想和方法构建信息系统安全保障体系成为一种趋势,具有复杂性、动态性、可控性等特点。其中,复杂性体现在网络和系统的生存能力方面;动态性体现在主动实时防护能力方面,包括应急响应与数据恢复、病毒与垃圾信息防范、网络监控与安全管理;可控性则体现在网络和系统的自主可控能力方面,包括高安全等级系统、密码与认证授权、逆向分析与可控性等。

2)产品呈现高效系统集成化趋势

一方面,随着网络和信息技术的迅猛发展,各种信息安全产品必须不断提高其性能,方能满足在高速、海量数据环境下的信息安全需求;另一方面,随着网络和信息系统日趋复杂化,将信息安全技术依据一定的安全体系进行设计、整合和集成,从而达到综合防范的目的已成为一种必然趋势。因此,信息安全技术作为关键环节已融入信息系统和产品的设计和生产中，成为不可替代的一个独立模块，信息安全产品的集成化趋势日益显著。

3）产业形态向服务化方向发展

信息安全产业的发展逐步从当前的技术主导型转化到技术与服务并重型，并将成为产业发展新的增长点。随着产业整体发展的不断成熟和市场竞争的加剧，以及信息安全产品功能的趋同性和产品成本的不断下降，使得信息安全厂商的核心竞争力逐渐向服务领域集中，并带动信息安全市场向服务化方向发展。此外，信息系统复杂程度的不断提高和防护难度的不断加大，迫使信息系统用户不得不将信息安全服务外包，由此催生出一批专业化的信息安全服务公司。

4）技术和产品应用领域不断拓展

随着信息安全技术与产品的不断成熟和创新，在保证信息安全产业独立性的同时，其技术和产品的应用正迅速向经济社会的各个领域拓展，如基本虚拟化的云安全技术受到重视、云安全服务业务细分化、防火墙高速多功能化、入侵检测向趋势预测行为分析发展、网关安全和终端安全融合发展，以及下一代安全网关成为新热点等现象充分说明，信息安全技术和产品的应用早已不再局限于本领域范畴。

5）互联网空间成信息安全主战场

近年来，信息安全的主战场已经逐步转移到互联网空间。网络应用的迅速普及，使得网络成为当今世界信息传输和产生的主要载体，计算机网络和移动互联网的安全问题已成为信息安全领域的核心问题。当前，全球正处于网络空间战略的调整变革期，多个国家调整信息安全战略，明确了网络空间的战略地位，美、俄、英、法、德等国均公开表示将网络攻击列为国家安全的主要威胁之一，将采取包括外交、军事和经济在内的多种手段保障网络空间安全。

6.1.3　我国电力信息安全工程技术发展历程

电力系统是关系国计民生的国家基础设施，其信息安全是国家网络安全工作的重要组成部分。全国电网监控系统安全防护体系的建立始于21世纪伊始，发展至今经历了四大阶段。

1. 1997年前，是电力信息安全发展第一阶段

电力工业信息技术应用主要在电网调度、电力实验数字计算、工程设计科技计算、发电厂自动监测/监控、变电站所自动监测/监控等方面。20世纪80年代初到90年代初，专项业务系统应用在电力的广大业务领域，电力行业广泛使用计算机系统，如电网调度自动化、发电厂生产自动化控制系统、电力负荷控制预测、计算机辅助设计、计算机电力仿真系统等。计算机及网络安全的重点是保证计算机及专项业务系统应用的安全问题，主要工具和方法采用被动的防御措施，计算机及网络的安全在很大程度上依赖于网络终端和客户工作站的安全。系统安全级别特别低，几乎没有主动有力的防范措施。

2. 1997—2005年，是电力信息安全发展第二阶段

1997年3月，电力工业部召开全国电力系统第一次信息化工作会议，制定了"电力工业信息化'九五'规划暨1997—2010年信息化建设发展纲要"，提出了加速建设全国电力系统通信网络、加快电力信息化资源开发利用、建设覆盖全国电力企业的国家电力信息网络的任务。随着电力信息网络的不断扩大，系统信息安全存在大量风险。一是在系统有一些网络安全产品，没有形成一个完整的信息安全体系，缺少足够的安全防范和保护。二是网络结构不合理，缺乏信息安全意识，没有制定完整的安全策略。三是在信息安全方面缺少系统的网络安全体系，缺少有关信息安全的管理手段和防范措施，缺少在故障发生时的恢复方法和策略，缺少网络实时安全监视手段。四是同外部网络的接入缺少足够的身份认证和授权，对城域网和广域网没有相应的安全防范。五是应用系统在访问控制和安全通信方面缺少相应的安全措施。

2000年初，国家启动了"十五"重大科技攻关项目"国家信息安全应用示范工程"。辽宁省和江苏省电力公司成为电力系统信息安全示范工程试点单位。从2000年开始起步，一方面按照项目统一部署，进行培训、调研制定方案等前期准备工作；另一方面基于保证信息安全重在基础管理的认识，开始组织网络结构优化工作，完成了公司信息安全策略整体框架的开发，完善了安全管理组织机构与制度体系建设，完成了信息安全风险评估实施工作，重点完成辽宁电力PKI/PMI系统建设。

2002年启动了国家863项目"国家电网调度中心安全防护体系研究及示范"，经过3年的研究论证，首次提出了我国电力系统信息安全防护总体策略为"安全分区、网络专用、横向隔离、纵向认证"。其中"安全分区"将各项电力系统、各类信息系统按照业务功能与调度控制的相关性，分为生产控制类业务及管理信息类业务，分别置于生产控制大区与管理信息大区中；"网络专用"指利用网络产品组建电力调度数据网，为调度控制业务提供专用网络支持；"横向隔离"指通过自主研发的电力专用单向隔离装置实现生产控制大区与管理信息大区的安全隔离；"纵向认证"指通过自主研发的电力专用纵向加密认证装置为上下级之间的调度业务数据提供加密和认证保护，保证数据传输和远方控制的安全。由此形成了以边界防护为要点、多道防线构成的纵深防护体系。

2002年5月8日，中华人民共和国国家经济贸易委员会发布第30号令《电网和电厂计算机监控系统及调度数据网安全防护规定》。该规定以"防范对电网和电厂计算机监控系统及调度数据网络的攻击侵害及由此引起的电力系统事故，保障电力系统的安全稳定运行"为目标，规定了电力调度数据网络只允许传输与电力调度生产直接相关的数据业务，并与公用信息网络实现物理层面上的安全隔离，奠定了我国电力监控系统"结构性安全"的重要技术基础，成为我国电力监控系统信息安全防护体系建设启动的标志。

国家电力监管委员会5号令《电力二次系统安全防护规定》及《电力二次系统安全防护总体方案》等相关配套技术文件发布，成为我国电力监控系统第一阶段安全防护体系全面形成的标志。该体系的实施范围包括省级及以上调度中心、地县级调度中心、变电站、

发电厂、配电及负荷管理环节相关电力监控系统。

3. 2006—2010年，是电力信息安全发展第三阶段

这一阶段我国电力信息化进入了系统性全面应用。2006年，国家电网公司启动信息化SG186工程建设。2007年，完成紧密耦合业务应用ERP的典型设计和试点。2008年，建成总部、省（市）公司两级的一体化信息集成平台，全面推广业务应用。2009年，提前一年完成SG186工程，建成覆盖公司各级单位的一体化企业级信息系统，满足各专业管理需求。2010年，全面推进SG186工程信息系统深化应用，并在SG186工程成果基础上，完成国家电网资源计划系统（SG-ERP）工程总体设计，根本扭转了信息化滞后电网发展和企业管理的被动局面，完成了信息系统从条块分割的部门级向横向集成、纵向贯通的一体化企业级的信息系统转变。

2007年，国家电网公司按照国家电力监管委员会《关于开展电力行业信息系统安全等级保护定级工作的通知》等系列文件，启动电力行业信息安全等级保护定级工作。2012年，印发了《电力行业信息系统安全等级保护基本要求》，全面推进电力行业等级保护建设工作。电力生产控制系统中，省级及以上调度中心的调度控制系统安全保护等级为四级，220kV及以上的变电站自动化系统、单机容量300MW及以上的火电机组控制系统DCS、总装机1000MW及以上的水电厂监控系统等系统安全保护等级为三级，其余为二级。依据《电力行业信息系统安全等级保护基本要求》，在上阶段纵深防护基础上完善并形成了电网监控系统的等级保护体系，由五个层面（物理安全、网络安全、主机安全、应用安全、数据安全防护）组成，共包括220个安全要求项，其中168项强于或高于对应级别的国家等级保护基本要求。对于保护等级为四级的电网调度监控系统，综合运用调度数字证书和安全标签技术实现了操作系统与业务应用的强制执行控制（MEC）、强制访问控制（MAC）等安全防护策略，保障了主体与客体间的全过程安全保护，全面实现了等级保护四级的技术要求。

4. 2011年以来，是电力信息安全发展第四阶段

这一阶段我国电力信息化进入世界一流水平，在SG186工程成果基础上，完成国家电网资源计划系统（SG-ERP）工程总体设计，全面启动了"覆盖面更广、集成度更深、智能化更高、安全性更强、互动性更好、可视化更优"的信息化SG-ERP工程建设，建成异地集中式信息系统灾备中心，投运信息系统调度运行监控中心，开展信息系统实用化评价，进一步提高信息系统应用率。2012年，公司全面推进SG-ERP工程建设，并结合电力专用通信网络建设，推进信息通信融合发展，综合应用水平全面提升，为电网发展和管理变革提供强有力的支撑和保障。这一阶段，我国电力信息化全面进入世界一流水平。

2014年7月2日，国家能源局下发《电力行业网络与信息安全管理办法》《电力行业信息安全等级保护管理办法》，明确要求选用符合国家有关规定、满足网络与信息安全要求的信息技术产品和服务，开展信息系统安全建设或改建工作。

2014年9月1日起施行的国家发展和改革委员会第14号令《电力监控系统安全防护规定》，并且同步修订了《电力监控系统安全防护总体方案》等配套技术文件。根据文件定义，电力监控系统是指用于监视和控制电力生产及供应过程的、基于计算机及网络技术的业务系统及智能设备，以及作为基础支撑的通信及数据网络等。电力监控系统在设备选型及配置时，应当禁止选用经国家相关管理部门检测认定存在漏洞和风险的系统及设备。新版本的总体方案要求生产控制大区具备控制功能的系统应用可信计算技术实现计算环境和网络环境安全可信，建立对恶意代码的免疫能力，应对高级别的复杂网络攻击，标志着我国智能电网调度控制系统信息安全主动防御体系的正式确立。

6.1.4 信息安全工程技术发展新特点

1. 信息安全工程技术存在的主要问题

在信息网络中存在各种资源设施，随时存储和传输大量的数据；这些设施可能遭到攻击和破坏，数据在存储和传输过程中可能被盗用、暴露或篡改。另外，信息网络本身存在某些不完善之处，网络软件也有可能遭受恶意程序的攻击而使整个网络陷于瘫痪。

1）影响计算机信息网络安全的因素

一是信息网络硬件设备和线路的安全问题，Internet的脆弱性，电磁泄漏，搭线窃听，非法终端，非法入侵，注入非法信息，线路干扰，意外原因，病毒入侵，黑客攻击等。二是信息网络系统和软件的安全问题，如网络软件的漏洞及缺陷，网络软件安全功能不健全或被安装了"特洛伊木马"，应加安全措施的软件未给予标识和保护，未对用户进行等级分类和标识，错误地进行路由选择，拒绝服务，信息重播，软件缺陷，没有正确的安全策略和安全机制，缺乏先进的安全工具和手段，程序版本错误等。三是信息网络管理人员的安全意识问题，如保密观念不强或不懂保密规则，操作失误，规章制度不健全，明知故犯或有意破坏网络系统和设备，身份证被窃取，否认或冒充，系统操作的人员以超越权限的非法行为来获取或篡改信息等。四是环境的安全因素，环境因素威胁着网络的安全，如地震、火灾、水灾、风灾等自然灾害或掉电、停电等事故。

2）Internet存在的安全缺陷

Internet网络不论在网络范围规模，还是方便、快捷以及开放程度上，都是其他任何网络无法比拟的。但是，存在的信息网络安全缺陷也是十分严重的。因为，互联网是分散管理的，是靠行业协会标准和网民自律维系的一个庞大体系。Internet原是一个不设防的网络空间，从学校进入社会及企业和政府以后，国家安全、企业利益和个人隐私的保护就日显突出。

对Internet上行为的法律约束脆弱，原有的法律不完全适用，适应网络环境的新法律还远不能配套，因此对网络犯罪、知识产权的侵犯和网上逃税等问题缺少法律的威慑和惩治能力。对网上的有害信息、非法联络等违规行为都很难实施有效的监测和控制。Internet的跨国协调困难，对过境信息流的控制及跨国黑客犯罪的打击、数字产品关税收缴等问题协调困难。Internet上国际化与民族化的冲突日益突出，各国之间的文化传统、价值观念、语言文字的差异造成了网络行为的碰撞。

3）Internet存在的主要安全问题

一是TCI/IP网络协议的设计缺陷。TCP/IP是国际上最流行的网络协议，该协议在实现上因力求实效，而没有考虑安全因素，TCP/IP本身在设计上就是不安全的。很多基于TCP/IP的应用服务都在不同程度上存在着不安全的因素，如缺乏安全策略，配置的复杂性。访问控制的配置一般十分复杂，所以很容易被错误配置，从而给黑客以可乘之机。二是薄弱的认证环节。例如，Internet使用薄弱的、静态的口令可以通过许多方法破译。其中最常用的两种方法是把加密的口令进行解密和通过监视信道窃取口令；一些TCP或UDP（用户数据包协议）服务只能对主机地址进行认证，而不能对指定的用户进行认证。三是系统的易被监视性。例如，当用户使用Telnet或FTP连接在远程主机上的账户时，在Internet上传输的口令是没有加密的，那么侵入系统的一个方法就是通过监视携带用户名和口令的IP包获取；X Windows 系统允许在一台工作站上打开多重窗口来显示图形或多媒体应用。入侵者有时可以在另外的系统上打开窗口来读取可能含有口令或其他敏感信息的击键序列。四是网络系统的易被欺骗性。主机的IP地址被假定为是可用的，TCP和UDP服务相信这个地址。如果使用了IP Source Routing，那么攻击者的主机就可以冒充一个被信任的主机或客户。五是有缺陷的局域网服务和相互信任的主机。可以被有经验的入侵者利用以获得访问权；允许主机们互相"信任"。如果一个系统被侵入或欺骗，那么对于入侵者来说，获取那些信任它的访问权就很简单了。六是复杂的设备和控制。对主机系统的访问控制配置通常很复杂，而且难于验证其正确性。因此，偶然的配置错误会使入侵者获取访问权。一些主要的UNIX经销商仍然配置成具有最大访问权的系统，如果保留这种配置的话，就会导致未经许可的访问。

2. 信息化新阶段的网络信息安全的新特点

信息化新阶段导致网络信息安全内涵不断扩展，网络信息安全不断面临新的挑战，应当提高创新能力，健全网络信息安全法制，保障网络信息安全。

当今世界，信息科技革命日新月异，互联网已经融入经济社会发展的方方面面。2018年是我国接入国际互联网20周年。中国互联网发展进入新的十年，宽带化、移动性、泛在性成为互联网应用的显著特征。毫无疑问，中国已经是网络大国，同时也是信息窃取、网络攻击的主要受害者，面临着巨大的网络安全压力。

宽带化是互联网发展的必然要求。2013年8月，我国发布宽带中国战略及实施方案，要求到2015年固定宽带家庭普及率和3G/4G用户普及率分别达到50%和32.5%，2020年分别达到70%和85%；城市和农村家庭宽带接入能力基本达到20Mb/s和4Mb/s，2020年分别达到50Mb/s和12Mb/s。

"大智移云"（大数据、智能化、移动互联网和云计算）是互联网发展的又一重要特征，或者说信息化发展进入到"大智移云"的新阶段。这里的智能化包括物联网的感知和大数据的挖掘所支撑的用户体验。

网络安全的问题越来越突出，网络安全内涵也在不断扩展。过去，人们通常把网络基础设施的安全称为网络安全，把数据与内容的安全称为信息安全。但从2011年以来，美国、英国、法国、德国、俄罗斯、澳大利亚、加拿大、韩国、新西兰等国家纷纷制定网络空间信息安全的国家战略，以争取和保持在信息化新阶段的国家安全的战略优势地位。网络空间包含网络基础设施、数据与内容以及控制域，即覆盖传输层、认知层和决策层，其范围还将从目前的互联网拓展到各类网络、数据链和所能链接及管控的各类设备。网络空间信息安全的含义不仅是传统的网络基础设施安全，还包括信息层面即数据或内容的安全以及执行决策层面的安全，即与信息化有关的非传统安全的综合。

3. 信息化新阶段网络安全面临的挑战

移动互联网的安全问题甚至比传统的互联网更严重。移动互联网接入流量同比增长44.7%，户均移动互联网接入流量达到每月175MB，其中手机上网流量占比提升至84.1%。大量移动互联网用户的增加导致了移动终端的设备越来越多样，这也意味着管理起来将更加困难。移动终端因功耗等限制，无法像PC（个人计算机）那样内置功能强大的防火墙。移动终端相比PC涉及的用户身份信息更多，具有定位能力且可被跟踪，移动支付涉及银行账号，移动终端的安全问题比PC严重得多。安卓操作系统尽管已经使用了针对应用软件的签名系统，但黑客仍然能使用匿名的数字证书来签署他们的病毒并发放。据报道，受美国标准委员会NIST批准，美国家安全局（NSA）和加密公司RSA达成了价值超过1000万美元的协议，在移动终端所用的加密技术中放置后门，使得NSA通过随机数生成算法Bsafe的后门程序能够破解各种加密数据。可见，移动互联网的安全问题是当前网络安全面临的一个重要挑战。

4. 大数据、云计算也是信息安全防御的新重点

伴随移动互联网的发展，大数据近年受到越来越多关注。据BBC公司统计，全球新产生的数据年增40%，每两年就可以翻番。大数据的挖掘技术可应用到经济、政治、国防、文化等领域。大数据是信息化新阶段的特征，也是网络安全防御的新重点。我国对大数据的存储、保护和利用重视不够，导致信息丢失或不完整，同时存在信息被损坏、篡改、泄露等问题，给国家的信息安全和公众的隐私保护带来了隐患。此外，宽带化以及信息化应用的深入推动了云计算发展。个人的云存储、企业的云制造，还有云政务等在近年迅速发展。云计算能力的分布化、虚拟化、服务化是云计算的技术基础，但云计算平台如果被攻击，出现故障，就会导致大规模的服务器瘫痪。

5. 物联网的安全问题不容忽视

物联网节点数很多，不易管理，节点的数据可能被篡改或者假冒，这是物联网安全的

重大隐患。比如，现在物联网已经应用到了医疗设备上，如果像心脏起搏器这样的设备被黑客攻击，将直接影响到人的生命安全。黑客还能够通过智能电视、冰箱以及无线扬声器等发起攻击。在全球首例物联网攻击事件中，10余万台互联网"智能"家电在黑客的操控下构成了一个恶意网络，并在两周时间内向那些毫无防备的受害者发送了约75万封网络钓鱼邮件。谷歌眼镜会对它拍下的所有照片进行扫描，如果拍下或看到的二维码含有恶意，这种二维码在谷歌眼镜被解析后可劫持谷歌眼镜，它所能监视的不仅仅是人们的生活——实际上是人在看什么它就能看到什么，人听什么它就能听到什么，甚至不经谷歌眼镜主人控制就可以发出去，这带来严重的隐私泄露问题。

6. 提高创新能力，健全网络法制，保障网络安全

当前，我国所用的PC操作系统和手机操作系统技术几乎都源自国外，核心芯片依赖进口，这是很大的隐患。在网络安全方面，如果自己没有过硬的技术，就很难实现安全可控的管理。斯诺登事件爆出美国大规模入侵华为服务器就是一例。外国的核心技术是买不来的，也是市场换不来的，但我国的市场对培育自主创新的技术和产品是必不可少的。这就要求我们在培育网络核心技术方面发挥市场在资源配置中的决定性作用和更好地发挥政府的作用。

6.2 国内外信息安全事件主要案例分析

棱镜门事件、震网病毒是工控系统"超级破坏性武器"、超级火焰是工控网络攻击病毒，乌克兰电力系统遭受攻击事件是本节介绍的主要内容。

6.2.1 棱镜门事件

棱镜计划（PRISM）是一项由美国国家安全局（NSA）和联邦调查局（FBI）自2007年起开始实施一个代号为"棱镜"的秘密监控项目，直接进入美国网际网路公司的中心服务器挖掘数据、收集情报，包括微软、雅虎、谷歌、苹果等在内的9家国际巨头的绝密电子监听计划，该计划的正式名号为US-984XN。

英国《卫报》和美国《华盛顿邮报》2013年6月6日报道，泄露的文件中描述PRISM计划能够对即时通信和既存资料进行深度监听。许可的监听对象包括任何在美国以外的地区使用参与该计划公司服务的客户，或是任何与国外人士通信的美国公民。参议员范士丹证实，国安局的电话记录数据库至少已有7年。项目年度成本为2000万美元，自奥巴马上任后日益受重视。国家安全局在PRISM计划中可以获得的数据包括电子邮件、视频和语音交谈、影片、照片、VoIP交谈内容、档案传输、登入通知以及社交网络细节。2012年，作

为总统每日简报的一部分，项目数据被引用1477次，国安局至少有1/7的报告使用该项目数据。

关于PRISM的报道是在美国政府持续秘密地要求威讯（Verizon）向国家安全局提供所有客户每日电话记录的消息曝光后不久出现的。泄露这些绝密文件的是国家安全局合约外包商的员工爱德华·斯诺登。他原本在夏威夷的国家安全局办公室工作，在2013年5月将文件复制后前往香港并将文件公开。

2013年6月，前中情局（CIA）职员爱德华·斯诺登将两份棱镜门事件的绝密资料交给英国《卫报》和美国《华盛顿邮报》，并告知媒体何时发表。按照设定的计划，2013年6月5日，英国《卫报》先扔出了第一颗舆论炸弹：美国国家安全局有一项代号为"棱镜"的秘密项目，要求电信巨头威讯公司必须每天上交数百万用户的通话记录。6月6日，美国《华盛顿邮报》披露，过去6年间，美国国家安全局和联邦调查局通过进入微软、谷歌、苹果、雅虎等9大网络巨头的服务器，监控美国公民的电子邮件、聊天记录、视频及照片等私密资料。受到美国国安局信息监视项目"棱镜"监控的主要有10类信息，包括电子邮件、即时消息、视频、照片、存储数据、语音聊天、文件传输、视频会议、登录时间和社交网络资料等。通过棱镜项目，美国国家安全局甚至可以实时监控一个人正在进行的网络搜索。

国务院新闻办互联网研究中心公布了名为《美国全球监听行动记录》报告，其中就确认有谷歌、微软等巨头科技公司参与窃密行动，涉及范围之广令人吃惊，其中包括国家领导人、科研机构、广大的手机用户和各大电信生产设备商，窃密和监听的深度和广度都是出乎很多人的意料的。报告称，美国非法窃听的主要对象之一就是中国，电信行业和金融行业是主要的攻击目标，电信华为设备商已经严重受到这次行动的侵害，各大银行机构和中国移动、中国联通也都是受害者。

美国国家安全局利用这种非法手段侵入中国，盗取数以万计的数据，甚至有很多军方部门的机密。其实在多年前，美国国家安全局就已经攻破了我国很多重要机构以及大型企业的数据库，盗取员工之间的邮件通信，使中国成为信息安全的最大受害者。

一份文件指出，美国国家安全局的报告越来越依赖"棱镜"项目，该项目是其原始材料的主要来源。2011年，以脸书（Facebook）和推特（Twitter）为代表的新媒体，贯穿埃及危机的酝酿、爆发、升级到转折的全过程，成为事件发展的"催化剂"及反对派力量的"放大器"。同样，类似的事件也在突尼斯和伊朗等国都上演过。如今，以谷歌为首的美国IT巨头一方面标榜网络自由，反对其他国家的政府监管本国的互联网；另一方面与美国政府负责监听的机构结盟，这无形之中就把自己献到"祭坛"上去了。

"由于世界主要技术公司的总部都在美国，那些参与我们互联世界、使用谷歌或者SKYPE的人士的隐私都可能被棱镜项目侵犯。美国政府可能接触到世界的大部分数据。"斯诺登称，他是出于对隐私权的担心才采取报料行为的。他对英国卫报称："我不想生活在一个做那些事情的社会里，我不想生活在一言一行都被记录的世界里。"报道刊出后外界哗然。保护公民隐私组织予以强烈谴责，表示不管奥巴马政府如何以反恐之名进行申辩，不管多少国会议员或政府部门支持监视民众，这些项目都侵犯了公民的基本权利。这是一起美国有史以来最大的监控事件，其侵犯的人群之广、程度之深令人咋舌。

6.2.2　震网病毒

震网病毒又名Stuxnet，是一种蠕虫病毒。它的复杂程度远超一般计算机黑客的能力，是一个席卷全球工业界的病毒。震网病毒于2010年6月首次被检测出来，是第一个专门定向攻击真实世界中基础（能源）设施的"蠕虫"病毒，如核电站、水坝、电网。互联网安全专家对此表示担心。作为世界上首个网络"超级破坏性武器"，震网病毒已经感染了全球超过45 000个网络，伊朗遭到的攻击最为严重，60%的个人计算机感染了这种病毒。该病毒是有史以来最高端的"蠕虫"病毒。蠕虫是一种典型的计算机病毒，它能自我复制，并将副本通过网络传输，任何一台个人计算机只要和染毒计算机相连，就会被感染。

震网病毒利用了微软Windows操作系统之前未被发现的4个漏洞。通常意义上的犯罪性黑客会利用这些漏洞盗取银行和信用卡信息来获取非法收入。而震网病毒不像一些恶意软件那样可以赚钱，它需要花钱研制。这是人们相信震网病毒出自情报部门的一个原因。该病毒近60%的感染发生在伊朗，其次为印度尼西亚（约20%）和印度（约10%），阿塞拜疆、美国与巴基斯坦等地亦有少量个案。

震网病毒首次被发现，它被称为有史以来最复杂的网络武器，因为它悄然袭击伊朗核设施的手法极其阴险。2010年9月，瑞星公司监测到这个席卷全球工业界的病毒已经入侵中国。我国许多大型重要企业在安全制度上存在缺失，可能促使震网病毒在企业中的大规模传播。2010年12月15日，震网病毒令德黑兰的核计划拖后了两年。2011年1月26日，俄罗斯常驻北约代表罗戈津表示，这种病毒可能给伊朗布什尔核电站造成严重影响，导致有毒的放射性物质泄漏，其危害将不亚于1986年发生的切尔诺贝利核电站事故。2012年6月1日的美国《纽约时报》报道，揭露震网病毒起源于2006年前后由美国前总统小布什启动的"奥运会计划"。2008年，奥巴马上任后下令加速该计划。

震网病毒的特点如下。

（1）与传统的病毒相比，震网病毒不会通过窃取个人隐私信息牟利。由于它的打击对象是全球各地的重要目标，因此被一些专家定性为全球首个投入实战舞台的"网络武器"。

（2）无须借助网络连接进行传播。这种病毒可以破坏世界各国的化工、发电和电力传输企业使用的核心生产控制软件，并且代替其对工厂其他计算机"发号施令"。

（3）极具毒性和破坏力。震网代码非常精密，主要有两个功能，一是使伊朗的离心机运行失控，二是掩盖发生故障的情况，"谎报军情"，以"正常运转"记录回传给管理部门，造成决策的误判。在2011年2月的攻击中，伊朗纳坦兹铀浓缩基地至少有1/5的离心机因感染该病毒而被迫关闭。

（4）震网定向明确，具有精确制导的"网络导弹"能力。它是专门针对工业控制系统编写的恶意病毒，能够利用Windows系统和西门子SIMATIC WinCC系统的多个漏洞进行攻击，不再以刺探情报为己任，而是能根据指令定向破坏像伊朗离心机等要害目标。

（5）震网采取了多种先进技术，具有极强的隐身性。它打击的对象是西门子公司的SIMATIC WinCC监控与数据采集（SCADA）系统。尽管这些系统都是独立于网络而自成体系，即"离线"操作，但只要操作员将被病毒感染的U盘插入该系统USB接口，这种病毒就会在神不知鬼不觉的情况下（不会有任何其他操作要求或者提示出现）取得该系统的控制权。

（6）震网病毒结构非常复杂，计算机安全专家在对软件进行反编译后发现，它不可能是黑客所为，应该是一个"受国家资助的高级团队研发的结晶"。美国《纽约时报》称，美国和以色列情报机构合作制造出了震网病毒。

6.2.3　超级火焰

火焰病毒（Flame）又名Flamer、sKyWIper、Skywiper，是一种2012年5月被发现的计算机病毒，也译作"超级火焰"，以Lua和C++语言写成，利用微软公司Windows操作系统的两处瑕疵伪装成微软的合法程序，侵入计算机并注入其他程序。它是一种后门程序和木马病毒，同时具有蠕虫病毒的特点。只要其背后的操控者发出指令，它就能在网络、移动设备中进行自我复制。一旦计算机系统被感染，病毒将开始一系列复杂的行动，包括监测网络流量、获取截屏画面、记录音频对话、截获键盘输入等。被感染系统的所有数据都能通过链接传到病毒指定的服务器，让操控者一目了然。

据卡巴斯基实验室统计，迄今发现感染该病毒的案例已有500多起，主要发生在伊朗、以色列和巴勒斯坦，苏丹、叙利亚、黎巴嫩、沙特阿拉伯和埃及等国也有个别案例。病毒入侵的起始点目前尚不清楚。大约从2010年开始散播，其包含的代码量约是之前发现的"震网"病毒（Stuxnet）或"毒区"病毒（Duqu）的20倍，被称为有史以来最复杂的恶意软件。

火焰设计极为复杂，能够避过100种防毒软件，大小约20MB，包含数个模块，还包括解压缩程序库、SQL数据库、Lua虚拟器等。因为它在收到指令的情况下，会自我删除，而且其注入其他程序后，会将自己所在内存区段设置为用户态不可读、用户态不可写、用户态不可执行，所以很难被用户态下的其他程序侦测出来。

超级火焰病毒的特点如下。

（1）超级火焰病毒被认为是迄今为止发现的最大和最为复杂的网络攻击病毒。超级火焰病毒构造复杂，此前从未有病毒能达到其水平，它是一种全新的网络间谍装备。该病毒可以通过USB存储器以及网络复制和传播，并能接受来自世界各地多个服务器的指令。

（2）完成搜集数据任务后，这些病毒还可自行毁灭，不留踪迹。

（3）从现有规律看，这种病毒的攻击活动不具规律性，个人计算机、教育机构、各类民间组织和国家机关都曾感染。

（4）电子邮件、文件、消息、内部讨论等是其搜集的对象。

（5）在恶意程序中使用Lua是非同寻常的，特别是在一个这么大的攻击工具中。一般来说，现代恶意程序大小都偏小，并用紧凑的编程语言进行编写，这样才能很好地将其隐藏。通过大量的代码实现隐藏是"超级火焰"的特点之一。

（6）当设备的蓝牙功能开启的时候，"超级火焰"可以将配置模块中的相关选项同时开启，当发现有设备靠近被感染的计算机时，就可以收集设备中的信息。有赖于这样的配置，它还能以受感染的计算机作为一个"灯塔"，发现通过蓝牙传输的设备，并为背后的操控者提供有关编入到设备信息中的恶意程序状态。其次，记录来自内部话筒音频数据也是相当新的手段。当然，其他一些已知的恶意程序也能够记录音频数据，但是Flame的关键不同是它很全面——能够以各种各样的手段盗取数据。

与曾经攻击伊朗核项目的"震网"病毒相比，"超级火焰"病毒不仅更为智能，且其攻击目标和代码组成也有较大区别。"超级火焰"病毒的攻击机制更为复杂，且攻击目标具有特定地域的特点。

"超级火焰"病毒的部分特征与先前发现的"震网"和"毒区"两款病毒类似，所以三种病毒可能"同宗"。网络分析专家认为，已形成"网络战"攻击群。"震网"病毒攻击的是伊朗核设施，"毒区"病毒攻击的是伊朗工业控制系统数据，而"超级火焰"病毒攻击的则是伊朗石油部门的商业情报。美国媒体称先前入侵伊朗计算机系统并造成巨大破坏的"震网"以及"火焰"病毒，确实是美国和以色列联手研发的网络武器。其首要目的在于搜集情报，并破坏关键设备。

6.2.4　乌克兰电力系统遭受攻击事件

1. 事件分析

2015年12月23日，乌克兰电力部门遭受恶意代码攻击，乌克兰新闻媒体TSN在24日报道称，"至少有三个电力区域被攻击，并于当地时间15时左右导致了数小时的停电事故"。Kyivoblenergo电力公司发布公告称，"公司因遭到入侵，导致7个110kV的变电站和23个35kV的变电站出现故障，导致80000用户断电。"

安全公司ESET在2016年1月3日最早披露了本次事件中的相关恶意代码，表示乌克兰电力部门感染的是BlackEnergy（黑色能量）。"黑色能量"被当作后门使用，并释放了KillDisk破坏数据来延缓系统的恢复。同时在其他服务器还发现一个添加后门的SSH程序，攻击者可以根据内置密码随时连入受感染主机。"黑色能量"曾经在2014年被黑客团队"沙虫"用于攻击欧美SCADA工控系统，当时发布报告的安全公司iSIGHT Partners在2016年1月7日发文，将此次断电事件矛头直指"沙虫"团队，而在其2014年关于"沙虫"的报告中，iSIGHT Partners认为该团队与俄罗斯密切相关。

除ESET外，多个安全企业和安全组织跟进了相关系列事件。2016年1月9日，美国工控系统安全组织SANS ICS发布报告,对乌克兰变电站SCADA系统被攻击过程进行了分析和猜测;2016年1月15日,根据CERT-UA的消息,乌克兰最大的机场基辅鲍里斯波尔机场网络遭受"黑色能量"攻击;2016年1月28日,卡巴斯基的分析师发现了针对乌克兰STB电视台攻击的BlackEnergy相关样本;2016年2月16日,趋势科技安全专家在乌克兰一家矿业公司和铁路运营商的系统上发现了"黑色能量"和KillDisk样本。

根据对整体事件的跟踪、电力运行系统分析和相关样本分析,认为这是一起以电力基础设施为目标;以"黑色能量"等相关恶意代码为主要攻击工具,通过BOTNET体系进行前期的资料采集和环境预置;以邮件发送恶意代码载荷为最终攻击的直接突破入口,通过远程控制SCADA节点下达指令为断电手段;以摧毁破坏SCADA系统实现迟滞恢复和状态致盲;以DDoS服务电话作为干扰,最后达成长时间停电并制造整个社会混乱的具有信息战水准的网络攻击事件。

特别值得注意的是,本次攻击的攻击点并不在电力基础设施的纵深位置,同时亦未使用0Day漏洞,而是完全通过恶意代码针对PC环节的投放和植入达成的。其攻击成本相对震网、方程式等攻击,显著降低,但同样直接有效。

2. 攻击导致断电的方法分析

目前,变电站SCADA系统可以实现远程数据采集、远程设备控制、远程测量、远程参数调节、信号报警等功能。同时有多种方式可以通过SCADA导致断电。一是控制远程设备的运行状态。如断路器、闸刀状态等方式比较直接,就是直接切断供电线路,导致对应线路断电。二是修改设备运行参数。例如,修改继电保护装置的保护整定值,使过电流保护的电流整定值减小,这使得继电保护装置将正常负荷稍重的情况误判为过电流,引发保护动作进而造成一定破坏,如使断路器跳闸等。

对于乌克兰停电事件中的攻击者来讲,在取得了对SCADA系统的控制能力后,可完成上述操作的手法也有多种。

1)通过恶意代码直接对变电站系统的程序界面进行控制

当攻击者取得变电站SCADA系统的控制权(如SCADA管理人员工作站节点)后,可取得与SCADA操作人员完全一致的操作界面和操作权限(包括键盘输入、鼠标单击、行命令执行以及更复杂的基于界面交互的配置操作),操作员在本地的各种鉴权操作(如登录口令等)也是可以被攻击者通过技术手段获取的,而采用USB KEY等登录认证方式的USB设备,也可能是默认接入在设备上的。因此,攻击者可像操作人员一样,通过操作界面远程对远程设备进行开关控制,以达到断电的目的;同样可以对远程设备参数进行调节,导致设备误动作或不动作,引起电网故障或断电。

2)通过恶意代码伪造和篡改指令来控制电力设备

除直接操作界面这种方式外,攻击者还可以通过本地调用API接口或从网络上劫持等方式,直接伪造和篡改指令来控制电力设备。目前,变电站SCADA站控层之下的通信网络并无特别设计的安全加密通信协议。当攻击者获取不同位置的控制权(如SCADA站控层PC、生产网络相关网络设备等）后，可以直接构造和篡改SCADA监控软件与间隔层设备的通信，如IEC 61850通信明码报文。IEC 61850属于公开协议和明码通信报文，截获以及伪造IEC 61850通信报文并不存在技术上的问题，因此攻击者可以通过构造或截获指令来直接遥控过程层电力设备，同样可以远程控制设备运行状态、更改设备运行参数，进而引起电网故障或断电。

上述两种方式不仅可以在攻击者远程操控情况下交互作业，而且可以进行指令预设、实现定时触发和条件触发，从而在不能和攻击者实时通信的情况下发起攻击。即使是采用操控程序界面的方式，同样也可以采用键盘和鼠标行为的提前预设来完成。

3. 攻击全程分析

通过以上对变电站系统的分析并基于目前公开的样本，攻击者可能采用的技术手法为：通过鱼叉式钓鱼邮件或其他手段，首先向"跳板机"植入"黑色能量"，随后通过"黑色能量"建立据点，以"跳板机"作为据点进行横向渗透，之后通过攻陷监控/装置区的关键主机。同时由于"黑色能量"已经形成了具备规模的僵尸网络以及定向传播等因素，亦不排除攻击者已经在乌克兰电力系统中完成了前期环境预置和持久化。

攻击者在获得了SCADA系统的控制能力后，通过相关方法下达断电指令导致断电；其后，采用覆盖MBR和部分扇区的方式，导致系统重启后不能自举（自举只有两个功能，即加电自检和磁盘引导）；采用清除系统日志的方式提升事件后续分析难度；采用覆盖文档文件和其他重要格式文件的方式，导致实质性的数据损失。这一组合拳不仅使系统难以恢复，而且在失去SCADA的上层故障回馈和显示能力后，工作人员被"致盲"，从而不能有效推动恢复工作。

攻击者一方面在线上变电站进行攻击，另一方面在线下对电力客服中心进行电话DDoS攻击，两组"火力"共同配合发起攻击完成攻击者的目的。

6.3　电力信息安全工程技术咨询案例分析

电力信息安全风险评估方法应用分析、电力信息安全防护工程技术主要实施方法、电力信息网络PKI-CA身份认证系统、数据存储备份与灾难恢复基本原理是本节介绍的主要内容。

6.3.1　电力信息安全风险评估方法应用分析

电力信息安全风险评估是信息安全示范工程的关键环节，要对信息资产进行分类，针对关键资产，进行管理策略和技术策略访谈、相关策略文档审核、网络和主机设备的脆弱性扫描及配置检查、业务系统评估、黑客攻击测试等，全面客观地收集信息安全现状资料，研究分析电力信息系统安全现状和存在的各种安全风险，形成信息安全风险评估报告，为深入开展示范工程奠定坚实的基础。

1. 信息安全风险评估目的

对辽宁电力信息系统进行安全风险评估的目的有三个。一是了解辽宁电力信息系统安全现状和存在的各种安全风险，发现与辽宁电力信息系统现有安全策略中的与所要求的安全目标之间的差距；二是对现有辽宁电力信息安全策略进行动态调整、修订和完善，丰富企业信息系统安全策略；三是根据安全评估的结果来发现辽宁电力信息系统中存在的比较迫切的安全需求，并且为辽宁电力信息系统下一步的安全建设提供参考。

2. 信息安全风险评估范围及主要内容

风险评估内容包括资产的识别与赋值、威胁的识别与赋值、弱点的发现与赋值、整体风险的评估，以及最终形成报告。

这次评估对辽宁电力信息系统整体进行了有效的抽样，所抽样的信息系统和资产反映辽宁电力信息系统的总体特征，构成本次的评估范围。

此次评估的工作范围包括网络Internet出口（Cisco路由器）、核心交换机（SSR 8600）和拨号服务器（Cisco、MIS系统服务器、OA系统服务器、Intranet应用服务器、房改系统、白客渗透对象的选择、IP地址为xx.xxx.x.xx的5台主机）。渗透性测试重点在系统防火墙外，也就是从公网开始进行。如果无法渗透，则选择从内网开始。测试时将以信息最小披露为输入原则发起，测试以不影响正常业务为主。

参照BS7799对信息资产的描述和定义，将信息资产进行分类。辽宁电力信息系统安全评估将信息资产的评估重点放在同信息安全直接相关的信息资产上面，对其他资产不进行重点评估。

资产价值用于反映某个资产作为一个整体的价值，综合了机密性、完整性和可用性三个属性。根据资产完整性属性的不同，将它分为5个不同的等级，分别对应资产在机密性方面的价值或者在机密性方面；在完整性方面的价值或者在完整性方面；在可用性方面的价值或者在可用性方面；受到损失时对企业或组织的影响。

通常，三个安全属性中最高的一个对最终的资产价值影响最大。换而言之，整体安全属性的赋值并不随着三个属性值的增加而线性增加较高的属性。

3. 信息安全风险评估采用的工具及方法

对评估范围内的主机和设备采用除了DoS评估项以外的全策略扫描，全面地对企业信息网络进行安全评估。不采用DoS评估项是基于评估的最小影响性原则，DoS评估造成客户网络和主机瘫痪的可能性较大。

网络设备的扫描评估将采用Internet Scanner进行，采取的策略为专门针对网络设备的扫描策略，数据库扫描器（Database Scanner）通过建立、依据、强制执行安全策略来保护数据库应用的安全。它可以自动识别数据库系统潜在的安全问题，包括从脆弱的口令到2000年兼容性问题，乃至特洛伊木马。数据库扫描器内置知识库，可以产生通俗易懂的报告来表示安全风险和弱点，对违反和不遵循策略的配置提出修改建议。

在扫描方式下，数据库扫描器支持以下的两种扫描方式。

（1）完全扫描（Full Audit Scans）。数据体扫描器以数据库管理员特权或其他用户特权身份对被扫描的数据库进行全面的检测，包括对口令强度的全面测试，以评估数据库和操作系统是否符合企业的安全策略。

（2）渗透性检测（Penetration Testing）采用黑客攻击数据库的技术和方法，在不知道数据库口令的情况下，尝试"入侵"数据库系统。渗透性检测方式还可以利用数据体扫描器与Internet Scanner的集成特性和强大的检测功能执行更完善的检测，它通过探测操作系统的安全性来揭示一些在检测数据库本身时无法发现的漏洞。数据体扫描器扫描、检测的安全弱点涉及三个方面。

（1）认证（Authentication）。数据库通过认证机制验证用户所声称的身份是否合法，此类检查项主要用于检查数据库的认证机制的设置是否合理、安全。

（2）授权（Authorization）。数据库通过授权机制授予合法用户对数据库系统特定资源拥有合法权限。此类检查项主要用于检查认证机制的设置是否合理、安全。

（3）系统完整性（System Integrity）。检查系统的设置是否有非正常的变化，是否有特洛伊木马、"千年虫"问题、补丁等。

数据体扫描器漏洞检测的主要范围包括以下几方面。

（1）口令、登录和用户：检查口令长度，检查有登录权限的过期用户，检查用户名的信任度。

（2）配置：验证是否具有潜在破坏力的功能被允许，并建议是否需要修改配置，如回信、发信、直接修改、登录认证、一些系统启动时存储的过程、报警和预安排的任务、Web任务、跟踪标识和不同的网络协议。

（3）安装检查：提示需要客户打补丁及补丁的热链接。

（4）权限控制：检查哪些用户有权限得到存储的过程及何时用户能未授权存取Windows NT文件和数据资源。它还能检查"特洛伊木马"程序的存在。

采用了基于网络的IDS产品Network Sensor，不改变网络拓扑，不需要在任何业务主机上安装任何软件。在交换的环境下，IDS需要在交换机上做端口映射，电力企业信息系统上业务系统采用的Alteon AD3、Cisco Catalyst 4003、Cisco Catalyst 2924都有端口映射的功能。如果选定的接入点交换机没有端口映射功能或者没有空余端口，则可以通过在交换机接入口增加一个集线器来接入IDS。

为防止在扫描过程中出现异常情况，所有被评估系统均应在被评估之前作一次完整的系统备份或者关闭正在进行的操作，以便在系统发生灾难后及时恢复。为了在事故发生后尽快恢复系统，建议对评估对象系统作全备份，即备份硬盘上的所有数据和配置。

4. 信息安全威胁评估结果及分析

评估安全威胁的统计列表如表6-1所示。

表6-1 评估安全威胁的统计列表

威胁	威胁数目	威胁影响值	威胁可能性值
侦察	108	2	4
泄密	42	3	2
非授权访问	40	3	1
远程溢出攻击	26	4	2
滥用	24	2	4
无法规范安全管理	23	3	3
密码猜测攻击	23	3	2
嗅探	19	3	2
误操作	13	2	1
恶意代码和病毒	13	3	2
无法监控或审计	11	3	2
拒绝服务攻击	9	3	2
不能或错误地响应和恢复	8	3	3
伪造和欺骗	7	3	1
法律纠纷	6	3	1
安全工作无法推动	6	2	3
远程文件访问	6	3	3
业务中断	5	3	2
物理攻击	3	3	1
第三方威胁	3	3	3
权限提升	2	4	3
篡改	2	3	1

从表6-1中可以看出，发生最多的威胁是侦察、泄密、非授权访问等几种。其中侦察主要为攻击尝试、扫描等难于避免的行为，可以选择接受。一些发生频率高又严重的威胁主要是因主机缺乏安全配置和弱口令引起的。

安全威胁可能性如表6-2所示，威胁可能性最高为4，意味着发生概率非常高，属于不可避免。

表6-2 安全威胁可能性统计表

威胁	威胁到的资产数目	威胁影响值	威胁可能性值
侦察	108	2	4
滥用	24	2	4

从表6-2中可以看到，侦察、滥用这两种威胁发生的可能性很高，但是这两种威胁的影响不是很大（严重性不高）。

表6-3所示的威胁影响值为4，即资产可能会全部损失，或资产不可使用，这意味着威胁造成影响的严重程度非常高，会引起灾难性的后果。

表6-3　最严重威胁统计列表

威胁	威胁到的资产数目	威胁影响值	威胁可能性值
远程溢出攻击	26	4	2
权限提升	2	4	3

从表6-3可以看出，威胁严重性最大的是远程溢出攻击和权限提升，会造成主机被完全控制，可能会引起业务中断的后果。

远程溢出攻击和权限提升方面的威胁主要由白客攻击测试这种评估方式发现。安全审计对应的资产主要为辽宁电力公司整体的网络信息系统，人工评估和白客攻击测试对应的资产主要为具体的主机系统和应用程序，因为主机系统和应用程序存在致命的安全弱点，信息系统网络安全体系和管理不够完善。

从威胁影响程度来讲，严重的威胁主要由缓冲区远程溢出类的严重漏洞引起，它可以使攻击者远程获得root权限，从而对本地主机操作系统、应用程序和所附数据构成致命的损坏，此部分对应的资产主要为主机操作系统、应用程序。还有一部分严重威胁为密码管理不善问题，密码为空或太简单都可以使攻击者轻易地从远程获得部分权限或root权限，从而对本主机操作系统、应用程序和所附数据构成致命的损坏。服务器系统管理不善也会导致严重的威胁，比如，多数服务器没有及时打上操作系统提供商发布的安全补丁，大多数Windows服务器存在可以建立空会话的漏洞，这些威胁都已经在白客测试和人工评估中进行了证实。

对于有可能使攻击者获得极高权限（如得到root权限）的安全威胁，攻击者可能在获得root权限以后利用该主机作为跳板继续向网内其他计算机进行渗透，从而造成更大的损失。比如，攻击者在某台主机上取得管理员权限以后就可能在上面安装用于窃听的程序，造成大量的口令泄露，引发极大的安全事故。在一个规模较大的网络上，只要有一台存在重大安全隐患的主机，就可能危及整个网络的安全。从威胁事件树的角度来分析，这些威胁可以引起一连串的威胁，如阐述数据破坏、篡改和删除、伪造和欺骗、业务中断、法律纠纷和政治风险等，后果不堪设想。

这些威胁产生的根源还是管理问题，如安全策略和规章制度不完善，人员安全素质和安全意识不够，安全组织不够健全等。

6.3.2　电力信息安全防护工程技术主要实施方法

1. 主动防护技术

主动防护技术一般有数据加密、安全扫描、网络管理、网络流量分析和虚拟网络等技术。

1）隐患扫描技术

网络安全性隐患扫描也称网络安全性漏洞扫描，它是进行网络安全性风险评估的一项重要技术，也是网络安全防护中的一项关键性技术。其原理是采用模拟黑客攻击的形式对目标可能存在的已知安全漏洞和弱点进行逐项扫描和检查。目标可以是工作站、服务器、交换机、数据库应用等各种对象。根据扫描结果向系统管理员提供周密可靠的安全性分析报告，为提高网络安全整体水平提供重要依据。

系统的安全弱点就是它安全防护最弱的部分，容易被入侵者利用，给网络带来灾难。找到弱点并加以保护是保护网络安全的重要使命之一。由于管理员需要面对大量的主机、网络、用户、设备、审计文件以及潜在的大量入侵行为和手段，弱点和漏洞的发现与保护仅仅依靠人力是不能解决的。因此，必须提供一种高效的网络安全性隐患扫描工具，通过它能自动发现网络系统的弱点，以便管理员能够迅速有效地采取相应的措施。

安全扫描器通过对网络的扫描，可以了解网络的安全配置和运行的应用服务，及时发现安全漏洞，客观评估网络风险等级。可以根据扫描的结果更正网络安全漏洞和系统中的错误配置，在黑客攻击前进行防范。安全扫描就是一种主动的防范措施，可以有效避免黑客攻击行为，做到防患于未然。

2）网络管理技术

网络管理系统具有对整个管理系统的趋势进行跟踪并相应采取措施的能力，快速部署应用程序和管理工具，通过提供集成化视图来管理支持业务程序的IT系统，并视业务政策和目标的变化进行动态调整，能够根据其监视或检测到的情况实施管理活动。

3）网络流量分析技术

网络流量分析系统提供了用户上网行为分析、异常流量实时监测、历史流量分析报表到流量趋势预警等功能，涵盖了网络流量分析的所有细节，可以通过日报、周报、月报的标准报表、对照报表、趋势分析报表等多种格式报告流量分析结果。

4）带宽管理技术

带宽管理系统可以使广域网或互联网上运行的应用程序提高运行效率。带宽管理系统可以控制网络表现，使之与应用程序的特点、业务运作的要求以及用户的需求相适应，然后提供验证结果。

5）VLAN与VPN技术

VLAN（虚拟网）把网络上的用户（终端设备）划分为若干个逻辑工作组，每个逻辑工作组就是一个VLAN。可以灵活地划分VLAN，增加或删除VLAN成员。当终端设备移动时，无须修改它的IP地址。在更改用户加入的VLAN时，也不必重新改变设备的物理连接。

VPN（虚拟专用网）采用加密和认证技术，利用公共通信网络设施的一部分来发送专用信息，为相互通信的节点建立起一个相对封闭的、逻辑的专用网络，通过物理网络的划分，控制网络流量的流向，使其不要流向非法用户，以达到防范目的。

6）数据加密技术

密码技术是保护信息安全的主要手段之一，不仅具有信息加密功能，而且具有数字签名、身份验证、秘密分存、系统安全等功能。使用密码技术不仅可以保证信息的机密性，而且可以保证信息的完整性和确证性，防止信息被篡改、伪造或假冒。

2. 被动防护技术

被动防护技术目前有防火墙技术、防病毒技术、入侵检测技术、路由过滤技术、审计与监测技术等。

1）防火墙技术

我国公共安全行业标准对防火墙进行了定义，即设置在两个或多个网络之间的安全阻隔，用于保证本地网络资源的安全，通常是包含软件部分和硬件部分的一个系统或多个系统的组合。其基本工作原理是：在可信任网络的边界（即常说的在内部网络和外部网络之间，通常认为内部网络是可信任的，而外部网络是不可信的）建立起网络控制系统，隔离内部和外部网络，执行访问控制策略，防止外部的未授权节点访问内部网络和非法向外传递内部信息，同时防止非法和恶意的网络行为导致内部网络的运行被破坏。

从逻辑上讲，防火墙是分离器、限制器和分析器；从物理角度看，各个防火墙的物理实现方式形式多样，通常是一组硬件设备（路由器、主机等）和软件的多种组合。

2）防病毒技术

在《中华人民共和国计算机信息系统安全保护条例》第二十八条中对计算机病毒进行了定义："指编制或者在计算机程序中插入的破坏计算机功能或者数据，影响计算机使用并且能够自我复制的一组计算机指令或者程序代码。"

防病毒技术就是系统管理及下发防病毒服务器组内的防病毒服务器及各个客户端的防病毒策略，通过设定防病毒升级服务器进行防病毒组内的服务器端及客户端的病毒代码更新，通过搜索来确定网络内的防病毒服务器组，搜集防病毒服务器的运行日志。

3）入侵检测技术

入侵检测（Intrusion Detection），顾名思义，是对入侵行为的发觉。现在对入侵的定义已大大扩展，不仅包括被发起攻击的人（如恶意的黑客）取得超出合法范围的系统控制权，也包括收集漏洞信息，造成拒绝服务（DoS）等对计算机系统造成危害的行为。入侵检测技术是通过从计算机网络和系统的若干关键点收集信息并对其进行分析，从中发现网络或系统中是否有违反安全策略的行为或遭到入侵的迹象，并依据既定的策略采取一定措施的技术。也就是说，入侵检测技术包括信息收集、信息分析和响应。

（1）入侵检测系统能使系统对入侵事件和过程做出实时响应。

如果一个入侵行为能被足够迅速地检测出来，就可以在任何破坏或数据泄密发生之前将入侵者识别出来并驱逐出去。即使检测的速度不够快，入侵行为越早被检测出来，入侵造成的破坏程度就会越小，而且能越快地恢复工作。

（2）入侵检测是防火墙的合理补充。

入侵检测能够收集有关入侵技术的信息，这些信息可以用来加强防御措施。

（3）入侵检测是系统动态安全的核心技术之一。

鉴于静态安全防御不能提供足够的安全，系统必须根据发现的情况实时调整，在动态中保持安全状态，这就是常说的系统动态安全。其中，检测是静态防护转化为动态的关键，是动态响应的依据，是落实或强制执行安全策略的有力工具，因此入侵检测是系统动态安全的核心技术之一。

对于基于标志的检测技术来说，首先要定义违背安全策略的事件的特征，如网络数据包的某些头信息。检测主要判别这类特征是否在所收集到的数据中出现。基于异常的检测技术则是先定义一组系统正常情况的数值，如CPU利用率、内存利用率、文件校验和等，然后将系统运行时的数值与所定义的正常情况比较，得出是否有被攻击的迹象。

两种检测技术的方法、所得出的结论有非常大的差异。基于标志的检测技术的核心是维护一个知识库。对于已知的攻击，它可以详细、准确地报告攻击类型，但是对未知攻击却效果有限，而且知识库必须不断更新。基于异常的检测技术则无法准确判别攻击的手法，但它可以判别更广泛，甚至未发觉的攻击。

4）路由过滤技术

当两台连在不同子网上的计算机需要通信时，必须经过路由器转发，由路由器把信息分组通过互联网沿着一条路径从源端传送到目的端。路由器中的过滤器对所接收的每个数据包根据包过滤规则做出允许或拒绝的决定。路由器作用在网络层，具有更强的异种网互连能力、更好的隔离能力、更强的流量控制能力、更好的安全性和可管理维护性。

5）审计与监测技术

计算机安全保密防范的第三道防线是审计跟踪技术，在系统中保留一个日志文件，与安全相关的事件可以记录在日志文件中。审计跟踪是一种事后追查手段，它对涉及计算机系统安全保密的操作进行完整的记录，以便事后能有效地追查事件发生时的用户、时间、地点和过程，发现系统安全的弱点和入侵点。

6.3.3 电力信息网络PKI-CA身份认证系统

1. PKI-CA基本定义

PKI（Public Key Infrastructure）指提供公钥（公开密钥）加密和数字签名服务的综合系统，通常译为公钥基础设施。PKI是使用公钥理论和技术建立的提供安全认证服务的基础设施。按照X.509标准中的定义，"是一个包括硬件、软件、人员、策略和规程的集合，用来实现基于公钥密码体制的密钥和证书的产生、管理、存储、分发和撤销等功能。"应用PKI的目的是管理密钥并通过公钥算法实现用户身份验证。

CA（Certificate Authority）指数字证书认证中心，是发放、管理、废除数字证书的机构。CA的作用是检查证书持有者身份的合法性，并签发证书（在证书上签字），以防证书被伪造或篡改，以及对证书和密钥进行管理。

PKI从技术上解决了网络通信安全的种种难题。CA从运营、管理、规范、法律、人员等多个角度来解决网络信任问题。二者可合称为PKI-CA。从总体构架来看，PKI-CA主要由最终用户、认证中心和注册机构来组成。

PKI体系结构采用电子证书的形式管理公钥，通过CA把用户的公钥和用户的其他标识信息（如名称、身份证号码、E-mail地址等）捆绑在一起，实现用户身份的验证；将公钥密码和对称密码结合起来，通过网络和计算机技术实现密钥的自动管理，保证机密数据的保密性和完整性；采用PKI体系管理密钥和证书，可以建立一个安全的网络环境，并成功地为安全相关的活动实现四个主要安全功能。

（1）身份认证：保证在信息的共享和交换过程中，参与者的真实身份。

（2）信息的保密性：保证信息的交换过程中，其内容不能被非授权者阅读。

（3）信息的完整性：保证信息的交换过程中，其内容不能被修改。

（4）信息的不可否认性：信息的发出者无法否认信息是自己发出的。

2. PKI-CA系统工作原理

PKI-CA电子证书认证系统通过挂接密钥管理中心（KMC）来管理用户的解密密钥，从而提高了用户解密密钥的安全性和可恢复性。通过支持证书模板，提高了签发各种类型证书的灵活性。

PKI-CA电子证书认证系统支持可用密钥的选择和虚拟CA，用户可以在一套系统中采用不同的密钥签发不同类型的证书。PKI-CA电子证书认证系统具有为用户签发双证书的功能，可以很方便地同其他CA建立交叉认证。在证书的审核方面，PKI-CA电子证书认证系统支持多级审核，用户可以建立多级审核机构来完成对申请的审核。此外，PKI-CA还支持在线证书状态查询，支持多种加密设备和多种数据库平台。

PKI-CA电子证书认证系统是用于数字证书的申请、审核、签发、注销、更新、查询的综合管理系统。PKI-CA应用国际先进技术，拥有高强度的加密算法，高可靠性的安全机制及完善的管理及配置策略，提供自动的密钥和证书管理服务。

3. PKI-CA系统结构

PKI-CA由签发系统、注册系统、证书发布系统、密钥管理中心、在线证书状态查询系统五个部分组成。PKI-CA的系统结构如图6-1所示。

1）签发系统

（1）签发服务器：是签发系统的核心。负责签发和管理证书CRL，并负责管理CA的签字密钥以及一般用户的加密密钥对。

（2）系统管理终端：是签发服务器的客户端。以界面的方式向签发服务器发送系统配置和系统管理请求，完成签发系统的配置管理功能。

（3）业务管理终端：是签发服务器的客户端。以界面的方式向签发服务器发送系统配置和业务管理请求，完成签发系统的配置和业务管理功能。

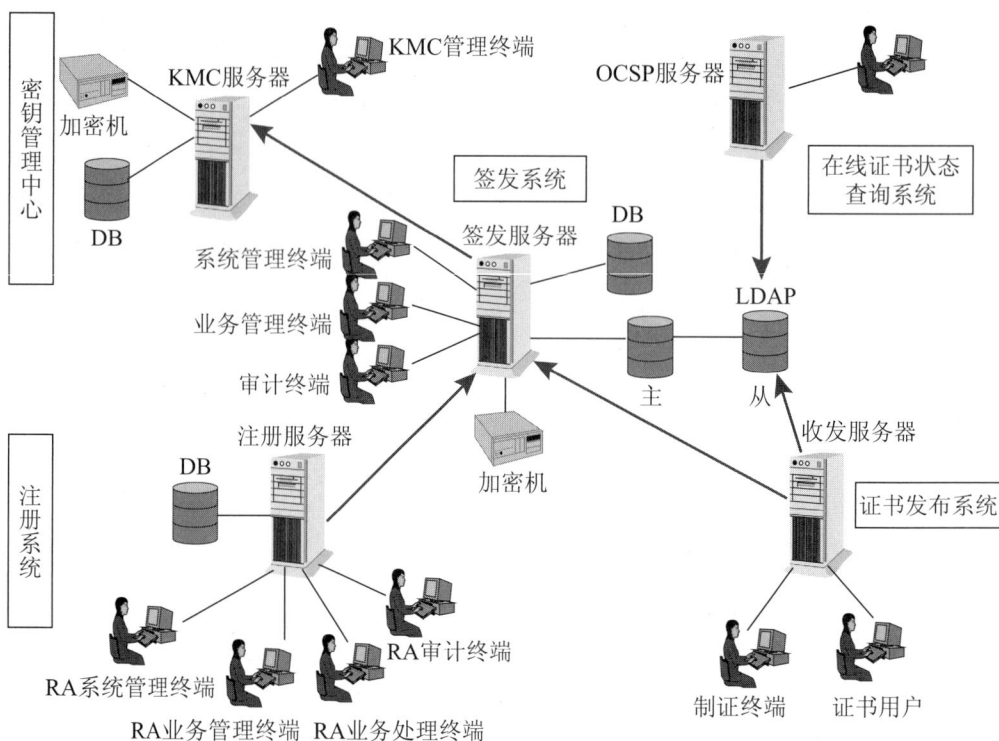

图6-1 PKI-CA系统结构图

（4）审计终端：是签发服务器的客户端，可配置。以界面的方式向签发服务器发送日志查询和日志统计请求，以便对签发系统的日志进行审计。

（5）配置向导：生成签发服务器运行所必需的配置文件。

2）注册系统

（1）注册服务器：是注册系统的核心部分。负责审核用户，用户申请信息的录入，接收签发服务器的返回信息并通知用户。

（2）RA（审核注册中心）系统管理终端：是注册服务器的客户端。以界面的方式向注册服务器发送系统配置和系统管理请求，完成注册系统的配置管理功能。

（3）RA业务管理终端：是注册服务器的客户端。以界面的方式向注册服务器发送系统配置和业务管理请求，完成注册系统的配置和业务管理功能。

（4）RA业务处理终端：是注册服务器的客户端。主要负责处理日常证书业务，可面对面地处理用户的证书申请、注销、恢复、更新以及证书授权码发放等证书业务。

（5）RA审计终端：是注册服务器的客户端，可配置。以界面的方式向注册服务器发送日志查询和日志统计请求，以便对注册系统的日志进行审计。

（6）注册服务器配置向导：生成注册服务器运行所必需的配置文件。

3）密钥管理中心

（1）密钥管理中心服务器：是密钥管理中心的核心部分。为签发系统的签发服务器提供密钥管理服务，为密钥管理中心管理终端提供系统配置和管理服务。

（2）密钥管理中心管理终端：是密钥管理中心服务器的客户端。以界面的方式实现KMC服务器的系统配置、管理和审计功能。

（3）密钥管理中心提供的对外接口。

4）证书发布系统

（1）收发服务器：是证书发布系统的核心部分。以Web方式（B-S模式）与Internet用户交互，用于处理在线证书业务，方便用户对证书进行申请、下载、查询、注销、恢复等操作。

（2）制证终端：是收发服务器的客户端。向收发服务器发送请求，用于为客户发放证书，以及密钥恢复。

5）在线证书状态查询系统

（1）在线证书查询服务器：是向外提供在线证书状态查询的服务系统。通过访问服务器，用户可以实时查询与访问服务器绑定的CA颁发的证书的状态。

（2）OCSP API：本接口是在PKI-CA在线证书协议需求基础之上建立的，为用户提供一个广泛的、独立的接口。

6.3.4　数据存储备份与灾难恢复基本原理

1. 数据存储备份基本概念

传统数据存储备份通常是指把计算机硬盘驱动器中的数据复制到磁带或光盘上，包括本机磁盘存储、直接附加存储（DAS）和手工备份。企业级数据备份是指对精确定义的数据收集进行拷贝，无论数据的组织形式是文件、数据库，还是逻辑卷或磁盘，管理保存上述拷贝的备份介质，以便需要时能迅速、准确地找到任何目标数据的任何备份，并准确追踪大量介质，提供复制已备份数据的机制，以便进行离站存档或灾难防护，准确追踪所有目标数据的所有拷贝位置。备份的方式一般有三种：全备份指备份所有选择的文件；增量备份指只备份上次备份后改变过的文件；差分备份指只备份上次全备份后改变过的文件。

狭义的数据保护对象指计算机系统中的操作系统、数据库、应用系统和应用数据。保护数据的主要技术手段是：存储和备份恢复。传统的数据存储和备份技术主要包括服务器本机磁盘存储、直接附加存储（DAS）和手工备份。这些技术已经不能满足数据快速增长、数据可靠存储和有效管理、数据备份管理和恢复的发展需求。

在数据存储备份网络化，或者说，以服务器为中心转向以存储器为中心的趋势下，网络连接存储（NAS）和存储区域网（SAN）带来了真正的高可用性、高扩展性、安全性和可管理性。最新的网络化存储可以在数据中心和WAN中建立经济有效的存储连接。

采用数据存储备份虚拟化技术，可以将历史遗留的、来自不同厂商的存储硬件"孤岛"整合到统一的"存储池"中，再进一步提供镜像、快照、复制、存储质量管理（Quality of Storage Services，QoSS）、数据归档、迁移、生命周期管理等服务。提供各种UNIX及Windows平台上的文件系统和数据库的增量及全备份方法，提供LanFree、

Serverless及BLIB等先进技术缩短数据备份窗口，以适应不同要求。支持操作系统和数据的快速恢复，具有灾难恢复功能；支持层次化的数据管理策略以节省磁盘空间并提高备份效率；支持防火墙复杂网络环境下的数据备份与恢复；对多个异地备份域提供集中的管理与控制，可以与网络管理工具集成。

2. 容灾备份基本概念

容灾备份可以设置合理的备份策略，如果受到灾难性重大事故的打击，整个系统最多只丢失几个小时的数据，再通过几个小时的数据恢复应急处理，系统又可以重新恢复正常的业务。容灾备份的目的是防止因数据的意外丢失造成系统业务的中断。从对系统业务的弥补效果来看，容灾备份系统分为磁带容灾、数据容灾和应用容灾三个级别，分别满足不同的RTO、RPO指标。对RTO、RPO的解释如图6-2所示。

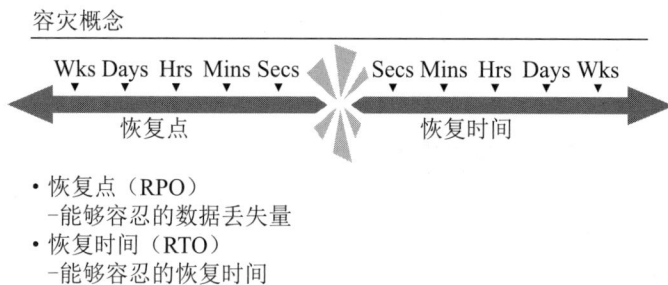

图6-2　容灾备份及恢复时间节点示意图

从图6-2的最左侧算起，为系统进行容灾备份的时间点，中间部位表示灾难事故发生造成数据损失以及系统服务中断，右侧代表数据业务恢复的时间。

RPO（Recovery Point Object）指灾难发生前的数据丢失量，RTO（Recovery Time Object）指灾难发生后系统的修复时间。

磁带的备份/恢复能够将RTO、RPO的指标缩短到几个小时。但是，实时容灾备份技术已经能够将上述指标缩短到分钟级、秒级，甚至到零，从而为用户带来真正意义上的业务连续性效果。实时容灾技术包括数据复制和跨地域的集群两种方案，如图6-3所示为跨广域网的灾难恢复。

图6-3　跨广域网的灾难恢复结构示意图

备份容灾解决方案如图6-4所示。

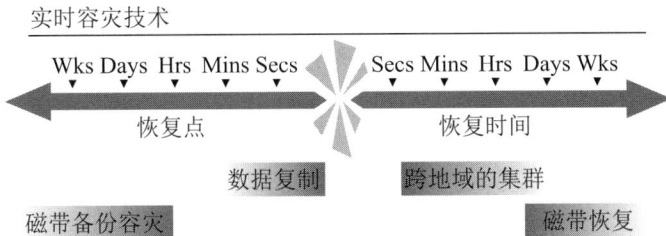

图6-4 备份容灾解决方案控制图

LAN-Base备份结构如图6-5所示。

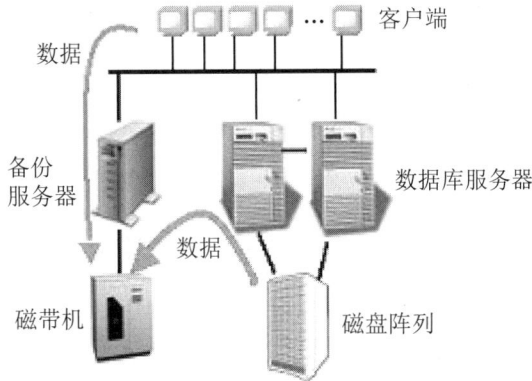

图6-5 备份容灾系统LAN-Base备份方式结构图

在该系统中，数据的传输是以网络为基础的。其中配置一台服务器作为备份服务器，由它负责整个系统的备份操作。磁带库则接在某台服务器上，在数据备份时备份对象把数据通过网络传输到磁带库中实现备份。

LAN-Base备份结构的优点是节省投资，磁带库共享，集中备份管理；它的缺点是对网络传输压力大，备份效率不高。

LAN-Free备份结构如图6-6所示。

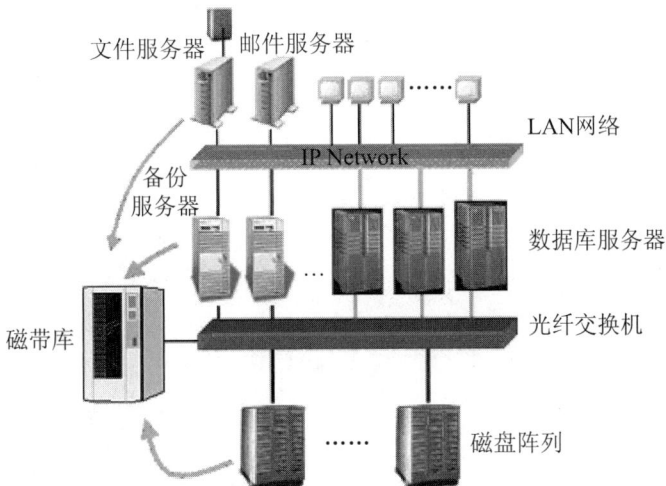

图6-6 备份容灾系统LAN-Free备份方式结构图

LAN-Free和Server-Free的备份系统是建立在SAN（存储区域网）的基础上的。基于SAN的备份是一种彻底解决传统备份方式需要占用LAN带宽问题的解决方案。它采用一种全新的体系结构，将磁带库和磁盘阵列各自作为独立的光纤节点，多台主机共享磁带库备份时，数据流不再经过网络而直接从磁盘阵列传到磁带库内，是一种无须占用网络带宽（LAN-Free）的解决方案。

在备份技术中，将SAN结构中磁盘向磁带库系统的直接备份称为LAN Free备份。实际上，在SAN形成的根本原因中，高速的备份系统成为很重要的一个因素。SAN为存储系统提供了高速的光通道连接网络，使磁盘的数据向磁带库的直接备份成为可能，并且可以直接获得接近100Mb/s的通道传输速率（采用基于千兆位以太网的网络备份平均只能获得30Mb/s的数据传输速率）。这种备份大大优化了备份结构，完全将应用LAN解放出来，可以说，充分利用了SAN带来的巨大潜力，这也是LAN Free备份的优势所在。这种备份方式采用全新的存储区域网络的概念，有独特的优点。

（1）备份的性能得到最佳发挥，释放备份所占用的LAN带宽。LAN本身不是为高数据流设计的，而SAN则基于高数据流设计，能够将高速磁带设备的性能体现出来。

（2）磁带库易于被所有的服务器共享，磁带库本身作为一个节点，而不是作为外设，不再需要通过所连接的主机来实现共享；可扩展性好，若现有带库不能满足要求，只需增加一个节点的带库，就可实现容量的扩展。

第 7 章
电力物联网工程技术咨询与应用分析

　　电力物联网技术基本概念、电力物联网传感器信息模型、特高压输电网络概念及主要特点、电力物联网技术应用智能电网、微电网技术与能源互联网应用、智能配用电通信架构体系技术应用、输电线路运检故障分析与防治方法是本章重点介绍的主要内容。

7.1 电力物联网工程技术咨询基础知识

物联网工程技术基本概念、电力系统基本概念及主要特点、电力物联网技术基本概念、美国电网智能化与物联网的本质特征是本节介绍的主要内容。

7.1.1 物联网工程技术基本概念

1. 物联网的基本定义

物联网是在互联网概念的基础上，将其用户端延伸和扩展到任何物品与物品之间，进行信息交换和通信的一种网络概念。其定义是：通过射频识别（RFID）、红外感应器、全球定位系统、激光扫描器等信息传感设备，按约定的协议，把任何物品与互联网相连接，进行信息交换和通信，以实现智能化识别、定位、跟踪、监控和管理的一种网络概念。物联网（Internet of Things）这个词，国内外普遍公认的是MIT Auto-ID中心的Ashton教授1999年在研究RFID时最早提出来的。在2005年国际电信联盟（ITU）发布的同名报告中，物联网的定义和范围已经发生了变化，覆盖范围有了较大的拓展，不再只是指基于RFID技术的物联网。

"中国式"物联网最简洁的定义是：物联网是一个基于互联网、传统电信网等信息承载体，让所有能够被独立寻址的普通物理对象实现互联互通的网络。它具有普通对象设备化、自治终端互联化和普适服务智能化三个重要特征。

其他的定义是：物联网指的是将无处不在（Ubiquitous）的末端设备（Devices）和设施（Facilities），包括具备"内在智能"的传感器、移动终端、工业系统、楼控系统、家庭智能设施、视频监控系统等和"外在使能"（Enabled）的贴上RFID的各种资产（Assets）、携带无线终端的个人与车辆等"智能化物件或动物"或"智能尘埃"（Mote），通过各种无线和/或有线的长距离和/或短距离通信网络实现互联互通（M2M）、应用大集成（Grand Integration）以及基于云计算的SaaS营运等模式，在内网（Intranet）、专网（Extranet）和/或互联网（Internet）环境下，采用适当的信息安全保障机制，提供安全可控乃至个性化的实时在线监测、定位追溯、报警联动、调度指挥、预案管理、远程控制、安全防范、远程维保、在线升级、统计报表、决策支持、领导桌面（集中展示的Cockpit Dashboard）等管理和服务功能，实现对"万物"的"高效、节能、安全、环保"的"管、控、营"一体化。可以理解为物联网把所有物品通过信息传感设备与互联网连接起来，以实现智能化识别和管理。

物联网是在计算机互联网的基础上，利用RFID、无线数据通信等技术，构造一个覆盖世界上万事万物的Internet of Things。在这个网络中，物品（商品）能够彼此进行"交流"，而无须人的干预。其实质是利用射频自动识别（RFID）技术，通过计算机互联网实现物品（商品）的自动识别和信息的互联与共享。

物联网概念的问世，打破了之前的传统思维。过去的思路一直是将物理基础设施和IT基础设施分开，一方面是机场、公路、建筑物，另一方面是数据中心，个人计算机、宽带等。而在物联网时代，钢筋混凝土、电缆将与芯片、宽带整合为统一的基础设施，在此意义上，基础设施更像是新的地球。故也有业内人士认为，物联网与智能电网均是智慧地球的有机构成部分。

2. 物联网工程技术的应用领域

1）智能家居

智能家居是利用先进的计算机技术、物联网技术、通信技术，将与家居生活有关的各种子系统有机地结合起来，通过统筹管理，让家居生活更舒适，更方便，更有效，更安全。

2）智能交通

智能交通系统（Intelligent Transportation System，ITS）是未来交通系统的发展方向，它是将先进的信息技术、数据通信传输技术、电子传感技术、控制技术及计算机技术等有效地集成于整个地面交通管理系统而建立的一种在大范围内全方位发挥作用的，实时、准确、高效的综合交通运输管理系统。

3）智能医疗

智能医疗是通过打造健康档案区域医疗信息平台，利用最先进的物联网技术，实现患者与医务人员、医疗机构、医疗设备之间的互动，逐步实现信息化。在不久的将来，医疗行业将融入更多人工智慧、传感技术等高科技，使医疗服务走向真正意义的智能化，推动医疗事业的繁荣发展。在中国新医改的大背景下，智能医疗正在走进寻常百姓的生活。

4）智能电网

智能电网是在传统电网的基础上构建起来的集传感、通信、计算、决策与控制为一体的综合数物复合系统，通过获取电网各层节点资源和设备的运行状态，进行分层次的控制管理和电力调配，实现能量流、信息流和业务流的高度一体化，提高电力系统运行的稳定性，以最大限度地提高设备利用效率，提高安全可靠性，节能减排，提高用户供电质量，提高可再生能源的利用效率。

5）智能物流

智能物流是利用集成智能化技术，使物流系统能模仿人的智能，具有思维、感知、学习、推理判断和自行解决物流中某些问题的能力。智能物流的未来发展将会体现四个特点，即智能化、一体化和层次化、柔性化、社会化。在物流作业过程中的大量运筹与决策实现智能化；以物流管理为核心，实现物流过程中运输、存储、包装、装卸等环节的一体化和智能物流系统的层次化；智能物流的发展会更加突出"以顾客为中心"的理念，根据消费者需求变化来灵活调节生产工艺；智能物流的发展将会促进区域经济的发展和世界资源优化配置，实现社会化。智能物流系统有四个智能机理，即信息的智能获取技术、智能传递技术、智能处理技术、智能运用技术。

6）智能农业

智能农业（或称工厂化农业）是指在相对可控的环境条件下，采用工业化生产，实现集约高效可持续发展的现代超前农业生产方式，就是农业先进设施与陆地相配套、具有高度的技术规范和高效益的集约化规模经营的生产方式。

7）智能电力

智能电力是指电力行业与其客户间的交互影响，包括电力销售以及如何通过智能电网改变电力行业的运作方式。

8）智能安防

智能安防技术随着科学技术的发展与进步已迈入了一个全新的领域，智能化安防技术与计算机之间的界限正在逐步消失。没有安防技术，社会就会显得不安宁，世界科学技术的前进和发展就会受到影响。

9）智慧城市

智慧城市就是运用信息和通信技术手段感测、分析、整合城市运行核心系统的各项关键信息，从而对包括民生、环保、公共安全、城市服务、工商业活动在内的各种需求做出智能响应。其实质是利用先进的信息技术，实现城市智慧式管理和运行，进而为城市中的人创造更美好的生活，促进城市的和谐和可持续成长。

10）智能车辆

智能车辆是一个集环境感知、规划决策、多等级辅助驾驶等功能于一体的综合系统，它集中运用了计算机、现代传感、信息融合、通信、人工智能及自动控制等技术，是典型的高新技术综合体。目前，对智能车辆的研究主要致力于提高汽车的安全性、舒适性，以及提供优良的人车交互界面。近年来，智能车辆已经成为世界车辆工程领域研究的热点和汽车工业增长的新动力，很多发达国家都将其纳入各自重点发展的智能交通系统当中。

11）智能建筑

智能建筑指通过将建筑物的结构、系统、服务和管理根据用户的需求进行最优化组合，从而为用户提供一个高效、舒适、便利的人性化建筑环境。智能建筑是集现代科学技术之大成的产物。其技术基础主要由现代建筑技术、现代计算机技术、现代通信技术和现代控制技术组成。

12）智能水务

智慧水务通过数采仪、无线网络、水质水压表等在线监测设备实时感知城市供排水系统的运行状态，并采用可视化方式有机地整合水务管理部门与供排水设施，形成"城市水务物联网"，可将海量水务信息进行及时分析与处理，并做出相应的处理结果辅助决策建议，以更加精细和动态的方式管理水务系统的整个生产、管理和服务流程，从而达到"智慧"的状态。

13）商业智能

商业智能的概念在1996年最早由加特纳集团（Gartner Group）提出，加特纳集团将商业智能定义为"描述了一系列的概念和方法，通过应用基于事实的支持系统来辅助商业决策的制定"。商业智能技术提供使企业迅速分析数据的技术和方法，包括收集、管理和分析数据，将这些数据转化为有用的信息，然后分发到企业各处。

14）智能工业

智能工业是将具有环境感知能力的各类终端、基于泛在技术的计算模式、移动通信等不断融入工业生产的各个环节，大幅提高制造效率，改善产品质量，降低产品成本和资源消耗，将传统工业提升到智能化的新阶段。工业和信息化部制定的《物联网"十二五"发展规划》中将智能工业应用示范工程归纳为生产过程控制、生产环境监测、制造供应链跟踪、产品全生命周期监测，促进安全生产和节能减排。

15）平安城市

平安城市是一个特大型、综合性非常强的管理系统，不仅需要满足治安管理、城市管理、交通管理、应急指挥等需求，而且要兼顾灾难事故预警、安全生产监控等方面对图像监控的需求，同时要考虑报警、门禁等配套系统的集成以及与广播系统的联动。

7.1.2　电力系统基本概念及主要特点

1. 电力系统基本概念

电能是现代社会中最重要、最方便的能源。电能具有许多优点，它可以方便地转化为别种形式的能，如机械能、热能、光能、化学能等；它的输送和分配易于实现；它的应用模式也很灵活。因此，电能被极其广泛地应用于农业、交通运输业、商业贸易、通信以及人民的日常生活中。以电作为动力，可以促进工农业生产的机械化和自动化，保证产品质量，大幅度提高劳动生产率。发电厂、输电网、配电网和用电设备连接起来组成一个整体，称为电力系统。电力系统与其他工业系统相比有着明显的特点，主要有以下几个方面。

（1）结构复杂而庞大。一个现代化的大型电力系统装机容量可达千万千瓦。世界上最大的电力系统装机容量达几亿千瓦，供电距离达几千千米。电力系统中各发电厂内的发电机、变电站中的母线和变压器、各用户的用电设备等，通过许多条不同电压等级的电力线路结成一个网状结构，不仅结构十分复杂，而且覆盖辽阔的地理区域。

（2）电能不能存储，电能的生产、输送、分配和消费实际上是同时进行的。电力系统中，发电厂在任何时刻发出的功率必须等于该时刻用电设备所需的功率、输送和分配环节中的功率损失之和。

（3）电力系统的暂态过程非常短促。电力系统从一种运行状态到另一种运行状态的过渡极为迅速。

（4）电力系统特别重要，电力系统与国民经济的各部门及人民日常生活有着极为密切的关系，供电的突然中断会带来严重的后果。

2. 对电力系统运行的基本要求

（1）保证安全可靠的供电，供电中断会使生产停顿、生活混乱甚至危及人身和设备安全，造成十分严重的后果。停电给国民经济造成的损失远超过电力系统本身的损失。因此电力系统运行的首要任务是安全可靠地向用户供电。

（2）要有合乎要求的电能质量，电能质量以电压、频率以及正弦交流电的波形来衡量。电压和频率过多地偏离额定值对电力用户和电力系统本身都会造成不良影响。这些影响轻则使电能减产或产生废品，严重时可造成设备损坏或危及电力系统的安全运行。

（3）要有良好的经济性，合理分配每座电厂所承担的负荷和调度电力系统潮流，会降低生产每一度电所消耗的能源、电能输送中的损耗，从而提高电力系统运行的经济性。

（4）尽可能减少对生态环境的有害影响。电力工业发展的各个方面都会或多或少地对生态环境产生不同程度的损害，有时甚至会造成无法逆转的伤害。因此，为了保护人类赖以生存的大自然，无论在建设发电厂、建设电网，还是发电所放出的有害气体等方面都应注意，尽可能减少对环境的伤害。

3. 电网的概念及不同电压等级的输电能力

电力系统中输送和分配电能的部分称为电力网。电网是电能传输的载体，它包括升、降压变压器和各种电压等级的输电线路。电网是电能传输的载体，在发电厂发出电能后，如何将电能高效地传送给用户，就成为电网的主要功能。电能与其他能源不同的特点在于不能大规模存储，发电、输电、配电和用电在同一瞬间完成。输电的功能就是将发电厂发出的电力输送到消费电能的地区，或进行相邻电网之间的电力互送，使其形成互联电网或统一电网，保持发电和用电或两电网之间的供需平衡。输电功能由升压变压器、降压变压器及其相连的输电线完成。所有输变电设备连接起来构成输电网。输电网和配电网统称为电网。发电厂、输电网、配电网和用电设备连接起来组成一个整体，称为电力系统。输电网由输电和变电设备构成。输电设备主要有输电线路、杆塔、绝缘子串等。变电设备有变压器、电抗器、电容器、断路器、接地开关、避雷器、电压互感器、电流互感器、母线等一次设备和继电保护、监视控制装置、电力通信系统等二次设备。输电网一次设备和相关的二次设备的协调配合，是实现电力系统安全稳定运行，避免连锁事故发生，防止大面积停电的重要保证。

以220kV线路输送自然功率132MW为基准，输电线路的输送功率与线路阻抗成反比，而输电线路的阻抗随线路距离的增加而增加，即输电线路越长，输电能力越小。要大幅提高线路的输电能力，特别是远距离输电电路的功率输送能力，就必须提高电网的电压等级。电网的发展表明，各国在选择更高一级电压时，通常使相邻两个输电电压之比等于2。特大容量发电厂的建设和大型、特大型发电机组的采用，可以产生更大规模的效益，可以通过输电网实现区域电网互联，可在更大范围内实现电力资源优化配置，进行电力的经济调度。由于各区域电网的不平衡，输电的联网功能，特别是采用比区域骨干电网更高一级电压的输电线联网已变得特别重要。

7.1.3　电力物联网技术基本概念

1. 电力物联网基本定义

电力物联网融合通信、传感、自动化、云计算等技术，在电力生产、输送、变电、配电、高度等各环节，采用各种智能设备和IP，实现相关信息的安全可靠传输处理，从而实现电网运行和企业管理全过程的全景全息感知、互联互通及无缝整合。就电力物联网的本质而言，是一种提高电力信息可靠性、高效性的控制手段。物联网的核心能力是全面感知、可靠传送、智能处理，这三个方面恰恰也是智能电网一直追求的目标。

随着智能电网的全面建设，物联网技术在各业务环节得到广泛应用。电力物联网以国家电网公司SG-ERP信息系统总体架构为基础，包括感知层、网络层和应用层，形成了基于统一信息模型、统一通信规约、统一数据服务和统一应用服务的电力物联网体系架构。感知层实现电力生产各环节传感数据的统一感知与表达，建立统一信息模型，规范感知层的数据接入。网络层按照规范化的统一通信规约实现对数据的传送。应用层将多种数据信息统一管理并向外提供统一的数据服务，支撑各类业务应用，基于统一应用服务，开发各类电力物联网应用服务，供其他业务系统调用。

电力物联网的感知层主要由各种传感识别设备实现信息的采集、识别和汇集。随着电力物联网不断深化应用，日益增多的传感器数量及种类将导致多种传感技术和规范的同时使用，由此导致各种采集数据的数据表达（语义、数据表达格式等）无法统一。因此，需建立传感设备信息交互的统一信息模型，以规范电力物联网应用的建设，指导信息模型及数据接入规范的制定，达到高效的应用集成和数据共享的目的。电力物联网的统一信息模型以实现传感器信息模型的统一为目标，参照IEC 61850、IEEE 1451、SensorML等标准解决传感器语义不统一、数据表达格式不统一等难题。

2. 传感器信息模型的内涵

为了提高不同应用系统的信息交互效率，改善目前传感器由于厂家不同而导致的数据格式不利于数据共享的现状，应研究传感器的信息模型，其主要内容如下。

1）统一语义

统一语义即传感器节点跟上层通信使用同样的语言，让上层可以读懂和理解节点所要表达的意思。在研究统一语义的时候，需重点考虑如下几个方面：

（1）语义的唯一性。即避免出现重复的或有歧义的语义表达。

（2）语义的可读性。即在描述或表达某一物理量时，尽量避免使用单个字符或无意义的字符，而应使用国际标准的英文单词或其组合，以此增强其可读性。

（3）语义的可扩展性。即传感器技术的发展可能会引入新的语句语义，因此制定语义规则时，需使其具有一定的可扩展性。

2）统一数据表达格式。

（1）关键字的统一。即信息模型描述中的关键字应具有明确的意义，包括简称、命名等。比较通用的方式是采用英文单词，限定最大长度。例如IEC 61850中逻辑设备简称为LD（Logical Device），逻辑节点简称为LN（Logical Node），温湿度传感器逻辑节点按照IEC 61850-7-4中命名为MTHS等。

（2）表述方法的统一。即如何表述一个物理设备，包括如何划分设备类型，及如何建立与之对应的抽象数据类。

（3）描述语言的统一。即不同层之间采用统一的描述语言，如采用目前流行的可扩展标记语言（Extensible Markup Language，XML）。XML是万维网联盟W3C制定的用于描述数据文档中数据的组织和安排结构的语言，它定义了利用简单、易懂的标签对数据进行标记所采用的一般语法，提供了计算机文档的一种标准格式。

3）传感器信息模型

按照传感器最小逻辑功能，对各种传感器进行统一建模，实现传感器的信息模型。依据IEC 61850-7标准中的设计原则，将用逻辑设备、逻辑节点和数据对象描述的抽象数据模型作为整体设计框架；参考IEEE 1451.4的传感器电子数据表格（Transducer Electronic Data Sheet，TEDS）思想，实现电力物联网中传感器的信息模型；依据IEC 61850-6中信息模型配置语言的描述，选用基于XML的变电站配置描述语言（Substation Configuration Description Language，SCL）作为感知层传感器抽象数据模型在应用层上的一种描述语言，便于系统内部和系统间的数据交换，实现统一语义和统一数据表达格式。传感器信息模型的构成如图7-1所示。

3. 传感器信息模型的设计

依据IEC 61850-7-4标准中的设计原则，将用逻辑设备、逻辑节点、数据对象描述的抽象模型作为整个设计思路的架构，重点结合IEEE 1451.4的TEDS思想，实现电力物联网中感知层设备的抽象数据模型，如图7-1所示。

由于电池电量、无线带宽、传输速率等限制，传感器需将尽量少的变化数据传送出去。TEDS的理念正好可以满足这样的要求。TEDS以XML文件的形式存在于应用层服务器中。TEDS不仅可以解析传感器数据，还可以描述传感器的其他固有参数属性。

传感器电子表单的设计思想是将各种传感器抽象为统一的数据模型，并依据传感器自身资源有限的特点，将传感器详细的模型描述存储在具有丰富资源的服务器上。应用层收到传感器发来的精简TEDS后，根据ID号中表单编号选择相应的详细TEDS，并将相关数据填入其中，供其他系统使用。

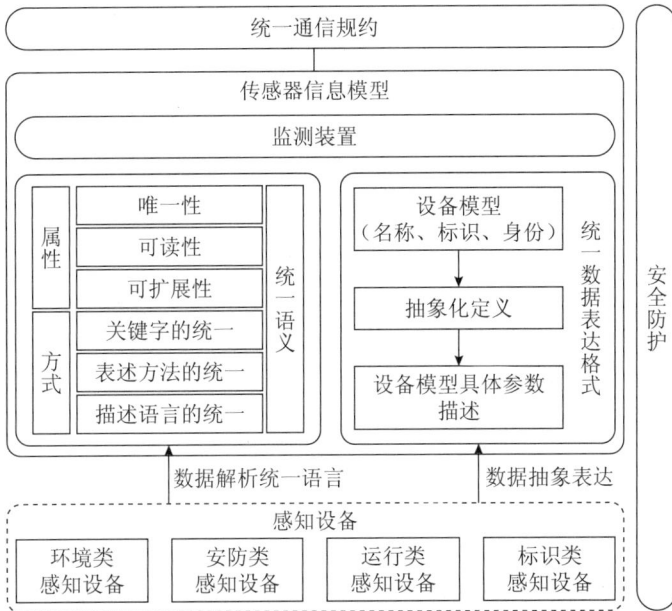

图7-1　感知层传感器信息模型

基本TEDS和标准TEDS是必须具备的元素。校准TEDS和用户TEDS是可选的元素。

基本TEDS是传感器上报数据中必须具备的元素，它表示数据的来源，也是服务器调用相应表单的依据。从基本TEDS中，也可以得到传感器逻辑节点类型的相关信息。

基本TEDS中，64B全为0或全为1作为预留位，用于系统维护或管理。传感器厂商代码由相关机构统一分配，为每个传感器厂家分配唯一代码；每种传感器的最小逻辑节点会被分配一个模板号。每种模板中元素的定义是统一的。不同厂家和不同形态的传感器都要遵循这种模板描述自家的传感器参数。应用程序通过调用该模板号的表单对传感器传上来的32B数据进行解析。

产品序列号由各厂家自己定义，占三个字节。一个传感器逻辑设备分配一个序列号。不同逻辑节点通过模板号的不同来区分64B的值。对矩阵传感器可通过在标准TEDS中相关字段做定义加以区分。

1）标准TEDS

该部分属于传感器详细TEDS的标准TEDS部分，主要包含32B的精简TEDS和传感器的固有属性两部分，TEDS的内容和数据格式符合相关标准，而不是针对某一厂商设置。

统一制定传感器详细TEDS的模板。每种传感器都会有统一的传感器详细TEDS模板。实现了不同传感器厂商、不同形态传感器数据模型的统一，并通过应用层服务器对传感器详细TEDS统一管理。传感器厂商依照该详细TEDS内容进行填写。类似于早期的纸质产品测试报告，现在只是表现形态不同，做成电子表单形式存储在服务器中。传感器加入电力系统时，要填写该表单，一是为传感器传来的数据提供解析的依据，另一方面可以得到传感器的详细信息。

智能传感器表单有两种实现形式：一是表单驻留在传感器的非易失性存储单元中，二是表单存储在上层设备的数据库中。要在表单模板中存储有意义的信息，必须精确定义表单中的每个元素。对于所有传感器，基本TEDS按照统一格式定义。对于标准表单而言，不同类型的传感器要存储的参数不同，因此需要定义不同类型的表单模板。

2）校准TEDS

校准TEDS包括校准日期、校准初始值、校准周期等，它们为十进制表述。

4. 典型应用场景

以某变电站物联网应用项目为例，根据项目需求部署了大量的各类传感器。由于厂家不同，语义和数据表达格式不统一，增加了数据通信和数据交互的复杂度，增加了项目建设的工程量，并造成一定的资源浪费。

为解决上述问题，在汇聚控制器中构建了传感器信息模型，主要实现了感知设备在语义和数据表达格式上的规范和统一。其中，统一语义保证感知设备属性的唯一性、可读性、可扩展性，并在关键字、表述方式、数据描述语言方面进行规范和统一。

统一数据表达格式主要是在抽象定义、参数描述等数据表达格式上进行统一，包括设备模型、设备的抽象化定义以及设备模型的具体参数。通过建立传感器信息模型，从而支持不同厂家传感器的即插即用和互联互通，提高了电力物联网各应用系统的信息交互效率。传感器信息模型应用部署如图7-2所示。

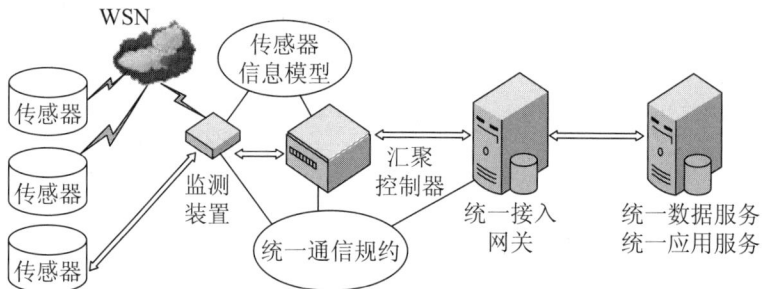

图7-2 传感器信息模型应用部署图

物联网感知层数据通过对传感器信息模型进行建模，使数据在网络层中以统一的信息模型进行交互，主要用来指导高可靠性和高性价比的智能传感器、标准化采集终端及信息模型转换设备的研发，并形成相关标准规范。通过示范应用，规范了各类传感设备的接入，在感知层实现了数据模型的统一，同时为网络层数据通信奠定了良好的基础，从而推动电力物联网在智能电网中的应用不断深化。

7.1.4 美国电网智能化与物联网的本质特征

1. 美国电网智能化运作的主要智能特点

"智慧地球"的概念主要出自IBM的美国智能电网计划，它的精髓在于智能电网计划是一个全面向第三方开放的公众性网络，而不再是过去那种属于电力公司的封闭系统。

　　智能电网在具体的运作上有三个层面的含义。首先是利用传感器对发电、输电、配电、供电等关键设备的运行状况进行实时监控，然后把获得的数据通过网络系统进行收集、整合，最后通过对数据的分析、挖掘，达到对整个电力系统运行的优化管理。

　　简单地说，就是通过传感器把各种设备、资产连接到一起，形成一个客户服务总线，从而对信息进行整合分析，以此来降低成本，提高效率，提高整个电网的可靠性，使运行和管理达到最优化。通过使用传感器、计量表、数字控件等分析工具，自动监控电网、优化电网性能、防止断电、更快地恢复供电，消费者对电力使用的管理也可细化到每个联网的装置。

　　智能电网在基本概念上有四个主要元素。首先，整个系统是开放性的，它将向所有的第三方参与者提供全面的开放。其次，智能电网是一个数字化的系统，有更多的传感器，连接很多的资产和很多的设备，而所有的这些都用数字化将它们装备起来，这样就可以通过数字信号对它们进行操作。再次，它拥有一个数据的整合体系和数据的收集体系，这个是共同的信息模式的基础平台。最后，这个平台不仅起着信息交换的作用，还具备了对数据进行分析的能力，通过对这些已经掌握的数据进行相关分析，就可以达到优化运行和管理的目的。

　　对于电网来说，它主要有两个特点。一个是它的存储性能很差，在用电高峰的时候往往不够用，而在用电低谷的时段又用不完；另一个是电能在传播的过程中会出现损耗，在同等条件下，传输的距离越长，损耗也就越大。这些损耗造成的成本由消费者来承担。

　　通过电网的智能化，首先可以在一定范围解决用电高峰与低谷的矛盾问题，通过经济手段作为杠杆，让用户尽量在低谷时使用电能。

　　比如，一家大的旅馆，通过建立一个大冰库来利用晚上用电低谷时段让里面的水全部结成冰块，到了白天，再从冰库中提取冷气。这样，这家旅馆的空调系统在白天不必用电来制冷，实现了错峰用电，从而达到节能省钱的目的。

　　电网系统没有具备分段计价的能力，而智能电网就是要解决类似的问题。在智能电网体系中，电表是一个重要的传感器，通过数字化的电表，可以记录下用户是在什么时候用了多少电。在此之前，电表只是实现了自动读取，是单方面的交流，不是双方的、互动的交流。如果实现了双向交流，电力供应机构就能精确地知道用户的用电规律，从而对需求和供应有更好的平衡。

　　在电力供应的高峰期或是需求超过供给的时候，根据实时的客户用电量提高价格。这个时候，聪明的用户就会把自己家里可以替代能源的设备打开（如太阳能设备），或者是选择错开用电高峰时段。这样就会形成比较灵活的供电模式，避免在用电高峰期出现停电等情况，并提高电力公司的收益。

　　智能电网需要解决的另一个问题是减少不必要的传输距离。通过对用电情况的精确掌握，对电能进行精确的调度，从而实现节能的目的。它包括解决太阳能、氢能、水电能和车辆电能的存储，可以帮助用户出售多余电力，包括解决电池系统向电网回售富裕电能。

实际上，这个体系就是以美国的可再生能源为基础，实现美国发电、输电、配电和用电体系的优化管理。这个计划也考虑了与加拿大、墨西哥等地的电力整合。

2. 美国电网智能化运作的开放性

运行智能电网，必须建立一个以服务为导向的系统，而建立以服务为导向的系统必须有开放的系统和共享的信息模式。这是实行智能电网的两个必备元素。

开放的系统能兼容各公司的产品、体系，使整个公司成为一个开放的平台，通过网络向社会公开一些信息和数据。通过这个平台，客户能更方便地了解公司的情况，合作伙伴也可以通过这个网络整合彼此之间的信息，使联系更加紧密。

只有存在开放性的体系，才能使各种信息达成共享，也才能让智能电网成为可能。由第三方开发一些应用，帮助消费者进行在线用电管理，建立起GPS数据发布和电表之间的联系，在一个开放性的网络中实现效益的最优化配置。

智能电网实际上提供了一个大的框架，即建立开放性的母平台并向社会开放，通过各方的参与实现对电力生产、输送、零售各个环节的优化管理。

以这个母平台为支撑，建立一个围绕它的生态产业链。简单地说，智能电网就是一个永不落幕的网上用电拍卖会，拍卖的主题是用电的时间，同样的用电量，在不同时段的售价是不同的，电价随用电时间段的不同而改变。用电高峰对电能的需求旺盛，这时的电价就会被抬起来，而在用电低谷时段，电能供过于求，这时的电价就会降下来，如果在这个时间段购买电能，可以用很便宜的价格买到。

与此同时，会有众多的商业机会在这场拍卖会上衍生出来。

3. 合作与开放是物联网的基本属性

物联网的本质是"合作与开放"，这是物联网的基本属性。对于物联网，我们所要追求的，是它的网络性，而不是它的传感性。

实际上，从技术层面来说，局域网与互联网在形式上基本相同。它们的网络都是由线路与路由设置组成，使用的计算机终端也没有区别，在互联网上运行的软件与在局域网上运行的软件也没有本质区别。一个网站的代码可以放到局域网上，也可以放到互联网上，这与在计算机上显示的结果一模一样，毫无区别。

但是，局域网与互联网的作用有巨大的区别，因为互联网是"合作与开放"的，局域网是封闭性的网络。互联网的参与者呈爆炸式增长，使得各种应用呈爆炸式增长，从而形成良性发展。在合作精神的主导下，大家互惠互利，共同发展。

对于物联网来说，也是同样的道理。物联网所有的应用都将具有"合作与开放"的基本属性。如果没有开放性，就不可能有那样多的用户参与，而没有这些潜在的用户资源，提供相关服务的企业就没有参与的积极性，没有这些企业的积极参与，就不可能享受物美价廉的服务。到目前为止，智能家居项目仍然无法普及，因为使用成本太高了。然而，没有规模效应，成本永远降不了。

7.2 智能电网应用物联网技术工程方法

智能电网具备物联网技术基本特性、特高压输电网络概念及主要特点、电力物联网技术在智能电网中的应用是本节介绍的主要内容。

7.2.1 智能电网具备物联网技术基本特性

1. 智能电网是自愈电网

"自愈"指的是把电网中有问题的元件从系统中隔离出来，并且在很少或不用人为干预的情况下，可以使系统迅速恢复到正常运行状态，几乎不中断对用户的供电服务。从本质上讲，自愈就是智能电网的免疫系统。这是智能电网最重要的特征。

自愈电网进行连续不断的在线自我评估，以预测电网可能出现的问题，发现已经存在的或正在发展的问题，并立即采取措施加以控制或纠正。

自愈电网确保了电网的可靠性、安全性、电能质量和效率。

自愈电网将尽量减少供电服务中断，充分应用数据获取技术，执行决策支持算法，避免或限制电力供应的中断，迅速恢复供电服务。

基于实时测量的概率风险评估将确定最有可能失败的设备、发电厂和线路；实时应急分析将确定电网整体的健康水平，触发可能导致电网故障发展的早期预警，确定是否需要立即进行检查或采取相应的措施；与本地和远程设备的通信将有助于分析如电压降低、电能质量差、过载等故障和其他不希望的系统状态，并基于这些分析，采取适当的控制行动。

自愈电网经常使用连接多个电源的网络设计方式。

当出现故障或发生其他问题时，电网设备中先进的传感器确定故障并和附近的设备进行通信，以切除故障元件或将用户迅速地切换到另外可靠的电源上。同时传感器还有检测故障前兆的能力，在故障实际发生前，将设备状况告知系统，系统就会及时地提出预警信息。

2. 智能电网激励和包容用户

在智能电网中，用户将是电力系统不可分割的一部分。鼓励和促进用户参与电力系统的运行和管理是智能电网的另一重要特征。

从智能电网的角度来看，用户的需求完全是另一种可管理的资源，它将有助于平衡供求关系，确保系统的可靠性；从用户的角度来看，电力消费是一种经济的选择，通过参与电网的运行和管理，修正其使用和购买电力的方式，从而获得实实在在的好处。

在智能电网中，用户将根据其电力需求和系统满足其需求的能力调整、平衡其消费。

同时，将满足用户在能源购买中有更多选择的基本需求，减少或转移高峰电力需求的能力，通过降低线损和减少效率低下的调峰电厂的运营，使电力公司尽量减少资本开支和运营开支，这也提供了大量的环境效益。

在智能电网中，与用户建立双向实时的通信系统是实现鼓励和促进用户积极参与电力系统运行和管理的基础。实时通知用户其电力消费的成本、实时电价、电网目前的状况、计划停电信息，同时用户可以根据这些信息调整自己的电力使用方案。

3. 智能电网具有抵御攻击的能力

电网安全性的全系统解决方案旨在增强电网的抗攻击能力。由于电网经常受到物理攻击和网络攻击，该方案要求电网能够从供电中断故障中快速恢复供电。智能电网将展示被攻击后快速恢复的能力，甚至是对那些决心坚定和装备精良的攻击者发起反击。

电网安全性的全系统解决方案使智能电网的设计和运行具有阻止攻击的能力，最大限度地降低损失和快速恢复供电服务。智能电网也能同时承受对电力系统几个部分的攻击和在一段时间内多重协调的攻击。

智能电网的安全策略包含威慑、预防、检测、反应，以尽量减少和减轻对电网的影响。面对重大威胁信息，不管是物理攻击，还是网络攻击，智能电网都能通过加强电力企业与政府之间的密切沟通，在电网规划中强调安全风险，加强网络安全，提高智能电网抵御风险的能力。

4. 智能电网提供满足21世纪用户需求的电能质量

电能质量指标包括电压偏移、频率偏移、三相不平衡、谐波、闪变、电压骤降和突升等。

用电设备的数字化对电能质量越来越敏感，电能质量问题可以导致生产线的停产，给社会经济发展造成重大的损失。因此，提供能满足21世纪用户需求的电能质量，是智能电网的又一重要特征。

但是电能质量问题又不是电力公司一家的问题，需要制定新的电能质量标准，对电能质量进行分级，因为并非所有的商业企业用户和居民用户都需要相同的电能质量。

电能质量可以从"标准"到"优质"进行分级，这取决于消费者的需求。它将在一个合理的价格水平上平衡负载的敏感度与供电的电能质量。

智能电网将以不同的价格水平提供不同等级的电能质量，以满足用户对不同电能质量水平的需求，同时要将优质优价写入电力服务的合同中。

智能电网将减轻来自输电和配电系统中的电能质量事件。通过先进的监控电网基本元件，快速诊断并准确地提出解决任何电能质量事件的方案。

此外，智能电网的设计还要考虑减少闪电、开关涌流、线路故障和谐波源引起的电能质量的扰动，同时应用超导材料、储能以及改善电能质量的电力电子技术的最新研究成果来解决电能质量的问题。

另外，智能电网将采取技术和管理手段，使电网免受由用户的电子负载造成的电能质量的影响，将通过监测和执行相关的标准，限制用户负荷产生的谐波电流注入电网。除此之外，智能电网将采用适当的滤波器，以防止谐波污染送入电网，恶化电网的电能质量。

5. 智能电网对不同类型发电和储能系统接入的包容性

智能电网将安全、无缝地容许不同类型的发电和储能系统接入，简化联网的过程，类似于"即插即用"，这一特征对电网提出了严峻的挑战。改进的互联标准将使各种各样的发电和储能系统容易接入。

各种不同容量的发电和储能系统在所有的电压等级上都可以互联，包括分布式电源，如光伏发电、风电、先进的电池系统、即插式混合动力汽车和燃料电池。

商业用户安装自己的发电设备（包括高效热电联产装置）和电力储能设施将变得更加容易，更加有利可图。在智能电网中，大型集中式发电厂（包括环境友好型电源，如风电、大型太阳能电厂和先进的核电厂）将继续发挥重要的作用。

加强输电系统的建设，使这些大型电厂仍然能够远距离输送电力。同时，各种各样的分布式电源的接入一方面减少了对外来能源的依赖，另一方面提高了供电可靠性和电能质量，特别是对应对战争和恐怖袭击具有重要的意义。

6. 智能电网可促进电力市场蓬勃发展

在智能电网中，先进的设备和广泛的通信系统在每个时间段内支持市场的运作，并为市场参与者提供了充分的数据，因此电力市场的基础设施及其技术支持系统是电力市场蓬勃发展的关键因素。

智能电网通过市场上供给和需求的互动，可以最有效地管理如能源、容量、容量变化率、潮流阻塞等参量，降低潮流阻塞，扩大市场，汇集更多的买家和卖家。

用户通过实时报价来感受到价格的增长，从而降低电力需求，推动成本更低的解决方案以及新技术的开发，新型洁净的能源产品也将给市场提供更多选择的机会。

7. 智能电网使运行更加高效

智能电网优化调整其电网资产的管理和运行，以实现用最低的成本提供所期望的功能。这并不意味着资产将被连续不断地用到极限，而是有效地管理需要什么资产以及何时需要，每个资产将和所有其他资产进行很好的整合，以最大限度地发挥其功能，同时降低成本。

智能电网将应用最新技术以优化其资产的应用。例如，通过动态评估技术使资产发挥其最佳能力，通过连续不断地监测和评价其能力，使资产能够在更大的负荷下使用。

8. 智能电网高速通信在线监测

智能电网通过高速通信网络实现对运行设备的在线状态监测，以获取设备的运行状态，在最恰当的时间给出需要维修设备的信号，实现设备的状态检修，同时使设备运行在最佳状态。系统的控制装置可以被调整到降低损耗和消除阻塞的状态。通过对系统控制装置的调整，选择最小成本的能源输送系统，可以提高运行的效率。最佳的容量、最佳的状态和最佳的运行将大大降低电网运行的费用。

此外，先进的信息技术将提供大量的数据和资料，并将集成到现有的企业范围的系统中，大大加强其能力，以优化运行和维修过程。这些信息将为设计人员提供更好的工具，创造出最佳的设计，为规划人员提供所需的数据，从而提高其电网规划的能力和水平。

7.2.2 特高压输电网络概念及主要特点

1. 特高压输电线路的概念

1000kV高压交流输电线路输送功率为500kV线路的4～5倍；±800kV直流特高压输电能力是±500kV线路的2倍多。同时，特高压交流线路在输送相同功率的情况下，可将最远送电距离延长3倍，而损耗只有500kV线路的25%～40%。输送同样的功率，采用1000kV线路输电与采用500kV的线路相比，可节省60%的土地资源。到2020年前后，国家电网特高压骨干网架基本形成，国家电网跨区输送容量将超过$2×10^8$kW，占全国总装机容量的20%以上。届时，从周边国家向中国远距离、大容量跨国输电将成为可能。

对于特高压电网的经济性，专家分析：到2020年，通过特高压可以减少装机容量约2000万kW，节约电源建设投资约823亿元；每年可减少发电煤耗2000万t。北电南送的火电容量可以达到5500万kW，同各区域电网单独运行相比，年燃煤成本约降低240亿元。

特高压输电线路是指±800kV及以上的直流电和1000kV及以上交流电的电压等级输送电能。特高压输电是在超高压输电的基础上发展的，其目的仍是继续提高输电能力，实现大功率的中、远距离输电，以及实现远距离的电力系统互联，建成联合电力系统。我国超高压输电线路以330kV、500kV交流输电和500kV、800kV直流输电线路为骨干网架。全国已经形成5个区域电网和南方电网。其中，华东、华北、华中、东北4个区域电网和南方电网已经形成了500kV的主网架，西北电网在330kV网架的基础上，正在建设750kV网架。但是，由于我国电网跨区域输电主要依靠500kV交流和±500kV直流，在提高电力输送能力方面受到技术、环保、土地资源等多方面的制约，而特高压电网能够适应东西2000～3000km，南北800～2000km远距离大容量电力输送需求，有利于大煤电基地、大水电基地和大型核电站群的开发和电力外送。

2. 特高压输电线路主要技术难点

对于交流特高压而言，主要有两大技术攻关重点：一是制造出可调的并联电抗器，二是研制1000kV电压等级的双断口断路器。这两个关键技术问题已经基本解决。对于直流特高压电网而言，其技术攻关关键是开发6in晶闸管。日本已经研制出了6in晶闸管，我国在研制6in晶闸管方面也已经具备了一定的基础。我国晋东南—南阳—荆门的特高压交流试验示范工程将真正实现全电压、满容量、长距离输电。

此外，对于我国电网设备制造业而言，中国建设特高压电网对我国民族工业无疑是巨大的推动。中国从2006年开始发展特高压电网，表明中国已经有勇气解决特高压这一世界性的难题。中国幅员辽阔，可开发的水力资源的2/3分布在西北和西南地区，煤炭资源大部分蕴藏在西北地区北部和华北地区西部，而负荷中心主要集中在东部沿海地区。

3. 特高压输电线路的主要特点

1000kV电压等级的特高压输电线路均需采用多根分裂导线，如8、12、16分裂等，每根分裂导线的截面大都在600mm^{2}以上，这样可以减少电晕放电所引起的损耗以及无线电干扰、电视干扰、可听噪声干扰等不良影响。杆塔高度为40～50m。双回并架线路杆塔高度为90～97m。许多国家都在集中研制新型杆塔结构，以期缩小杆塔尺寸，降低线路造价。特高压输送容量大、送电距离长、线路损耗低、占用土地少。1000kV交流特高压输电线路输送电能的能力（技术上叫输送容量）是500kV超高压输电线路的5倍。所以有人这样比喻，超高压输电是省级公路，顶多就算是个国道，而特高压输电是"电力高速公路"。

中国的高速公路经过近几年的快速发展，已经基本成网，四通八达。而中国的特高压输电这个"电力高速公路"要形成电力高速公路网，还需要较长时间，也必然要花费不少的人力、物力、财力，为的就是要在全国范围内方便、快捷、高效地配置能源资源。

在电力工程技术中有一个术语叫"经济输送距离"，指的是某一电压等级输电线路最经济的输送距离。因为输电线路在输送电能的同时本身也有损耗，线路太长，损耗会太大，经济上不合算。

500kV超高压输电线路的经济输送距离一般为600～800km，而1000kV特高压输电线路因为电压提高了，线路损耗减少了，它的经济输送距离也就加大了，能达到1000km甚至更长，这样就能解决前面说到的把西部能源搬到中东部地区使用的问题。一条1150kV输电线路的输电能力可代替5、6条500kV线路，或3条750kV线路；可减少铁塔用材1/3，节约导线1/2，节省包括变电所在内的电网造价的10%～15%。1150kV特高压线路走廊仅约为同等输送能力的500kV线路所需走廊的1/4，这给人口稠密、土地宝贵或走廊困难的国家和地区带来重大的经济和社会效益。

建设输电线路占用的土地叫"线路走廊"。一条1000kV特高压输电线路的输电能力相当于5条500kV超高压输电线路，而线路走廊所占用的土地只相当于两条500kV伏输电线路。所以建特高压输电线路能少占土地，这对土地资源稀缺的中东部地区来说尤其有利。

建设特高压电网能把中国电网连接起来，使建在不同地点的不同发电厂（如火电厂和水电厂之间）能互相支援和补充，即"实现水火互济，取得联网效益"；能促进西部煤炭资源、水力资源的集约化开发，降低发电成本；能保证中东部地区不断增长的电力需求，减少在人口密集、经济发达地区建火电厂所带来的环境污染；同时也能促进西部资源密集、经济欠发达地区的经济社会和谐发展。

7.2.3　电力物联网技术在智能电网中的应用

物联网应用到智能电网中是现代电力通信技术发展的必然结果。通过对通信基础设施和电力系统基础设施等资源的整合，提高电力系统的信息化水平，为发电、输电、变电、配电、用电和调度等环节提供技术支撑，最终形成一个以电力设备为基础的高效电力网络平台——电力物联网。

1. 欧、日、中电网对物联网的应用侧重点各有不同

虽然各国在建设现代电网的过程中都用到了物联网，但由于各国电力发展的实际情况不同，对物联网的应用侧重点也各有不同。

在欧洲，提升供电安全性、节能减排、发展低碳经济是各国积极发展智能电网的主要原因，在这种驱动力下，欧洲电力行业对物联网的应用更倾向于清洁能源和环保方向。

在日本，可再生能源接入、节能降耗和需求响应是日本发展智能电网的主要驱动力，日本电力行业对物联网的应用主要是对新能源发电监控和预测、智能电表计量、微网系统监控等领域。

在中国，物联网技术为提高电网效率、供电可靠性提供了技术支撑，RFID技术、各类传感器、定位技术、图像获取技术等使仓库管理、变电站监控、抢修定位与调度、巡检定位、故障识别等业务实现了灵活、高效、可控。

通过对比可以看出，中国的电力物联网应用侧重于为电网提供技术支持及进行智能监控、监测，融汇于电网各个环节，提高电网的智能化水平。

2. 电力物联网在智能电网各环节的应用

电力物联网为电网提供基础运行业务和企业现代化运营模式的全方位支撑，重点从感知、网络和应用三个层面展开。这三个层面在电网各环节的表现也各有不同。

1）发电

电力物联网在发电环节主要表现在传感器的应用及对发电机等的监测。电容传感器可以监测电机引出线传输的局部放电脉冲信号，同样的定子槽耦合器监测定子槽的局部放电电流脉冲信号，电流传感器监测空间传播的局部放电射频脉冲信号。把相关数据进行压缩，通过无线网传到监测中心。通过分析平台对数据进行综合分析，将数据通过报表、统计图等形式显示给发电企业，使其整体把握发电状态及可能受到的影响，为电力生产和防

灾减灾提供依据。

2）输电

电力物联网在输电环节主要表现在对输电线路的在线监测。在输电线路上部署温、湿度传感器及拉力传感器等，在高压杆塔上布设斜度传感器等，对输电线路进行实时监测，传回数据中心形成三维图像，从而对电力输送线路的运行情况有全面的把握，及时预防或排除可能发生的故障。同时，通过电力通信网络技术、传感器、RFID技术，对输电设备进行全方位的保护和保电支撑，主要表现在对设备履历、设备标识的收集，现场作业进行视频监控、防误报警等。

3）变电

变电站是整个电网各环节中比较复杂的部分之一，电力物联网在这一环节的应用表现形式也具有多样性。首先是对变电站周围环境及设备零件的状态进行监测，通过传感器收集由于局部放电而产生的爆裂状声发射、设备内的短路及过负荷等异常现象、高频电流等相关数据。通过对这些数据的分析，从整体上把握变电站的运行情况。其次是对变压器的状态进行监测，如变压器的内部压力情况，通过振动传感器、噪声传感器还可以看到铁心松动或变形的情况，从而掌握变压器运行情况。最后是对整个变电站设备的智能巡视，对母线、避雷器、高压开关、电流互感器、断路器、继电保护等相关设备都进行内部标签部署和收集整理，形成统一的数据资料。这样就能对变电站设备有系统的把握，对设备的运行、生产厂家和品牌、可能出现的故障等在需要的时候第一时间了解。

4）配电

配电网是直接与电力用户相连接的一环，起到承上启下的作用，在整个电网系统中起到枢纽的作用。它与输电和变电环节相同，对配电相关设备和现象的监测手法也相似。不同的是，配电网要对上游传输的电能量和下游电力用户的用电情况进行整体分析，并做出配电决策。在这个过程中，物联网中云计算和大数据分析技术发挥着十分重要的作用。只有做出准确的数据分析，才能在配电时提高供电可靠性，实现配电智能化。

5）用电和调度

这部分的主要表现形式为供电公司对用户用电信息的采集及智能用电系统。通过智能电表，对用户的用电情况进行采集，抄表周期从过去的一个月到一周，再到2分钟，实现了实时抄收和高速、双向互动。随着通信技术的提高，实现了无线传感和电力线宽带的复合应用。供电公司和物业管理中心通过以太网对用户的智能终端进行数据监测，及时了解用户设备的运行情况和应用需要，为用户提供相应的服务业务。同时还可以对可能出现的问题进行提前预警，比如电费使用情况、电压稳定情况等。

3. 物联网技术在电力行业应用产生的优势

1）输配电调度

在输配电调度方面，通过物联网技术的应用，通过遍布电网的传感器及时感知电网内部的运行情况，反馈给调度系统全局系统电能的损耗情况，并能够辅助调度人员对系统的运行方式，在保证安全运行的前提下优化网络的运行，提高输电环节的智能化水平和可靠性程度，节省能源消耗。

2）配电网现场作业管理

在配电网现场作业管理方面，物联网技术的应用主要包括身份识别、电子标签与电子工作票、环境信息监测、远程监控等。搭建配电网现场作业管理系统，实现确认对象状态，匹配工作程序和记录操作过程的功能，减少误操作风险和安全隐患，真正实现调度指挥中心与现场作业人员的实时互动。

利用物联网技术，可以提高对配电线路等电网设备的感知能力，并很好地结合信息通信网络，实现联合处理、数据传输、综合判断等功能，提高配电网的技术水平和智能化水平。配电线路状态监测是其重要应用环节之一，主要包括气象环境监测、线路微风振动等。这些都需要物联网技术的支持，包括传感器技术、智能分析和处理技术、数据融合技术及可靠通信技术。

利用物联网技术可提高配电网设备的自动化和数字化水平、设备检修水平及自动诊断水平；通过物联网可对设备环境状态信息、机械状态信息、运行状态信息进行实时监测和预警诊断，提前做好故障预判、设备检修等工作。由于各种原因，电力设备会发生发热现象，设备各部位温度表征设备运行是否处于正常运行状态，采用无线传感网络技术，可实现对设备温度的实时监控。

3）安全监控与继电保护

在安全监控与继电保护方面，通过物联网技术的应用，一方面可以实时感知在外界气象条件下，杆塔、线路等运行部件的受力情况，并将信息及时反馈。物联网技术可用于电力杆塔或重要设施的全方位防护，通过在杆塔、配电线路或重要设备上部署各种智能传感器和感知设备，组成多传感器协同感知的物联网网络，实现目标识别、侵害行为的有效分类和区域定位，从而达到对配网设备全方位防护的目标。在恶劣的气象条件下，在杆塔、线路受力接近临界状态的情况下实时报警，并通过杆塔上调节装置的动作来缓解受力严重部位的情况，等待工作人员更换。甚至，在覆冰情况下，自动感知冰层的厚度，进行危害评估，并自动融冰，增强了抵御灾害的能力。

另一方面，实时感知电网内部的运行状况，如电压、电流的变化，预测故障的发生，通过网络重构，改变潮流的分布将故障遏制在萌芽状态，并实时将信息反馈给调度中心。系统具有"自愈"功能，在不用人员赶到现场的情况下，通过工业现场总线技术和软件技术，使系统迅速恢复到正常运行状态。

4. 我国电力物联网的发展前景

电力物联网的发展迎合了电力行业的需求，率先发展起来的智能电网，其核心在于构建具备智能判断与自适应调节能力的多种能源统一入网和分布式管理的智能化网络系统，可对电网与用户用电信息进行实时监控和采集，且采用最经济与最安全的输配电方式将电能输送给终端用户，实现对电能的最优配置与利用，提高电网运行的可靠性和能源利用效率。

随着我国智能电网建设，电力物联网在其中的作用也日益突出。未来电力物联网在技术发展上会显著增强，初步形成较为完善的产业链，应用规模和水平也会有显著提升，会广泛应用于智能电网各环节，形成较为成熟的、可持续发展的、统一的电力物联网建设及运营模式，实现电力物联网与智能电网同步建设。全面开展电力物联网综合应用及公共服务平台建设，实现智能电网与物联网的全面融合。

电力物联网是电力行业的一次革命，是现代电力行业发展的必然结果。电力物联网核心技术研发与产业化、关键标准研究与制定、产业链条建立与完善、重大应用示范与推广等将取得显著成效，初步形成创新驱动、应用牵引、协同发展、多方共赢的电力物联网产业发展格局。

7.3　电力物联网工程技术咨询与应用分析

微电网技术与能源互联网应用、智能变电站高可靠性保护控制系统集成技术应用、智能配用电通信架构体系技术应用、输电线路运检故障分析与防治方法是本节介绍的主要内容。

7.3.1　微电网技术与能源互联网应用

我国以煤为主的能源产业结构和能源分布不合理等问题亟待解决，因此我国应该大力发展微电网，并逐步过渡到能源互联网。微电网和传统电网的最主要区别之一就是微电网可以对分布式能源进行就地消化、就地平衡，同时也可以和大电网进行能量交换，因此微电网内部的控制和相关保护技术，和大电网相比有区别。

1. 我国能源和国外能源的结构与分布不同

一是能源的结构以煤为主，和国外发达国家相比，这样的结构是落后的。我们70%的能源结构水平在欧美和日本等发达国家是处于20世纪50年代的水平。21世纪初，国外特别是欧美发达国家，煤炭、石油、天然气占的比例大概是各占1/3，而我国仍然是以煤为主的结构。这就造成了今天我们看到的雾霾。燃煤排放的二氧化碳水平比燃气或者其他能源排放的要高。

二是能源分布不合理，能源分布主要在西部，负荷中心却在东部。以电为例，煤炭基地在内蒙古、山西、甘肃、新疆，水电资源在澜沧江、长江上游、雅鲁藏布江、三峡，负荷中心在东部。所以造成能源的分布极不合理，造成了西能东送的格局。而且从区域电网的结构来考虑，每一个区域电网基本上也是西能东送，或者西电东送的布局，这就要求把能源远距离输送到东部。

在电力方面，全国2/3的负荷是集中在东部地区，而2/3的能源在西部地区，有1/3的能源要从西部搬运到东部。我们要考虑能源的就地消纳、就地生产，所以我国规划，到2020年分布式能源所占的比例要大大提高，主要是光伏、小水电、微型天然气、风电和其他分布式能源。

2. 如何克服大范围接入的新能源难题

面对大范围接入的分布式能源，如波动式的太阳能、风能，如何进行控制？怎么满足分布式能源对可靠性的要求，对各种电力服务的要求？其中很重要的一个方面就是建设微能源网，从微电网逐步过渡到微能源网以及能源互联网。微电网和传统电网最主要的区别就是，微电网可以对分布式能源进行就地消化、就地平衡，同时可以和大电网进行能量交换，因此微电网内部的控制和相关保护技术，和大电网相比有区别。

大电网主要是单向潮流，简单交互，从发电厂通过输电线路到用户，而微电网是内部的循环，双向操作。用户和电网之间可以交换能量，是双向的流动，是主动交互，这是微电网和传统电网的本质区别。

如果微电网控制得好，对大电网有比较大的支撑作用。比如，大电网出故障了，微电网就可以提供供电可靠性，可以更多、更好地消纳新能源和可再生能源，有更低的供电成本。微电网内部可以提升可再生能源的效率，特别是多种能源互补的时候。微电网可以对大电网提供相关的辅助服务，如调频、调压服务，通过微电网内部控制措施，可以对相应的指标进行处理。

3. 微电网的主要关键技术

一是微电网内部分布式发电的控制技术。微电网的能量现在还没有界定，从几十千瓦到几十兆瓦，运行方式灵活，分布式电源保证及时性和环保性。

二是控制保护技术。由于微电网分布式电源在用户侧，因此过去传统的控制和保护技术有一些不适应微电网的情况。

三是微电网的储能技术。随着我们的储能成本逐渐降低，储能对分布式可再生能源平抑波动性，在峰谷差的调节过程中发挥了很重要的作用。目前，储能本身之所以没有广泛应用，主要是经济性能低。随着储能成本的下降以及储能技术的不断成熟，对平抑可再生能源波动性，提高经济性、灵活性，将发挥重要的作用。

四是微电网能量管理技术。如何管理分布式能源，如何管理微电网中的各类负荷调节，以协调运行，这是能量管理很重要的作用。

五是多个微网之间形成微网群的时候，如何进行协调和控制？这也是微电网中的一项关键技术。比如，在法国里昂形成了十几个微电网群，微电网群之间实现了协调控制和互补运行。

在微电网方面，我们承担了IEC三项国际标准制定（IEC标准由中国主导的只占

0.3%，微电网的三个国际标准都由我们主导），还承担了两项国内微电网方面的标准。

微电网的接入可能会使配电系统发生根本性的变化。比如，使配电网从传统单向辐射的网络转变为双向潮流流动的网络，配电运行就会发生变化，会变成有源的网络，所以运行、保护控制方式就会产生很大的变化。另外，用户侧灵活地运行在微电网内部，用户负荷和管理方式上都会发生变化。

4. 从微电网向能源互联网发展趋势

通过微电网的建设可以补充大电网对投资的不足，可以降低配电系统对电能的需求，减少或者减缓配电网的投资。

多能互补的微能源网，特别是用户侧的水、电、气各种能源的互补，将对电力市场的最终格局产生深远影响。用户和电力之间会形成一定的关系，可以向配电网购电，也可以出售相关电能，参与效率会大大提高，竞争也会更加激烈。

能源互联网可以大致分成两大类。

第一类是广域的能源互联网，称作全球能源互联网，它是跨国、跨区域的，以超高压、特高压骨干网为核心，以大规模输送可再生能源为主要目的，实现跨国、跨洲、跨区域的大型能源基地可再生能源的传输、交易。因此广域全球能源互联网具有广域资源配置和需求调节能力，是解决可再生能源可持续供应的重要手段。

第二类是局域的，地域的，以园区或者跨园区的配电网为核心纽带，目的是要消纳分布式可再生能源，通过各种技术实现多种能源的高效利用和多元化主体参与的能源互联网。

能源互联网是以互联网理念构建的一种新型信息和能源融合的网络，以智能电网为基础架构，融合了热、冷、气等多种能源形式，形成了一个智慧能源网络，能够实现分布式能源的广泛接入和市场化交易，从而最大程度地利用清洁低碳的可再生能源，实现能源的清洁、高效、便捷和可持续利用；满足用户多元化的需求，集成了供电、水、气、冷、热多元化的能源，同时在消纳方面把商业、工业负荷、居民负荷，通过能源互联网的控制和优化控制手段，通过它的信息调控实现了能源交换。

按照能源互联网的基本层面分，有基础设施层（包括管道、传感器），然后是通信层，通过通信形成数据资源，数据资源最后形成互动服务层。另外，要通过政策引导来实现能源互联网或者微能源网的高效、可靠、经济运行。

能源互联网的基本架构包括供能侧和用能侧。供能侧包括可控可调的大电网资源、可联网或者可以孤岛运行的小型微能源网。微能源网包括水、电、气各种资源的优化，通过信息流以及能量流的传输为用户服务。用能侧包括多种类型的用户，用户的特性、曲线、消纳特征都不一样。微能源网在这种消纳过程中，可以提供有效的协调和控制，使供能侧和用能侧平衡。其中很重要的一个技术手段是通过综合能量管理平台管控能源和负荷的"三流"，即能源流、信息流、业务流，最大限度地开发和利用可再生能源。

5. 能源互联网信息感知平台的分类

（1）智能采集系统。该系统把能源互联网底层的各种设备和用户运行的状态，通过立体信息感知系统采集上来，实现对电、热、气、交通、用户、气象以及各种生产调度进行全方位的监控采集，得到完整的微能源网的数据信息。

（2）智能通信与信息系统。在最后一公里的时候通信手段是多元化的，微波、载波、公用网等构成一个信息系统。

（3）能量和负荷的预测。预测的精度是能量精确管理和高效利用的重要前提。特别是放开输电端市场以后，预测显得更加重要。比如，直供要求预测精度为95%～105%，预测误差不能超过5%。如果预测电量低于5%，如95%以下，市场就有惩罚措施。如果高于105%，就不再享受大用户直供的政策。

（4）多能源优化调度。除了电，还有天然气、热力、水，能源互联网的多能互补可以优化。在园区能源互联网协同优化调度的过程中，集成了相关优化算法以及管理算法，对分布式能源储能和负荷形态进行调控。优化调度有各种方法，其中主要是分层和分布式的两类算法。在多能优化调度中，为了保证能安全可靠地运行，智能保护和控制也很关键。

（5）需求侧响应。用户如何和电源、发电侧进行友好的互动？要有需求响应策略和相关的框架。

（6）高级应用服务。指微能源网、能源互联网的一些服务，包括高级能效服务，如何帮助用户节能，对能耗、污染物排放进行分析，进行能效诊断和相关统计。还有用户定制的服务，未来微能源网和能源互联网应该是对用户一对一的定制服务。最后是电网辅助服务，重要的是调频、调风服务，电网出现故障的时候要有相应的备用措施。

整个能源互联网管理平台从智能决策、智能控制以及相关的应用系统来实现能源互联网优化的调控。微电网、微能源网和能源互联网将对国家能源高效消纳和平稳运行起重要作用。

7.3.2 智能变电站高可靠性保护控制系统集成技术应用

1. 保护控制系统高度集成技术

智能变电站高集成度保护测控装置实现多间隔保护测控功能，并且接入多间隔的采样信息和开关量信息，实现各功能的逻辑计算，其技术研究的主要技术难点体现在以下几点。

（1）高集成度保护控制需要接入多间隔的数据，包括采样值信息和开关量信息，因此装置应具备多数据接入的处理能力，并且对变电站网络的带宽和实时性提出了更高的要求。

（2）高集成度保护控制需要同时运行多个间隔的程序，完成全站多间隔的保护功能，因此装置运输能力需要提升，以满足保护对程序存储、程序运行和实时性的要求。

（3）多间隔共用一套硬件，装置出现故障后会影响全部间隔的保护测控功能，因此装置应具有可靠的硬件结构，并在出现故障后应有相应的对策。

（4）多间隔共用一套硬件，装置检修时应能对某一个间隔单独检修，不能影响其他间隔的正常运行。

2. 保护控制系统功能重构技术

高集成度保护控制装置融合了多种保护测控功能，软件开发难度大，如何简化程序的开发过程是需要考虑的一个重点问题。高集成度保护需要同时运行多个间隔的保护模块，如何处理好同时运行多个模块的问题是高集成度保护实现的关键点。项目研究提出了多种核心技术，包括可视化编程技术、实时多任务操作系统、自描述实时数据模型管理系统、双层设备驱动模型和多模块自动加载技术。

3. 保护控制系统集成测试技术

检测范围涵盖就地化装置、集成化装置；检测技术包括实验室测试、离线调试和模拟仿真技术；检测数据包括传统模拟量、数字量、现场实测数据、离线仿真数据、实时仿真数据等多种数据来源，注入数据量需涵盖从系统正常运行到故障发生以及故障切除全过程的内容，对保护控制系统进行全过程多源检测。保护控制系统在多重异常事件交互影响下的集成测试技术是本项技术的难点。

4. 保护控制数据容错及辨识技术

高可靠的共享数据是实现保护控制多维度协同的前提，其中解决智能变电站采集回路电子器件易受强电磁干扰问题是技术难点。变电站的运行电磁环境恶劣，特别是对超高压变电站的间隔层二次装置来说，电磁兼容要求更为苛刻，包括自然干扰、电力系统内部的干扰及外部干扰等。对变电站内电磁干扰的大量测试和统计结果表明，按照有关规定电磁干扰等级设计应能够覆盖对二次装置的要求。从新试点智能变电站来看，目前电子式互感器的采集回路出现异常导致差动保护误动已是严重阻碍智能变电站继电保护技术发展的关键问题。研究采样异常的特征，差动保护避免采样异常时误动的方案以及采样异常数据的识别也是本项技术的关键研究对象。

5. 网络信息交互路径自动规划技术

数据在以太网传输过程中会受到网络品质、负载、路径等多种因素影响。智能变电站的网络通信结构设计需要充分考虑网络的实时性、可靠性、经济性与可扩展性。网络的通信结构设计还应具有网络风暴抑制功能，支持变电站内设备的灵活配置，减少交换机数量，简化网络的拓扑结构，降低变电站的建造和运行成本。另外，在智能变电站的设计中，应对网络内的信息流量进行计算和控制，设立最大节点数和最大信息流量，并必须保持系统冗余。在以上边界条件下，实现保护控制二次回路网络信息交互路径自动规划是本项技术的一个难点。

6. 变电站信息网络安全防护技术

随着近几年电力信息化工作的蓬勃开展，一个涵盖各类信息平台的电力信息网络已初具规模，同时其安全问题日益引起各方重视。当前电力信息网络的主流安全防护技术为网络安全态势感知及预测（CSSA & F），其工作基础和核心技术是入侵检测。研究高效的入侵检测方法有助于提升电力信息网络的安全防护能力。

目前，已有一些面向电力信息网络的入侵检测解决方案：利用Snort规则和关联规则挖掘网络攻击的行为特征和行为目的之间的内在联系来设计入侵检测系统；通过马尔可夫决策过程对历史数据进行强化学习得到入侵检测模型；利用Agent设计入侵检测规则，并通过状态转移分析完成入侵检测；借助协同免疫原理设计基于英特尔公司网络处理器交换架构（Internet eXchange Architecture，IXA）的多层入侵检测体系。

智能变电站保护控制网络入侵检测主要存在攻击特征难以提取、攻击检测效率低下、漏报率高等难题。

协议栈流还原对网络层数据包进行流重组，对解决网络中出现的数据包重传、乱序等情况，有着十分重要的意义。另外，对协议栈进行组建化改造，增加过滤、审计等安全模块。

数据库服务端和客户端通信的协议用来完成数据库的登录验证、管理和操作。数据库协议数据包含一个通用的包头，这个包头包含包校验、包长度和包类型等信息。数据库协议解析的核心问题有两个：一是如何判断链路是不是正常行为（为我们从数据库协议分析出来的行为）；二是如何解析协议载荷类型的数据包。其中载荷的分析要明确到具体的指针位置以及报文的重组工作。

数据库访问安全性分析是整个安全防护的核心部分和难点所在，旨在给出访问的安全性判断和处置方式，包括安全分析模型的研究和建立。安全分析模型包括行为库的模式、建立机制和更新技术研究、基于结果导向的行为分析技术研究等。

7.3.3　智能配用电通信架构体系技术应用

电力通信网涵盖配电和用电两个重要生产环节，是实现智能电网双向数据互动和精细化智能管理的关键。配用电网具有站点多、分布广、业务多样化、运行环境恶劣等特点。实现配用电网信息海量接入，而且要实现不同分区业务的安全物理隔离，是智能配用电网通信支撑的重大研究课题。

1. 配用电网通信性能要求

由于配用电网设备分布点多面广，缺乏监控设备，在电网规模不断扩大和结构日益复杂化之际，大量配电设备需要进行实时监控，需要远程自动数据采集，因此最重要的就是传输通道要满足配用电自动化的性能要求，主要体现在以下几个方面。

1）可靠性

配电系统的通信设备大多暴露在室外，既要有承受恶劣气象条件的能力，又要有抵抗电磁干扰的能力，还要考虑到维护方便。

2）经济性

在满足可靠性的前提下要提高系统性价比，既要考虑选择合适的通信方式和设备，又要估算长期使用和维护的费用，并且要易于建设，易于使用，易于维护。

3）通畅性

数据传输速率要同时满足现在建设和将来扩建的要求。在设计通信方式的时候，还必须留有足够的带宽，以满足将来配用电系统扩建的要求。

4）独立性

要求配用电网的调度自动化功能和故障区段隔离及恢复正常区段供电的功能，即使在停电的区域，通信仍能正常进行。

5）灵活性

通信系统要能方便地覆盖到新的配电网络区域，并兼容新的通信手段。

2. 现有配用电网通信方式的综合分析

随着通信技术的不断进步，目前可供配用电网自动化选择的通信方式多种多样，具体包括：无源光网络通信技术、中低压电力线载波技术、公网移动通信技术、以WiMAX和McWiLL技术为代表的宽带无线通信技术、以WIA和ZigBee技术为代表的无线传感网技术。

3. 多介质融合的智能配用电网通信体系模型

从支撑智能电网长远发展的需求出发，在分析比较电网通信技术的基础上，融合多种通信方式的技术特征，对满足配用电网智能化业务的通信技术多介质融合模式进行综合研究分析，并在大连、沈阳地区大规模开展智能配用电通信体系创新示范工作。针对配用电网络复杂的应用场景，充分考虑配用电网通信系统的综合建设成本和经济效益预期，提出了满足电网长期发展的配用电网通信系统典型设计方案及全新体系模型。新的配用电网通信体系结构具有横向到边，纵向到底，层次衔接清晰，业务接入灵活，技术先进，网络安全性高，信息传输通畅，便于管理等特点。

4. 无源光网络通信平台研究和应用

依据辽宁省电力有限公司自主研制开发的系列光纤复合特种电缆，采用EPON以太网无源光网络技术，研究EPON技术在配用电自动化、用电信息采集、智能化小区的智能用电双向交互、"三网融合"等方面的组网方案和试点应用，满足智能电网配用电环节信息化、自动化、互动化的需求，大幅降低"三网融合"的实施成本，提高网络的综合运营效率，在节能环保方面优势明显，不仅是构建节约型社会的重要手段，还是提高社会信息化水平的有效途径。

5. 无源光网络通信平台安全技术应用

由于配用电自动化通信平台未来要承载遥控、遥测、遥信等SCADA数据及双向潮流采集数据，甚至集抄数据和视频监控数据，业务安全等级不同，按照电力二次安全防护规范的要求属于不同的安全区，因此业务的安全隔离非常重要。目前，MPLS VPN已经成为电力生产业务安全隔离事实上的标准，全国电力调度系统全部采用MPLS VPN技术进行不同安全区业务的隔离。作为电力生产业务的末端环节，配用电自动化业务在传输过程中同样需要业务的安全隔离。因此要求OLT设备能够支持L2、L3等MPLS VPN，从接入端开始就将不同的配电业务进行区分，借助OLT的VRF实现不同配电业务的VPN隔离。

接入层采用的ONU设备提供安全智能控制策略。ONU设备支持802.1x认证，可以有效地保证用户的合法性；同时ONU设备端口支持VLAN透传、VLAN划分、VLAN优先级设置，可进行简单高效的远程维护。ONU设备支持自我故障检测并复位功能，并且在掉电、重启后原有配置能够迅速恢复，同时支持远程软件升级，支持升级失败自动回退功能，更具特色的是，ONU故障后可用另外一个新ONU代替，原有配置能够恢复到新的ONU上，这些都大大地减少了网络维护人员的工作量，使配置更简单。

6. 宽带无线专网通信平台技术应用

宽带无线专网通信平台按照宽带无线网络的规划和设计、频点的申请、基站的架设、天线角度的测量和优化、现场无线信号强度的测量和分析、无线网络性能的优化、有线通信链路接入，采取必要的避雷和防雷措施，并解决无线网络管理系统和语音软交换系统的设计，传输通道IP地址、VLAN的规划和划分，研发基于McWiLL、WiMAX技术的工业级、电力适用的宽带无线智能终端产品，无线专网实时通信速率对配用电自动化系统实时数据的影响等问题。

7. 光网络与无线通信融合应用

宽带无线接入技术主要解决三类覆盖场景问题：一是当光纤无法进一步延伸时，采用WIA/ZigBee技术作接入技术，使用小无线技术组建一个小的自主网络，组建的自主网络最终可以覆盖到小区的配电设备；二是变电站周边视距范围内的配电设备，采用802.16大无线信号能够直接覆盖；三是基站信号盲区范围内使用802.11和ZigBee（Ad hoc）等小无线技术组建一个小的自主网络，再与802.16大无线网络组合实现无线信号覆盖。

7.3.4　输电线路运检故障分析与防治方法

1. 输电线路基本概念

从结构形式来看，输电线路分为电缆输电线路和架空输电线路两种。

1）电缆输电线路

（1）电缆简介：电缆组成成分有绝缘层、保护层、导线，分三芯、双芯和单芯电缆，并且都敷设于地下。

（2）电缆输电线路的优点：由于电缆都敷设于地下，不用电杆，这样在施工方面就大大节省了钢材、水泥和木材，与此同时也有效节省了地面空间，并且在电缆传输供电时不仅安全可靠，而且运行维护也非常的简单，不易受自然环境的影响而被腐蚀或发生损坏，从而有效地节省了维护的费用。

（3）电缆输电线路存在的问题：与架空输电线路相比较，电缆工程造价较高，而且在敷设线路时，电缆不易分支，并且接头技术较为复杂。当电缆线路损坏时，故障原因不易被发现，导致不能及时排除故障。也就是说，维修和查找故障的时间会比较长，会给用户用电带来不便。

2）架空输电线路

（1）架空输电线路简介：架空线路是利用绝缘子将输电导线稳固在地面杆塔上传输电能的输电线路。架空输电线路是由拉线、导线、线路杆塔、架空地线、接地装置和绝缘子串等部分组成，其架设在地面之上。

（2）架空线路优点：与地下输电线路相比，架空线路施工周期短，成本也比较低，同时方便维护、检修等施工。因此，架空输电线路成为电力传输技术主要的输电方式。

（3）架空输电线路存在的问题：在架空输电线路维护、运行和设计过程中，人为或自然因素会对其造成影响。由于架空线路暴露于大气环境中，而洪水、冰冻、大雪、强风暴以及气温变化等气象因素都会对电力传输造成直接影响，因此架空施工线路一定要有与所处环境相适应的施工强度。同时，工业污染、雨水、湿雾以及雷电等会破坏架空线路的绝缘强度，从而导致停电等事故的发生。

2. 输电线路异常故障产生的因素

输电线路大多裸露在空气中，受大自然恶劣环境的影响，如雷雨天的雷击现象和闪络现象，冬天的覆冰危害，天空中的鸟害（鸟粪污闪和粪道闪络），大雾天雾水粘在脏绝缘子上的污闪，都会产生各类故障。还有，线路自身的拉力造成的应力破坏和接触不良造成的绝缘子与线路发热烧坏。

1）风灾因素

输电线路大多地处地形复杂处，线路长，如果周边绿化不好，没有森林遮挡御风，那么很容易被自然界的大风给吹坏，即所谓的输电线路的风偏闪络，这种故障可以说是线路故障的易发形式，对电力系统的正常供电危害相当大，而且一旦发生故障，会造成风偏跳闸，引起大面积停电。强大的风源甚至会波及低压电杆，破坏电杆之间力的平衡。由于强风的作用，而使电杆倒塌的事故也不占少数。如2011年4月17日，佛山顺德发生的风灾，致使勒流、容桂等镇多次发生输电线路基塔倒塌，造成大面积停电和较大的经济损失。

2）雷电因素

在雷电频发的珠江三角洲地区，在春、夏季，雷电造成的输电线路故障时有发生，引起变电站的事故跳闸，事故的原因就是因为雷电过电压。例如2011年3月19日凌晨，在顺德龙江，雷击使佛山龙江110kV变电站10kV型材线折断，造成对地短路，使龙江变电站型材线10kV间隔保护跳闸。

3）覆冰因素

输电线路的覆冰造成的线路折断事故虽然不多，且仅发生在冬季，但是从事故的结果看，一旦发生覆冰事故，不但是大面积停电，而且因为天寒、工作强度大，维修的时间相对较长，不利于维修作业。形成覆冰的原因是天冷且空气潮湿，当结成覆冰时，容易发生线路舞摆闪络事故。例如，2008年南方发生的冰灾就是一个典型的例子。

4）污秽的因素

输电线路的污闪事故虽然不是很多，但损害却不小，还会造成闪络事故。引发此类事故的主要原因是绝缘子表面没有按期除尘，尤其在风雨天，灰尘堆积在绝缘子和线路上，会造成污秽电离发生闪络事故。

5）外力破坏因素

外力破坏的形式可以说是多种多样，如大风折断树木，大片的树木倒在线路上，增加了线路的负载，发生折断；近几年，偷盗运行中的低压线路事件日益增多，还有频发的交通事故（如铲车司机酒后开车或不小心碰倒电线杆），也是发生这类事故的原因之一。

6）鸟害因素

（1）鸟粪污闪。鸟粪落在输电线路上，会产生大量的污秽，粘连在绝缘子和线路上，加上阴湿的天气和山间的雨雾，积累到一定程度时，也会产生闪络现象。在正常的干燥的天气，鸟粪并不会很大程度地降低绝缘子的闪络电压，而在雨雾的天气，鸟粪的电阻变小加之污秽面积和路径共同的作用，提高了电力线路的电压，增加了鸟粪污闪事故的发生率。

（2）粪道闪络。许多鸟长期在低压电杆的绝缘子和横担附近排便，即使鸟粪没有贯穿全部的通道，也可能会造成粪道闪络现象而引发事故。

3. 输电线路故障的预防措施

1）保证与提高电气设计质量

提高电气设计的质量，最大程度提高安全性。电气设计是各种电气设备正常工作与否和维护是否方便的重要因素。在输电线路的设计中，杆塔、导线、绝缘子、辅助金具、防雷装置等的计算与选择是很重要的。现在大部分设计人员只会机械地照抄、照搬典型设计与设计规范。例如2011年3月19日顺德龙江雷击停电事故，经事故分析后得知，是由于设计者照搬设计规范，而没有考虑当地为多雷区，没有采取相应的防雷措施，造成雷击停电事故，后来，在杆塔上加装避雷器，这类事故才很少发生。同时，也必须合理地设计电力线路，才能使其更好地发挥作用。要想做好线路的设计工作，除了周密地计算外，现场勘测和线路路径的选择，也是设计的重中之重。设计人员须亲自到现场细心观察地形、地貌和线路的路径，才能设计出合理的电力线路，最大程度地避免各种事故的发生，保证输电线路的正常运行。

2）做好防雷措施

防雷接地工作是各种建筑物都必须做的保护工作之一。对于输电线路来说，防雷工作无疑更加重要，一般选取避雷线进行输电线路的雷电过电压保护，它是最常用的防雷装置。

同时也可以降低杆塔接地电阻，达到防雷的目的。例如，可把接地极埋设较深一些，也可以选择在地下水比较丰富、水位比较高的地方。在进入变电所的高压侧，通常选用各种阀型避雷器进行防雷保护。例如，在雷电多发的佛山地区，由于设计缺陷，10kV架空线路大部分不设防雷措施，当地雷击停电事故频繁发生，给经济带来了重大的损失。此后，新建和技改的线路，要求每隔一基塔必须安装一组避雷器。实践证明，这种电力线路运行稳定，效果很好。

3）杆塔位置与杆型的正确选择

首先应该及时并且认真地调查气候条件和地形，尽量避开在不利的地形和地理位置架设杆塔，而且应加强杆塔的机械强度，尽量选用钢管杆或加强型的混凝土杆。横担可以加厚，或者选用那种不易沾冰结构的绝缘子，并涂上有憎水性能的涂料等。

4）污闪的预防

污闪事故的发生数量虽然不多，但影响和危害很大，因此污闪事故的预防是提高电力系统供配电安全用电、持续用电的重要工作。通过增加爬距以及采用合成的绝缘子可以有效地防止污闪事故发生；或者使用防污闪涂料，进而限制泄漏电流事故的发生。

5）外力破坏的预防

输电线路的外力破坏，主要是大风使树木倒下压倒线路，再者是日益横行的偷盗和频繁的交通事故等。所以应该优化电气设计，输电线路尽量不要与树林离得太近，要充分考虑树木生长速度所带来的危害。要与道路保持适当的距离，并根据杆塔的具体位置，增设防护墩，最后涂上醒目的防护标志。

针对输电线路外力破坏故障，可采取以下措施加以防范。

一是加大电力设施的保护工作力度，做好相关电力用户的宣传教育工作和建立一套严密的巡线制度。

二是掌握问题和故障的重点，把事故隐患消灭在萌芽状态中。

三是不断完善电力法规，加强电力执法的力度。可以与相关部门共同组织电力安全活动，推广电力安全法规，让大众充分了解不安全用电的危害，使那些铤而走险的人望而生畏，知难而退。

四是制定一些切实可行的方法和措施，并落实到实际工作中去。例如，在紧要和关键地段一定要多设立一些警示牌和警告的标志牌。

五是培养和打造一支作风硬朗、善打硬仗的专业技术团队，这是保障输电线路安全的必要保证。

六是针对鸟害采取相关技术措施，包括：采用大盘径的绝缘子；加装防鸟粪的挡板；安装防鸟罩；安装专门防鸟的网；安装鸟刺。

线路故障有设计的因素，更多的是自然界的因素。一方面我们要优化设计，尽量不在设计时出问题，另外一方面要普及、完善电力知识和电力法，建立高效的输电线路维护队伍。

第8章
电力企业ERP工程咨询与应用分析

ERP基本概念及发展历程、业务流程重组的基本概念、SAP ERP系统的功能特点、ERP项目实施方法论阶段任务及成果、项目实施细节过程管理与控制方法、ERP项目实施成功的主要经验、辽宁电力ERP项目咨询实施案例分析是本章重点介绍的主要内容。

8.1 电力企业ERP工程咨询基础知识

ERP基本概念及发展历程、业务流程重组的基本概念、SAP ERP系统的功能特点是本节介绍的主要内容。

8.1.1 ERP基本概念及发展历程

1. ERP基本概念

ERP（Enterprise Resource Planning）即企业资源计划系统，是指建立在信息技术基础上，以系统化的管理思想，为企业提供决策的管理平台。ERP集信息技术与先进的管理思想于一身，成为现代企业管理的运行模式。ERP包含了先进的管理理念，将企业的业务流程看作一个紧密连接的业务链，划分为相互协作的支持子系统，如计划、销售、生产、物料管理、人力资源、财务会计等。ERP是整合企业管理理念、业务流程、基础数据、人力物力、计算机硬件和软件于一体的企业资源管理系统。ERP是综合应用关系数据库结构、面向对象技术、图形用户界面、第四代语言（4GL）、网络通信等技术机制，以企业管理思想为灵魂的软件产品。

可以从管理思想、软件产品、管理系统三个层次给出ERP的定义。

（1）ERP是由美国著名的计算机技术咨询和评估集团加特纳集团提出的一整套企业管理系统体系标准，其实质是在MRP Ⅱ（Manufacturing Resources Planning，制造资源计划）基础上进一步发展而成的面向供应链（Supply Chain）的管理思想。

（2）ERP是综合应用了客户机/服务器体系、关系数据库结构、面向对象技术、图形用户界面、第四代语言（4GL）、网络通信等信息产业成果，以ERP管理思想为灵魂的软件产品。

（3）ERP是整合企业管理理念、业务流程、基础数据、人力物力、计算机硬件和软件于一体的企业资源管理系统。

2. ERP系统的管理思想

ERP核心管理思想就是实现对整个供应链的有效管理，主要体现在以下三个方面。

1）体现对整个供应链资源进行管理的思想

现代企业的竞争已经不是单一企业与单一企业间的竞争，而是一个企业供应链与另一个企业的供应链之间的竞争，即企业不但要依靠自己的资源，还必须把经营过程中的有关各方（如供应商、制造工厂、分销网络、客户等）纳入一个紧密的供应链中，才能在市场上获得竞争优势。ERP系统正是适应了这一市场竞争的需要，实现了对整个企业供应链的管理。

2）体现精益生产、同步工程和敏捷制造的思想

ERP系统支持混合型生产方式的管理，其管理思想表现在两个方面。其一是"精益生产（Lean Production，LP）"的思想，即企业把客户、销售代理商、供应商、协作单位纳入生产体系，建立起利益共享的合作伙伴关系，进而组成一个企业的供应链。其二是"敏捷制造（Agile Manufacturing，AM）"的思想。当市场上出现新的机会，而企业的基本合作伙伴不能满足新产品开发生产的要求时，企业组织一个由特定的供应商和销售渠道组成的短期或一次性供应链，形成"虚拟工厂"，把供应和协作单位看成是企业的一个组成部分，运用"同步工程（SE）"组织生产，用最短的时间将新产品打入市场，时刻保持产品的高质量、多样化和灵活性，这是"敏捷制造"的核心思想。

3）体现事先计划与事中控制的思想

ERP系统中的计划体系主要包括主生产计划、物流需求计划、能力计划、采购计划、销售执行计划、利润计划、财务预算和人力资源计划等，而且这些计划功能与价值控制功能已完全集成到整个供应链系统中。

另一方面，ERP系统通过定义事务处理（Transaction）相关的会计核算科目与核算方式，在事务处理发生的同时自动生成会计核算分录，保证了资金流与物流的同步记录和数据的一致性，从而实现了根据财务资金现状，可以追溯资金的来龙去脉，并进一步追溯所发生的相关业务活动，便于实现事中控制和实时做出决策。

3. ERP软件平台的特点

（1）功能上，新增加的工作流、EDI、DSS等功能均有一个共同的特点，即ERP管理的对象从企业内部和外部的物料、物理的和生产力的资源扩大到信息资源。

（2）管理的深度从原先的生产计划与控制的联机事务处理OLTP向下扩展到覆盖办公自动化、无纸化处理，向上扩展到决策支持的联机分析处理OLAP，横向扩展到设计和工程领域。

（3）ERP的计算机环境从传统Client/Server环境过渡到以Web和Internet/Intranet的网络计算环境为支撑。

（4）软件结构上，不再追求大而全，而更趋于灵活、实际和面向具体用户。

（5）ERP软件应用范围拓宽，将覆盖制造业以外的许多领域。

4. 从MRP/MRP Ⅱ 到ERP发展历程

1）物料资源计划MRP（Material Require Planning）阶段

MRP的基本内容是编制零件的生产计划和采购计划。借助计算机的运算能力及系统对客户订单，在库物料，产品构成的管理能力，实现依据客户订单，按照产品结构清单展开并计算物料需求计划，实现减少库存，优化库存的管理目标。

2）制造资源计划MRP Ⅱ （Manufacture Resource Planning）阶段

在MRP管理系统的基础上，系统增加了对企业生产中心、加工工时、生产能力等方面的管理，以实现计算机进行生产排程的功能，同时也将财务的功能囊括进来，在企业中形成以计算机为核心的闭环管理系统，这种管理系统已能动态监察到产、供、销的全部生产过程。

3）ERP（Enterprise Resource Planning）阶段

进入ERP阶段后，以计算机为核心的企业级的管理系统更为成熟，系统增加了包括财务预测、生产能力、调整资源调度等方面的功能，配合企业实现JIT（Just In Time）管理全面、质量管理和生产资源调度管理及辅助决策的功能，成为企业进行生产管理及决策的平台工具。

4）电子商务时代的ERP

Internet技术的成熟为企业信息管理系统增加与客户或供应商的信息共享和直接的数据交换能力，从而强化了企业间的联系，形成共同发展的生存链，体现企业为达到生存竞争的供应链管理思想。ERP系统相应地实现这方面的功能，使决策者及业务部门实现跨企业的联合作战。

5. ERP同MRP Ⅱ 的主要区别

1）在资源管理范围方面的差别

MRP Ⅱ主要侧重对企业内部人、财、物等资源的管理，ERP系统在MRP Ⅱ的基础上扩展了管理范围，它把客户需求和企业内部的制造活动以及供应商的制造资源整合在一起，形成一个完整的供应链并对供应链上所有环节（如订单、采购、库存、计划、生产制造、质量控制、运输、分销、服务与维护、财务管理、人事管理、实验室管理、项目管理、配方管理等）进行有效管理。

2）在生产方式管理方面的差别

MRP Ⅱ系统把企业归类为几种典型的生产方式进行管理，如重复制造、批量生产、按订单生产、按订单装配、按库存生产等，对每一种类型都有一套管理标准。在20世纪80年代末、90年代初期，为了紧跟市场的变化，多品种、小批量生产以及看板式生产等是企业主要采用的生产方式，由单一的生产方式向混合型生产发展，ERP则能很好地支持和管理混合型制造环境，满足了企业的这种多角化经营需求。

3）在管理功能方面的差别

ERP除了具有MRP II系统的制造、分销、财务管理功能外，还增加了支持整个供应链上物料流通体系中供、产、需各个环节之间的运输管理和仓库管理；支持生产保障体系的质量管理、实验室管理、设备维修和备品备件管理；支持对工作流（业务处理流程）的管理。

4）在事务处理控制方面的差别

MRP II是通过计划的及时滚动来控制整个生产过程，它的实时性较差，一般只能实现事中控制。而ERP系统支持在线分析处理OLAP（Online Analytical Processing）、售后服务（即质量反馈），强调企业的事前控制能力，它可以将设计、制造、销售、运输等通过集成来并行地进行各种相关的作业，为企业提供了对质量、适应变化、客户满意、绩效等关键问题的实时分析能力。

此外，在MRP II中，财务系统只是一个信息的归结者，它的功能是将供、产、销中的数量信息转变为价值信息，是物流的价值反映。而ERP系统则将财务计划和价值控制功能集成到了整个供应链上。

5）在跨国（或地区）经营事务处理方面的差别

现代企业的发展使得企业内部各个组织单元之间、企业与外部的业务单元之间的协调变得越来越多和越来越重要，ERP系统应用完整的组织架构，从而可以支持跨国经营的多国家地区、多工厂、多语种、多币制应用需求。

6）在计算机信息处理技术方面的差别

随着IT技术的飞速发展，网络通信技术的应用，使得ERP系统得以实现对整个供应链信息进行集成管理。ERP系统采用客户/服务器（C/S）体系结构和分布式数据处理技术，支持Internet/Intranet/Extranet、电子商务（E-business、E-commerce）、电子数据交换（EDI）。此外，还能实现在不同平台上的互操作。

8.1.2　业务流程重组的基本概念

1. 定义

业务流程重组（Business Process Reengineering，BPR）也称企业过程重组、企业经营过程再造，是最早由美国的Michael Hammer 和Jame Champy提出的一种管理思想。它强调以业务流程为改造对象和中心，以关心客户的需求和满意度为目标，对现有的业务流程进行根本的再思考和彻底的再设计，利用先进的制造技术、信息技术以及现代化的管理手段、最大限度地实现技术上的功能集成和管理上的职能集成，以打破传统的职能型组织结构（Function-Organization），建立全新的过程型组织结构（Process-Oriented Organization），从而实现企业经营在成本、质量、服务和速度等方面的巨大改善。它的重组模式是：以作业流程为中心，打破金字塔状的组织结构，使企业能适应信息社会的高效率和快节奏，适合企业员工参与企业管理，实现企业内部上下左右的有效沟通，具有较强的应变能力和较大的灵活性。

在这个定义中，根本性、彻底性、巨大改变和流程是应关注的四个核心内容。

"根本性"表明业务流程重组所关注的是企业核心问题，通过对这些根本性的问题的仔细思考，企业可能发现自己赖以存在或运转的商业假设是过时的，甚至错误的。

"彻底性"再设计意味着对事物追根溯源，对既定的现存事物不是进行肤浅的改变或调整修补，而是抛弃所有的陈规陋习及忽视一切规定的结构与过程，创造发明全新的完成工作的方法；它是对企业进行重新构造，而不是对企业进行改良、增强或调整。

"巨大改变"意味着业务流程重组追求的不是一般意义上的业绩提升或略有改善、稍有好转等，进行重组就要使企业业绩有显著的增长、极大的飞跃。业绩的显著增长是BPR的标志与特点。

"流程"关注的是企业的业务流程，一切"重组"工作全部是围绕业务流程展开的。"业务流程"是指一组共同为顾客创造价值而又相互关联的活动。

2. ERP实施中进行业务流程重组的必要性

ERP的应用，不仅仅是引入一套现代化的管理软件，使企业的日常经营管理活动自动化，更重要的是要对企业传统的经营方式进行根本性的变革，使其更加合理化、科学化，从而大幅度地提高企业的经营效益。企业应用ERP后效益的提高，一方面是来自于ERP软件本身，另一方面得益于业务流程重组。这就是强调在ERP应用中进行业务流程重组的重要性的原因。它的必要性体现在以下几方面。

1）ERP软件的设计背景要求企业进行相应的业务流程重组

ERP最早是从西方发达国家传入我国的，西方发达国家采用典型的市场经济运行模式，因此ERP软件正是适应市场状况和管理要求而设计的先进的企业管理信息系统。

我国目前还处于从传统的计划经济体制向市场经济的过渡阶段，市场经济的发展还很不完善，许多企业的管理方法和管理手段都很落后，还没有完全地转变过来，与西方发达国家的差异很大，这样的一种企业管理现状就必然要求企业在应用ERP之前，首先要进行业务流程的重组，按照先进的ERP软件的管理要求对现有的业务流程进行根本性的改造。

2）ERP软件的功能实现要求企业必须进行一定的业务流程重组

ERP软件的应用改变了我们传统的经营管理方式，它们的功能实现无疑要求企业对原有的组织机构、人员设置、工作流程进行重新安排，以保证ERP功能的实现。如ERP系统运行需要大量、有效的基础数据，而系统自身是无法判断这些数据准确与否的。这就需要我们必须对基础数据进行优化分析，也就是说企业在ERP应用前一定要开展管理咨询和业务流程重组，通过强化企业管理来确保基础数据的准确性。这个阶段的工作是不可逾越的，特别是对于我国大多数企业长期处于管理粗放的状况而言，就显得更为必要。

3）ERP软件的应用目的要求企业实施业务流程重组

企业应用ERP的目的在于改善企业经营管理，提高企业经济效益。这样的最终目的就必然要求企业能够借助ERP在企业中的实施应用，不断地优化它的业务流程，使整个经营活动更加符合科学管理的要求。因为对任何企业来说，在它现有的业务流程中都会存在着一些不合理的地方，如果不能够首先对这些不合理的流程进行彻底改造，而仅仅是盲目地将原有的业务流程通过ERP软件的实施进行自动化转变，则ERP实施的效果可想而知。因为利用ERP系统使复杂或者不产生价值的流程自动化并不能提高生产力或提高业绩，只会导致低效的流程和浪费。

4）精益生产

精益生产（Lean Production，LP）是美国麻省理工学院数位国际汽车计划组织（IMVP）对日本丰田JIT（Just In Time）生产方式的总结。精，即少而精，不投入多余的生产要素，只是在适当的时间生产必要数量的市场急需产品（或下道工序急需的产品）；益，即所有经营活动都要有益有效，具有经济性。精益生产是当前工业界的一种最佳生产组织体系和方式。

随着管理实践的发展，精益生产既是一种以最大限度地减少企业生产所占用的资源和降低企业管理和运营成本为主要目标的生产方式，同时它又是一种理念，一种文化。

精益生产的实质是管理过程的变革，包括人事组织管理的优化，大力精简中间管理层，进行组织扁平化改革，减少非直接生产人员；推行生产均衡化、同步化，实现零库存与柔性生产；推行全生产过程（包括整个供应链）的质量保证体系，实现零不良；减少和降低任何环节上的浪费，实现零浪费；最终实现拉动式准时化生产方式。

3. 业务流程重组工作原则与方法

实施业务流程重组的目标是提升管理水平和市场竞争优势。企业竞争优势与管理水平提升意味着管理方式的改变、业务流程的改变、员工观念的转变，而这些转变是通过流程重组带来的。

1）开展业务流程重组的原则

（1）以客户为中心，即强调让客户满意，而不是上司满意；将整个供应链纳入"客户满意"流程体系，提高客户满意度和提升客户服务水平。

（2）管理上从职能型向流程型转变，强调组织扁平化，减少决策层级，充分发挥员工作用，职能上强调部门的协同与信息共享，流程清晰地界定岗位职责和各岗位间合作。

（3）流程设计围绕结果而非过程，注重整体流程最优的系统思想，而非部门最优，借助最新成果，最大限度实现信息实时共享基础上的集成管理，在流程梳理过程中遵循清除原则、简化原则、整合原则、自动原则。

（4）强调信息资源的一次性获取与共享使用，避免相同的信息往往在不同的部门都要进行存储、加工和管理，消除重复性劳动甚至无效劳动，通过业务流程重组确定每个流程应该采集的信息，并通过信息系统的应用，实现信息在整个流程上的共享使用。

（5）重视IT支持，流程运作离不开信息的及时传递，高效的、集成的信息系统能够保证信息的及时采集、加工、传递，实现信息的合理、及时共享，提高流程运作效率和对外部环境变化的响应速度。

2）开展业务流程重组的方法

业务流程是在企业内"流转"的一系列相关活动，不限于一个单一的业务功能或部门。在业务流程重组过程中，流程中的相关活动要区分为增值活动和非增值活动。哈莫博士对"增值活动"的概括是：客户愿意付费的就是增值活动。按照ERP管理精髓，可以将实施结构设置为两个层次。

（1）流程重建。通过对企业的现有流程进行调研分析、诊断、再设计，然后重新构建新的流程的过程。通过三个主要环节对流程重组和改进。

①业务流程分析与诊断。它是对企业现有的业务流程进行描述，分析其中存在的问题，进而给予诊断。

②业务流程的再设计。针对前面分析诊断的结果，重新设计现有流程，使其趋于合理化。流程设计可以表现为经多道工序合并，归于一人完成；将完成多道工序的人员组合成小组或团队共同工作，将串行式流程改为同步工程等。

③业务流程重组的实施。这一阶段是将重新设计的流程真正落实到企业的经营管理中来。

（2）组织重建。组织重建的目的是要给业务流程重组提供制度上的维护和保证，并追求不断改进、评估BPR实施的效果。与事先确定的绩效目标进行对照，评价是否达到既定的目标，如在时间、成本、品质等方面的改进有多少；流程信息管理的效率如何等。建立长期有效的组织保障，这样才能保证流程持续改善的长期进行。具体可以包括：建立流程管理机构，明确其权责范围；制定各流程内部的运转规则与各流程之间的关系规则，逐步用流程管理图取代传统企业中的组织机构图。另外，企业还必须建立与流程管理相适应的企业文化，加强团队精神建设，培养员工的主人翁意识。同时新的业务流程也对员工提出了更高的要求，这也要求企业注重内部的人才建设，以培养出适应于流程管理的复合型人才。

4. 业务流程重组与ERP项目建设的结合是成功实施ERP项目的必然选择

ERP系统的规范性、集成性特性对企业传统的部门制、条块化组织管理模式，向流程型管理模式的管理提出变革要求。要求企业对原有的组织机构、人员设置、工作流程进行重新安排，以保证ERP功能的实现。如ERP系统运行需要大量、有效的基础数据，而系统自身是无法判断这些数据准确与否的。这就需要我们必须对基础数据进行优化分析，也就是说企业在ERP应用前一定要开展业务诊断和业务流程重组，通过强化企业管理来确保基础数据的准确性。这个阶段的工作是不可逾越的，特别是对于我国大多数企业长期处于管理粗放的状况而言，就显得更为必要。

企业实施ERP系统致力于改善企业经营管理，提高企业经济效益的目标。这也必然要求企业能够借助ERP在企业中的实施应用，不断地优化企业的业务流程，使整个经营活动更加符合科学管理的要求。对任何企业来说，其业务流程中都可能会存在着一些不合理的地方，业务流程改造也是动态完善的过程，需要随市场环境、竞争战略变化，不能盲目地将企业原有的业务流程通过SAP软件的实施进行自动化转变，否则很难保证系统流程的高效运转和效率提升。

8.1.3　SAP ERP系统的功能特点

1. ERP系统的功能特点

ERP系统应用于各行业，既可以在一个集团内应用，也可以在一个公司内应用。企业基础数据、业务交易数据通过ERP系统实现业务部门之间的共享，将优化的企业业务流程和管理过程配置到ERP系统中，通过其集成功能实现业务流转自动化，所有源数据只需要在系统中输入一次，保证数据的一致性。ERP系统普遍采用最新的计算机主流技术和体系结构，即B/S、Internet体系结构、Windows界面，在能实现网络通信的地方都可以方便地接入系统，从而具备可定制性、开放性、灵活性、适用性的特点。

1）可定制性

定制就是对企业的战略、组织、流程"量身定制"的过程，形成适应特定企业业务处理所需要的管理信息系统。定制的内容在系统中按照企业业务实际来设置控制系统运行的参数和一些关键数据，如企业结构、计划策略、业务处理模式、财务科目表等。ERP实施完成后，它将变成"量身定制"的适应特定企业业务处理需求的专用的管理系统。

2）开放性

ERP系统作为企业核心管理信息处理系统，其开放性即为ERP系统开放和其他系统的接口，提供二次开发的必要条件。通常ERP系统要与企业门户、办公自动化、金税系统及其他专业系统集成；当然也可以同工业自动控制设备、质量检测设备、手持输入设备等连接，共同构成企业的综合信息系统。

3）灵活性

灵活性主要体现在适应企业生产经营策略及业务流程改变，能够快速地调整系统适应企业的业务需求。一个企业的组织结构、业务流程难免要随着业务发展和经营环境变化而进行优化调整，一旦发生改变，负责处理业务的ERP必然要跟着修改和调整。ERP系统往往以灵活的定制手段，通过输入"定制"控制参数和尽量少的二次开发来适应千变万化的企业实际需求。

4）适用性

各行业、各类型的企业都具有各自行业特点和特殊要求。优秀的ERP产品，除了提供通用的功能模块外，还针对某特定行业提供行业解决方案，形成针对某特定行业业务处理的共性和个性需求，提供全面支持整个企业乃至企业集团业务处理的功能群。

2. SAP与ERP的关系

初次接触ERP和SAP，往往搞不清两者之间的关系。前面已经介绍了ERP的概念。SAP（System Applications Products in Data Processing）是全球最大的应用软件供应商，于1972年在德国曼海姆市创建。它与ERP极具渊源，其核心产品是一套全球广泛应用的ERP系统。其在ERP领域的领导地位已经延续了几十年，世界500强80%以上的公司都在使用SAP的管理解决方案，人们也习惯称SAP公司的ERP系统为SAP系统。SAP系统同其他优秀的ERP产品一样，是建立在现代企业先进管理思想基础之上，利用信息技术为企业提供决策、计划、控制和业务处理的全方位、系统化的解决平台。概括为一句话说，ERP将先进的管理思想、管理理念和企业管理模式概念化抽取，而SAP系统继承和延伸了ERP思想、理念，将其思想转换为具体化、可实施的一种工具。

SAP系统的实施不仅仅是一种管理思想的移植，同时也给企业提供了管理手段、相应的信息系统及业务实现方式，具体到系统内部，包括大量的企业业务模块、经过优化的商业信息仓库、预定义的业务流程以及具体应用系统实现形式和开发工具。系统通过对企业所有资源整合集中，将企业的物流、资金流、信息流进行全面一体化管理，把企业生产经营的各种业务单元（如采购订单、财务凭证、库存信息、生产计划、质量、运输、市场、销售服务以及相应的财务活动等）纳入一条供应链，方便地调配企业资源，实现企业资源的优化配置，取得尽可能多的经济效益。

3. SAP系统的功能和特点

SAP ECC 6.0是SAP Business Suite的五大套件之一，是目前SAP公司的ERP主打产品，也是SAP公司占据市场最为强大的核心产品。ECC 6.0以NetWeaver为平台，在功能上通过预置诸多功能模块涵盖了企业管理业务的各个方面，其主要功能模块包括销售和分销、物料管理、生产计划、项目管理，资产管理、控制、财务会计、质量管理、工厂维修、人力资源、工业方案、办公室和通信等。在每个功能模块领域，又提供进一步细分的单一功能子模块，如财务会计模块包括总账、应收账、应付账、财务控制、金融投资、报表合并、基金管理等子模块。

SAP ECC 6.0支持各种类型的生产经营活动，如在生产管理中支持按库存生产、流程型、订单生产，批量生产，合同生产、离散型，复杂设计生产等。另外，还为21个行业提供融合了各行业"最佳业务实践"的行业解决方案，充分展示各行业特殊业务处理要求，这些行业包括航空与国防、汽车、金融服务、化工、消费品、工程与建筑、医疗卫生、高等教育、高科技、保险、媒体、石油与天然气、煤矿、医药、公用事业、零售业、电信、电力、钢铁、冶金、交通运输及公共设施等。

系统采用模块化结构保证数据单独处理的特殊方案需求，各模块既可以单独使用，也可以几个模块组合使用，使系统具有更好的集成性，还可以和其他行业解决方案相结合。从流程角度而言，各应用模块间的集成度越高，系统的自动化程度越高，为企业带来的好处就越多，因此企业在实施SAP系统时都会根据企业生产经营特点，实施相关的多个业务模块。同时SAP系统提供了强大且实用的工作流解决方案，实现对业务流程的灵活设计和持续有效的管理控制，一些基本的业务作业流程管理功能已经内置于系统的底层各应用模块中，同时提供跨越不同应用模块的更高层次的工作流管理能力，进一步凸显系统的高效集成能力。

SAP系统中的人、财、物、生产等模块分别承载不同的业务功能，每个业务模块又有相应的子模块，实现不同业务管理，各相关业务模块紧密集成。图8-1所示为SAP系统各业务模块。

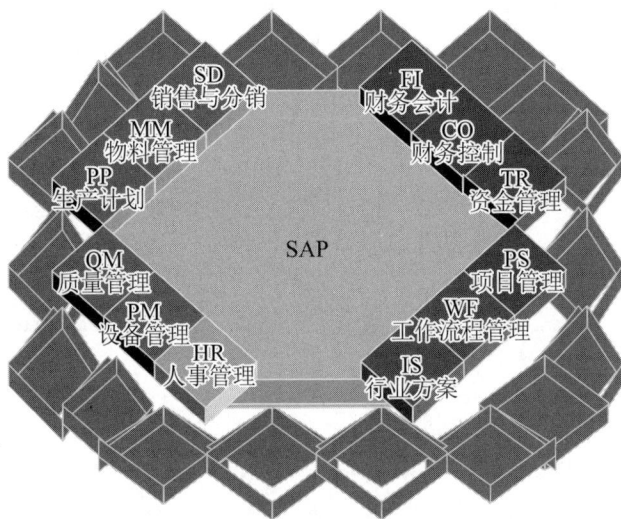

图8-1 SAP系统业务模块

（1）财务会计（Financial Accounting，FI）：集中公司有关会计的所有资料，提供全面、完整的信息，包含应收、应付、总分类账、固定资产、合并、投资等功能。

（2）财务控制（Controlling，CO）：涵盖企业规划与控制工具的完整体系，具有统一的报表系统，协调公司内部处理业务的内容和过程，包括利润及成本中心、产品成本、项目会计、获利分析等。

（3）资金管理（Treasury and Cash Management，TR）：是一个高效率财务管理解决方案，确保公司资金的周转优化控制，对财务资产结构实行盈利化组合，并控制风险，包括现金管理、金库管理和基金管理功能。

（4）生产计划（Production Planning，PP）：提供各种生产制造类型的全面处理，从重复性生产到定制生产、加工制造、批量及按库存生产等。另外，可以按需求选择性连接PDC、控制系统、CAD和PDM等系统，包括工厂数据、生产计划、MRP、能力计划、成本核算等功能。

（5）物料管理（Material Management，MM）：以工作流程为导向的处理功能对所有采购处理最佳化，可自动评估供应商，透过精确的库存和仓储管理降低采购和仓储成本，并与发票核查相整合，包括采购、库房管理、库存管理、供应商评价等功能。

（6）设备管理工厂维护（Plant Maintenance，PM）：提供对设备定期维护、检查、耗损维护与服务管理的规划、控制和处理，包括维护及检测计划、单据处理、历史数据、报告分析等功能。

（7）质量管理（Quality Management，QM）：监控、输入和管理整个供应链与品质保证相关的各类处理、协调检查处理、启动校正措施以及与实验室信息系统集成等，包括质量计划、质量检测、质量控制、质量文档等功能。

（8）项目管理（Project System，PS）：协调和控制项目管理的各个阶段，直接与采购及成本控制集成，实现从计划、设计到批准管理以及资源管理与结算管理，包括项目计划、预算、能力计划、资源管理、结果分析等功能。

（9）销售与分销（Sales and Distribution，SD）：管理销售和分销活动，支持定价、订单快速处理、按时交货等，并直接与盈利分析和生产计划子模块集成，包括销售计划、询价报价、订单管理、运输发货、发票等功能。

（10）人事管理（Human Resources，HR）：采用涵盖所有人员管理任务和帮助简化与加速处理程序，为企业提供人力资源规划和管理解决方案，包括薪资、差旅、工时、招聘、发展计划、人事成本等功能。

（11）工作流程管理（Workflow，WF）：实现工作定义、流程管理、电子邮件、信息传送自动化等。

（12）行业方案（Industry Solution，IS）：针对不同行业满足特殊应用需求，比如石油行业解决方案（Industry Solution-OIL，IS-OIL）指一个专门针对石油和天然气开发出来的行业解决方案。

8.2　ERP项目咨询工程实施主要方法

ERP项目实施方法论阶段任务及成果、项目实施细节过程管理与控制方法、ERP项目实施障碍与失败原因分析、ERP项目咨询工程实施主要方法是本节介绍的主要内容。

8.2.1　ERP项目实施方法论阶段任务及成果

1. ERP项目实施方法论的定义与作用

ERP项目实施方法论来源于实践，是抽象、总结ERP项目实施与应用经验的结晶。就其作用而言，有了实施方法论的指引，项目实施就会少走弯路，保障项目实施的质量和效率。理想的实施方法论应该是项目实施团队遵守的基本原则和可以直接采用的工具和模板的集合，包括阶段划分、每个阶段关键活动定义、活动方法、需要用到的工具、常见风险及问题的对策等。实施方法论在项目实施过程中发挥的作用基本可以概括为三点。

1）指导项目实施工作

项目实施工作如果没有实施方法论的支持可能是无序的，项目经理的工作安排会变得跟个人经验有很大关系，活动的先后次序也可能不同，工作的统筹安排也可能因人而异，出现纰漏的情况很难避免。ERP项目实施方法论来自很多项目的总结，是归纳出来的最佳实践方案，使得实施过程有序化，先做什么，后做什么，如何做，用什么工具做，工作结果如何表现，如何检查等方方面面都得到明确的定义。有实施方法论的指引，项目组就有了共同的成功路线和共同的工作纲领。

2）检查项目实施工作

根据实施方法论的要求检查实施各阶段工作成果，使得所有工作成果有了检查的依据和标准，确保项目计划、交付成果、交付质量等符合项目约定标准。

3）提高项目团队工作效率、降低项目风险

实施方法论使得实施工作便于复制，降低项目对单个人的过度依赖，能够降低因为实施顾问或项目经理经验不足造成项目失败的风险。

实施一个复杂的ERP项目，在有限时间的项目实施周期中，关键路径和各项并行工作人员配置、质量控制、风险控制都需要有方法论的支持。因此，在现实中，企业准备实施ERP系统，对咨询公司的实施方法论以及在其方法论指导下完成的项目案例进行详细考察是非常必要的。

2. ERP项目实施各阶段主要工作和交付

下面就ERP项目实施的详细过程进行探讨，以一个典型项目SAP系统实施历程各阶段任务及交付成果进行说明。

1）项目准备阶段

（1）主要目标：

● 确定项目的目标、实施范围和策略；

● 确定项目组织机构和人员及职责；

● 制订项目实施计划和项目管理规范；

● 准备并安排各方面的资源（办公环境、网络、服务器等技术环境、开展项目组初始培训）；

● 项目正式启动。

（2）主要成果：

● 项目目标、范围和策略交付；

● 项目组织架构及项目职责确定；

● 项目总体计划；

● 项目管理标准规范；

● 项目场地、软硬环境准备；

● 项目启动会议资料。

2）业务蓝图设计阶段

（1）主要目标：

● 培训项目小组成员，使小组成员了解SAP系统的基本理论和操作；

● 业务需求调研，业务流程设计；

● 业务需求的确认，得出差异性分析和需要改变的业务清单；

● 企业组织机构及业务流程确定；

● 业务蓝图设计；

● 网络、硬件规划。

（2）主要成果：

● 基本了解SAP系统和实际业务流程；

● 确认后的接口清单、附加功能清单、报表清单；

● 确认后的业务流程清单；

● 业务蓝图详细设计文档；

● 网络、硬件需求与规范方案；

● 风险及问题清单。

（3）主要工作：系统培训、现有流程分析、未来流程定义、组织机构定义、业务蓝图设计、确认最终蓝图方案、质量检查。

3）系统实现阶段

（1）主要目标：

● 实现业务蓝图、系统配置；

● 完成附加功能、报表和接口编写；

● 系统测试，包括所有模块功能、流程测试，报表、接口、表单测试；

● 用户权限设计；

● 最终用户培训的准备。

（2）主要成果：

● 系统配置文档；

● 报表、接口等开发规格书、技术规范书、测试报告；

● 用户对系统功能测试确认；

● 用户操作流程得到确认；

● 用户角色、权限设计文档；

● 最终用户培训材料得到确认。

（3）主要工作：系统配置、单元测试、集成测试、用户接受测试、报表需求分析、报表及接口方案设计、权限设计、报表接口开发、用户手册编写、用户培训文档、质量检查。

4）上线准备阶段

（1）主要目标：

- 最终用户的培训、测试；
- 系统试运行；
- 生产系统准备；
- 系统用户权限分配与维护；
- 详细上线方案制定。

（2）主要成果：

- 合格的最终用户；
- 安全稳定的系统；
- 周密、严谨的上线计划；
- 模拟运行总结。

（3）主要工作：最终用户培训、模拟运行和生产系统准备、模拟运行问题解决、用户确定与权限设置、系统切换计划、静态和动态数据导入、系统上线切换、质量检查。

5）上线支持阶段

（1）主要目标：

- 确保系统平稳运行；
- 知识转移；
- 提供必要的用户再培训。

（2）主要成果：

- 平稳运行的系统；
- 上线支持问题解决；
- 运维交接。

（3）主要工作：上线后支持、运维知识转移、项目回顾。

以上仅是个例，每个项目具有独一无二的特点，所面临的项目实施环境各不相同，针对不同客户需求，不同的客户基础条件，在项目实施过程中既要有方法论的指导，又要结合客户项目的实际情况进行必要的项目管理创新以及交付内容的适度调整。

8.2.2　项目实施细节过程管理与控制方法

1. 在项目准备阶段的基础培训

准备实施一个ERP项目之初，大家往往特别关注项目实施范围、目标和实施策略的确定，建立相应项目组织，并制订项目总体计划，在计划时间召开启动会，正式开展项目实施工作。而要将项目又快又好地推动下去，在项目的初始阶段开展基础培训非常必要，其中领导层培训很重要，使他们理解SAP的管理思想和实施方法，为领导层支持ERP系统的成功实施奠定思想基础，领导层运用ERP思想分析和解决项目执行中的问题，往往事半功倍，项目会少走弯路。

2. 在系统实施前进行必要的业务诊断和流程梳理

事实上，ERP实施的难点在于对于现有管理模式的冲击，往往涉及责权利的变化，所遭受的阻力可想而知。利用ERP思想对企业现行管理的业务流程和存在的问题进行评价和诊断，找出存在的问题，寻求符合企业实际和发展需要的解决方案，用书面形式明确预期目标，并获得高层的支持是保障ERP项目实施成功的法宝。谈到业务诊断和流程梳理，就不能不引入业务流程重组的概念，BRP与ERP相辅相成，互为成功的前提。

3. 建立稳定高效的项目团队

任何一个项目的执行都需要建立一个有效组织，组织保障是ERP项目成功的关键要素。ERP项目组织的建立需要从既懂企业业务，又懂企业流程运作且经验丰富的专业人员中选择项目成员，作为项目的关键用户全职或兼职参与项目建设，而具备这些条件的人往往是企业的骨干，平时具体事务一大堆，很难保证在项目上投入精力和时间。如何协调好部门领导、骨干人员积极参与到项目中是一门艺术。所以很多ERP项目组织建立过程中往往出现人员选择不当、沟通协调配合不好、企业全职参与项目人员能力不足等状况，直接影响项目的实施质量和成败。

4. 重视基础数据清理工作

数据清理和收集工作是ERP系统实施过程中一项非常重要的工作。把ERP系统作为一个有机体看，流程可以说是血管，而数据就是血液。如果机体没有血液或者血液不健康，整个机体都会出毛病。可见数据在ERP运行和应用过程中的重要性。数据清理要遵循如下的原则：明确的数据收集责任组织；数据收集模板详尽，要求明确；数据收集准确、全面、及时；数据清理过程中设置关键检查点，控制数据收集清理的进度和质量，防止无谓的返工。

5. 全面的功能和流程测试

ERP系统设计和配置工作完成后要进行一系列的测试，以确认系统设计是否满足企业的业务需求，测试工作是系统正式投入使用前的关键环节，对系统上线后业务能否高效运转意义重大。ERP系统实施过程中，一般都穿插多轮次的测试，包含单元测试、集成测试、用户接受测试，这些测试工作是必要且重要的。但在整个测试环节容易出现如下误区：关键用户往往认为测试是实施顾问的事情，自己能参与一下，学学操作就够了，其实不然，用户是未来系统的使用者，关键用户必须充分考虑所有企业业务场景，协助完成测试脚本，并全程参与项目的测试，提出改进建议和意见；测试场景考虑不全面，等到系统运行发生实际业务时才发现测试的疏漏；由于前期工作延迟，为保障项目符合总体计划进度安排，缩减项目测试时间，上线后系统问题集中爆发。解决以上环节的问题在于明确测试计划、目标、充分的测试脚本准备、适当的测试时间和问题解决时间，测试结论必须有用户的签字确认。

6. 模拟运行到位

完成最终用户培训后，按照项目的计划一般还有上线准备的各项工作，其中一项工作就是系统模拟运行。所谓模拟运行就是建立一个与生产系统环境一致的模拟系统，系统的配置和设计完全按照上线后系统的正式环境设定，各业务部门的系统最终用户按照企业发生的实际业务在系统中进行操作，以达到系统上线前对各项系统设计的检验和培养最终用户操作能力，检验的重点在系统功能设计、用户权限设计、报表设计、跨专业跨部门业务流程运转和单据传递等。模拟运行在检验未来系统可用性、熟练最终用户操作，为系统正式运行后形成紧张而井然有序的工作氛围是非常重要的。避免由于项目上线准备阶段多项工作任务并行，对系统模拟运行不重视，走过场，未达成模拟运行目的的情况，否则可能在模拟运行中检验出的重大问题在系统正式上线后才暴露出来，造成重大失误。

7. 制定上线工作标准与工作规程

如何能够让最终使用ERP系统的人员对业务流程、系统操作、岗位职责了然于胸，是系统能够顺畅运行的基础。项目团队一般都会在用户操作培训之前，完成用户操作手册的准备，对每个业务流程、每项业务操作、对岗位操作要求，包括对业务操作每个系统字段的数据都会有明确的规范。但由于用户对ERP的认识和应用需要一个过程，初期用户往往在操作中由于不熟练，面对手中厚厚的一本用户操作手册，即便在一个岗位上要求的操作并没有用户想象的那么繁复，用户往往也会存在为难情绪，在开始生产系统操作时出现紧张和慌乱。处理好用户初期的不熟练、不规范的问题，需要制定系统上线工作标准和岗位工作规程，辅以岗位简易操作手册。在上线之初，在关键用户和顾问的支持下，最终用户就能够很快上手并在短期内熟练应用。

8. 转变管理和培训助推项目成功

在ERP项目整个实施进程中，转变宣传和培训工作是贯彻始终的。一个优秀的ERP项目实施既要成功实施一个系统，又要为企业培养一批优秀的复合型人才。除在项目之初的领导层培训和ERP原理培训以外，还要求保持那些贯穿于项目各阶段的培训，如流程梳理、企业转变管理、系统配置、系统功能、数据清理、测试培训、最终用户操作、模拟运行、切换准备等各类培训。用户是系统的真正使用者，只有他们在思想认识上实现转变、在系统操作技能上得到锻炼，并对企业管理模式变化和ERP系统规范要求有足够的理解，才能够保证系统最终的成功上线和应用。项目实施过程中开展转变宣传可以采用多种多样的形式，如网站、简报、专刊、宣传手册、展板、电子屏幕展示、转变管理准备度调查和宣讲等。

8.2.3 ERP项目实施障碍与失败原因分析

企业成功实施ERP项目，将会为企业带来巨大的综合效益。但风险和收益成正比关系，企业实施ERP项目同样存在失败的风险，项目实施需要不断聚集正能量，消除各种障碍因素。有的企业为提升企业管理水平和竞争力实施ERP系统，投入巨资实施项目后收效不明显，甚至最终项目失败。究其根源，往往由于对ERP项目实施的认识存在误区，给项目实施效果带来不利影响。

1. 未正确理解ERP项目实施的特点

ERP系统实施与一般小型应用软件实施最大的差异就在"实施"（Implementation）这个概念。一般的小型应用软件，只要软件开发人员对企业用户稍做培训，用户便可以上手操作。ERP系统则迥然不同，ERP系统是"三分软件，七分实施"，系统上线后应用的效果好与不好，是否促进和实现了企业管理水平的提升与项目的"实施"有直接关系。

对ERP系统"实施"这个概念的认识主要体现在以下几个方面。

（1）企业管理软件的实施难度很大；

（2）需要有实施方法论的指导，关系项目实施的成败和效果；

（3）需要一支专业的咨询顾问队伍完成软件实施；

（4）ERP系统实施也是企业进行信息标准化和规范化的过程；

（5）ERP系统是适应于各行各业的企业级管理系统，为特定企业实施时需要根据企业的实际业务和特殊需求进行客户化改造；

（6）实施过程中需要进行详细的测试和用户培训。

企业在信息化过程中，习惯性地认为花钱买了软件产品，软件厂商有责任帮助企业把软件用起来，不需要花费多大精力和时间。而ERP系统不同，从启动到系统上线应用需要遵循一个规范化的实施过程，这个过程是一个耗费时间、人力与资金的过程。一个ERP项目的实施周期少则6～8个月，多则需要几年，对企业从上到下几乎全员都有影响，参与项目建设人员众多；资金费用包括网络、硬件、企业自身人工成本及咨询公司实施费用。实施费用少则与软件价格相当，多则达到软件购买价格的数倍，这与企业规模和实施的组织和功能范围有关。

ERP系统的实施是改变和优化企业业务处理过程的催化剂和助力器。系统实施过程要求将业务流程的调整和重新设计与系统功能应用紧密结合在一起，同步进行。其中对企业将产生的冲击可能包括对竞争战略的改变、业务模式调整、组织机构的调整及各部门职责的重新界定、业务流程的变更、对每个岗位职责及工作方式的改变、观念认识的转变等。这些变化会更有利于企业经营目标的实现，同时也对每个员工提出新的挑战，企业决策层能否理解和接受这种理念对于项目实施能否成功至关重要。

2. 选择了不符合企业需求的ERP系统

实施ERP系统时，选择适合企业规模和经营管理需要的软件非常重要，必须慎重选择。目前，国际著名的SAP公司、Oracle公司，国内的用友、金蝶等公司都有各自的ERP产品，并各具特点，既有适合大型集团企业的产品，又有适宜中小型企业需求的产品。在选型时，要考虑所选ERP系统的产品策略、特点、发展方向及服务质量等问题，并结合企业自身的规模、发展战略、行业特点、财务状况等进行综合评价。一般要重点考察下面几个因素，避免由于选型失误，影响项目投资的效益和企业发展。

（1）企业高层领导、专业部门和IT人员都充分参与选型，从战略、业务管理需求、信息技术等环节完整地评估，才能选择适合企业的ERP产品，不能简单看成是IT部门的事。

（2）需求分析不到位。为什么必须上ERP，通过上ERP要解决什么问题，如果不多问几个为什么，不仔细地开展分析工作，在选型上和实施上都可能出问题。

（3）未充分考虑所选ERP系统的可扩展能力。现代企业的竞争优势往往需要依靠整个供应链的能力支撑，ERP系统的选择既要能支持企业内部业务管理，也要有能力将企业外部的信息容纳进来。比如，在销售和采购业务中，诸多供应商和客户需要进行管理，那么在ERP管理企业内部业务的同时，是否能够无缝集成供应商、客户管理系统，实现整个供应链的快速反应。

（4）对所选ERP系统业解决方案及能力的评估不足。几乎所有的ERP系统都涵盖财务、生产制造、物资管理、销售管理、库存管理、人事管理这些通用模块。但由于企业身处不同行业，这些通用模块不一定能满足企业特定行业特点的管理及业务需求，这就要考虑所准备选择的ERP软件是否具备更加纵深的、专业的"行业解决方案"。优秀的ERP系统必须具备解决行业具体问题的能力。

3. 企业基础管理不到位导致项目失败

实施ERP项目是一个充满挑战和风险的项目，它对企业的基础管理的要求也很高。

（1）企业基础数据薄弱，业务流程混乱，部门之间缺乏协作。ERP系统实施是建立在完善的基础数据之上的，建立标准化、规范化的数据管理体系也是ERP实施的一部分。如果企业对基础数据的整理和规范化管理不到位，提供的基础数据不准确，会造成ERP系统上线后不能匹配业务处理要求，造成系统上线失败。

（2）转变认识不到位，人为因素影响效果。企业员工对ERP系统往往经历好奇、抵触、被动接受、主动接受、离不开的心理认同和操作熟练的过程。在ERP初始阶段，工作量加大是无法回避的问题，上线后还存在新老系统并行阶段，员工必然产生抵触情绪。新的管理模式和规范流程还会触犯一部分人的既得利益。在这种情况下，如果企业领导没有坚定不移的态度，这些人抵触的态度将使项目很难顺利开展。

（3）项目实施目标不明确。对实施ERP系统缺乏正确的期望，将ERP系统当成包治百病的灵丹妙药，以为可以解决企业存在的一切问题，往往只提出一些口号性的目标，而没能契合企业的实际提出在管理和业务上的合理目标。

（4）关键人力投入不够。这是ERP项目遭遇的难题，ERP所引入的先进管理手段与企业结合，需要由企业骨干人员大力参与项目建设。项目实施前，咨询公司强调让有经验的骨干人员全职或兼职投入到项目，而企业面临着两难的抉择，不抽调骨干人员项目质量难保障，而业务骨干长期离开岗位又确实有困难，因此真正安排到项目上的企业人员往往是没什么经验的人，中高级管理人员的参与力度又不够，最终的实施效果可想而知。

（5）将ERP实施项目演变成开发项目。为满足企业一些重要的个性化要求，进行适当的增强开发可以理解，但有时企业各部门提出大量的功能、报表开发需求，导致的结果是实施不仅未体现出ERP的管理思想，甚至没能体现出企业的管理目标，而完全变成部门或个人风格的系统，并给组织流程变更时的系统调整和未来的软件升级都带来很大困难。

4. ERP厂商和咨询公司的原因

咨询公司作为咨询专家和应用系统集成商，在ERP项目实施过程中扮演着关键角色，有案例表明同样存在由于咨询公司原因造成企业ERP项目失败的情况。

（1）ERP厂商和咨询公司实施能力差。原因是多方面的，国内的ERP厂商软件起步晚，实施经验少，咨询顾问能力良莠不齐，给客户承诺了过多，到头来做不成。国外厂商和咨询公司往往是产品质量高、咨询经验丰富，但如果不充分消化国内外文化差异，对理论、方法生搬硬套，项目实施效果也不会好。

（2）实施队伍不稳定。现在国内对咨询人员需求量大，咨询顾问的流动率比较高，如果一个项目拖的时间较长，对实施队伍的稳定性是一个考验，一个项目团队人员的频繁流动容易造成项目工作脱节，项目进度和质量都难保障。

（3）对企业做出过度承诺。为签订实施合同对企业提出的各种要求一味承诺，对项目的目标、风险控制不力，在项目执行中对项目范围、边界界定不清，缺乏有效的项目变更管理，企业要求越提越多，项目范围越搞越大，双方最终产生争执，项目陷入僵局。

8.2.4 ERP项目实施成功的关键因素

ERP项目是一个复杂的系统工程，下面从目标与范围管理、项目组织、项目管理与实施、质量与风险控制方面介绍ERP项目实施成功的关键因素。

1. 明确的项目目标与实施范围

包括ERP项目在内的任何项目都是为实现既定的目标，对时间、人员和其他资源约束具有一定独特性、一次性的工作。

企业在决策实施ERP系统前，通常对ERP可以带来的效益寄予很高的期望，目标远大。企业必须认识到，实施ERP最根本的成果是把企业资源整合起来，以提升企业整体的管理水平和运作效率，要明确这些目标需要渐进地阶段性地去实现，而不是一蹴而就。

在项目管理中的时间、质量、成本构成项目管理三角形，三角形的内部就是范围管理。项目管理三角形一条边的变化势必引起项目时间、质量、资金处于不确定状态，项目的组织管理就难以做到计划性和有序性。在给定资源的情况下，确切的项目范围项目实施才是有保障的。在项目开始前，项目工作任务书把工作内容描述得越清楚越好，清晰地定义项目实施范围边界，比如实施的地点在哪里，实施的部门包括哪些，实施的模块是哪些，需要梳理的流程是哪些。

2. 完善的项目实施组织

实施ERP项目需要一支坚强的项目团队，部署和推进项目各项工作的开展。在项目准备阶段要建立由企业高层领导、业务部门领导、信息部门、咨询顾问共同组成的项目实施组织，保障项目的有效推进和实施。

咨询公司项目团队在为企业实施ERP项目的过程中，首先要协助企业建立完善的项目组织和项目管理制度，成立项目管理办公室，针对计划实施的模块建立专业组，形成以顾问和企业人员共同组成的项目实施团队。制定项目管理制度规范，尤其是对全职和兼职参与项目的企业人员，要保障参与项目的时间。

3. 企业高层领导的强力支持

企业高层领导对ERP项目的深刻认识和强力支持是ERP成功的必然条件之一。ERP项目是"一把手工程"，项目牵动全局，加之在实施过程中会触及和影响到不同的既得利益的个人和组织。如果没有第一把手的参与、授权和协调，很难调动全局的参与。企业高层必须投入足够的精力参与项目的各种重大决策，为ERP项目营造积极的氛围，促使全体员工在思想上做好迎接管理变革的准备。因此，在项目组织建立时，要明确企业高层领导的角色和责任定位，保证高层领导对项目实施给予足够的重视，对组织架构调整、流程重组和流程的重大变更，要有一把手任职负责的项目管理委员会或项目领导小组的参与、评议和审核。

4. 业务部门的充分参与

如果企业将ERP项目实施错误地认为是IT部门的主要职责，而业务部门没有发挥主动性充分参与，就是项目责任主体的缺失，ERP系统即便勉强上线也是有形无神。企业IT部门缺乏业务背景和决策能力，而顾问可能对行业很了解，而对特定企业的了解是逐步深入的过程，没有业务部门充分参与的项目工作成果往往不被业务部门接受，而且项目的决策周期通常很长。业务部门的充分参与，使项目组有足够的授权，不但可以使项目中问题的决策周期大大缩短，而且更重要的是使企业整体更早做好迎接管理变革的准备，所以项目组织建立时尽量选择由各部门负责人担任各专业组组长，部门骨干人员担任组员。

5. 以实施方法论规范项目实施

优秀的咨询公司一般都有卓有成效的项目实施方法论，以方法论为指导开展项目实施工作，在项目组织、时间、成本、质量、沟通、风险等方面获得足够的知识、方法、工具和技能支持，指导项目的成功实施。

规范的ERP项目实施管理是有效解决和规避问题，保证实施进度、质量和成果的可实施性的关键，ERP系统实施在项目实施方法论的指导下，将方法、步骤、交付、质量控制有效结合起来，稳步推进项目各阶段工作。

6. 完善的沟通机制，充分的内部沟通

项目成员之间开放的、不断的沟通对项目的成功实施非常重要，为达到此目的，召开定期的各层次项目会议非常重要。由于ERP实施通常要涉及企业的诸多部门，而不仅仅局限于项目小组，内部沟通也同样十分重要。在项目实施过程中，建立完善的双向、多向沟通机制，保障项目团队、专业部门、领导层顺畅的沟通可以提高问题处理和决策的效率。

7. 企业与咨询团队的密切合作和相互支持

ERP项目实施离不开咨询顾问，将ERP项目实施当成是咨询顾问的任务也是错误的认识。咨询方的主要责任是向用户提供管理改进的建议和技术支持以及知识传递。咨询顾问即便是行业专家也不可能对特定企业有百分百的深刻了解，也不可能为企业作决策。企业只有把ERP项目真正当作自己的项目，与咨询团队充分合作，才能充分发挥咨询顾问的作用和实现自己管理变革的目标。

8. 全方位的变革管理

ERP项目实施融合了企业组织、流程、岗位等各方面的调整与固化，兼具柔性调整能力，企业员工在项目实施过程中认识不断变化，往往会经历一个从拒绝到接受再到离不开的过程，这个过程会经历从不了解情况的盲目乐观、漠视和抵触、反感、寻求退路、悲观绝望到尝试、体会、理解、产生希望、接受、乐观、主动接受、持续发展的过程，这个过程是转变管理需要解决的一个重大问题，即将悲观绝望期缩短，提高项目实施的效率与质量。ERP项目变革管理的对象包括企业的组织、业务流程、人员技能、工作岗位角色、员工行为等各方面的宣传与培训。

对变化的抵触是人的本性之一。变革带来的利益改变或冲突更可能使人对变革的抵触加剧，主动接纳变化、偏好变革的人相对而言属于少数。不彻底的或低效的变革管理会降低企业在ERP项目中的收益，关键在于评估ERP项目对企业带来的影响，进行前瞻性变革管理，根据变革带来的影响设计对策，主动化解对新的系统和流程的抵触。

9. 发挥关键用户的关键作用

在项目实施中，从各部门、各单位抽调业务骨干作为企业关键用户全程参与项目建设，成为一批既掌握企业业务又懂ERP管理的复合型人才。关键用户是咨询团队、专业部门、最终用户沟通和协调的纽带和桥梁。在项目的初期，积极了解项目信息，参加项目的培训，了解ERP。在方案设计时，提供业务现状及存在问题的信息，并提供改进的建议，为设计工作献计献策。在实施阶段，为项目上线做准备，按要求进行数据准备和整理，熟练操作系统，协助编写用户培训手册，参与最终用户的培训。在系统上线后，使用系统进行日常业务处理，支持辅导关键用户操作，对出现的问题进行分析及与项目顾问的沟通，成为顾问与最终用户之间有效沟通的桥梁，并最终能够独立分析问题，提出系统优化设计方案，保障在咨询团队撤出时有能力按业务需求变化对系统进行调整和优化。

10. 全面的质量、风险、问题处理机制

1）质量管理

质量保证和控制的目标在项目执行的过程中嵌入质量管理的每个关键点，并确保交付成果的质量，最大限度地减少返工，并有效控制成本。质量管理流程通过自检、预演和检查来实现，对交付成果的主要接受标准，如格式、内容、步骤，均决定交付成果是否完整，以及是否可被接收和通过。

2）问题管理

项目实施过程不可避免会出现各类问题。各种问题及时、有效地解决是避免冲突的关键，咨询团队与企业项目实施人员通力合作，按照成熟的问题解决流程，定期有效有组织地解决各类问题。当问题出现时，记录在问题库，分配负责人，一些问题往往是跨专业、跨部门的问题，按照问题处理流程跟进问题，按照问题对项目的影响程度分类，按照优先级的高低，确定解决问题的期限。

3）风险管理

企业实施ERP系统时，效益与风险并存。只有正确认识风险，控制风险，进而降低风险，才能成功实施ERP系统，充分享受ERP系统给企业带来的巨大效益。

在ERP项目实施过程中，企业最重要的工作是培养企业人员自身诊断管理问题的能力，包括企业战略与信息化战略的确定、业务流程描述、企业诊断方法、需求分析方法等。这些都要求企业积极投入到ERP实施项目中，在过程中积累知识、培养技能。企业人员能力的提升与未来ERP系统能够很好的应用相辅相成，也就必然在企业运营和管理上发挥巨大作用。

8.3 国家电网辽宁省电力有限公司ERP项目咨询实施案例分析

国家电网辽宁省电力有限公司（以下简称辽宁电力）ERP建设经历试点阶段、供电推广阶段、县（郊区）供电分公司第一批推广、县（郊区）供电分公司第二批推广、全覆盖推广阶段和东北公司划转六大阶段，全面推进企业管理方式的转变和管理水平提升。

8.3.1 前期准备与试点阶段实施历程分析

1. 前期准备阶段

前期准备阶段主要工作包括成立ERP组织机构、建立ERP管理体系、制定ERP规划及实施策略、组建ERP实施团队、建设ERP集中办公环境。

辽宁电力先后对国家电网总公司和河南、浙江、福建、西北及陕西省电力有限公司的ERP系统试点情况调研考察并向党组提交了调研报告和建议后，于8月中旬，正式成立了项目领导小组和推进组。领导对ERP项目启动前的工作计划、ERP系统建设组织结构等问题提出了要求，初步确定了省公司ERP项目正式启动前期的工作计划、组织结构、试点单位、推广单位及运行维护团队建设等相关工作，并确定了邀请外部顾问来公司的时间和任务。

外部顾问团队埃森哲公司和以国家电网电力科学院牵头的内部顾问团队进场，开展筹备工作，细化里程碑计划，制订工作计划和目标，并为公司领导班子进行了ERP知识专题培训。经过精细筹划，9月26日，辽宁电力召开ERP项目启动大会，宣布ERP项目正式启动。

2. 试点实施阶段

1）业务流程梳理阶段

业务流程梳理阶段前期，ERP项目办深入开展了针对当前辽宁电力现状和业务流程的访谈工作。访谈工作横向跨越了多个专业部门，纵向以省公司为起点，贯穿辽宁电力各级部门和单位。接受访谈人数达到855人次，共完成了312场次访谈，编写完成了301份访谈纪要。梳理出许多有价值的管理问题，为差异分析工作以及管理建议工作的开展打下了良好的基础。

在业务访谈的基础上，各专业组开展了辽宁电力现状与总部典设差异分析工作，共召开125场次研讨，参加人数达520人次，以确定业务需求，撰写流程差异分析报告。

11月下旬，业务应用基础架构设计调研本部及试点单位信息系统、网络及硬件现状，完成技术架构方案。12月中旬，完成业务应用集成方案设计，确定实施组织范围、功能方位及集成范围，形成业务应用集成方案终稿。12月底，完成业务流程详细设计，各专业组组长审批确认了未来业务流程。

2009年1月6日—7日，各专业组向辽宁电力各业务分管领导汇报业务流程梳理工作情况，并确定最终未来业务流程。

企业业务流程梳理，是逐步调整各部门、各专业工作方式和生产方式，影响各自权力和责任的再分配，将引发有关利益方的矛盾或激烈冲突，是ERP项目实施关键环节和基础工作，其难度也可想而知。

2）试点实施工作

ERP项目办制订完成了试点实施阶段工作计划，包括确定项目各阶段工作安排、资源需求、里程碑计划，并确定了辽宁电力本部、辽宁电力机关、电网建设分公司、信息通信分公司、沈阳供电公司、鞍山供电公司和本溪供电公司这7家单位为代表，进行试点实施。各专业组和管理组根据整体工作计划细化工作任务和转变管理宣传、培训计划，并对每个项目关键节点进行有效控制。

（1）系统方案设计。各专业组经过充分讨论，确定了业务流程系统实现方式，在重点做好跨模块业务的系统详细设计方案的同时，对ERP组织架构设计进行了细化，并确定了ERP主数据编码和基本字段设计，为系统配置奠定了基础。各专业组先后完成了系统初步配置，关键业务原型演示场景文档撰写，相关数据收集等工作，并对关键用户进行了关键业务原型演示和系统操作培训，于3月24日在项目领导小组会议上作了演示汇报。

（2）客户化开发。各专业组顾问与关键用户配合，讨论确定了报表、表单等开发需求，并于2月中旬形成客户化开发清单，共包含103项客户化开发需求。集成开发组根据开发清单制订了客户化开发和测试的计划，并与各专业组顾问一同明确了开发顾问、业务顾问和关键用户在客户化开发过程中的职责，安排了各项客户化开发需求负责人、功能设计说明书撰写人员、程序开发人员及测试人员。

截至5月25日，所有系统上线前需要开发完成的报表、表单、系统功能增强程序等均已开发测试完成。部分中、低优先级客户化功能开发程序伴随试点实施的全程，持续到7月底（试点单位上线后）完成开发测试工作。

（3）系统配置及单元测试。各专业组于3月中旬在开发系统根据系统详细设计方案完成了相应系统配置，并撰写了详细的系统配置文档。3月中旬开始，各专业组顾问和关键用户在完成系统配置工作的基础上，对业务范围内的所有业务场景进行了功能测试，并记录下测试的过程及结果。对单元测试发现的问题进行系统配置修改，并且同步更新了系统配置文档。通过为期两周的单元测试，检查了各专业组内系统设置的完整性和可用性。单元测试于3月31日顺利结束。

（4）权限设计。ERP系统权限管理是通过将不同的事务码（即ERP系统业务操作的快捷代码）分配给角色，然后将角色分配给用户来实现的。3月中旬—4月底，各专业组和技术支持组共设计、创建和测试完成了185个通用角色，近3000个本地角色。试点实施上线后，机关本部和试点单位共有2623个本地角色参与系统应用，其中财务管理模块265个，项目管理模块771个，物资管理模块714个，设备管理模块558个以及人力资源管理模块315个。

（5）开发、测试环境准备。根据省公司ERP项目的系统配置方案，确定了系统硬件设备的采购计划，信通公司开始进行机房改造，包括机房的内部装修、电气（电源、照明）系统、环境监控、精密空调与新风系统、消防系统、网络布线配置等诸多方面改造方案设计工作。截至2009年5月，系统机房的有关改造工程均已完成。

技术支持组自2009年1月上旬开始ERP系统环境的准备工作，制订了服务器到位安装计划及专业组开始使用的计划，并与各专业组讨论确定了开发系统、测试系统、培训系统和生产系统的集团管理策略，确定了各服务器系统配置传输路径，确保开发系统硬件及时到位。2月上旬，技术支持组完成了开发环境的服务器安装工作，并建立了相关系统用户，同时进行了服务器性能的调整。根据项目进度需要，于3月初完成测试服务器的安装和技术配置。

根据总部关于使用SAP Solution Manager系统和ARIS流程管理平台的统一要求，技术支持组完成了SAP Solution Manager系统的安装与配置，并对各专业组进行了培训。ARIS有关专业人员为项目实施团队开展了3次讲座，进行了实施环境及人员情况的评估，并制定了具体实施方案。至2009年4月，各系统的软硬件设备均已安装到位，并测试完毕，满足系统上线的要求。

（6）集成测试和用户接受测试。3月下旬，各专业组完成系统集成测试准备工作，包括制订测试计划，确定测试方法、测试范围及测试场景，撰写测试脚本，准备测试数据，培训集成测试关键用户等。

系统集成测试工作于4月2日开始，并于4月20日完成。各专业模块的顾问和关键用户一起共计测试解决了168个问题。

在顾问和关键用户完成系统集成测试的基础上，从各试点单位抽调最终用户进行系统操作培训，并进行了用户接受测试。在最终用户培训前，对系统配置和设计进行了进一步检查和完善。

（7）数据清理。

①完成基础数据收集工作。经过为期两个月的数据收集工作，各专业组基本完成系统配置所需的基础数据及静态数据的收集工作，总数据量超过90万条。

②讨论确定资产、设备数据核对方案。财务部和生产技术部与顾问经过多次讨论，确定了资产、设备数据核对方案，明确了资产、设备数据核对原则、方法和步骤，为数据清理工作奠定基础。项目办于2月26日对省公司本部和试点单位有关人员通过网络视频会议方式进行了宣讲和培训。为了解决ERP项目数据清理和核对过程中的几个关键问题，逐步实现实物资产与价值资产"账、卡、物"一致，项目办于3月10日召开试点单位设备和资产数据核对研讨会，针对有关问题明确了解决方案和原则，并决定成立数据清理工作指导

小组，加强沟通、协调和指导。

③完成数据核对四个阶段工作。设备和资产数据核对分为准备阶段、第一阶段（全面核对阶段）、第二阶段（重点核对阶段：对账卡物不一致的查找历史单据）和第三阶段（账务调整阶段：对账务不符原因分析，进行账务调整，包括资产卡片的拆分与合并等工作）。

（8）运维体系组建。按照总部ERP系统运行维护要实现"主业化、集中化、专业化"的要求，项目办协调信通公司加快组建运维队伍，负责提供系统平台、技术支持和业务应用支持与管理，负责协调ERP系统项目试点和推广配合开发工作，以及数据仓库及ERP系统与其他系统接口开发工作。截至2009年5月，各专业组都配备了以关键用户为主的2～3名运维人员，在咨询顾问的带领和培训下，不断提升专业运维技能。项目办也建立了一整套ERP系统上线运维支持体系的方案，并不断完善运维支持平台，包括运维支持热线电话、运维支持网站等方面的建设，保障试点上线后立即发挥运维职能。

（9）用户培训。ERP系统建设实施的过程也是公司全员思想转变、认识提升的过程，必须高度重视"转变管理"，加强宣传与培训工作，才能推动建设工作顺利开展。大范围、高密度、多轮次的严格的培训是固化未来业务流程、转变思想所不可或缺的一个环节。

在试点实施过程中，各专业组及ERP项目办对试点单位选派的关键用户、推广单位选派的观察员，进行了多轮次的ERP概念、项目实施方法、系统操作、讲师培训等课程培训，并安排关键用户、观察员进行了单元测试、集成测试、数据清理、模拟讲课等工作，促进用户的观念转变。

为了锻炼关键用户，让他们起到模范典型的作用，ERP项目办决定试点阶段由关键用户担任最终用户培训的讲师，专业组顾问做助教。本次最终用户培训有以下几个特点：

①培训时间长，涉及人员多：本次培训共两轮，总计46个班次；每轮培训时间3～5天，前后历时4周，近2000人次参加；

②培训方法采用集中授课与上机操作辅导相结合；

③培训结束后进行考试，经考试合格获得认证后才允许在ERP系统创建用户，上岗进行系统操作；

④项目办、试点单位和高培中心密切配合，在短时间内安排了7个培训教室，并配备了相应培训管理人员。

（10）转变宣传管理。ERP系统成功上线离不开各专业部门的高度参与和配合，而专业部门的配合需要基于对ERP有正确的认识和了解。为了普及ERP知识、展示ERP项目建设成果，进一步提升各专业部门的关注度，促进ERP系统顺利上线以及上线后的成功应用，转变管理组组织ERP项目实施团队编制了ERP项目专刊，并设计ERP建设宣传板和ERP系统上线倒计时牌。

（11）ERP数据切换及系统正式上线。6月中旬，完成系统模拟运行，试点单位的最终用户在模拟运行系统上进行了日常业务的试运行；各专业组完成数据转换，将系统切换需要的主数据及余额迁移至ERP生产系统。

6月25日，召开ERP项目试点上线、推广启动暨阶段表彰大会，标志着ERP系统试点上线成功，最终用户开始进行系统应用操作，记录每日实际业务；8月中旬，各单位系统上线应用支持及第一个月月结完成。

8.3.2 供电公司全面推广阶段实施历程分析

试点单位的系统实施从1月8日开始，6月25日上线，其余的11家地市供电公司和鞍山超高压分公司共计12家推广单位于试点上线之日正式启动ERP推广实施。

根据试点阶段所获得的丰富经验，在推广实施的总体方案中确定了推广实施的原则和策略，即"遵循模板、统一构建、分区管理、同步上线"的原则，"逐一分散调研、集中构建测试、分区培训上线"的策略。推广实施的总体方案下发至各推广单位。

（1）遵循模板：以试点设计方案及业务蓝图为模板，在各单位推广实施，原则上不更改设计方案。

（2）统一构建：在项目前一阶段（包括计划阶段、调研分析阶段、构建阶段、测试阶段），集中进行关键用户培训，统一开展系统构建和测试工作，完成各单位业务流程、用户及权限配置等系统构建工作。

（3）分区管理：在项目后一阶段（包括数据转换、用户培训及上线支持），将12个推广单位按照公司规模、地理位置、交通便利性等因素划分为4个区域，并采用集中和分散相结合的办法推进各项工作。

（4）同步上线：为了加强日常的项目管理和进度计划的跟进力度，保持项目管理层的密切沟通，保障项目实施过程各阶段任务的安排有序、平稳推进和落实，12家推广单位计划于年底前集中上线。

1. 前期准备和培训

为尽早落实和部署好供电推广阶段的工作，项目办即开始对供电推广阶段的内、外部顾问和各推广单位项目组织成立、关键用户选派、数据清理等工作进行了部署和落实。各推广单位成立了项目组织，并上报到了ERP项目办，在5月中旬选派和落实了观察员并参加了试点单位最终用户培训，学习ERP知识、业务蓝图、调研分析方法等。

针对数据清理是一项投入人员多，耗费时间长的工作，由省公司财务部、生产部和项目办联合发文进行资产、设备等数据清理，项目办到各推广单位现场进行了模板和收集清理数据的培训。6月初开始至7月中旬，各推广单位组织相关部门对未来业务流程进行与现状的差异分析。

1）用户培训

对12个推广单位的财务管理、物资管理、项目管理、设备管理、人力资源管理五大耦合模块的207名关键用户进行了ERP概论、ERP业务流程、ERP系统操作及ERP项目管理规范四方面的培训及考试。共计培训82场，合计培训3143人次，关键用户考试成绩平均成绩在85分以上，为后续工作打下了良好的基础。

2）流程宣讲

根据辽宁电力ERP推广项目的总体实施计划，省公司ERP项目办按分区（四个分区）对12个推广单位进行了288场次、7889人次的业务宣讲培训。宣讲的内容包括辽宁电力推广实施计划、ERP系统各业务模块概览、ERP系统各模块未来业务流程、推广单位ERP系统各模块配置参数收集确认、关键业务流程系统演示、推广单位最终用户名单确认等。通过宣讲使各ERP推广实施单位相关部门对ERP以及后续推广工作安排有了初步的认识与了解，明确了后续推广实施的工作任务。

3）系统配置

从2009年8月开始，ERP项目办根据在业务流程宣讲期间收集确认的ERP系统配置参数在ERP开发系统中进行了推广单位ERP系统参数设置，总计近300个配置点。

4）系统测试

辽宁电力ERP推广实施项目系统测试包括单元测试、集成测试、回归测试及用户接受测试。

（1）单元测试。在进行系统配置的同时组织12个推广单位的关键用户在ERP开发系统中进行单元测试，确保ERP系统功能满足推广单位业务流程设计的需要。单元测试工作于8月20日完成，主要由各关键用户在咨询顾问的协助下完成，涉及测试场景有大场景150个，子场景将近1000个，单元测试过程中共记录的问题285个，所有问题全部解决。

（2）集成测试和回归测试。按照辽宁电力ERP项目试点实施总体计划安排，于2009年8月31日启动ERP推广实施项目集成测试和回归测试工作，并于9月15日完成此项工作。

集成测试是在单元测试的基础上，由推广单位的关键用户模拟历史业务，在ERP系统上进行跨模块和跨部门的系统测试，以验证未来业务流程和系统功能满足业务需求。

回归测试的目的是确保试点单位的系统功能不会由于推广单位系统配置生效而受到影响，可以认为是对试点单位再进行一次集成测试。

共计有18个单位（6个试点单位，12个推广单位）的189名关键用户参加了本次集成测试及回归测试，涉及40个集成测试业务场景、23个回归测试业务场景。在集成测试及回归测试过程中共计发现问题93个，所有问题在测试期间已得到全部解决。

（3）用户接受测试。用户接受测试于10月26日—30日期间进行，安排在最终用户培训之后，由通过考试的推广单位最终用户在各单位完成，由咨询顾问现场支持和解决问题，确保ERP系统正式上线后最终用户能够在系统中顺利完成各项业务功能。

5）最终用户培训

9月21日—10月23日，对推广单位最终用户进行业务流程及系统操作培训。此次最终用户培训分布在12个地市公司，15个地点同步进行，共有91个班次。

通过对最终用户开展财务、设备、项目、物资和人力资源管理5个专业模块，共计20

门课程的培训，使参加培训的最终用户能够熟悉和掌握SAP系统中所对应业务模块的详细业务流程和有关系统操作，确保公司业务在SAP系统中快速有效地流转，提高公司员工的系统操作效率。

6）数据清理与转换

业务数据是ERP实施的基础，只有ERP系统中运行的数据是正确的，才能确保ERP项目的成功，才能通过ERP提升公司的业务管理水平。数据清理工作的目的就是通过数据收集和清理，确保导入ERP系统的数据是全面准确的。

本次辽宁电力ERP推广实施数据清理工作难度大，清理单位多。数据清理组对12家单位的数据进行了全面清理，清理时间6个月，包括配置数据、静态数据、动态数据。在整个数据清理过程中，对资产设备的清理涵盖了省公司所有十大类设备，即变电、送电、配电、通信线路及设备、用电计量设备、自动化设备及仪器仪表、IT设备、制造及检修维护设备、生产管理用工器具、非生产性设备。尤其是对配电设备的清理和核对，清理工作量巨大，核对复杂，最终通过不懈努力保质保量地完成了清理核对工作，提升了资产设备的管理水平。

业务数据经过清理核对后还需要通过数据转换及上载导入到ERP系统，为了保证数据准确无误地导入ERP正式系统，还要进行数据转换程序开发测试、数据试转换机数据正式转换。辽宁电力推广实施项目于10月13日完成了静态数据及动态数据的试转换。静态数据的正式转换从11月2开始，11月13日完成。动态数据，即12个推广单位11月份月结数据在11月24日完成向正式生产系统上载的工作。

7）权限设计

权限设计的最终目的是对最终用户根据其岗位和工作职责分配合理的系统操作权限。在权限设计过程中，主要关注业务顾问对权限和用户管理的支持、通用角色的设计及本地角色的创建、用户与本地角色的分配、权限管理制度的建立四个方面。推广项目技术支持组创建了160个通用角色，11 800个本地角色和4 180名最终用户。

8）集成开发

ERP系统实施过程中的集成开发是在ERP成熟套装软件标准功能满足了企业的基本业务需求的基础上，通过开发客户化的报表、表单、功能增强、与外围系统的接口等程序，以进一步适应电网行业特点，确保ERP系统上线后各流程的规范和系统操作的顺畅，进而加强系统应用的实际运行效果。

从试点实施开始至推广实施上线，集成开发组接收到各专业组提出的客户化开发需求共计178个，完成开发163个，开发程序与函数共计482个，程序代码总量达到248 410行。其中完成报表及流程处理类程序共计358个，完成各类增强及通用函数80个，技术支持工具程序6个，系统增强出口程序38个，并陆续完成了跨区电网运维系统，投资计划系统、人资管控、财务管控、营销与财务模块、PMS系统等多个系统间接口的开发和测试工作。

2. 推广实施数据切换及系统正式上线

11月18日，完成推广单位生产环境、支持体系、系统切换等系统上线准备工作；与此同时，最终用户在关键用户和顾问的支持下完成日常业务系统模拟运行。

11月24日，各专业组完成数据转换，系统切换需要的关键主数据和余额迁移至ERP生产系统；11月25日，系统全面上线，各专业组咨询顾问分区奔赴各推广上线单位进行上线支持，即上线后第一个月月结及年结工作。2010年1月上旬陆续完成推广实施单位系统上线支持。

3. ERP计划管理模块实施及上线

根据总公司典型设计成果并结合自身特色，辽宁电力于11月25日成功实现了ERP成熟套装软件的财务、物资、项目、设备及人资五大模块应用全面上线。但是随着财务、物资、项目业务流程的深化应用，逐渐暴露出流程前端的计划模块没有上线运行对业务流程顺畅运转带来的一系列问题，比如计划管理系统不完善，项目管理流程无法形成闭环，无法严格控制预算，年度采购计划无法及时、有效编制等。

为解决问题，经公司项目领导小组指示，经ERP项目办与相关归口管理部门研究和论证，于2010年3月25日召开ERP成熟套装软件计划管理模块启动大会。经过4个月紧锣密鼓的实施，历经前期业务流程梳理、计划管理模块未上线的影响分析、筹备启动、设计、构建与测试、数据清理与切换等过程，于7月30日正式上线，实现了项目自计划提报到项目竣工决算转资的闭环管理，达到项目预算事前控制，转变了项目预算可以随意挪用的观念。

8.3.3　县（郊区）供电分公司推广阶段（第一批、第二批）

完成供电单位ERP全面上线应用后，公司以"一强三优"为导向，遵守统一规划、同步实施原则，从业务流程提升着手到一体化信息平台建设，借鉴供电实施经验，在较短的时间内完成了所有农电单位的上线运行，实现企业管理的全面提升。

考虑到农电单位数量众多、分布广泛及实施时间紧凑等现实因素，县（郊区）供电分公司推广按区域和典型性分前后两批实施。实施工作共分6个阶段，分别为调研访谈、蓝图设计、系统测试、流程优化、用户培训和上线准备，结合数据清理、人才培养两条主线，总共历时8个半月。

1. 调研访谈和蓝图设计阶段

2010年1月—2月，省公司ERP项目办选择部分县（郊区）供电分公司进行业务调研，仔细讨论了农电业务流程，探讨了数据清理方案，制定了县（郊区）供电分公司ERP推广实施具体方案，并完成了县（郊区）供电分公司推广单位详细业务现状调研。

2010年3月中旬，完成业务流程确认，ERP项目办抽调了各单位203名关键用户进行流程和系统培训、结合农电上划管理界面的划分优化业务流程。

2. 系统测试和流程优化阶段

2010年3月底，完成系统配置和单元测试、集成测试，编制完成最终用户操作手册，制订最终用户培训计划，举行关键用户讲师培训，开展关键用户讲师试讲并下发最终用户培训通知。

2010年4月份，省公司ERP项目办组织对康平、法库、辽阳三个县（级）供电分公司进行了巡检，了解和发现了县（郊区）供电分公司推广实施中需要协调解决的问题，并组织相关专业组对数据收集和核对出现的问题给出了解决方案。组织农电、物资、财务、人力资源等相关部门对县（郊区）供电分公司ERP未来业务流程进行了讨论、优化、调整和确认工作。

3. 用户培训和上线准备阶段

2010年4月，完成了203名关键用户为期两个月，922名最终用户为期一个月的最终用户培训。在第一批推广的7个供电公司所属的29个县（级）供电分公司设备和资产数据收集、核对的基础上，完成了数据模拟转换、权限设计及测试等工作。

2010年5月，县（郊区）供电分公司第一批上线工作进入最后冲刺阶段。5月10日，县（郊区）供电分公司第一批推广单位开始进行最终用户接受测试及模拟运行。通过最终用户接受测试及模拟运行，验证了ERP系统功能能够满足县（郊区）供电分公司业务的需要，验证了系统权限设计可以满足业务需要，同时提高了最终用户ERP系统操作的熟练程度，巩固了最终用户培训成果，确保所有最终用户上线时能正确登录ERP系统，让最终用户熟悉ERP系统上线后的业务流程。

4. 县（郊区）供电分公司推广第一批单位上线

2010年5月25日，县（郊区）供电分公司推广第一批单位上线，包括沈阳、抚顺、本溪、鞍山、辽阳、营口、盘锦7市的县（级）供电分公司，共计29家农电单位，其中大局占到总量的50%以上。

5. 县（郊区）供电分公司推广第二批单位上线

县（郊区）供电分公司推广第二批单位的实施历程与第一批单位基本一致，时间上延后3个月左右。

2010年4月，省公司ERP项目办组织顾问对第二批推广单位进行了数据收集的培训，第二批推广单位开始进行设备、资产清理，省公司数据清理组对各单位提报的数据进行检查，并随时将问题及时反馈给有关单位。

2010年7月上旬，完成县（郊区）供电分公司推广第二批单位关键用户培训、系统配置及单元测试；7月底，完成第二批推广单位系统集成测试及最终用户培训。2010年8月中句，完成第二批推广单位数据切换及上线试运行。

2010年8月25日，县（郊区）供电分公司推广第二批单位上线，包括大连、丹东、锦州、阜新、朝阳、铁岭、葫芦岛农电局及其下属区县农电局，共计42家农电局。至此完成省公司本部、电建、信通、超高压分公司、14个地市供电公司以及118个县（市区）级供电分公司的覆盖。

8.3.4　辽宁电力ERP全覆盖推广与划转阶段

1. 辽宁电力ERP覆盖推广原则与实施应用

（1）总体规划原则：在第一批（供电企业）与第二批（县级供电分公司）的成功经验指导下，设计应用系统建设蓝图，对工程项目、物资管理、财务管理、设备管理和人力资源管理进行总体设计实施，明确实施策略和各阶段目标。

（2）分步实施原则：对第三批实施单位的选择根据财务资产状况、业务与省公司关联程度、总部主辅分离的计划、各单位业务流程的复杂度和相似度、信息化程度、省公司专业部门意见，从24家尚未实施的单位选择13家实施，以集中人员和力量、降低项目管理难度及项目实施成本，进一步提升辽宁电力自身队伍建设，降低项目实施风险，成功完成项目实施。

（3）先易后难原则：由于总部对于非供电企业的业务流程没有完善的典设供网省公司参考，为保证实施效果，对全覆盖推广单位首先以提升省公司信息化应用水平为重点，先解决重点问题，使短时间内可以见效，取得基本成效与经验后，再研究不同业务特性的深化应用。对东北划转单位以辽宁电力典设为基础，尽量缩小差异，向辽宁电力典设靠拢。

（4）变革同步原则：ERP系统建设不仅仅是一个信息化的项目，而且是一个企业变革项目，会涉及岗位职责、管控模式、人员素质等诸多方面，必须坚持变革先于系统上线的原则，体现ERP系统的效果。ERP系统建设不是一蹴而就的，流程的改善和优化更是贯穿实施的全过程，并且还会延续下去，因此必须要有持续变革的决心和信心。

ERP系统第三批推广实施工作共分成6个阶段，分别为调研访谈、蓝图设计、系统测试、用户培训、上线准备和上线后支持，共历时4个月。在ERP项目实施过程中，同步部署业务流程平台（ARIS）和易用化，利用业务流程平台进行业务流程管理、系统配置管理以及测试管理、变更管理等，利用易用化工具方便各最终用户的使用。

1）调研访谈阶段

2010年11月17日，省公司下发了第三批ERP推广实施方案的需求调研问卷，ERP项目办及各专业组根据调研结果完成实施方案的修订，并于11月30日组织省公司发展策划部、财务资产部、基建部、生产技术部、人力资源部、物资部、信息通信分公司等各部门领导及第三批ERP项目推广实施单位的分管领导和信息化工作负责人就ERP推广实施方案进行研讨，制订确认最终实施方案。最终实施方案立足企业核心业务，运用总部典型模板规范，结合供、农电实施经验，符合辽宁电力第三批ERP推广单位的未来业务流程。

2）蓝图设计阶段

2010年12月，第三批ERP推广单位上报关键用户，ERP顾问组对各单位的关键用户进行培训，所有关键用户均高分通过了考试。在关键用户的协助下，省公司各主管部门、ERP项目办及第三批ERP推广单位共同确认了第三批ERP推广业务蓝图具体实施方案，并完成了系统配置。

3）系统测试阶段

2011年1月，第三批ERP推广单位的关键用户在顾问的协助下进行单元测试、集成测试，同时供电单位的关键用户进行了回归测试。在这一期间，数据清理组组织各专业模板进行数据清理培训，12月中旬静态数据收集正式开始，1月中旬完成静态数据收集。

4）用户培训阶段

2011年1月中旬，省公司ERP项目办、各主管部门联合下发开展第三批ERP推广单位最终用户培训的通知，最终用户培训分成两批：第一批在2011年1月底完成人资、设备模块的培训；第二批在2011年2月底完成财务、计划、项目、物资模块的培训。

5）上线准备阶段

2011年2月底，省公司下发第三批ERP推广单位正式动态数据收集整理的通知，要求各单位进行动态数据收集、整理、确认并导入。2011年3月，各模块完成所有静态数据和动态数据收集、整理、确认并导入生产系统。

6）上线支持阶段

2011年3月25日，第三批ERP推广实施项目正式上线，顾问通过现场和远程相结合的方式进行上线支持。按照补单策略要求，各单位在4月8日前完成系统补单。所有单位顺利完成4月份财务对账和月结。

2. 东北公司划转ERP推广实施阶段

根据总部"三集五大"战略部署，东北电网有限公司（以下称东北公司）进行了改制，东北公司的职能进行了调整，原隶属东北公司的五家单位的产权划转到了辽宁电力。其中产权的划转主要体现为以下两方面：第一是东北公司的基建项目、技改和固定资产等业务进行剥离，按照所在位置的省份进行属地化划转；第二是直属单位进行直接属地化管理。

据此，2011年4月16日将涉及沈阳超高压局、锦州超高压局、物流服务中心、大连培训中心、东北电科院5家单位的人员、财务、资产划转到了辽宁电力。五家单位ERP系统相关内容全部划转，包括财务管理、物资管理、计划管理、项目管理、设备管理、人力资源管理六个模块系统配置及业务数据的转换与上线，工作流、高级应用（包括高级分析、工作流、EP门户）以及相关接口的开发、测试与上线。

虽然总部要求各网省公司要在典型设计的基础上实施ERP，但同时允许网省公司存在差异，因此东北公司和辽宁电力ERP的流程、配置、数据格式、内容、操作方式等都存在差异，这些差异带来很多实施难点，使得划转单位ERP系统无法直接切换，需要重新做业务流程差异分析、配置、培训、数据清理等工作，系统切换的工作量与难度较大。

东北公司划转ERP转换上线项目实施时间紧，难度大，故在实施阶段结合转变管理和项目管理，由省公司统一发文或召开会议落实各项工作。实施工作共分6个阶段，分别为项目启动、业务调研分析、配置开发、测试、最后准备和上线后支持，总共历时两个月。

1）项目启动阶段

2011年4月25日，各划转单位按照通知要求上报ERP项目负责人、专责和关键用户名单。

2011年5月16日，省公司召开准备会议，传达了省公司领导对五个单位ERP系统管理模式的有关要求。

2）调研访谈阶段

根据总部的要求，辽宁电力制定了东北公司五家划转单位ERP系统转换上线的总体计划安排。5月初，ERP各实施顾问到东北公司了解相关业务模块情况，完成东北公司划转单位业务流程差异分析。经过多轮次的会议协商，东北公司划转整体转换策略为：沈阳超高压局、锦州超高压局、大连高级人才培训中心、东北电力科学研究院组织、管理模式维持现状；东北物流服务中心并入辽宁物流服务中心。ERP流程并入策略为：以辽宁电力典设为基础，进行差异分析，确认解决方案后，进行必要调整。

5月中旬，省公司下发多项通知，申报关键用户，进行流程调研等。各单位共上报29名关键用户，各业务模块对关键用户进行流程、ERP系统操作培训，并确定了各划转单位ERP系统转换上线实施方案和ERP过渡运行方案。

3）系统构建阶段

5月18日，东北公司协助导出各模块业务数据。5月23日，东北公司提交各模块相关数据，各划转单位关键用户进行数据的检查。5月23日—25日进行单元测试，各模块共完成单元测试脚本22份。

4）集成测试阶段

5月31日—6月16日，对各划转单位进行最终用户培训和接受测试。ERP各专业模块共计27门课程，最终培训用户341人次，各单位各模块最终用户考试平均分达93.65，平均出勤率达90%，全部顺利通过用户接受测试。6月1日—3日，各划转单位的关键用户在顾问协助下完成了集成测试，共完成集成测试脚本68份。

5）上线准备阶段

2011年6月10日，省公司下发正式动态数据收集整理的通知，要求各单位在6月17日完成动态数据收集整理工作，共完成静态数据收集312 239条，动态数据收集43 926条。2011年6月24日，完成所有静态数据和动态数据的收集、整理、确认并导入生产系统。

6）上线支持阶段

2011年6月25日，实施ERP系统转换的五个单位全面上线，顾问通过现场和远程相结合的方式进行上线支持。至2011年8月初，顺利完成划转单位上线后的业务运行和月结工作。

8.3.5 辽宁电力ERP项目实施的特色与成果

ERP项目实施是一个复杂的系统工程，项目实施的难度和复杂性，如果没有亲身经历很难深刻体会其中的甘苦。在项目实施过程中，有咨询公司先进的ERP实施方法论的指导，并结合辽宁电力的自身实际，在实践中对项目管理和推进方法不断创新，形成具有鲜明特色的辽宁电力项目推进方法。

1. 创新的ERP项目推进方法

辽宁电力ERP项目实施过程也是公司管理变革的过程，项目面临时间紧，任务重，工作量大，新问题多等困难。高效推进项目顺利实施，除了要求全体成员必须勤奋努力工作，同时必须利用科学智慧创新项目实施方法。在项目实施过程中总结了多种推进方法，如时间进度安排超前并行；组织各单位、部门在项目实施与应用中，展开评比竞赛、加强协调沟通；制度方案联合盖章执行；在多层次培训的基础上，严格执行单元测试、集成测试和最终用户测试，保证ERP上线运行质量。形成的具有辽宁电力特色的ERP推进方法主要包括以下几点。

1）领导高度重视，落实组织机构，持续团队建设

辽宁电力按照"统一领导、统一规划、统一标准、分步实施"的原则，成立ERP项目办公室统筹管理和协调项目实施工作，办公室下设各专业组，由省公司各专业部门负责人担任专业组组长，负责牵头部门统一领导，各组成员由省（地市）专业部门专家、埃森哲及公司体系内的业务与ERP专家联合组成，业务层面以省公司专业部门主任牵头负总责，专业部门专责负责全程跟进、监督和协调，地市公司组织配合，顾问负责技术指导的组织架构。

辽宁电力及各部门领导认识高度一致，明确凡涉及跨部门、跨专业或多个系统集成方案制定与问题解决，一是ERP项目办公室牵头组织管理、负责总体计划及推进；二是ERP专业组长（主管部门主任）负责成立工作组，提出方案建议；三是ERP顾问组长负责，各有关开发单位人员参加，技术支持与协调；四是ERP项目办公室负责协调检查工程进展情况。

按照公司总部的要求，辽宁电力ERP实施团队由外部咨询顾问、内部咨询顾问组成顾问团队；顾问团队和辽宁电力抽调的骨干关键用户组成ERP实施团队。这个团队的特点是人员来源广、年龄差别大、行业背景不同、人员变动频繁、管理难度高。根据团队的特点，在团队建设的不同阶段，采取不同措施，建设了一支高效、有活力的ERP实施团队。

2）四级协调机制，五种例会制度，执行联合盖章

辽宁电力ERP系统建设项目采取了"谁主管、谁负责；谁组织、谁负责；谁实施、谁

负责；谁使用、谁负责"的项目实施推进办法，尤其强化专业部门在项目实施中对本专业和跨专业工作开展、问题解决的责任，形成项目管理办公室总体管理协调，各专业部门充分参与的良好氛围，保障了项目实施质量和进度。ERP项目实施的每一天、每一周都有问题出现，矛盾的激烈冲突，不能及时协调解决，不仅影响ERP项目实施，还影响公司各部门、各专业的正常工作。针对项目实施过程中出现的风险和问题进行分类，建立四级协调机制（第一级专业组和顾问组、第二级项目办组织有关部门和专业、第三级省公司分管领导、第四级项目领导小组），通过四级协调机制的运转，在项目实施过程的各类风险和问题全部能及时化解和高效解决。

保障项目进度、质量、问题及时协调解决，信息及时沟通和反馈是必不可少的。为推进项目工作，形成了贯穿整个ERP建设的五种例会制度。周一项目办碰头会由省公司项目办与顾问组沟通实施细项，视频系统周例会进行省公司项目办与二级项目办实施进度跟踪与问题讨论，月推进组例会进行信息化工作考核、月工作汇报与总结，专业协调会进行跨部门跨专业问题协调，领导小组会议制定重大决策。共计进行了周一碰头会、周例会158次，34次月例会，18次分管领导专业协调会，领导小组和主要领导组织16次决策会议。

辽宁电力ERP建设始终坚持用ERP的思想方法来指导ERP工程实施，通过ERP系统固化管理模式和管理流程，打破部门壁垒，加强部门间的横向沟通，积极促进企业职能型条块管理向流程型过程管理的转变。基于这种思想，创造性提出沟通和协调一致、联合盖章试行、逐步完善提高的项目推进方法。自项目实施以来，由ERP项目办牵头，省公司联合17个管理部门下发126个跨专业部门的通知、118个跨专业部门的文件，经联合盖章后下发到各地市公司遵照执行，解决了上线后系统运行的大量实际问题。

3）形成独特的ERP项目实施精神

提倡一种精神，凝聚一种力量，形成一种文化，养成一种风气，在项目ERP实施中提出ERP实施精神，逐步成为ERP实施团队的共识：一是白加黑、5加2的事业观念；二是智慧与勤奋的科学态度；三是超前并行，竞赛争先的创新意识；四是数据说话，实例证明的工作标准；五是日清、周评、月结工程方法；六是用心、耐心、恒心的奋斗精神。这激励了全体ERP实施人员的斗志，有力地推动了项目实施。在项目实施过程中，咨询顾问与企业人员组成的项目团队紧密团结，凝聚在一起，效率极高、创造力极强。现在ERP实施精神应用到了公司各个建设领域，激励着辽电人在信息化历程中前进。

4）多维转变管理，专业人才队伍，举办竞赛调考

辽宁电力在ERP建设过程中，采取了多维度的转变管理方式，包括编写实施教材、进行培训工作、开展宣传普及、评选建设之星以及举办竞赛调考等，促进了人员的观念转变，提升了全员对ERP系统建设的认知，实现了ERP系统建设知识的平滑转移，培养出公司自身高素质的ERP专业人才队伍，夯实了系统建设与应用的基础。自启动至今已经汇编ERP项目资料2269万字，推荐44位关键用户获得公司内部顾问资格，发布ERP网站专栏信息1268条，培训人次达到267 919人次，培训人天达到505 438人天。

5）设备全面盘点，资产全面收集，清理基础数据

为了使数据满足ERP系统上线标准，辽宁电力首次提出了"四全、八法、六流程"的数据清理工作方法。通过数据模板管理流程、数据提报流程、数据问题处理流程、问题数据处理流程、数据清理相关培训流程和数据清理进度管理流程等六个数据清理流程，以及双向核对法、差异分析法、实物留迹法、辨识分割法、标准模板法、分类装蓝法、三层筛选法、行政推动法等八种数据清理方法，实现了设备实物全面盘点、实物资产全面收集、物账全面核对、账卡物全面清理的数据清理四个全面。

辽宁电力ERP项目数据清理工作从2008年11月—2010年11月，历时24个月，投入超过1.3万人，各阶段参与清理工作的总人次达到了13.1万人次。经历数据清理培训、全面核对、重点核对、账务调整四个阶段，账物相符率达到98%以上，清理资产高达830亿元，共清理数据544万条，其中动态数据176万余条，静态数据378万余条。通过数据清理工作，全面提升了辽宁电力设备资产管理水平。

2. ERP项目实施特点与精神

大型企业实施ERP项目工程是一项前所未有的系统工程，只有开始，没有结束，将伴随企业不断成长，企业管理的变革不断深入。辽宁电力潘明惠总工程师总结ERP系统实施的特点高度概括为以下10点：1个集中办公区；2种组织形式推动实施；3个供电公司作为试点单位；4个项目办总协调；5个层级ERP项目例会制度；6个专业模块梳理业务流程；7个机关本部ERP项目主要参加部门；8种数据清理方法；9位博士参加项目建设；10大类业务数据清理。

第9章
工业控制与两化融合咨询与应用分析

　　工业控制系统基本概念及安全新趋势、工业控制系统信息安全存在问题与风险、电力工业控制系统测评实施方法、信息化与工业化融合的基本含义、物联网技术发展与制造业两化融合、工业控制与两化融合应用案例分析是本章重点介绍的主要内容。

9.1 工业自动控制系统基础知识

工业控制系统基本概念及安全新趋势、世界各国工业控制网络信息安全政策、工业控制系统信息安全存在的问题与风险、电力工业控制系统测评目的和意义是本节介绍的主要内容。

9.1.1 工业控制系统基本概念及安全新趋势

1. 工业控制系统基本概念

工业控制指的是工业自动化控制，主要利用电子电气、机械、软件组合实现。工业控制（Factory Control）即工厂自动化控制（Factory Automation Control），主要是指使用计算机技术、微电子技术、电气手段，使工厂的生产和制造过程更加自动化、效率化、精确化，并具有可控性及可视性。

工业控制技术的出现和推广，使工厂的生产速度和效率提高了300%以上。20世纪80年代初，国外先进的工控技术进入中国，比较广泛使用的工业控制产品有PLC、变频器、触摸屏、伺服电机、工控机等。这些产品和技术大力推动了中国的制造业自动化进程，为中国的现代化建设做出了巨大的贡献。

工业控制主要核心领域是在大型电站、航空航天、水坝建设、工业温控加热、陶瓷领域，有着不可替代的优势。例如，电站电网的实时监控需要采集大量的数据值，并进行综合处理，工控技术的介入方便处理大量的信息。

工业控制计算机是一种采用总线结构，对生产过程及其机电设备、工艺装备进行检测与控制的工具总称。它具有重要的计算机属性和特征，如CPU、硬盘、内存、外设及接口、实时的操作系统、控制网络和协议、计算能力、友好的人机界面等。工控机的主要类别有IPC（PC总线工业计算机）、PLC（可编程控制系统）、DCS（分散型控制系统）、FCS（现场总线系统）及CNC（数控系统）五种。

工业控制技术一向是制约中国装备行业乃至产品升级的瓶颈。装备制造业是工业的核心和基础，决定了国家工业和科技的水平，以及其在全球分工所占据的地位。

2. 工业控制系统安全新趋势

从全球来看，产业洞察网《2013—2017年中国工控机市场调查及企业咨询报告》资料显示，欧洲依靠德国的西门子和瑞典的ABB，在制造业上占据领先地位；日本在第二次世界大战后工业崛起，拥有松下、富士、安川等公司，在高精度、功率偏小领域占有优势，从而确定了日本全球分工的第二梯队位置。2013年，中国在工控领域的企业技术水平和日本企业仍有一定的差距。

对于机床一类的工业母机，作为国内的制造商，需要西门子或者三菱公司提供整体的运动控制解决方案，核心的运动控制产品（如直线电机、交流伺服电机和系统等）进行精确运动控制的核心部件或是应用解决方案就是由国外的跨国公司整体提供，从产品到技术都是由外企来设计。国内从事机床制造的厂商，更多的是从应用角度来理解这些关键部件的功能，怎么使用，最终把它们整合成一套机械设备。这就是在制造业方面的差距和追赶的方向。

IPC已被广泛应用于工业及生活的方方面面，如控制现场、路桥控制收费系统、医疗仪器、环境保护监测、通信保障、智能交通管控系统、楼宇监控安防、语音呼叫中心、排队机、POS柜台收银机、数控机床、加油机、金融信息处理、石化数据采集处理、物探、野外便携作业、环保、军工、电力、铁路、高速公路、航天、地铁、智能楼宇、户外广告等。

工控机就是专门为工业现场设计的计算机，而工业现场一般具有强烈的震动，灰尘特别多，且有很高的电磁干扰，而且一般工厂均是连续作业，即一年中一般没有休息。因此，工控机与普通计算机相比必须具有以下特点。

（1）机箱采用钢结构，有较高的防磁、防尘、防冲击的能力。

（2）机箱内有专用底板，底板上有PCI和ISA插槽。

（3）机箱内有专门电源，电源有较强的抗干扰能力。

（4）要求具有连续长时间工作能力。

（5）一般采用便于安装的标准机箱（4U标准机箱较为常见）。

除了以上的特点外，其余基本相同。另外，由于以上专业特点，同层次的工控机在价格上要比普通计算机偏贵，但一般不会相差太多。

尽管工控机与普通的商用计算机相比，具有得天独厚的优势，但其劣势也是非常明显的，即数据处理能力差。

（1）配置硬盘容量小。

（2）数据安全性低。

（3）存储选择性小。

（4）价格较高。

9.1.2　世界各国工业控制网络信息安全政策

美国和欧盟均已发布了关于网络安全和保护关键基础设施的国家战略。美国于

2006年专门设立了"国家基础设施保护计划"，并在2010年设立了控制系统安全计划（CSSP），将保护美国国家基础设施的控制系统上升为国家战略。欧盟继美国之后于2013年发布了"欧洲关键基础设施保护项目（EPCIP）"，协调欧盟各个国家保护其关键基础设施，应对日益增加的针对关键基础设施的网络攻击。

美国的国防部、国土安全部、能源部、国家标准局、审计署和财政部协调各自职能，为该战略提供相应的资源协助。欧洲则是由欧洲委员会、欧洲高级议会、欧洲对外行动处、欧洲防务局、欧洲网络犯罪中心和欧洲标准机构，协调欧盟各个国家的相关职能，部署各个国家的关键设施保护计划。

同时，美国国土安全部成立了工业控制系统应急响应组（ICS-CERT），作为CSSP的实施部门。欧盟也成立了类似的欧洲网络应急响应组（CERT-EU），同时计划成立针对工业控制网络安全的应急响应组（ICS-CSIRT）。

1. 美国

美国早在20年前就已经在政策层面上关注工业控制系统信息安全问题。近年来，美国政府发布一系列关于关键基础设施保护和工业控制系统信息安全方面的国家法规战略。2002年，美国国家研究理事会将"控制系统攻击"作为需要"紧急关注"的事项；2005年，美国出台了《改进SCADA网络安全的21项措施》，给出了针对SCADA网络安全的最佳实践；2006年6月，国土安全部发布《国家基础设施保护计划》以及《能源行业防护控制系统路线图》，为现行和未来的保护关键基础设施和重要资源方案和活动提供了一个总体框架；2010年，发布《控制系统安全计划（CSSP）》；2013年，发布了《国家赛博安全和关键基础设施保护法案》；2014年，发布了ISA/IEC62443工业自动化和控制系统（IACS）系列标准；美国在国家层面上工业控制系统信息安全工作还包括2个国家级专项计划：美国能源部（DOE）的国家SCADA测试床09工业控制。

2018年4月，美国商务部国家标准与技术研究院（NIST）正式发布《提升关键基础设施网络安全的框架》1.1版本。该框架侧重于对美国国家与经济安全至关重要的行业（能源、银行、通信和国防工业等）。美国商务部长表示，企业应当将NIST网络安全框架作为第一道防线；NIST院长表示，《网络安全框架1.1》的发布是一项重大进步，真正反映出公私合作模式在应对网络安全挑战方面的成功。1.1版本更新的内容包括：身份验证和身份、自我评估网络安全风险、供应链中的网络安全管理以及漏洞披露。1.1版本具有灵活性，可满足组织机构的业务或任务需求，并适用于各种技术环境，例如信息技术、工业控制系统和物联网。

2018年5月，美国联邦能源管理委员会发布了一项新规定，要求公用事业公司对"低影响力"或者被认为不那么重要的便携式设备部署安全控制。该委员会还要求修订电源可靠性标准，以降低这些设备中恶意代码带来的风险。联邦能源委员会监管的北美Electric Reliability电力公司表示，新政策"代表网络安全标准的下一阶段"，它将推动该行业的基准网络安全。

2018年5月，美国国土安全部（DHS）发布网络安全战略，该战略描绘了 DHS 未来五年在网络空间的路线图，为 DHS 提供了一个框架，指导该机构未来五年履行网络安全职责的方向，以减少漏洞、增强弹性、打击恶意攻击者、响应网络事件、使网络生态系统更安全和更具弹性，跟上不断变化的网络风险形势。该战略确定了 DHS 管理网络安全风险的五大主要方向及7个明确目标：①风险识别方面，评估不断变化的网络安全风险；②减少关键基础设施脆弱性方面，保护美国联邦政府信息系统，保护关键基础设施；③降低网络犯罪活动威胁方面，防止并打击网络空间的犯罪活动；④缓解网络事件影响方面，有效响应网络事件；⑤实现网络安全成果方面，提高网络生态系统的安全性和可靠性，加强管理 DHS 网络安全活动。

2. 欧盟

2005年，欧盟发布《保护信息时代社会安全战略》；2013年，发布《欧洲关键基础设施保护项目（EPCIP）》；2013年，发布《关键基础设施保护计划》。

2014年12月，欧洲网络与信息安全局（ENISA）针对工业控制系统发布了《ICS/SCADA专业人员网络安全技能认证》《*Certification of Cyber Security skills of ICS/SCADA professionals*》。该报告探讨了现有信息安全技术及举措如何引申应用到工业控制网络，明确了工业控制网络安全面临的挑战并提出了一系列的发展建议。

2018年5月，欧盟网络与信息系统（NIS）指令正式生效。此项面向欧盟范围内的新法令有望提高关键基础设施相关组织的 IT 安全性，同时亦将约束各搜索引擎、在线市场以及其他对现代经济拥有关键性影响的组织机构。NIS 指令侧重于保障欧盟国家电力、交通以及医疗卫生等领域关键基础设施的安全性，其力图通过加强网络防御能力以提升此类服务的安全性与弹性。NIS 指令将覆盖一切被认定为对欧盟国家基础设施拥有重要影响的组织机构，例如各在线市场、搜索引擎以及关键基础设施供应商。此项指令要求各欧盟成员国建立国家网络安全战略、计算机安全事件应急小组（CSIRT）以及国家 NIS 主管部门。此外，各国还必须确定关键组织或"基础服务运营商（OES）"名单。这些 OES 必须采取适当的安全措施以管理其网络与信息系统风险，同时就出现的严重安全事件向相关国家主管部门进行通报。

3. 日本

2013年，日本发布《网络安全战略》（2015年5月25日更新）；2015年，日本成立内阁网络安全中心；2015年，日本在网络和信息安全方面的新政策、新举措主要包括10个方面：修订网络安全战略，完善网络安全管理机构，制定网络和信息安全法规，加强个人信息安全防护，严格网络安全治理，健全网络安全应急处理机制，加强网络安全人才培养，举行网络安全演习，研发关键网络安全技术，开展网络安全国际合作等。

4. 新加坡

2014年，新加坡发布《国家网络安全总体规划》；2015年，新加坡成立网络安全局；2018年2月，新加坡国会通过《网络安全法案》，旨在加强保护提供基本服务的计算机系统，防范网络攻击。该法案提出针对关键信息基础设施的监管框架，并明确了所有者确保网络安全的职责。能源、交通、航空等基础设施领域的关键网络安全信息被点名加强合作。如果关键信息基础设施所有者不履行义务，将面临最高10万新元的罚款，或两年监禁，亦或二者并罚。

5. 印度

2013年，印度发布《国家网络安全政策》；2015年，在网络和信息安全方面的新政策、新举措主要包括6个方面：修订完善网络安全法规，发布实施网络安指令，组建网络空间司令部，严格网络空间监管，开展网络安全审查行动，加强网络安全国际交流。

6. 俄罗斯

2015年，俄罗斯在网络和信息安全方面的新政策、新举措主要包括9个方面：出台新的信息安全学说，完善网络安全法规，严格网络空间监管，打击网络恐怖主义，开展网络安全审查，研发网络关键技术，加强电子政务安全，扶持本国信息技术产业和开展国际网络安全合作等。2015年10月16日，俄罗斯称，将发布2016年新版《俄联邦信息安全学说》，替换2000年的旧版本。2015年11月17日，俄罗斯总理签署政府令，规定自2016年1月1日起国家机关只能购买国产软件特别清单上所列产品，只有俄罗斯缺乏同类产品时才可购买外国软件。

7. 韩国

2015年，韩国在网络和信息安全方面的新政策、新举措主要包括8个方面：出台网络安全法规，完善网络安全机构，严格网络安全治理，制定保护关键基础设施措施，打击网络恐怖主义，提升网络军事能力，保护青少年上网安全开展网络安全国际合作。2015年2月10日，韩国对《韩军网络司令部令》修正案进行审议表决，指定联合参谋议长接受国防部长官的命令，指挥韩军网络司令部的网络作战。2015年10月26日，韩国国家情报局和韩国国防部联合举办网络攻防竞赛，选拔招募计算机网络高手。

8. 澳大利亚

2015年，澳大利亚在网络和信息安全方面的新政策、新举措主要包括7个方面：完善网络安全法规，扩充网络军事力量，打击网络恐怖主义，研制网络攻防武器，严格网络空间治理，开发网络安全技术，加强网络安全国。2015年12月7日，澳大利亚启动国家创新与科学计划，政府将投资3000万澳元建立网络安全增长中心。

9. 英国

2015年，英国在网络和信息安全方面的新政策、新举措主要包括9个方面：完善网络安全法规，严格网络空间监管，扩充网络空间力量，提升网络军事能力，打击网络恐怖主义，保护儿童上网安全，培养网络安全人才，研发网络安全技术，加强网络安全国际合作；英国国防部于2015年4月成立网络部队"77旅"，负责监控恐怖组织在社交网站的活动，招募2000名网络专家；11月23日，英国发布《国家安全战略及战略防务与安全审查2015：一个安全和繁荣的英国》战略文件，提出应对网络威胁和加强网络安全。

10. 法国

2015年，法国在网络和信息安全方面的新政策、新举措主要包括6个方面：完善网络安全法规，打击网络恐怖主义，严格网络空间监管，开展网络安全审查，研发网络安全技术，加强网络安全合作；9月8日，法国颁布《数字共和国法（草案）》。12月8日，为了提高打击恐怖主义的效率，法国内政部推出一系列举措：一是终止网络匿名机制，实行实名制；二是在紧急状态期间，"禁止链接自由分享无线网络（WiFi）"，取消"公共无线网络链接"；三是"禁止和封杀法国的Tor"等。

11. 德国

2015年，德国在网络和信息安全方面的新政策、新举措主要包括4个方面：完善网络安全法规，严格网络空间监管，研发网络安全技术，强化网络安全协作；3月11日，德国联邦政府宣布，将在2015年至2020年投入1.8亿欧元，加强信息安全技术研究。

4月6日，德国经济和能源部、教育和研究部共同启动升级版"工业4.0平台"建设，关注信息安全。

12. 伊朗

2015年，伊朗在网络和信息安全方面的新政策、新举措主要包括5个方面：研发网络安全技术，出台网络安全战略，颁布网络安全法规，严格网络空间监管，研发网络攻击武器。2015年1月10日消息，伊朗已经开始制定一个新的网络安全战略，使网络作战成为军队和国家情报机构的首要任务。新战略提出两大目标：一是开发关键技术，以保护关键基础设施和绝密资料免遭各种形式的入侵；二是压制在网络空间中的反伊活动。

13. 加拿大

2018年5月，加拿大核实验室（CNL）宣布将在加拿大新不伦瑞克省弗雷德里克顿设立国家网络安全创新中心，并称该中心将显著扩大 CNL 的网络安全研究能力，为加拿大的国家网络安全再添助力。CNL参与行业驱动的研究和开发，涉及能源、核、交通、清洁技术、国防、安全和生命科学领域，提供解决方案。CNL设立的国家网络安全创新中心将引进人才，关注关键基础设施中的漏洞，保护工控系统完整性和安全性。

9.1.3　我国工业控制系统信息安全存在的问题与风险

1. 我国工业控制系统信息安全存在的问题

随着"互联网+""中国制造2025"等国家战略方针的出台，随着"两化融合"政策的深入推进，国内工业控制网络的网络化、智能化水平快速提高，同时工业控制网络的信息安全持续的热度，继续被政府组织、科研机构、安全厂商、自动化厂商密切关注。虽然国内工控系统依然比较脆弱，整体安全形势面临严峻挑战，但政府、企业、厂商各方都在积极推进国内工控安全的发展。

1）我国工控网络的脆弱性不容忽视

截至2017年底，根据中国国家信息安全漏洞共享平台所发布的2017年新增漏洞信息（CNVD），共整理出2017年新增的工业控制网络相关的漏洞138个，重点分析新增漏洞的统计特征和变化趋势，主要涉及公开漏洞的总体变化趋势、漏洞的严重程度、漏洞所影响的工控系统类型、漏洞的危害等。

工业控制网络已经成为信息安全工作者关注的焦点，一些不怀好意的攻击者不断扫描工控系统的漏洞并使用针对工控系统的专用黑客工具发动网络攻击；除了2011年爆发式增长外，每年公开发布的新增漏洞数量有下降趋势。工控系统的主要厂商意识到其产品已经成为出头鸟，从而加强安全方面的开发，所以再挖掘这些产品漏洞的难度越来越大。

工控安全厂商和国家安全组织仍在不遗余力地收集工控安全漏洞信息，以提醒和帮助工控企业提高自身系统的安全防护能力，提高攻击者的攻击门槛和攻击成本。

2）中高危漏洞比例居高不下

根据CNVD公布的2017年工控系统漏洞数据分析，其中，高危漏洞和中危漏洞所占比例居高不下。工控相关应用系统和软件的安全健壮性不足。无论是应用软件漏洞，还是设备固件漏洞，均是目标系统在开发过程中遗留的安全设计和实现缺陷所导致的，一个高危漏洞就意味着目标系统中存在一个或多个致命安全性漏洞。

隐患严重的软件漏洞通常在软件发布初期出现较多，随着软件版本不断更新而减少。工控应用系统中的高危漏洞的占比如此之高，说明这些目标系统的安全性设计和验证还处于初期阶段，存在着大量的安全优化空间，亟待自动化厂商在开发测试阶段就加入安全因素，降低中高危漏洞的数量。

3）信息泄露方面的漏洞高居榜首

对工控系统的影响主要体现在两个方面，一方面企业内部的工艺流程、图纸、排产计划等关键信息容易成为攻击者窃取的对象，所以对这些关键数据的保护十分重要；另一方面信息泄露的漏洞经常被攻击者利用间谍工具来收集被攻击目标的各种信息，为真正的网络攻击方式、工具的使用提供情报。紧随其后的是缓冲区溢出漏洞和跨站攻击漏洞，缓冲区溢出在各种操作系统、应用软件中广泛存在。利用缓冲区溢出攻击，可以导致程序运行失败、系统宕机、重新启动等后果，甚至可以利用它执行非授权指令，对工业现场的智能设备下发非法指令（如修改运行参数、关闭阀门开关等），以达到攻击目的。工控系统中的跨站攻击漏洞主要体现在现场设备的Web管理界面漏洞，利用该漏洞，攻击者可以盗取现场工程师或操作员的账号信息，并利用盗取的身份信息进行非法操作，或者利用该漏洞使工程内部工作人员成为病毒扩散的载体，协助其快速扩散到攻击目标。

4）密码类漏洞明显增多

该类漏洞在信息网的漏洞中已经并不多见，主要包括密码存储和传输过程中未做加密和编码变换的处理，让攻击者很容易就能获取管理密码。

从发布的数据看，2017年发布的新增漏洞，有35%的漏洞在发布的时候相关厂家并未提供补丁，也就意味着向所有人通告，这里有一个敞开的大门，可以随意做任何事情，这对于工控系统是非常危险的事情。发现漏洞并打补丁在信息安全领域是安全防护工作的常态，但在工控安全领域却经常面临着发现了漏洞却无补丁的尴尬状态。例如，某厂家的RTU的加密算法中存在安全漏洞，而没有该漏洞的补丁，那么攻击者可以很容易地利用该漏洞获取通信信息，甚至伪造控制命令。

5）我国工控网络安全形势更加严峻

conficker病毒仍在石化企业内作乱。在石化行业，conficker病毒感染了多个工控系统并造成严重危害。该病毒在工控网络中正在实时寻找外联途径，一旦满足通信外联条件，将造成感染主机被远程控制、服务器和控制器通信中断、关键数据被盗取等危害。

VxWorks设备接入互联网的数量惊人。VxWorks操作系统是美国WindRiver公司于1983年设计开发的一种嵌入式实时操作系统，是嵌入式开发环境的关键组成部分。它以其良好的可靠性和卓越的实时性被广泛地应用在通信、军事、航空、航天等高精尖技术及实时性要求极高的领域中，如卫星通信、军事演习、弹道制导、飞机导航等。鉴于VxWorks应用在军工和工控的关键领域，如果使用该系统的主机IP可通过互联网直接访问，且存在较多高危漏洞，对于工控系统和设备很危险。这些内存映像中存在明文的用户名、密码等关键信息，攻击者可以利用这些信息获取VxWorks系统的控制权。该漏洞影响的行业包括电力、石油、医疗、通信、军事、航空、航天等。

国内PLC设备接入互联网的情况仍存在，对国内互联网中暴露的工业控制设备进行了调研，发现吉林、北京、江苏、上海等沿海工业发达地区暴露的PLC设备较多，设备厂商主要是漏洞数量最多的知名自动化厂商，如Siemens、Schneider、Rockwell、Omron等。以Siemens的PLC设备为例，发现其主要集中在东部沿海和东北地区。如果这些设备暴露在互联网上，意味着攻击这些控制系统网络的难度非常小，成本非常低，使得这些工控系统的风险极高，值得注意。

2. 工业控制系统面临的主要安全风险

工业控制系统（Industrial Control System，ICS）是由各种自动化控制组件和实时数据采集监测的过程控制组件共同构成。其组件包括数据采集与监控系统（SCADA）、分布式控制系统（DCS）、可编程逻辑控制器（PLC）、远程终端（RTU）、智能电子设备（IED），以及确保各组件通信的接口技术。典型的ICS控制过程通常由控制回路HMI、远程诊断与维护工具三部分组件共同完成，控制回路用以控制逻辑运算，HMI执行信息交互，远程诊断与维护工具确保ICS能够稳定持续运行。

1）工业控制系统潜在的风险

（1）操作系统的安全漏洞问题。考虑到工控软件与操作系统补丁兼容性的问题，系统开始后一般不会对Windows平台打补丁，导致系统带着风险运行。

（2）杀毒软件安装及升级更新问题。用于生产控制系统的Windows操作系统基于工控软件与杀毒软件的兼容性的考虑，通常不安装杀毒软件，给病毒与恶意代码传染与扩散留下了空间。

（3）使用U盘、光盘导致的病毒传播问题。由于在工控系统中的管理终端一般没有技术措施对U盘和光盘的使用进行有效的管理，导致外设的无序使用而引发的安全事件时有发生。

（4）设备维修时笔记本式计算机的随便接入问题。在工业控制系统的管理维护中，没有到达一定安全基线的笔记本式计算机接入工业控制系统，会对工业控制系统的安全造成很大的威胁。

（5）存在工业控制系统被有意或无意控制的风险问题。如果对工业控制系统的操作行为没有监控和响应措施，工业控制系统中的异常行为或人为行为会给工业控制系统带来很大的风险。

（6）工业控制系统控制终端服务器网络设备故障没有及时发现而响应延迟的问题。对工业控制系统中IT基础设施的运行状态进行监控，是工业工控系统稳定运行的基础。

2）"两化融合"给工控系统带来的风险

工业控制系统最早和企业管理系统是隔离的，但近年来为了实现实时的数据采集与生产控制，满足"两化融合"的需求和管理的方便，通过逻辑隔离的方式，使工业控制系统和企业管理系统可以直接进行通信。而企业管理系统一般直接连接Internet，在这种情况下，工业控制系统接入的范围不仅扩展到了企业网，而且面临着来自Internet的威胁。

同时，企业为了实现管理与控制的一体化，提高企业信息化合综合自动化水平，实现生产和管理的高效率高效益，引入了生产执行系统MES，对工业控制系统和管理信息系统进行了集成，管理信息网络与生产控制网络之间实现了数据交换，导致生产控制系统不再是一个独立运行的系统，而要与管理系统，甚至互联网进行互通互联。

（1）工控系统采用通用软硬件带来的风险。工业控制系统向工业以太网结构发展，开放性越来越强。基于TCP/IP以太网通信的OPC技术在该领域得到广泛应用。在工业控制系统中，由于工业系统集成和使用的便利性，大量使用了工业以太环网和OPC通信协议进行了工业控制系统的集成；同时，也大量使用了PC服务器和终端产品，操作系统和数据库也大量使用了通用的系统，很容易遭到来自企业管理网或互联网的病毒、木马、黑客的攻击。

（2）工业控制系统安全防护措施。通过以上对工业控制系统安全状况分析，我们可以看到，工控系统采用通用平台，加大了工控系统面临的安全风险，而"两化融合"和工控系统自身的缺陷造成的安全风险，主要从两个方面进行安全防护。通过"三层架构，二层防护"的体系架构，对工业企业信息系统进行分层分域分等级，从而对工控系统的操作行为进行严格的排他性控制，确保对工控系统操作的唯一性。通过工控系统安全管理平台，确保HMI管理机控制服务工控通信设施安全可信。

9.1.4　电力工业控制系统测评目的和意义

电力工业控制系统是智能电网的核心系统，典型的智能电网工控系统包括智能电网调度技术支持系统、配电自动化系统、智能变电站、输变电设备状态在线监测系统、用电信息采集系统等。工业控制系统可用性和实时性要求高，系统生命周期长，是信息战重点攻击目标。系统复杂性、软硬件故障、设计缺陷以及病毒、木马等任何安全威胁都将对系统造成极其严重的破坏后果。

网络与信息系统按生产控制大区、管理信息大区进行防护，管理信息大区划分为信息内网和信息外网。但随着智能电网建设，智能终端设备、通信网及规约以及TCP/IP技术的广泛使用，使得智能电网工控系统面临传统信息安全威胁。智能电网存在生产信息在网络传输中被非法窃取、篡改，业务系统完整性、保密性、可用性被破坏，智能设备、智能表计、智能终端和用户终端被非法冒用、远程控制和违规操作等风险。

从系统功能安全性、通信规约一致性、工控终端安全性、共性安全测评等四个方面，将安全测评工作深入智能电网工业控制系统全生命周期各阶段，通过测评发现并解决由工控系统软硬件故障、设计缺陷、病毒、木马、网络攻击等造成的安全隐患，落实国家等级保护制度，设计完善的安全防护方案，保障智能电网工控系统信息安全稳定运行。

1. 建设我国智能电网的内在保障

智能电网信息安全防护及测评服务是建设我国智能电网的内在保障。智能电网安全防护与测评是将先进的安全防护与测评理念、安全防护与测评防护手段、安全防护与测评工具用于智能电网信息安全防护与工控系统安全测评，保障智能电网的安全稳定运行。

2. 落实国家对工控系统安全政策的需要

2011年10月25日，国家工业和信息化部印发《关于加强工业控制系统信息安全管理的通知》（以下简称通知），要求切实加强工业控制系统信息安全管理，保障工业生产运行安全、国家经济安全和人民生命财产安全。通知明确要求：重点加强核设施、钢铁、有色、化工、石油石化、电力、天然气、先进制造、水利枢纽、环境保护、铁路、城市轨道交通、民航、城市供水供气供热以及其他与国计民生紧密相关领域的工业控制系统信息安全管理，落实安全管理要求。

3. 提升国家安全防护能力的需求

电力的安全稳定运行是国家安全的重要组成部分，直接关系到国计民生，运行控制十分复杂，一旦出现故障，可能迅速波及更大的范围，进而造成电网事故，给经济、社会和人民生活造成巨大影响，甚至会带来社会动乱。近些年发生的北美"8·14"、欧洲"11·4"、莫斯科大停电以及2008年我国的南方冰灾、汶川大地震所造成的大面积停电事故，都对铁路、通信、银行、机场等国家基础实施造成致命性的影响，凸现了电力对国家经济、社会稳定的基础和战略作用。

4. 对国家工业控制系统安全以及相关等级保护新要求

电力一体化运行的业务特征和电力运行控制系统高可靠、强实时性的特点，要求系统处理的数据量大，处理数据的速度快，对基础软件的稳定性、处理速度、并发处理能力和可扩展性均有很高要求。同时，电网工控系统覆盖的业务既涉及实时控制、调度计划，又涉及电能量计量、水库调度和气象信息，业务跨度大，对软件性能的考验范围非常广。

国家电网公司等级保护制度已经被列入国务院《关于加强信息安全保障工作的意见》之中，等级保护是采用系统分类分级实施保护的发展思路，对不同系统确定不同安全保护等级和实施不同的监督管理措施。落实国家等级保护基本要求，按照电网生产控制系统特点对等级保护内容进行深化和扩充，并按照细化的要求开展工控系统等级保护测评，是工控系统安全的有力保障。

9.2　信息化与工业化融合基础理论

工业化与信息化互为促进、信息化与工业化融合的基本含义、信息化与工业化深度融合奋斗目标、物联网技术发展与制造业"两化融合"是本节介绍的主要内容。

9.2.1　工业化与信息化互为促进

工业化是信息化的物质基础和主要载体，信息化是推动工业化的"加速器"。信息化是在工业化的基础上发展起来的，是工业化发展到一定阶段产生的，它集中表现为：经济增长方式从劳动、资本密集型向技术、知识密集型转化；产业结构的重心由大规模、高投入的制造业向经济效益高、增长质量好的信息产业转变。

强调信息化对工业化的带动作用，实质上是要求我国不能再走发达国家"先工业化，后信息化"的老路，在较高的起点上、在工业化的进程中规划发展信息化，以信息化促进工业化，使工业化与信息化互为依托，整体推进。

信息化带动工业化的本质是创新。信息化与工业化不同，工业化是以资本为中心，更多强调的是资金、土地、设备等要素的投入，而信息化则是以知识为中心，以人为本。以信息化带动工业化，不能照搬过去在工业化过程中积累的经验、模式，必须在实践中不断探索，进行多方面的创新。

信息化带动工业化的核心是融合。从微观主体来看，通过建立信息网络系统，使企业及时获取用户需求、市场、技术、金融、竞争对手、人才以及国家政策法律等方面的信息。同时，信息网络技术还拓展了企业管理者的管理半径，减少管理层次，为决策者及时、全面、准确掌握企业内部动态变化，进而实现科学决策和科学管理提供了技术支撑。

信息化带动工业化的重点是"四化"。"四化"即生产过程自动化、产品复合化、企业信息化和研发手段信息化。总的来说，信息化是带动工业化的强大动力，信息化与工业化相结合，可以迅速提高工业化水平，加快工业化进程。

信息化与工业化融合发展包括技术融合、产品融合、业务融合、产业衍生四个层次。

技术融合是指工业技术与信息技术的融合，产生新的技术，推动技术创新。例如，机械技术和电子技术融合产生的机械电子技术，工业和计算机控制技术融合产生的工业控制技术。

产品融合是指信息技术或产品融合到工业产品中，增加产品的信息技术含量。例如，普通机床加上数控系统之后就变成了数控机床，传统家电采用了智能化技术之后就变成了智能家电（如智能冰箱、变频空调等），普通飞机模型增加控制芯片之后就成了遥控飞机，增加汽车电子设备可以提高汽车档次。

业务融合是指信息技术应用到企业生产、经营、管理的各个环节，促进业务创新和管理创新。例如，企业资源规划（ERP）、客户关系管理（CRM）、供应链管理（SCM）等管理软件的应用，极大地提高了企业管理效率和管理水平；通过网上订购系统，可以直接在网上下订单；电子商务为市场营销提供了新的途径，产品信息可以在网上发布并达成交易。

产业衍生是指信息化与工业化融合可以催生新产业，如汽车电子产业、工业软件产业、工业创意产业、企业信息化咨询业等。此外，信息化与工业化融合对电子信息产品制造业、软件产业、信息服务业、电信业等产生了大量市场需求，可以有效推动这些产业的发展壮大。

9.2.2 信息化与工业化融合的基本含义

两化融合是指电子信息技术广泛应用到工业生产的各个环节，信息化成为工业企业经营管理的常规手段。信息化进程和工业化进程不再相互独立进行，不再是单方的带动和促进关系，而是两者在技术、产品、管理等各个层面相互交融，彼此不可分割，并催生工业电子、工业软件、工业信息服务业等新产业。两化融合是工业化和信息化发展到一定阶段的必然产物。

党的十六大提出了"以信息化带动工业化，以工业化促进信息化"，到十七大提出"大力推进信息化与工业化融合"的新科学发展的观念，两化融合的概念就此形成。党的十八大进一步明确要求"推动信息化和工业化深度融合，走中国特色新型工业化道路，促进经济发展方式转变和工业转型升级"，进入新世纪以来，我国一直将两化融合作为促进工业由大变强的战略路径。

经过长期发展和完善，两化融合的理论逐渐成熟；在科学发展观的指导下，两化融合不断深入。"系统推进、多维推进、关键突破"的总体思路是指宏观、中观、微观，即线（行业）、面（地域）、点（企业）的三级推进思路。

两化融合总体目标是建立现代产业体系，不是为信息化而信息化；推进两化融合是三个层次，从行业层、区域层、企业层三个方面考虑。

一是行业层，非常重要，涉及行业产业群、供应链、标准规范和服务。

二是区域层，涉及基础设施，不仅仅是网络和信息化的基础设施，也包括工业化的基础设施。另外，支撑市场的一体化服务平台化也要做很多工作。

三是企业层，有三个目标，第一个目标是企业提升自己的创新能力，不仅是开发新产品，而是通过两化融合在技术上、商业模式上、资源利用上、扩展企业影响力上建立起创新的体系，这种能力是要建立在信息化的基础上的；第二是提升效率，降低成本；第三是可持续、低碳化、绿色化。

根据上述理念，融合最关键的问题是要有好的方法论，用方法论来指导融合的过程，可以保证持续不断。也就是说，一定要建立一个体系架构，它不是一朝一夕的，而是循环不断的，成为企业发展的常态。

装备制造业是实现工业化的基础条件。作为中国工业化的脊梁，装备制造企业大多还处在从传统工业化向现代产业化转型的历史阶段。产业升级不仅表现在设备、工艺技术的提升，更体现在以两化融合为核心自主创新能力的大幅度提升。两化融合正改变工业生产方式，随着新兴信息技术的产生和应用，传统的生产方式和商业模式正在不可避免地发生着变化。随着信息技术与各行各业结合得更加紧密，未来工业的生产方式，也将发生显著的改变。因此，在第三次工业革命背景下，需要更深层次地推动信息技术和其他产业的融合，以引领颠覆性创新技术的研发，成功实现中国制造向"中国智造"转型。"中国智造"的技术核心——信息技术，信息相当于延伸了大脑的智力，使我们做到以前难以想象的事情。当前中国的制造企业，或通过配套加工、外包等方式，或凭借价廉、优质的产品，通过跨国零售企业的全球采购体系进入全球产业链。而"中国智造"的核心，就是在中国自主研发能力不强却拥有广阔市场的情况下，通过与国际接轨整合产业链的方式，活跃和提升中国企业在全球商业体系链条中的角色。

9.2.3　信息化与工业化深度融合的目标

信息化与工业化深度融合的主要发展目标是：信息技术在企业生产经营和管理的主要

领域、主要环节得到充分有效应用，业务流程优化再造和产业链协同能力显著增强，重点骨干企业实现向综合集成应用的转变，研发设计创新能力、生产集约化和管理现代化水平大幅度提升，生产性服务业领域信息技术应用进一步深化，信息技术集成应用水平成为领军企业核心竞争优势，支撑"两化"深度融合的信息产业创新发展能力和服务水平明显提高，应用成本显著下降，信息化成为新型工业化的重要特征。

1. 以信息化创新研发设计手段

促进产业自主创新能力提升，提高计算机辅助设计应用水平，鼓励从计算机辅助设计（CAD）、计算机辅助制造（CAM）向计算机辅助工程（CAE）、虚拟仿真、数字模型方向发展。推进机械、电子、航空航天等行业研发设计环节计算机辅助技术的集成应用，创新研发设计模式。加快船舶、汽车、飞机等行业研发设计与制造工艺系统的综合集成，完善产业链协同设计体系，加快普及产品全生命周期数字化设计模式。完善服装、家具、玩具等行业个性化设计体系，建立和普及用户广泛参与的协同设计模式。围绕推动能源工业、原材料工业、装备工业、消费品工业、电子信息产业、国防科技工业等行业产品的高端化，逐步深化产品开发和工艺流程的智能感知、知识挖掘、工艺分析、系统仿真、人工智能等技术的集成应用，建立持续改进、及时响应、全流程创新的产品研发体系。提升工业产品的智能化水平，推动信息技术在重点产品的渗透融合，推动产品数字化、智能化、网络化，提高产品信息技术含量和附加值，推动工业产品向价值链高端跨越。

2. 推动生产装备智能化和生产过程自动化，加快建立现代生产体系

以研制数字化、智能化、网络化特征的自动化控制系统和装备为重点，提高制造业重大技术装备自动化成套能力。加快机械、船舶、汽车、纺织、电子、能源、国防工业等行业生产设备的数字化、智能化、网络化改造，深化研发设计、工艺流程、生产装备、过程控制、物料管理等环节信息技术的集成应用，推动信息共享、系统整合和业务协同，提高精准制造、高端制造、敏捷制造能力。在钢铁、石化、有色、建材、纺织、造纸、医药等行业加快普及先进过程控制和制造执行系统，实现生产过程的实时监测、故障诊断、质量控制和调度优化，深化生产制造与运营管理、采购销售等核心业务系统的综合集成。推动食品、药品行业建立生产过程状态监视、质量控制、快速检测系统，逐步完善产品质量和安全的全生命周期管理体系。

3. 推进企业管理信息系统的综合集成，加快建立现代经营管理体系

继续推进以质量、计划、财务、设备、生产、营销、供应链、人力资源、安全等环节为重点的企业管理信息化，加强系统整合与业务协同。在重点行业骨干企业推进研产供销、经营管理与生产控制、业务与财务全流程的无缝衔接和综合集成，建设统一集成的管理信息平台，实现产品开发、生产制造、经营管理等过程的信息共享和业务协同。提高大型企业集团信息化管控水平，促进企业组织扁平化、决策科学化和运营一体化，增强企业

资源共享和业务整合能力。适应产业竞争格局的新变化，以提升产业链协同能力为重点，推动产品全生命周期管理、客户关系管理、供应链管理系统的普及和深化，实现产业链上下游企业的信息共享和业务协作。以支撑企业国际化经营为重点，支持重点行业骨干企业跨国运营平台建设，建立全球协同的研发设计、客户关系和供应链管理体系。

4. 以信息化推动绿色发展，提高资源利用和安全生产水平

加快钢铁、石化、有色、建材等行业主要耗能设备和工艺流程的智能化改造，加强对能源资源的实时监测、精确控制和集约利用。在重点行业和地区建立工业主要污染物排放自动连续监测和工业固体废弃物综合利用信息管理体系。引导工业企业建立能源管理中心，加快合同能源管理、节能设备租赁等节能新机制推广。建设一批区域能效中心，完善面向重点用能企业和地区能源消耗的实时监测和监督管理体系。建立危险化学品、民爆器材的生产、储运、经营、使用等环节的实时监控和全生命周期监管体系。围绕危险作业场所的安全风险评估、多层防护、人机隔离、远程遥控、监测报警、灾害预警、应急响应和处置等方面，深化信息技术的集成应用，建立安全生产新模式。

5. 完善中小企业信息化发展环境，帮助中小企业降本增效创新发展

完善面向中小企业的研发设计平台，提供工业设计、虚拟仿真、样品分析、检验检测等软件支持和在线服务。提高网络环境下的企业间协作配套能力和产业链专业化协作水平，鼓励中小企业参与以龙头企业为核心的产业链协作。加快研发、推广适合中小企业特点的企业管理系统。推动面向中小企业的信用管理、电子支付、物流配送、身份认证等关键环节的集成化电子商务服务。建立并完善一批面向产业集群的技术推广、管理咨询、融资担保、人才培训、市场拓展等信息化综合服务平台。鼓励开展适合中小企业特点的网络基础设施服务，积极发展设备租赁、数据托管、流程外包等服务。

6. 推动信息化与生产性服务业融合发展，加快生产性服务业的现代化

提高工业设计水平。支持工业设计软件的研究开发和推广应用。建立实用、高效的工业设计基础数据库、资源信息库等公共服务平台，加强资源共享。鼓励企业建立工业设计中心，引导和支持专业化的工业设计产业园区发展。支持拥有自主知识产权的工业设计成果产业化，加快工业设计产业发展。

推动电子商务发展。推动大型企业电子商务应用深入发展，在提高网络采购和销售水平、扩大网络营销覆盖率基础上，向网上交易、物流配送、信用支付集成方向升级。支持制造业企业以电子商务为手段提高供应链协同和商务协同水平，带动产业链上下游企业发展。积极推动行业第三方电子商务服务平台诚信发展，支持提高面向产业集群和专业市场的电子商务技术支撑和公共服务水平。深化移动电子商务在工业和生产性服务业领域的应用。

推动现代物流业发展。鼓励制造企业与专业物流企业信息系统对接，推进制造业采

购、生产、销售等环节物流业务的有序外包，提高物流业专业化、社会化水平。

支持物流企业加快信息化建设，提高综合服务水平。推动行业性、区域性和面向中小企业的物流信息化服务平台发展。加快电子标签、自动识别、自动分拣、可视服务等技术在大宗工业品物流、工业园区和物流企业中的推广应用，提高物品管理的精准化水平。

促进新型业态发展。支持制造企业围绕推动产品的智能化、高端化和服务化，创新商业模式，积极发展在线检测、实时监控、远程诊断、在线维护、位置服务等新业态。围绕提高重点行业骨干企业总集成、总承包服务能力和水平，加强企业项目设计、工程实施、系统集成、设施维护和管理运维等业务的信息化建设。适应制造业营销体系变革的新趋势，以信息化创新融资租赁业务模式，提高融资租赁服务水平提升，加快建立高效、便捷、安全的融资租赁体系。

7. 提升信息产业支撑"两化"深度融合的能力，促进信息产业加快发展

大力发展工业电子。围绕汽车、飞机、船舶、机械、家电、电力等行业产品的智能化升级，推进信息技术与传统工业技术间的协同创新，加快汽车电子、航空电子、船舶电子、机床电子、信息家电、电力电子、医疗电子、智能玩具等产品的开发和产业化，不断提升信息技术支撑产品智能化转型的能力和水平。

积极培育工业软件。面向研发设计、生产过程、经营管理、市场流通等环节的数字化、智能化、网络化，加强需求牵引，整合产学研用资源，突破一批关键技术瓶颈，大力发展高档数控系统、制造执行系统、工业控制系统、大型管理软件等工业软件，逐步形成工业软件研发、生产和服务体系，提高国产工业软件、行业应用解决方案的市场竞争力。

加快和规范信息服务业发展。加强行业信息化整体解决方案的推广应用。大力发展信息化咨询、规划、实施、维护和培训等增值服务，提高个性化服务水平。支持有条件的企业开展信息服务业务剥离重组，推动信息技术及相关服务的社会化、专业化、规模化和市场化。积极推动信息系统运行维护服务外包，支持信息化外包服务业发展。重点支持一批信息服务企业，鼓励管理咨询机构从事信息技术服务，规范信息服务业的招投标行为，加强信息安全管理。

积极推动云计算和物联网应用。支持云计算等关键技术研发取得突破，积极发展面向服务、支持制造资源按需使用、制造能力动态协同的云制造服务平台。围绕基础设施、工业控制、现代物流等重大应用领域，开展物联网应用示范。加快网络设备、智能终端、RFID、传感器以及重要应用系统的研发和产业化。加快建立产业发展联盟，培育综合集成服务能力。

8. 提高行业管理现代化水平，加强标准化基础工作

加快推动工业、通信业和信息化运行监测系统建设，加强信息共享，推进业务协同。加强行业信息发布。围绕信息技术在重点行业关键环节的深化应用和信息技术成果普及、产业化重大专项、应用示范项目、信息化重大工程等工作，开展相关应用标准的调查、复

审、修订，组织开展示范、宣贯和推广工作。抓紧制定和完善云计算、工业电子、物联网应用、移动电子商务等领域相关标准。

9.2.4 物联网技术发展与制造业两化融合

工业化的基础是自动化。自动化领域发展了近百年，理论、实践都已经非常完善了。特别是随着现代大型工业生产自动化的不断兴起和过程控制要求的日益复杂营运而生的DCS控制系统，更是计算机技术、系统控制技术、网络通信技术和多媒体技术结合的产物。DCS的理念是分散控制，集中管理。虽然自动设备全部联网，并能在控制中心监控信息而通过操作员来集中管理。但操作员的水平决定了整个系统的优化程度。有经验的操作员可以使生产最优，而缺乏经验的操作员只是保证了生产的安全性。是否有办法做到分散控制，集中优化管理？需要通过物联网根据所有监控信息，通过分析与优化技术，找到最优的控制方法，这是物联网可以带给DCS控制系统的。

IT信息发展的前期其信息服务对象主要是人，其主要解决的问题是信息孤岛问题。当为人服务的信息孤岛问题解决后，要在更大范围解决信息孤岛问题。就是要将物与人的信息打通。人获取了信息之后，可以根据信息判断，做出决策，从而触发下一步操作。但由于人存在个体差异，对于同样的信息，不同的人做出的决策是不同的，如何从信息中获得最优的决策？另外，物获得了信息是不能做出决策的，如何让物在获得了信息之后具有决策能力？智能分析与优化技术是解决这个问题的一个手段，在获得信息后，依据历史经验以及理论模型，快速做出最优决策。数据的分析与优化技术在两化融合的工业化与信息化方面都有旺盛的需求。

物联网在制造业的两化融合可以从以下四方面理解。

1. 生产自动化

将物联网技术融入制造业生产，如工业控制技术、柔性制造、数字化工艺生产线等；将物联网技术融入制造过程的各个环节，借助模拟专家的智能活动，取代或延伸制造环境中人的部分手工和脑力劳动，以达到最佳生产状态。通过应用整合信息系统、人机界面设备PLC触摸屏、数控机床、机器人、PDA、条码采集器、传感器、I/O、DCS、RFID、LED生产看板等多类软硬件的综合智能化系统，实现布置在生产现场的专用设备对从原材料上线到成品入库的生产过程进行实时数据采集、控制和监控。同时，智能制造系统实时接受来自ERP系统的工单、BOM、制程、供货方、库存、制造指令等信息，同时把生产方法、人员指令、制造指令等下达给人员、设备等控制层，再实时把生产结果、人员反馈、设备操作状态与结果、库存状况、质量状况等动态地反馈给决策层。

2. 产品智能化

在制造业产品中采用物联网技术提高产品技术含量，如智能家电、工业机器人、数控机床等；利用传感技术、工业控制技术及其他先进技术嵌入传统产品和服务，增强产品的智能性、网络性和沟通性，从而形成先进制造产品。所谓智能性，指产品自己会"思考"，会做出正确判断并执行任务。比如，智能冰箱能根据商品的条形码来识别食品，提醒你每天所需食用的食品，商品是否快过保质期等。所谓网络性，指产品之间可以通过网络进行联系。比如，智能电表可以同智能家电形成网络，自动分析各种家电的用电量和用电规律，从而对用电进行智能分配。所谓沟通性，指产品和人的主动的交流，形成互动。比如，电子宠物可感知主人的情绪，根据判断用不同的沟通方式取悦主人。

3. 管理精细化

在企业经营管理活动中采用物联网技术，如制造执行系统MES、产品追溯、安全生产的应用；以RFID等物联网技术应用为重点，提高企业产品设计、生产制造、采购、市场开拓、销售和服务支持等环节的智能化水平，从而极大提高管理水平。将RFID技术应用于每件产品上，即可实现整个生产、销售过程实现可追溯管理。在工厂车间的每一道工序都设有一个RFID读写器，并配备相应的中间件系统，联入互联网。这样，在半成品的装配、加工、转运以及成品装配和再加工、转运和包装过程中，当产品流转到某个生产环节的RFID读写器时，RFID读写器在有效的读取范围内就会检测到编码的存在。EPC代码将成为产品的唯一标识，以此编码为索引就能实时地在RFID系统网络中查询和更新产品的数据信息。基于这样的平台，生产操作员或公司管理人员在办公室就可以对整个生产现场和流通环节进行很好的掌握，实现动态、高效的管理。

4. 产业先进化

制造业产业和物联网技术融合优化产业结构，促进产业升级。物联网等信息技术是一种高附加值、高增长、高效率、低能耗、低污染的社会经济发展手段，通过与传统制造业相互融合，可以加快产业不断优化升级。首先，物联网可以促进制造业企业节能降耗，促进节能减排，发展循环经济；其次，推动制造业产业衍生，培育新兴产业，促进先进制造业发展；最后，推进制造业产品研发设计、生产过程、企业管理、市场营销、人力资源开发、企业技术改造等环节两化融合，提高智能化和大规模定制化生产能力，促进生产型制造向服务型制造转变，实现精细管理、精益生产、敏捷制造，实现制造业产业优化升级。

对于制造业，无论是生产过程性能控制、故障诊断，还是节能减排、提高生产效率、降低运营成本，物联网都将带来新的发展。物联网技术的研发和应用，是对制造业两化融合的又一次升级换代，能提升企业竞争力，使企业更多地参与到国际竞争中。物联网技术的应用，必将引发制造业行业一场新的技术革命。

9.3　工业控制与两化融合应用案例分析

电力信息安全监视管理综合平台、输电线路智能安全监测系统应用案例分析、面向智能电网的电力通信网络应用分析是本节介绍的主要内容。

9.3.1　电力信息安全监视管理综合平台

随着规模不断扩大，信息网络应用更加丰富，大量信息安全监视及管理越来越复杂，加强网络信息安全监视及管理十分重要，建设电力信息安全监视及管理平台实现综合管理成为必然的选择。

1. 电力信息安全监视及管理综合平台主要实现以下目标

（1）实现信息安全工作任务的下发、执行、进度监控和督办，为国家等级保护管理平台建设进行试点。

（2）建立起一套适合信息安全管理工作特点的满足信息安全日常管理工作业务和办公发展需要的具有先进水平及高度可靠性、可用性和开放性的工作管理平台。

（3）按照总部→网省级→地市级的信息安全管理工作模式，实现等级保护执行情况的监管，工作情况的上报，完成定级、备案、整改、测评和检查等主要工作。

（4）按照总部、网省两级督查工作模式，实现督查任务的下派和监管，并跟踪督查问题整改结果，规范、健全信息安全技术督查的全过程。

网络信息安全综合工作平台的设计原则如下：

（1）以安全管理为目标，服务于信息安全管理部门的职能管理系统。

（2）以等级保护为核心，对信息资产实施分级、分类防护的策略管理系统。

（3）与用户信息化管理水平共同成长，可根据需要灵活定制的信息安全常规工作平台。

（4）可逐步拓展信息安全基础数据管理、信息安全事件管理、信息系统量化评估体系、信息安全管理体系审核等应用和服务。

信息安全综合工作平台系统功能分为11个模块，具体包括一个平台、一个体系、两个管理机制和三个综合模块。其中，一个体系就是等级保护合规性管理体系；两个管理机制，分别为应急管理、技术督查；三个综合模块包括综合管理、培训教育以及备案管理；一个管理维护模块是配置中心。

信息安全等级保护模块中主要实现各类系统的备案定级及审核的工作流程。按照有关规定，企业中使用的各类信息化系统都需要进行备案审核工作，备案合格的系统方可正常使用，本模块就是为用户提供了一个准备审核材料、为系统定级、上传审核资料、审核通过后保留审核结果的全流程服务。等级保护模块分为五个子模块，即定级管理、备案管理、安全自查、安全建设、安全测评。

综合管理模块主要实现对信息安全工作的日常事务性工作的统一管理和执行，具体包括九个主要的功能项：安全策略、法规制度、文件通知、安全统计、安全通报、工作周月报、领导讲话、通信录、测评管理。

技术督查模块包括三大子模块：督查策划、督查实施与整改、督查总结与评价。其中，督查实施与整改包括督查实施、督查整改、督查报告、整改通知单、整改情况、消缺统计。技术督查模块为年度督查、日常督查、专项督查及高级督查工作提供技术平台支撑。

应急管理模块包括应急预案、应急演练、应急处理。其中，应急演练包括应急演练计划、应急演练方案、应急演练总结。

备案管理模块负责对各类系统进行归类管理，各单位提交相关材料，并通过多级审核，进行统一备案，使备案工作流程化。备案管理包括互联网出口、内外网专线、对外网站、在运系统。

培训教育模块为资源共享模块，方便用户学习和查看相关资料，包括教材、考试题库、软件工具。

漏洞管理模块主要是定期发布漏洞信息，供各单位进行参考，并采取相应的措施预防。

基础模块和工作台辅助模块为其他模块提供数据支持。配置中心主要面向系统管理员，用于系统的维护、人员管理等。

平台首页实现对信息安全综合工作平台各模块数据的统一展现、统一分析、统一管理，实现信息安全工作的可视化管理。首页总展模块各统计分析页面均具备数据下探功能，即单击某网省柱状图一点，可弹出新窗口，该窗口中展现的是该网省下属各地市公司的数据情况。不同功能模块数据下探内容也是动态变化的，充分保证了数据的多维度统计分析。首页包括等级保护、备案管理、培训教育、应急管理、综合管理等，涵盖平台所有业务模块。

2. 电力信息安全监管平台具备的基本功能

建设一体化网络信息安全监视管理平台，具备综合网管、安全管理、桌面管理、IT运维、网络边界管理等功能的信息运维综合监管平台，实现对公司互联网出口、内外网边界、网络、主机、应用和桌面终端防护的实时监控。同时，为满足公司信息安全职能管理和信息安全等级保护工作要求，研发一套适合公司信息安全管理工作特点，具有先进水平及高度可靠性、可用性和开放性的信息安全综合工作平台，是公司信息系统及相关数据的汇集中枢，是对系统运行情况进行监控，对数据和信息进行统一分析、处理、展示的平台，能够对公司生产与经营信息进行全方位集中监控和多角度展示的全景式信息监控平台。调控中心具备运行监控可视化、信息网络可视化、业务应用可视化、经营实况可视化，展示范围覆盖网络、设备、业务系统、机房、终端；外网安全展现内容包括边界监测、网络分析、桌面终端、深度分析、统计分析；公司经营管理展现涵盖国网公司资产、能量、经营、交易及风险绩效所有业务领域，能够全景展示公司生产经营及信息化建设成果。

网络信息安全监视管理平台集综合网管、安全管理、桌面管理、IT运维、网络边界管理于一体，能够实现边界防御、网络监控、主机监控、应用防护、桌面终端安全等功能；具备综合管理、等级保护、ISMS、风险评估、应急管理、技术督查、知识产权、培训教育等功能，能够满足公司信息安全职能管理和信息安全等级保护工作要求。平台采用一级部署、三级应用的模式，在架构上实现了安全接口层、统一数据层、工作流程层和信息发布层等四个技术层面。

（1）网络监控，能够对网络设备、网络链路、网络端口、流量信息进行监控。通过对这些指标的分析，可以判断网络中是否存在风险、网络是否运行正常、网络是否可靠、链路带宽是否满足日常运维的需要。

（2）主机监控，能够监控主机设备的CPU负载、内存负载、告警信息、设备运行时长、设备状态等配置和性能数据，以及中间件的用户请求、服务状态、回滚段的事务总数等配置和性能数据。

（3）业务监控，能够针对不同的业务系统监控不同的监控指标，包括运行指标，如系统服务平均响应时长、系统服务响应最大时长、系统健康运行时长、系统会话连接数、系统在线用户数、系统在线人数、当天访问人数；同时还有应用指标，能够反映出业务系统的实用化程度和各单位用户的使用频率等情况。

（4）桌面监控，能够监控桌面终端的数量、应安装补丁数、终端注册率、补丁更新率、违规外联告警数、实时在线终端数等；同时对于违规外联，通过下钻地市的功能，直接查看该机器的具体设备信息，包括是否有可疑进程等信息；从安全角度掌握全网终端的可控程度、现阶段终端安全策略的贯彻与执行情况，并通过违规外联数量反映各单位的安全管理能力等情况。

（5）内网安全监控，能够监控全网的地域风险及等级、业务系统的风险及等级、内网各设备的威胁及漏洞数量、安全事件的等级及比例，通过分析可以查看内网现在安全的状况和趋势。

（6）建立了三级应急响应组织架构，制定各级各类应急预案，开展专项演练和联合应急预案演练，建设公司应急指挥中心，建立应急指挥信息系统，建立三级通报和事故调查处置机制。针对各个系统制定了严格的备份策略，对各系统都进行备份和记录，同时，启动集中式信息系统容灾中心建设，防止人为或自然原因造成数据信息丢失和信息系统业务功能停止或服务中断。

（7）建立现代IT管理与控制体系；形成了规划计划、立项、实施建设、运行安全管理、验收评价的全过程管控体系；建立健全总部到网省公司、直属单位的管控机制。在管理手段方面，制定信息系统运行维护体系规范，从人员制度、标准规范到评鉴考核全方位的规范公司信息系统运维工作；在技术手段方面，推广信息运维综合监管系统（IMS）等，增强系统监管力度。

（8）建立了信息系统调度运行管理体系，以信息系统调度运行监控中心、信息运行呼叫中心、三线技术支持中心为管理支撑，以一体化信息系统监管平台（IMS）、呼叫中心系统（ICS）、外网安全监测系统（ISS）等系统为技术手段，通过技术与管理的全面融合，实现总部/分部、省公司、地市（县）三级信息运行集中监管，实现了电网信息系统的稳定和高效运转，全面支撑公司生产经营管理。

9.3.2　输电线路智能安全监测系统应用案例分析

输电线路在线监测技术是通过安装在输电线路上的状态监测装置实时监测记录输电线路电力设备运行状态以及线路周围自然环境的情况，通过信息传输实现输电线路沿线状态监测与状态检修的重要手段。

1. 系统应用概述

在辽宁省本溪市供电局辖内程徐线与渭卧线开展了输电线路在线监测示范应用。在辽宁本溪程徐线—渭卧线，安装了29套无线监测装置、2个传感网网关，其中包括10个输电线路视频监测装置、1个输电线路导线温度监测装置、18个输电线路导线拉力倾角监测装置。示范工程覆盖线路长度8km，可完成线路及铁塔周围环境监视，并为导线负荷、导线覆冰分析提供实时数据；子网二设在虎石台的高压试验场，在高压铁塔上安装2个传感网网关、2个TD-SCDMA宽带无线接入终端、20个传感网节点。传感网节点具体为4个输电线路温度球型监测装置、4个输电线路拉力监测装置、4个输电线路倾角监测装置、4个输电线路振动监测装置、4个杆塔倾斜振动监测装置。

程徐线与渭卧线位于本溪市偏远郊区群山环绕之中，自然条件十分恶劣，空气湿度大，能见度较低，曾多次发生输电线路覆冰及雷击闪络事故，给电力部门的安全生产与人民的生产生活带来重大的经济损失。程徐线与渭卧线途径山区树林茂密，树木长势较快，个别山区本地居民活动较多，包山育林或者发展林带养殖。但由于路途遥远，交通不便，车辆难行，巡检工作难以及时有效展开。为提高程徐线—渭卧线安全运行水平，辽宁省电力有限公司在该线路上建设输电线路在线监测系统。输电线路在线监测系统主要监测类别包括输电线路视频监测、输电线路导线温度监测及输电线路覆冰监测。输电线路在线监测装置主要由主控制箱、视频采集装置、导线温度监测装置、拉力倾角监测装置、WiFi无线网桥、天线、蓄电池组、太阳能电池板、光缆、安装结构件等部件组成。在程家变电站设置监测服务器，通过后台软件观测输电线路视频、温度及覆冰变化情况。在线监测装置安装位置为27号、28号、29号、38号、39号、40号、43号、44号、45号铁塔及渭卧线369号杆塔。覆盖线路长度超过10km。

2. 系统架构

在工程具体实施中，输电线路导线温度监测装置通过WIA短距离无线通信网络将采集的导线温度信息上传至塔上主控制箱内的数据集中网关。数据集中网关固定在主控制箱内的单板上，通过控制箱侧面防雨罩下引线孔引出天线延长线。数据集中网关短距离无线天线选择吸盘式天线，吸附在主控制箱侧面朝向温度监测装置方向。数据集中网关通过以太网线连接至主控制箱内的交换机，交换机的端口与塔上WiFi天线连接。

拉力倾角监测装置通过有线方式与安装其附近杆塔上的数据集中板通信，数据集中板对采集的拉力数据信息与倾角数据信息进行初步处理，通过短距离无线通信方式将采集的拉力数据信息与倾角数据信息传至塔上主控制箱内的数据集中网关，数据集中网关通过以太网线与主控制箱内的交换机连接。

视频采集仪通过有线方式与杆塔横担处的主控制箱内的交换机连接，将采集的视频信息通过以太网线上传至上级通信设备。视频采集仪通过以太网线接收监测后台向其发送的控制命令。

3. 工程实施

结合监测杆塔实际自然条件与监测需求进行设备安装。主控制箱与蓄电池箱体积与重量较大，通过U形箍安装于杆塔横担的中间部位，横担两侧安装为蓄电池充电的太阳电池板，太阳能电池板的三脚架通过抱箍固定在横担两侧。视频采集仪安装于杆塔顶端横担中间处，最大程度增加可视面积。视频采集仪通过线缆与塔上主控制箱连接，并通过主控制箱获取工作电源。输电线路温度监测装置安装于绝缘子导线端的导线上，通过感应取电方式获取工作电源。拉力传感器与倾角传感器安装于绝缘子串的顶端与杆塔横担交联处，传感器安装在与太阳能板正面方向一侧，取代同侧两个U形挂环，通过主控制箱获取工作电源。数据集中网关安装于控制箱内单板上，通过线缆连接从主控制箱获取工作电源。

同一塔上视频监测装置、导线温度监测装置以及拉力倾角监测装置汇聚监测信息于主控制箱内交换机，交换机通过WiFi无线网桥与其他铁塔上的WiFi无线网桥构成局域无线网络。示范工程中根据现场自然条件以及WiFi无线网桥的通信能力分别在程徐线28号、39号、44号杆塔安装WiFi全向内线，其他铁塔上WiFi无线网桥装有定向天线，定向天线朝向具有全向天线的杆塔。装有全向天线的铁塔上装有TD-SCDMA通信装置，汇聚附近铁塔的监测信息发送至程家变电站监测后台。站内监测后通过TD-SCDMA通信装置以及WiFi无线局域网络控制与问询输电线路在线监测装置的工作状态以及监测数据。

程徐线—渭卧线输电线路沿线杆塔多建立于山顶或半山坡，塔与塔之间间隔较大，档距平均在800~1000m之间，个别间隔档距大于1000m，选择了高空无遮挡条件下通信距离较远的、传输数据率较大的WiFi无线网桥构建局部WiFi无线网络，汇集局部杆塔上在线监测装置采集的数据信息。

杆塔档距间间隔较大，山中空气湿度较大，WiFi天线输出能力会受自然条件的影响，通信效果有所降低，选取了集大功率无线AP与网桥一体的WL-M系列WiFi无线网桥构建高速传感器网络。WL-M无线网桥遵循IEEE 802.11G/N标准协议，具有64MB SDRAM与16MB Flash，频率类型为Direct Sequence Spread Spectrum OFDM，工作频率为2312～2732MHz。WiFi天线输出功率30dBm，输出速率最高可能150Mb/s，接收灵敏度-67dBm。工作电源12VDC，可工作于-40～70℃的温度下。

在实施过程中，WiFi无线网桥通过8芯以太网线与主控制箱内的交换机及控制器连接，获取工作电源及输出数据。WiFi无线通信网络可通过站内监测后台配置IP信息，并为局域网内监测设备以及主控制器分配IP地址，通过访问不同的IP地址访问输电线路沿线杆塔上的监测设备。站内监测后台也可以通过由TD-SCDMA网络、WiFi无线网络以及短距离无线传感器网络组成的综合监测网络控制监测装置采集数据信息，配置工作参数。

输电线路视频监测装置主要包括视频采集器、主控制箱、蓄电池组、太阳能电池板、WiFi天线及其安装配电和支架。由于视频监测装置功耗高，工作频率较大，观察结果直观，用途广泛，所以为其配置了太阳能蓄电池组供电电源，并设计了太阳能蓄电池控制器，最大限度延长视频监测装置的工作寿命。视频监测装置安装于塔上顶层横担的中间位置，用于监测输电铁塔附近的环境信息、铁塔与线路的覆冰情况以及杆塔倾斜情况。在山区内人员活动频繁区域可以监测是否有人为破坏电力设备的情况发生或因树木生长过快触及输电线路造成接地等事故。在工程施工地段可以观测施工设备及人员操作与输电线路杆塔及导线的距离是否满足安全距离。安装的输电线路视频监测装置主要监测山区恶劣条件下输电线路与杆塔的覆冰情况以及个别人员活动较频繁的山区电力设备的完好情况。

视频设备安装于杆塔顶端横担，通过支架固定牢固，最大限度增加可视面积，如图9-1所示。视频监测装置通过耐磨、等级高的屏蔽线缆与塔上主控制箱连接，安装线缆沿铁塔走线并进行了加固，以防风吹日晒下磨损，甚至断裂。视频采集仪安装前与线缆接好，然后将视频采集仪及支架吊上塔，选定安装位置后固定好支架并拧紧螺钉。一般视频采集装置安装在上横担最中间位置，便于最大程度采集杆塔监视侧全方位信息。

图9-1 视频装置安装

主控制箱与电池箱通过两根长角钢固定在杆塔横担上，两根长角钢两端用U形箍固定好，通过有航空插头的线缆连接电池柜与控制柜之间的线缆，拧紧接头，裹上防水胶带，如图9-2所示。

图9-2　主控制箱与蓄电池箱安装

　　针对山区自然条件恶劣的实际情况，对主控制箱内的控制器进行了设计改造，以提高系统稳定性，延长输电线路的使用寿命；并结合监测类别重叠的杆塔上导线温度监测装置与拉力倾角监测装置工作电源需求，提高了主控制箱电源供给能力以及蓄电池组存储能力。控制器增设了多个电源接口为导线温度监测装置及拉力倾角监测装置提供工作电源，并增设通信接口以便于数据输出及在线调试。控制器可以与塔上通信设备进行多口连接（控制器上的通信端口有RS-485、以太网口），控制器通过以太网线连接交换机，再通过塔上WiFi无线网桥以及TD-SCDMA通信设备与监控中心进行通信，从而实现对供电设备的遥调、遥信、遥测、遥控功能。监控服务器可以实时监控塔上供电系统的运行状况，如太阳能极板发电情况、蓄电池容量、系统电压、系统电流等，还可以监测视频采集仪以及数据集中网关、拉力传感器与倾角传感器、数据采集板等装置的用电状态。监控服务器也可以通过无线网络控制以上监测装置的运行与关闭。

　　太阳能电池板与控制箱安装在同一横担上，通过三脚架及抱箍安装在横担的两侧，朝南固定，尽量控制在40°～45°仰角之间，如图9-3所示。太阳能电池板接线盒通过套有蛇皮管的线缆与主控制箱连接，由主控制箱的控制电池板为蓄电池组充电方式。太阳能电池板安装时要注意结合当地阳光照射轨迹，最大限度提高采光时间及采光利用率。由于示范工作实施地点空气湿度较大，雾气缭绕，阳光照射不足，因此选取了发电功率较大的太阳能电池板，满足在阳光照射不足条件下蓄电池的充电需求。

图9-3　太阳能电池板安装

　　输电线路导线温度监测装置安装在绝缘子固定导线端的导线上，采用电磁感应原理通过感应方式获取工作电源。当监测线路负荷电流大于40A时，感应取电装置可以为监测设备提供稳定的工作电源，监测设备可以正常工作。导线温度监测装置在模型结构设计上采用球形流体外形设计。一方面能够最大限度减小输电导线上的空气阻力，另一方面可以避免装置外形出现棱角及尖端，在高电压大电流条件下产生尖峰放电和电晕现象。模型装置防护等级采用IP66，符合工业应用标准，适用于恶劣的自然环境下。监测装置内开合面设计的外延传感器探头采用双层屏蔽线包裹，确保采集信号的完整性。研制过程中设计了半开合式球形结构，安装时将球形装置上半球打开，取出感应线圈上半部分，将温度传感器分别固定于两边内侧的半圆形夹具卡到导线上，使导线与传感器紧密接触，将感应线圈插入槽内，与下端感应线圈构成闭合式回环，最大限度增加线圈中磁通量，提高感应取电效果。扣好上半部球体，使导线从球体内线槽中穿过，球体两侧出线端采用橡皮胶圈封死，保证球体内与外界的完全隔离。安装时将导线温度监测装置下侧有天线的一端朝向塔上主控制箱，提高短距离无线通信的可靠性，导线温度监测装置安装灵活方便，工程量小。输电线路导线温度监测装置安装如图9-4所示。

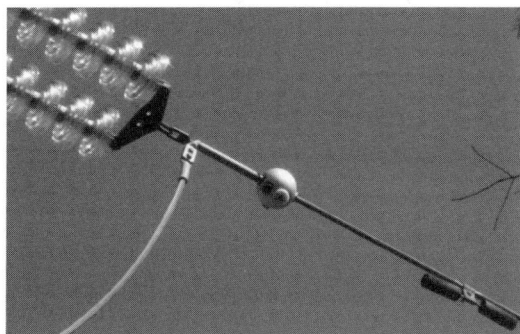

图9-4 输电线路导线温度监测装置

温度监测装置通过WIA短距离无线方式将采集的温度信息发送至塔上主控制箱内的数据网关内。温度监测装置默认每2m采集一次线路温度信息，上传至数据集中网关。数据集中网关通过以太网线与交换机连接，经塔上WiFi无线网桥与具有全向天线铁塔上的WiFi设备通信，并通过该铁塔上的TD-SCDMA设备与站内后台服务器通信。后台服务器根据输电线路导线温度监测装置采集的温度信息分析监测线路的导线负荷，进一步分析该段输电线路导线弧垂状况。本次示范工程中线路温度监测装置可以结合拉力倾角监测装置与视频监测装置对该段线路进行综合监测分析。当线路温度监测装置监测某档距内导线温度过高时，可通过该档距的拉力与倾角监测装置估算该档距弧垂，也可以控制该档距的视频监测装置采集该档距的导线视频图片信息。后台服务器也可以通过TD-SCDMA与WiFi无线网络远端控制导线温度装置的采集周期，设定线路温度监测装置的报警阈值。

拉力传感器与倾角传感器安装在绝缘子串的顶端与杆塔横担交联处，取代同侧两个U形挂环集监测档距导线的拉力与倾角数据，数据集中板安装在拉力传感器附近的杆塔上，汇聚拉力传感器与倾角传感器采集的数据信息。拉力传感器与倾角传感器安装前都经过疲劳测试，在恶劣自然条件下仍然可以正常工作。拉力倾角监测装置安装如图9-5所示。

图9-5　拉力倾角监测装置安装

　　实际应用智能在线监测分析系统采集程徐线—渭卧线输电线路在线监测系统的监测装置，经测试数据采集成功率大于98%，数据查询响应时间小于10m，系统反应时间小于15s，周期性数据时延小于30s，模拟报警数据时延小于10s，输电线路在线监测系统满足电力部门应用的实际需求。

　　输电线路在线监测技术是通过安装在输电线路上的状态监测装置实时监测记录输电线路电力设备运行状态以及线路周围自然环境的情况，通过信息传输实现输电线路沿线状态监测与状态检修的重要手段。状态检修的实现与否很大程度上取决于在线监测技术的成功与否。目前，输电线路在线监测与故障诊断技术的研究及开发非常迅速，已经初步在国家电网公司和南方电网公司中应用，并取得了一定的效果，尤其是2008年南方电网的冰灾事故进一步促进在线监测技术的大发展。

9.3.3　面向智能电网的电力通信网络应用分析

　　电力系统通信网是电网的重要支柱，是确保电网安全、优质、经济运行的重要手段，也是智能电网的基础支撑。

1. 通信电源

　　电力通信电源作为电力通信系统的关键设备，特别是在智能电网中，通信电源系统运行质量的好坏直接关系到通信网的安全和运行质量，一旦出现因电源故障造成通信设备停运和电路中断，对电网安全运行将是极大的危害，甚至产生严重的后果。因此，智能电网通信电源的管理和维护应值得重视。

　　在智能电网中，以先进、集中、自动化的管理维护方式管理通信电源是必然的趋势。采用先进、可靠性高的电源电池和稳定的供电方式对构建强大的通信供电系统尤为重要。

　　通信电源供电系统中，一般采用DC-DC转换器对通信设备供电。蓄电池可采用免维护电池，寿命长且密封性较好。建议采用双蓄双充模式，可适当加大直流蓄电池组的容量，采用两组DC-DC转换器为通信设备供电，可以保证通信设备供电可靠性。在保证通信设备安全可靠供电的同时，不仅降低了设备投资，实现了资源共享，还可降低工作人员的维护量。

2. 数字变电站通信需求及满足

数字化变电站的基本概念为变电站的信息采集、传输、处理、输出过程全部数字化，基本特征为设备智能化、通信网络化、模型和通信协议统一化、运行管理自动化等。

伴随着网络通信技术的发展，数字化变电站乃至数字化电网的逐步建立，为构建智能电网的建设提供了技术基础。

初步统计，国家电网公司系统已有70多座数字化变电站投入运行，在数字化变电站研究和应用领域取得的成果，使变电站在一次设备、变电站通信网络等方面具备了建设智能电网的条件，对智能电网的发展将起到重大推动作用。

推广数字化变电站，促进电网的智能发展，需要考虑现有通信网络改造和构建新兴通信网络，以满足变电站的数字化建设。

1）通信开放、标准化

数字化变电站的主要一次设备和二次设备都应为智能设备，这是变电站实现数字化的基础。智能设备需具备可与其他设备交互参数、状态和控制命令等信息的通信接口。

构建开放的通信架构，形成一个"即插即用"的环境，使电网元件之间能够进行网络化的通信。

统一技术标准能使所有的传感器、智能电子设备（IED）以及应用系统之间实现无缝通信，即信息在所有设备和系统之间能够得到完全的理解，实现设备与设备之间、设备与系统之间、系统与系统之间的互操作功能。这就需要电力公司、设备制造企业以及标准制定机构进行通力合作，才能实现通信系统的互联互通。

2）通信网络化

数字化变电站内设备之间的连接全部采用高速网络通信设备，通过网络真正实现资源共享，并要求通信具备实时性、安全性。

目前的通信需求主要是系统物理量的传递，主要是四遥，即遥测、遥信、遥控、遥调。测量数据、遥控命令等都要求实时传送，一旦出现故障，则需要传送大量的数据，要求信息能在站内通信网络上快速传递。

通信的安全问题也是至关重要的，可采取只读访问、密码和防火墙等策略。

3）信息集成化

高速通信系统使得各种不同的智能电子设备、智能表计、控制中心、电力电子控制器、保护系统以及用户进行网络化的通信，同时产生的数据和信息都集中采集、统一传送，实现电网信息的高度集成和共享，采用统一的平台和模型，实现标准化、规范化和精细化管理。

3. 信息管理

智能电网的构建有主网和配网统一协调管理的趋向，从数千个节点的数据采集量到数十万个节点数据采集，大量的数据如何进行有效的管理是要重点解决的问题。电力系统存在大量的数据信息，包括发电商、电力企业、电网、用户的资料信息。在智能电网中，必须明确各个主题的权限和保护程度，确保各个利益主体的切身利益。信息传输过程必须能抵御外部干扰和恶意的窃取，加强主动实时防护和信息的安全存储、网络病毒防范、恶意攻击防范、网络信任体系与新的密码等技术。数据信息的管理可从数据采集、数据传输、信息集成、分析优化和信息展现五个方面入手。

1）数据采集

在实时数据采集时，智能电网大大扩展了监视控制与数据采集系统（SCADA）的数据采集范围和数量，提高了电网的可视化。智能电网的实时数据主要包括三类，即电网运行数据、设备状态数据和客户计量数据。电网企业应该加强对设备状态监测数据和更加详细的客户计量数据的采集，为企业提供更多有价值的信息和更有力的决策支持。

设备状态数据的采集有利于推进电力行业设备状态检修的发展。电网企业目前在开展状态检修和状态评估的初期工作，设备状态数据的获取是状态检修和状态评估的重要基础。同时，电网企业应该根据不断更新与变化的设备情况，花大力气制定和更新设备状态评估的标准。

2）数据传输

智能电网需要采集大量的设备状态数据和客户计量数据。这两类数据的特点是：数据量大，采集点多且分散，对实时性要求比电网实时运行数据低，数据需要被多个系统和业务部门使用。

在智能电网中，对这部分数据的采集是采用基于开放标准的数字通信网，即基于IP的实时数据传输方式。它是基于开放标准（TCP/IP）的数据网络通信，提供协议转换器，可以兼容现有设备，多通道共用，提高通道利用率，多通道容量可以被其他数据通信利用，更适合对大量的设备状态数据和计量数据的采集。采用基于IP的实时数据传输，各后台系统通过订阅方式直接获取所需数据，减少了数据通道压力，避免在实时系统和管理系统之间开发多个数据接口，有利于实现实时数据的共享。

3）信息集成

针对电力企业已经存在的信息"孤岛"和"烟囱"问题，智能电网尤其强调建立企业信息总线（ESB），实现企业级信息集成。在智能电网中，需要集成的信息包括自动化系统的实时数据、电网公司内部管理应用系统产生的管理数据、外部应用系统数据。为了实现企业级的信息集成，需要建立企业信息集成总线，实现应用系统之间的数据流动，各应用系统的数据集成到统一的分析数据仓库。企业信息集成总线中信息交换以及数据中心数据模型参照/遵循CIM标准。

4）分析优化

信息分析是智能电网的核心内容，是电网智能化的根本体现，有利于支持电网企业的业务改进与创新。数据分析的水平很大程度上取决于信息集成程度。根据智能电网信息集成程度，将分析优化分为四个层次，即实时事件、闭值、通知、屏幕显示、邮件、传呼；

指标计算、趋势分析；数据分析、事件的实时或事后诊断处理、数据挖掘；高级优化、业务建模和规划、决策支持。

针对电网企业不同的业务主题，建立完整的分析结构层次，指导对数据的深度利用；电网企业内部不同层次的人员，可以从这个完整的分析结构中订阅自己需要的分析功能；这样的分析结构层次实际上包含了电网企业的重要运营和管理指标体系，能够清楚地表征电网企业的整体运营状况。

5）信息展现

通过门户系统，能够从多个数据源获取数据，将经过分析优化处理后的信息，以用户定制的门户和仪表盘方式呈现给用户。门户系统为用户提供一站式信息访问，不同层次的用户获得自己关注的信息，用户能够配置需要显示的信息和表现方式，还能够实现对分析结果的企业级分发。

第10章
电力内存计算技术项目咨询与应用分析

内存数据库系统及分类、内存计算中按列存储数据库的设计原则、内存计算技术中保存数据以及并行化处理、电网企业内存计算技术成功应用参数、内存计算技术对应用程序设计的影响、SAP HANA内存计算技术验证及应用分析是本章重点介绍的主要内容。

10.1　电力内存计算技术项目咨询基础知识

内存计算的基本概念、硬件技术驱动的内存计算技术发展、内存数据库系统、内存数据库的分类是本节介绍的主要内容。

10.1.1　内存计算的概念

1. 内存计算的定义

内存计算（In-Memory Computing，IMC）是指CPU直接从内存而非硬盘上读取数据，并对数据进行计算、分析和处理。基于磁盘存储访问的计算模型，如磁盘数据库（Disk Resident Database，DRDB）是以磁盘数据访问为中心来设计算法，通过缓冲区机制加速磁盘访问性能；而基于内存访问的内存计算模型，如内存数据库（Memory Resident Database，MRDB）则是以全部数据或者热点数据集驻留内存为假设，以内存数据访问为中心来设计算法。在内存计算模型中，磁盘作为数据的后备存储设备不直接参与计算，磁盘数据可以一次性地全部加载到内存，也可以增量地加载到内存以支持内存计算。

广义的内存计算包括不同的应用领域。

（1）内存数据库管理系统（In-Memory DataBase Management System）是以内存为主要存储设备的数据库系统，也称为内存数据库（In-Memory DataBase，IMDB；Main-Memory Data-Base，MMDB；或Memory Resident Database，MRDB）。

（2）内存数据网格（In-Memory Data Grid）是一种分布式缓存技术，通过将数据存储到内存中，并使其分布到多个服务器上以便更迅速地访问存储在内存中的数据，改进其可扩展性和更好地进行数据分析。

（3）高性能消息基础架构（High-Performance Messaging Infrastructure）用于实现高性能的消息传递功能。

（4）复杂事件处理平台（Complex-Event Processing Platform）是分析高速数据流并鉴别重要事件的处理技术，内存计算可以增强其对高速数据流的实时处理能力。

（5）内存分析处理（In-Memory Analytical）是通过内存计算技术实现数据库的分析

处理功能，通常应用为基于内存的联机分析处理（On-Line Analytical Processing，OLAP）和内存数据仓库技术。

（6）内存应用服务器（In-Memory Application Server）是指基于内存的应用服务器系统，如基于内存的OLAP Server等应用系统。

在内存计算应用领域，与数据库技术关系最为紧密的是内存数据库管理系统和内存分析处理，这两个领域也是传统数据库厂商和新兴数据库产品最为重视的领域。

2. 硬件技术驱动的内存计算技术

在冯·诺依曼型计算机体系结构中，内存是处理器直接访问的存储设备，内存与处理器技术的发展具有相互影响的作用。一方面，多核处理器并行计算能力的提高要求足够大的内存空间来满足处理器的吞吐性能；另一方面，内存访问延迟与处理器性能差距的增大要求通过多级Cache机制和多通道内存技术来降低内存访问延迟和提高内存带宽。也就是说，先进的多核处理器技术必须在大内存平台上才能充分发挥其强大的并行处理能力，大内存同样需要强大的并行计算能力才能保证其不会成为新的"I/O瓶颈"。

计算单元不仅包括传统的CPU，还包括面向高性能计算应用的协处理器（CoProcessor）单元、通用计算图形处理器（General Purpose GPU，GPGPU）和众核集成（Many Integrated Core，MIC）架构的Intel Xeon Phi协处理器。CPU中集成的处理核心数量相对较少，并行计算能力相对较弱，但具有良好的逻辑处理能力，适合复杂的指令控制和复杂内存数据结构管理。协处理器中集成了众多的计算核心，具有强大的并行计算能力和数据吞吐性能，但逻辑控制能力相对较弱，不适合管理复杂的内存数据结构。当前PCI-E协处理器通过通道与主板连接，现阶段PCI-E通道较低的带宽是协处理器计算的性能瓶颈。在CPU-协处理器异构计算平台上，计算复杂度低的数据密集型处理任务适合CPU处理，而较小数据集上的计算密集型任务则适合协处理器来执行。异构处理器的不同特点要求内存计算模型按计算特点对数据分而治之地处理，合理调度不同处理器上的任务分配和数据分布，获得最佳性能。

存储单元也将随着硬件技术的发展由均一的内存存储转向异构内存存储。相变存储（PCM）技术的发展使其成为新的内存技术，其持久性存储和空闲能耗低的特点使其成为大数据内存计算理想的存储设备。同时，闪存也得到了广泛应用，成为辅助内存的下一级存储设备。单一的内存存储具有最高的性能，内存数据在访问时的能耗也低于其他存储设备，但内存的价格仍然偏高，而且其易失性特点需要额外的持久化管理机制，即使在只读的OLAP应用中，断电也将导致较高的数据重新加载代价。PCM、闪存具有更低的成本，其持久性存储特点也适合于数据的长期存储，可以完全替代磁盘的功能，内存-PCM-闪存异构存储在性价比上更有优势，可能会成为未来内存计算的主流。但内存与PCM、闪存在数据访问性能上有较大的差异，PCM、闪存读写性能不对称的特点也决定其数据访问机制会比内存更加复杂，因此在异构内存存储平台上不能直接使用单一的内存计算模型，需要根据层次存储的特点采用不同的优化技术。

硬件技术的发展日新月异，新的硬件技术将改变原有硬件平台的体系结构，存储、计算、数据通道的性能可能会发生较大的变化，也将对内存计算模型产生较大的影响。内存计算的优化技术受硬件特性影响较大，是一种硬件敏感（Hardware-Conscious）型的优化技术，内存计算需要能够将最新的硬件技术融入其中，也是一种硬件驱动（Hardware-Driven）型的优化技术。

随着内存计算平台性能的不断提高和硬件成本的不断降低，基于内存计算的新型系统不断涌现，传统的基于磁盘存储的数据库厂商也相继推出了基于内存计算的新型内存数据库系统。这两种不同类型的软件系统设计理念存在较大的差异，数据库正面临着理论及实现技术从磁盘访问走向内存计算的深刻变革。

10.1.2　内存数据库系统

1. 内存数据库

内存数据库（IMDB）是将内存作为主存储设备的数据库系统。内存数据库的数据组织、存储访问模型和查询处理模型都是针对内存特性而优化设计的，内存数据被处理器直接访问，磁盘只是作为后备存储设备使用，并不作为系统优化设计的重点。与此相对的磁盘数据库（DRDB）是将磁盘作为主存储设备，而将内存作为磁盘的缓存使用。磁盘数据库的数据组织、存储和访问模型及处理模型都是面向磁盘访问特性而设计的，磁盘数据通过缓冲区被处理器间接访问，查询优化的核心是缓冲区的效率。

传统的磁盘数据库以磁盘为主要存储设备，数据库的基础数据结构，如表、索引、临时文件等都存储在磁盘中，数据存储结构面向磁盘存储结构而设计，数据库的查询优化技术以提高磁盘数据的I/O访问性能为中心。在磁盘数据库中，磁盘I/O是最重要的性能瓶颈，缓冲区管理（Buffer Management）是提高查询处理时磁盘访问性能的重要技术，通过缓冲区管理机制提高频繁访问数据在缓冲区中的命中率，降低I/O延迟。与磁盘数据库相对，内存数据库的数据文件，如表、索引、临时文件等全部驻留于内存，其数据文件的组织采用面向内存访问特点而优化的数据结构，与磁盘数据库基于I/O优化的Page-Slot结构有较大的差异。由于内存数据库默认数据驻留于内存，因此不需要磁盘数据库的缓冲区管理机制，数据库系统程序直接访问内存数据结构，能够更加有效地提高数据访问效率。内存数据库的查询优化技术以内存数据访问、Cache优化、多核并行优化为核心。

磁盘数据库的缓冲区是磁盘数据在内存的副本，采用与磁盘存储一致的基于Page-Slot的数据结构。当内存足够将全部磁盘数据缓存在缓冲区时，数据访问只是相当于在内存磁盘（RAM Disk）上的访问，而内存数据库通常采用面向内存访问特点的数据组织结构，其数据访问性能仍然优于全部缓存模式下的磁盘数据库。因此，内存数据库并不是简单地将磁盘数据全部缓冲到内存，而是面向内存存储访问特点和多核处理器并行计算特点进行全面优化设计的新的数据库系统，需要对传统的数据库理论和实现技术进行全面升级或重新设计。

内存数据库消除了磁盘数据库中巨大的I/O代价，同时，数据的存储和访问算法以内存访问特性为基础，实现处理器对数据的直接访问，在算法和代码效率上高于以磁盘I/O为基础的磁盘数据库。在内存数据库中，使用针对内存特性进行优化的T树索引和hash索引、面向Cache优化的索引算法和多种面向连接操作的优化技术，进一步优化了内存数据库的性能。与数据全部缓存到内存的磁盘数据库相比，内存数据库的性能仍然超出数倍。

内存数据库一般应用于对实时响应性要求较高的高端应用领域，如电信、金融等领域的联机事务处理（On-Line Transaction Processing，OLTP）。它既可以作为独立的高性能数据库来处理核心业务，也可以作为磁盘数据库的高速缓存，加速磁盘数据库中"热"数据集的处理性能。在后一种应用模式中，需要对数据库的模式进行优化，划分出"热"数据集和"冷"数据集。由内存数据库和磁盘数据库来分别处理，在两个数据库之间通过数据迁移技术实现底层数据的融合。将内存数据库运行在大内存、多级Cache和多核硬件环境下，还可以有效解决计算密集型的联机分析处理（OLAP）应用的性能瓶颈。这类分析型内存数据库需要重点解决的问题包括存储模型优化技术、查询处理模型优化技术、轻量压缩技术、Cache优化技术、多核并行查询处理优化技术、Cache分区优化技术等。根据分析型数据的特点，分析型内存数据库一般采用列存储技术和轻量数据压缩技术来提高内存存储效率和访问效率，在连接操作中优化内存带宽和Cache性能。

相对于内存OLTP，内存OLAP能够更好地发挥内存的性能优势。事务处理需要保证ACID特性，因此内存OLTP性能的决定因素在于内存数据库的预写日志机制的效率。当前数据库的持久性存储设备逐渐由慢速的磁盘向速度更高的闪存及PCM转移，逐渐降低WAL延迟，提高内存数据库的综合性能。但这些持久性存储设备的访问速度相对内存还有较大的差距，现阶段仍然是内存事务处理的性能瓶颈。与此相对，内存OLAP是读密集型的数据库应用，传统的数据仓库与OLAP是只读的分析应用。近年来，随着OLTP与OLAP的融合，支持更新机制的OLAP逐渐成为新的研究热点，但在OLAP中仍然可以放宽对更新的实时性需求，关键问题在于如何利用内存和现代多核处理器的性能提供高性能的内存分析处理。因此，在内存OLAP应用中，内存的易失性并不是制约内存数据库的主要因素，而内存细粒度数据访问、随机访问和快速内存通道的特性更加适合处理OLAP应用于一个庞大的多维数据空间，抽取特定的多维数据子集进行聚集计算的需求。

随着内存集成度的提高、内存容量的增大和内存成本的降低，高性能内存OLTP和高性能内存OLAP将成为应用的重要目标和实现实时数据处理的关键技术。近年来的发展趋势是将内存OLTP和内存OLAP融合在一个统一的内存数据库框架之内，为用户提供统一的事务处理与分析处理平台，同时进一步利用先进硬件的整合性能，集成多核处理器、大内存、闪存为高性能存储计算平台，与内存数据库相结合构建内存数据库一体机。

磁盘数据库和内存数据库的命名体现了以存储为中心的数据库设计理念，主要反映了存储相对于处理器巨大的性能差距的现实。现代内存存储访问技术不仅体现在内存自身主频和带宽的提高，更体现在以多核处理器为核心的计算机系统总线的技术升级上。基于"前端总线—北桥—内存控制器"的前端总线（FSB）模式被CPU可直接通过内存控制器访问内存资源的快速通道互连（QPI）所取代，处理器之间以及处理器与内存之间的带宽大幅度提高，内存的访问特性中包含着多核处理器计算特性，内存性能受多核处理技术的驱动而得到提升。从内存数据库的设计思想来看，内存数据库不仅以内存数据存储优化和内存数据访问优化为核心，更要以适应多核并行处理存储访问特性的数据访问模型为核心；在查询处理算法的设计上不仅要考虑在内存以及其上的多级缓存结构中的访问技术，还要充分考虑在多核并行访问场景下的数据访问优化技术和并行处理优化技术。也就是说，现代内存数据库技术不仅以内存访问特性为核心，还要以多核并行访问处理技术为核心，是一种新型的多核并行内存数据库技术（Multicore and Main-memory DataBase，MMDB）。

2. 内存数据库的特性

内存是计算机存储体系结构中能够被程序可控访问（相对于硬件控制的Cache）的最高层次，是能够提供大数据存储的最快的存储层。内存数据库具有优异的数据存储访问性能、较高的数据访问带宽和并行数据访问能力。内存数据库具有如下特性。

1）高吞吐率和低访问延迟

数据库的查询处理性能主要取决于数据的存储访问性能。内存的高带宽和低访问延迟保证了内存数据库具有较高的事务吞吐率和较低的查询处理延迟，能够支持高实时响应的应用需求，在金融、电信、电子商务平台等查询负载重且查询响应时间要求高的应用环境中得到了广泛应用。

2）并行处理能力

内存具有良好的并行数据访问能力和随机访问性能，因此内存数据库的查询处理技术带有天然的并行性，并且需要充分利用随机访问能力提高查询的数据访问效率和CPU指令效率。多路处理器和多核（Multicore）处理器已成为当前数据库的标准平台，以磁盘为中心的磁盘数据库因串行I/O的限制难以充分利用当前的并行计算能力。内存数据库面向内存特性，采用全新的设计，在查询处理模型中已充分考虑并行计算能力。在内存数据库的查询处理模型设计上，内存访问优化和并行处理优化技术同等重要。

3）硬件相关性

计算机硬件技术的发展主要体现在高端计算设备和存储设备上，如多核处理器、众核协处理器、通用GPU、PCM、闪存等。这些计算能力和存储性能的提升能够体现在对内存吞吐需求的提升（众核技术）、提高内存持久存储能力（PCM技术）或为内存提供大容量、低成本的二级存储（闪存技术），能够包含在统一的内存数据库框架之内。内存数据库的性能受硬件特性的直接影响，内存数据库需要一个平台化的设计框架来扩展由新硬件技术带来的功能扩展。

3. 结论

数据库技术早期发展过程中强调的是数据库的通用性，因此通过三级模式（外模式—

模式—内模式）和两级映射屏蔽数据库与物理设备之间的差异，在传统的数据库设计思想中对硬件的特性关注度较低。以标准的（One Size Fits All）思想设计的数据库遵循的是"木桶效应"原理，即追求系统的均衡发展，避免"短板"破坏系统整体性能，使数据库成为数据管理和处理的综合平台。但随着硬件技术的飞速发展，尤其是CPU性能的迅速提高和大容量内存的快速普及，数据库设计的硬件基础已发生了深刻的变化。随着通用数据库成为市场的主导，数据库的应用需求中涌现出很多单一指标或部分指标优先的定制化数据库需求，如实时事务处理需求、实时分析处理需求、大数高可扩展数据管理需求、大数据实时分析处理需求、面向众核处理平台的高并行（100以上并行处理粒度）分析处理需求等，这类需求面向的不是数据库的"短板"，而是"长板"应用。这类特殊的应用特征清晰、需求稳定，并不需要通用数据库管理系统完整的功能，但对"长板"指标要求非常高。传统的数据库优化技术无法满足新型应用的性能要求，因此需要数据库精简系统模块，面向新型硬件所提供的高性能设计高效率的轻量化查询处理引擎以应对定制化的数据库需求。

在定制化数据库的设计中，内存数据库没有传统的磁盘数据库复杂的缓冲区管理机制、存储管理机制、基于I/O代价模型的查询优化机制，定制化数据库的复杂度最低，可行性最高，而且在冯·诺依曼型计算机中内存处于核心位置，是连接新型存储设备（如PCM、闪存等）和新型计算设备（如GPGPU、Xeon Phi协处理器）的枢纽。内存数据库性能优化的相关因素不再是传统数据库的I/O代价，而是内存CPU、协处理器、PCM、闪存等新型存储及计算设备。内存数据库是面向新硬件特征进行优化的最佳系统，可以作为通用数据库面向高性能处理的一个技术分支，通过开放的系统架构为新的查询处理模块提供平台。因此，内存数据库的研究要以硬件的特征为基础，以硬件发展趋势为指导，适应新型硬件的特征优化设计存储和查询处理模型，充分发挥新型硬件的高性能，提高内存数据库的性能。

10.1.3　内存数据库的分类

内存数据库技术可以从数据处理类型、数据模型以及计算平台特征等方面进行分类。

1. 按数据处理类型分类

从数据处理类型来看，内存数据库可以分为事务型内存数据库、分析型内存数据库和混合型内存数据库三类。

1）事务型内存数据库

事务型内存数据库（OLTP MMDB）以联机事务处理为主，要求ACID特性，需要在非易失性存储介质上的日志机制以保证持久性。存储模型主要为行存储，强调对数据的更新性能，需要索引机制提高对记录的查询处理性能，既可以作为独立的事务型内存数据库，也可以作为磁盘数据库的高速缓存。

2）分析型内存数据库

分析型内存数据库（OLAP MMDB）以联机分析处理为主，面向数据密集型处理需求进行内存访问优化，强调对Cache的优化以降低数据的内存访问延迟。存储模型主要为列存储，有些内存数据库的查询处理模型采用完全列处理模型，也有一些内存数据库采用列存储模型上的行式查询处理模型。分析型数据库的事务处理能力相对较弱，通常较少使用索引，强调列即是索引的技术路线，较多地使用连接索引、位图等数据结构来加速查询处理性能。

3）混合型内存数据库

混合型内存数据库（Hybrid OLTP & OLAP MMDB）将OLTP功能和OLAP功能集成在一个内存数据库系统，既需要保证高查询处理性能，又需要保证较好的事务处理能力。事务处理主要以插入式更新为主（Insert-Only），在存储模型上通常采用混合存储模型，即事务数据采用行存储模型以提高更新效率，分析数据采用列存储模型以提高任务读取性能，在两个存储模型之间需要高效率的数据通道或转换机制。

2. 按数据模型分类

最早的内存数据库Fast Path是层次型数据库，随着关系数据库的普及，内存数据库主要以关系模型为主。随着分析型数据库逐渐与事务型数据库相分离，基于多维模型的MOLAP数据库逐渐发展起来。随着大数据和云计算技术的发展，基于内存Key/Value存储的高性能存储系统在一些高并发读密集型访问应用中成为内存数据库的另一个替代方案。在社会网络等应用中的图数据库也成为内存数据库的新成员。

（1）关系型内存数据库：以关系模型为基础的内存数据库，主要技术为面向内存特性的关系操作优化。

（2）多维OLAF数据库：以多维数组为基础的内存数据库，能够实现对多维数据的直接内存访问，但支持的数据量较小，多维数据的维护代价较大。

（3）内存Key/Value存储：内存Key/Value存储是面向内存和大规模内存集群而优化设计的分布式内存存储系统，支持高并发密集型数据访问，支持透明的存储扩展技术。

（4）内存图数据库：基于内存的图结构存储，用于提供实时查询与后台批量计算任务（类似于MaP/Reduce），支持ACI的事务处理。

3. 按计算平台特征分类

随着硬件技术的发展，内存数据库的平台具有多样性，从通用CPU到多核处理器，再到通用协处理器，内存数据库系统也从单一的服务器平台扩展到了并行计算平台和云计算平台。

（1）单线程/进程内存数据库：以单线程/进程完成数据库的查询处理任务，甚至利用内存数据库微秒级的事务处理能力，完全采用单线程串行处理方式以消除并发控制代价。对于多核处理器，采用数据分片的方式为每一个处理核分配一个数据分片，在各数据分片上采用单线程处理模式。

（2）多核并行处理内存数据库：通过多核并行技术实现查询的并行处理。多核并行处理内存数据库需要将数据库的底层关系操作在算法上实现并行化，优化并行查询处理时的自检性能，提高并行处理效率。

（3）通用CPU和GPU混合平台上的内存数据库：采用通用GPU（GPGPU）作为内存数据的协处理引擎，加速计算代价大的关系操作，提高内存数据库的整体性能。通常采用CPU和GPU混合处理架构，需要根据处理器计算代价模型和数据在CPU及GPU之间传输代价模型在异构计算平台之间分配计算任务，并由CPU进行查询执行管理和任务调度。

（4）协处理器内存数据库：协处理器为内存数据库提供了更加强大的并行处理能力支持。以通用GPU和Intel Phi协处理器为代表的协处理器技术在内存之上提供了最高24GB的高速显存，其显存带宽能够达到300Gb/s以上，相对于内存带宽性能大幅提高。协处理器更多的并行处理核心和更大的SIMD位宽（512位）能够提供远远优于通用多核处理器的并行处理能力，是内存数据库在高并行处理平台上技术的延伸。

（5）MPP内存数据库：由于单节点内存容量受内存插槽数量的限制，内存数据库的集群处理能力是内存数据库大数据处理能力的保证。对于内存OLTP数据库，需要通过数据分片技术将数据分布在可以动态扩展的集群上，将事务处理尽可能集中于局部节点的数据分片上，同时也要保证集群节点间分布式事务的一致性。对于内存OLAP数据库，同样需要通过数据分片技术将数据均衡地分布在集群节点上，最小化查询处理时数据在集群节点间的传输代价，并实现容错机制和负载均衡。

（6）内存Key/Value数据库：内存Key/Value数据库相对于关系型内存数据库更加灵活，能够支持更通用的数据存储和访问，支持大规模集群应用。Key/Value存储相当于紧凑格式的行存储，在大数据分析时同样会遇到效率问题，而且基于hash的分布式存储对于OLAP中典型的范围查询和复杂模式中的星形连接存在效率和性能问题。因此，内存Key/Value数据库面向OLAP应用的关键技术在于实现一种基于Key/Column的存储机制和完全基于列计算的OLAP查询处理模型，将计算尽可能与数据对象紧密结合，提高数据处理的效率和性能。

内存数据库技术仍然处于不断发展的过程中，新的硬件技术直接影响内存数据库的设计思想和技术框架。内存数据库的概念、内涵和技术分类也在不断地丰富和扩充，内存数据库代码精简的特性使其相对于传统的磁盘数据库更加易于与应用在系统层进行结合，将计算与数据更加紧密地结合在一起。面向应用领域的内存数据库也可能成为内存数据库的一个新的分类方法。

10.2 SAP HANA内存计算技术典型应用设计

内存计算中按列存储数据库的设计原则、内存计算技术中保存数据以及并行化处理、电网内存计算技术应用参数设计、内存计算技术对应用程序设计的影响是本节介绍的主要内容。

10.2.1　内存计算中按列存储数据库的设计原则

1. 按列存储数据库的概念

在企业应用中，人们通常以业务对象的形式来组织数据，并对主数据、事务数据、事件数据、配置数据加以区分。所有业务对象都可以通过一个主键来唯一标识。其中，典型的主数据对象包括公司、国家、客户、供应商、产品、原材料、设备、账户、金融资产。这些对象会在系统中存储很长时间，仅偶尔才会改变。主数据对象不允许携带任何聚合信息，如营业额、余额、股票数量等，这些信息都可以通过事务对象计算得到。事务对象主要指客户订单、供应商订单、货物信息、物流信息、支付信息等，这类事务对象用于描述主数据对象之间进行的商业事务。

大多数对象都具有分层的组织结构，而层次结构中的每个节点都存储在独立的表中。应用程序与数据库间共享一个数据字典，在该数据字典里，对象的结构定义为元数据。为了实现对象间的引用，我们将每个对象的标识符（主键）作为外键使用。与此同时，用于在逻辑对象之间建立连接或在逻辑对象与某种操作之间建立连接的辅助索引也将被废弃，不再使用。在过去的25年里，关系型数据库成为商业应用的基础，而以上所述则是关系型数据库的一些基本设计原则。

在过去，数据库系统的设计有两个目的：在磁盘上存储数据，通过在主存储器高速缓冲数据来提高性能。只要访问数据的主要方式是直接通过主键来实现的，并且插入和更新的工作量比较大，那么按照这一理念实现的效果就非常好。但对于顺序访问模式，要实现快速的插入速率，代价是降低对大量对象的全部或特定部分的访问性能。为此，现有的数据库系统试图通过多索引的方式来改善这一困境。尽管这一方法使交易负载得到了良好控制，但是分析负载却极其糟糕，以至于为了完成报告和分析工作，不得不建立另几个称为数据仓库的独立系统。但是又出现另外一个问题，即共享数据的若干系统之间任何形式的分离都会从至少三个方面造成巨大开销，包括冗余存储、系统之间进行数据传输以及数据同步。因此，开发HANA的首要原因之一，就是为了把这些系统，即联机事务处理（Online Tanscation Processing，PLTP）和联机分析处理（Online Analytical Processing，OLAP）系统重新合并为一个统一的系统。这样的系统将节省巨大的开销，同时企业的新需求也促使了这一变革。

HANA把数据存储在表中，表是由若干行和列构成的二维结构。对于表中的属性排列方式，可以遵循传统的行格式，也可以使用列格式。在行格式中，单个记录的所有属性以有序队列的形式依次相邻存储在一个或多个内存块里，多个记录则按顺序存储。在列格式中，表中一个属性的所有值以向量形式存储在多个内存块里，同一个表的所有属性向量按顺序存储。从数学的角度来看，行格式与列格式区别并不大，但是它们在主存中的性能表现却大不相同。通过属性向量的方式组织数据，一方面是为了简化数据压缩，如借助于一个字典；另一方面是为了高速扫描及过滤。要知道，目的是把OLTP和OLAP通过统一的数据表示组合成一个系统，而非以行格式和列格式对数据进行冗余存储。如此一来，在很多顺序处理中，列格式就要比传统的行格式磁盘数据库具有更大的优势。如果结合并行处理机制，能够在过滤以及任何形式的聚合（分析负载中的一些主要操作）两方面达到非常快的速度。事实上这个速度确实是相当快的，以至于完全可以不必做数据的事务性预聚合，而这个预聚合操作在过去的几十年里一直是作为信息系统的基础存在的。除此之外，为实现数据快速访问而使用的额外索引不再需要了。

2. 核心原则

把数据按列长期存储在内存中，这一决策对许多其他设计方案产生了影响。

1）按列存储的优势

下面比较行格式存储和列格式存储。假设要在包含全世界人口中的数据中浏览某国的全部人口数据，并分别计算男性和女性的数量。如果用行格式存储，为了筛选出全部的某国人，不得不在行与行之间不断跳跃来检查"国家"（Country）属性。如果找到了一个某国人，再根据该行中"性别"（Gender）一列的值去更新对应性别的数量。在列格式下，如果要完成同样的任务，首先检查代表"国家"的属性向量，寻找其中代表"某国"的编码；对于所有识别到的位置，访问对应的"性别"（Gender）编码，并更新相应的性别数量。其中，位置与行号对应。

似乎列格式要稍复杂一些，但值得强调的一点是，所有数据始终存储在若干个确定大小的内存块中。只要记住这一点，我们就可以知道，通过列格式存储能够访问更少的内存块来完成这一任务。按列存储中，可以连续读取属性值，原因在于它们是以向量的形式彼此相邻存储的。尤其在使用字典编码时，很多值可以存储在一个内存块中。CPU识别出顺序存储后，会提前预读接下来的内存块，并把读取到的数据保存在距离CPU较近的缓存中。所有的数据都存储在内存中，不需要访问磁盘，所以任务的性能主要受缓存未命中次数的影响。所谓缓存未命中，指的是数据块不在缓存中且不得不从动态随机存储器中读取的情况。当访问按行布局的信息时，每扫描一个人，就不得不在内存中进行一次跳跃。

在一个拥有大量属性值的按行布局的表中，对于某个属性，每次访问下一个值，几乎都会造成一次缓存未命中（按行存储和按列存储两种不同的内存布局，以及各自全部属性扫描过程中访问的内存块情况）。按行存储中，如果访问的属性跨越了缓存尺寸边界，那么多余的数据就会被加载进来，但是并不需要这部分数据，然而在按列存储的布局中就不存在这样的弊端。

2）字典编码

通过字典编码，通常能够把所需的存储空间缩小为原来的1/5。在该编码方式中，分别用唯一的整数代表每一列中各个不同的值，并用该整数替代原值进行存储。一个值可能出现多次，但是在字典编码方式下对该值的完整表示只需进行一次存储，而所有该值出现的地方都使用一个很小的整数值来代替它，所以字典编码能够减少内存消耗。编码完成之后，属性向量中的所有数据都化为整型数据，而在所有数据类型中，CPU计算整型的速度是最快的。除了数据压缩，字典编码的另外一个优势在于一个属性向量中各值之间的距离总是相等的，这就意味着可以很容易地把扫描、过滤以及聚合过程拆分为许多更小的任务，在不同的CPU上并行处理。即使在更复杂的压缩算法中，这依然是可行的。通过这些相对简单的优化，使拥有大量事务数据的聚合工作在性能上提高了几个数量级。比较重要的是，大多数数据库操作都能够处理压缩的整型数据格式，并且这是第一次在单用户任务中实现了并行化处理。

3）速度正比于并行处理中使用的CPU内核数量

在按列存储中，属性向量只要为空就不需要占用内存，这对那些在多个国家为众多行业提供服务的应用而言尤为重要。此类应用数据量大，数据种类繁多，因此能够减小每个用户所需的数据表的尺寸的能力让此类应用颇为受益。过去，数据的预聚合是十分必要的，其目的是实现较为理想的响应时间，然而现在的聚合速度已经足够快，以至于不再需要进行预聚合了。在SAP企业系统中，数据的总空间占用量缩小为原来的1/10，这与数据压缩、数据的冗余消除及聚合有关。

4）数据的空间占用约为未压缩行数据库的1/10

大型数据库表，如销售终端（Point of Sale，PoS）数据，可以分割成多部分，每部分可以保留在不同的服务器节点上。通过一种称为Map/Reduce的过程能够在这些分割出的部分上并行工作，因此在处理大量数据时再次实现了速度提升。诸如扫描、过滤、连接和聚合等数据库操作，其运行速度可以提升1000～10 000倍。

在一个高端的Intel服务器CPU上，属性向量的扫描速度约为3Gb/s。在按列存储的数据库中，每一个属性向量都可以作为查找特定数据项的索引值来使用。基本上只需要主键，偶尔用到组键（辅助索引），这使终端用户在灵活性上实现了极大提升，同时减少了数据库管理员的工作量。

5）内存中按列存数据库不需要特定的数据库索引

鉴于已经能够通过按需聚合的方式计算总数，并且不需要为了性能而传递冗余的数据副本，即使是事务处理速度也充分提升了。移除了以事务方式维持的聚合，意味着数据库更新操作大幅减少。更新操作（读加写）不仅代价高，而且必须小心操作，以避免数据不一致或者数据库锁死。在多CPU系统中，可能有若干个缓存保存着同样的数据，当此类数据被更新时，需要进行特殊的操作以避免数据不一致。这一特性称为缓存一致性，它会随着服务器上CPU数目的增加而变得越来越复杂。按列存储数据库减少了大型服务器上维持缓存一致性的复杂工作，这有助于避免频繁的延时，其余的表条目更新操作都是以纯插入形式进行，也就是说，旧的条目失效，新的条目随即被插入进来。发生在事务业务对象上的变化会被保留在数据库中，并且不会有连带后果。这些变化通常只有在应用程序访问那个发生变化的业务对象时才可见，应用程序的简化意义非凡，它对于系统的质量有重大影响。

6）实时计算如此之快，不再需要数据预聚合

所有属性值都通过字典转化为整数值，该整数值对应于属性值在字典中的位置。内部的属性向量只保存这些整数。字典保持属性值的有序性，这就意味着对于任意属性值，可以通过二分查找来找到一个查询中对应的整数值。反过来，如果从属性向量出发，可以通过这个整数值直接得到外部的属性值（其偏移量可通过整数值乘以各自的位宽得到）。只要表的内容不变，这个有序的目录就能很好的工作，但是新值的加入会改变属性值到整数值的对应关系，因此HANA数据库把属性向量分为主向量和δ—向量两部分。其中，主向量能够在较长的一段时间里保持不变，如整天的时间；而所有的新条目都添加到δ—向量末端，并在其中保存。δ—向量相对而言很短，所以字典的复杂性能够得到更好的控制。HANA会不时地检测一个表中所有的属性向量，并将其中的δ部分合并到一个新的主向量中。正是这种理念，使得HANA数据库能够在处理分析负载及事务负载两方面都有很好的性能表现。

7）为提高事务处理速度，新的表条目通过一个δ—向量进行处理

基于这一点，按列存储的内存数据库的巨大优势也愈加清晰了。事实上，每个主要的数据库制造商不断地在按行存储的基础上增加按列存储的方式，这也证明了按列存储确有其优势。遗憾的是，两者并存的方法有两个缺点：第一，压缩率较小的按行存储不能实现对大量内存占用的缩减；第二，这种数据库的内部复杂性非常高。

10.2.2　内存计算技术中保存数据及并行化处理

实现了更快的处理速度以及并行化，在企业资源规划ERP系统中建立全新的算法也就成为可能。由于所有的数据已经存在于内存中，执行时间将取决于缓存未命中次数，这意味着直接数据访问的代价要比连续数据访问的代价高得多。所有的属性向量都可以作为索引值来使用，这一特性为编写算法创造了许多灵活性，而不再需要代价高昂的标引过程。数据库自身能够自动地判断什么时候采用并行处理或单线程处理更合适。

1. 数据分层

使用术语"数据分层"来表示将数据分布到多个存储类别中的方法，其中的存储类别涵盖了从主存到SSD，再到一般磁盘等多种类别。在传统的磁盘数据库中，主要通过缓存算法来提高数据的直接访问性能。最常访问的数据保存在较快的存储类别中，也就是动态随机存储器（Dynamic Random Access Memory，DRAM）；较少使用的数据保存在磁盘里。通过这样一种理念，数据库能达到非常高的缓存命中率，尤其是在OLTP系统中，并且数据库的响应时间也得到了改善。在一个基于磁盘数据库的标准ERP系统中，缓存命中率已经远远超出了90%，也就是说，每10次数据请求中，至少有9次能够顺利访问缓存，并且不会访问慢速的磁盘。数据库管理员监视缓存效率，并依此来调整缓存大小，通过这种形式，所有的企业系统供应商在高负载系统中都能够达到极佳的响应时间。

2. 现行分区和历史分区

数据分层的目的是把大多数OLTP和OLAP类型的应用建立在一个系统上。为了使活跃数据工作集尽可能地小，把数据拆分存储在现行分区和历史分区中。这一算法是基于业务状态的，而不是基于数据访问统计。在现行分区中，保存所有用于引导业务的必要数据，以及法律文档和管理文档所需的数据。

相反，历史分区中保存的数据不会再改变，在其上进行交易业务也是不必要的；很明显，这部分数据是只读的。对数据进行划分的逻辑是在一系列的业务规则中定义的。比如，在会计方面，某些行记录来源于上一个财务年度，并且未作为开放记录（对账）进行管理，此类记录可以视为历史数据。

在会计系统中，超过90%的数据访问都是只针对现行数据进行的。由于现在能够保持着更长时间的数据直接访问性（通过在一个系统中共存OLTP和OLAP实现），现行数据和历史数据的数据量标准比率已经介于1∶4～1∶10之间。大多数程序都能保证仅在现行数据上就能按照预期的方式进行工作。这个更小的分区很容易实现长期在内存中保存，并且有许多功能，如备份、恢复、实现高可用性的复制以及为实现更多只读性能的数据复制等，都受益于这样的数据分割。只有在面对这种现行数据的活跃数据工作集时，才需要具有高速缓存一致性的复杂硬件，因为只有此时才有数据库的插入与更新操作。

所有的应用都只访问现行数据分区，这得益于其更小的数据量。数据库的工作负载会显著减少，同时会有更多的用户共享同一个服务器节点。这同样可以减少复制操作，而复制系统也不再仅用于实现高可用性，它同时提供实现分析以及其他只读操作的额外能力。另一个操作过程，即向主存储中合并δ—存储的速度更快了，这同样是因为分区尺寸缩减了。当应用程序定义了分区规则，并且查询中携带了相关信息说明需要哪块分区时，分区理念可以工作得非常出色，这着实让人感到惊奇。

历史分区中的数据并不需要每天进行备份（事实上仅在每个季度或每年一次的实际/历史数据重组之后进行），同时由于是严格的只读数据，不需要针对新条目进行δ—存储，可以对其应用高级的压缩技术。如果对历史数据按时间周期（季度或年）进行细分，那么在希望处理一个精确的时间段内的数据时，只需在一个最小的必要数据集上进行操作。如果有需求，历史数据的查询会自动纳入现行分区中最新的一部分数据。一个项目处于现行分区还是历史分区取决于它存在的时长及其状态。早期的余额表单行记录、客户订单、供应商订单等仍然可以使用并相应地存储在现行数据分区中。考虑到内存中按列存储的处理速度，对于运行企业系统，能够在速度和大小两方面达到一个全新的层次。

将事务数据分割为现行数据和历史数据是基于业务状态的，所以这一操作的效率非常高，应用程序自身能够判断它们需要全部数据，还是仅需要现行数据。

3. "热"数据与"温"数据分层

另一种形式的数据分层方法是以时间计算的。鉴于希望在企业系统中能够直接对几年内的事务数据进行直接访问，对"热"数据分区及"温"数据分区是十分必要的。"热"数据会一直保存在内存中，而"温"数据会存储在磁盘上或固态硬盘上，当需要时也会加载到内存中。磁盘的数据是按列存储的，其加载过程通过一种智能的预读算法实现。对于单一的记录而言，如何将其归类为"热"数据，还是"温"数据，并不能采用带有索引值的按行存储数据库的分类方法来解决，也就是说，不能依赖于访问历史。在那些数据库中，数据的访问在很大程度上是通过主索引或次级索引实现的，这使得基于访问进行分类的结果会很不错。

现在，HANA上的新应用运行起来有更强的顺序性：可以通过全属性扫描来确定想要处理的条目；通过全属性扫描为请求建立聚合、在相关的表之间建立连接等。数据分类必须对应用程序可见，因为应用可能只请求"热"数据或"温"数据，或两者都要。前边提到的现行分区/历史分区应该是首选。分区的规则是提高性能的关键，所以应用设计者需要对其进行精心设计。

4. 分区规则是提高性能的关键

在HANA系统中，对于不同的存储类别进行垂直数据分层并不是一直有用的，尤其在一个查询当中可以访问所有分区时。当处理大量数据时，可以预设一个时间周期，如一个星期或一个月，对于那些在该时间周期内没有被请求的主存属性向量，可以将它们临时清除，并保存在动态硬盘或磁盘上，直到收到新的请求，这样便达到了减少主存属性向量的目的。算法清除未使用列的过程，这一方法非常适合数据仓库类的应用。

5. 非结构化数据的垂直数据分层

非结构化数据，如文本、图片、视频、音频等可以通过垂直数据分层进行管理，即使用不同的存储类别及缓存算法进行管理。只有相关的信息会向内存写入或从内存提取，而包含非结构化数据的大数据块（BLOB）通常保存在磁盘上或固态硬盘上，如在医疗记录或科学出版物中进行文本搜索。

10.2.3　电网企业内存计算技术成功应用参数

1. 企业运营绩效与人、财、物管理

在电网企业，人、财、物主要依赖于ERP来处理日常业务，并产生各式各样的财务表单与交易报表。由于牵涉到企业运营成本，在有限的结账时间内必须精确地高质量完成作业，且符合有关法规的要求，因此及时查询与分析对人、财、物的日常作业也相当重要。建议可在以下几个方面应用HANA来支持企业运营绩效与人、财、物对信息化及时性的要求。

1）综合管理

（1）生产经营。

①营业收入分析。

②售电量：公司售电量情况表、全国售电量情况表。

③购电量。

④综合线损率：公司线损率情况表、全国线损率情况表。

⑤市场占有率。

⑥地方电厂上网电量比计划偏差。

⑦购电平均单价。

⑧售电平均单价。

⑨用电检查户数。

（2）资产质量指标。

①应收用户电费分析。

②应收用户电费余额占月均应收用户电费比率分析。

③电费回收率分析。

④陈欠电费压降情况分析。

⑤利润总额分析。

⑥可控费用分析。

⑦净资产收益率分析。

⑧资产负债率分析。

（3）电网发展指标。

①电网投资项目分析。

②电网新开工项目规模分析（包括新开工里程碑达成情况分析）。

③电网投产规模分析（项目竣工里程碑达成情况分析）。

④前期项目核准情况分析。

⑤220kV送、变电工程完成情况分析。

⑥科技投入（科技项目）完成情况分析。

（4）供电服务指标。

①城市综合供电电压合格率分析。

②城市供电可靠率分析。

③农网综合供电电压合格率分析。

④农网供电可靠率分析。

⑤继电保护正确动作率分析。

⑥更改、大修工程完成情况分析。

2）人力资源管理

（1）人力资源关键指标。

①人才当量密度分析。

②工资利润率分析。

③全员劳动生产率分析。

④全员培训率分析。

（2）组织结构分析。

（3）人员变动分析。

①职工人数增加情况分析与查询。

②职工人数减少情况分析与查询。

③各类岗位人员变动情况分析与查询。

④毕业生基本信息分析与查询。

（4）员工信息分析。

①员工结构分析与查询。

②员工学历情况分析与查询。

③员工政治面貌分析与查询。

④员工合同信息分析与查询。

⑤员工年龄段结构分析与查询。

⑥专业技术资格情况分析与查询。

⑦员工职业技能鉴定信息查询。

⑧企业职工情况表分析与查询。

（5）培训情况分析。

①员工培训情况统计分析与查询。

②员工基本情况统计分析与查询。

③各级各类优秀人才统计分析与查询。

（6）薪酬福利分析。

①全员绩效考核分析与查询。

②薪资与奖金计算、分析与查询。

③短、中、长期人力资源规划与模拟。

④工资总额情况分析与查询。

⑤工资情况月报分析与查询。

⑥职工社保信息分析与查询。

⑦薪酬结构分析与查询。

⑧劳动计划指标基本情况分析与查询。

3）财务管理

（1）财务会计。

①财务月结信息支持与分析。

②财务交易明细（如应收、应付）查询与分析。

③资产资本化与资产运行维护成本分析与查询。

④资产分类分析与查询。

（2）成本会计。

①部门或成本中心、研发内部订单、销售推广计划与实际成本分析。

②销售成本分析。

③各类用户属性（市场区隔）分析。

④库存月加权平均成本计算、分析与查询。

⑤各种成本差异分析。

（3）总账管理。

①资产设备核对情况分析。

②投资收入比分析。

③资产负债率分析。

④上缴投资收益分析。

⑤利润指标完成情况分析。

⑥净资产收益率分析。

⑦流动资产周转率分析。

⑧财务拨付所属分配查询。

⑨经济增加值分析。

⑩杜邦财务分析。

⑪营业收入分析。

⑫经营活动产生的现金流量净额。

⑬总资产周转率分析。

⑭利润增长率分析。

⑮销售增长率分析。

⑯资本性支出预算完成情况分析与查询。

⑰损益性支出分析与查询。

（4）往来账管理。

①应付账款账龄分析。

②应收账款账龄分析。

（5）固定资产管理。

①固定资产年度数据查询。

②输配变电线缆成本控制分析。

③输配变电固定资产电压比重分析。

④期间资产情况分析。

⑤资产结构分析。

（6）部门费用。

①可控费用分析。

②成本费用占主营业务收入比率分析。

③公司在建工程情况分析与查询。

④在建工程进度分析与查询。

⑤资产负债表趋势和结构分析。

⑥输配电成本分析。

⑦成本结构分析。

⑧收入结构分析。

⑨利税总额分析。

4）物资管理

（1）采购管理。

①采购订单跟踪查询。

②采购合同付款情况（明细）分析。

③物料价格变化趋势分析。

④采购申请金额数量分析。

⑤计划外采购比率。

⑥需求计划分布情况。

⑦供应商业绩查询。

⑧供应商评价。

⑨应急物资分析。

⑩采购申请审批时效性分析。

⑪物资需求计划上报指标。

⑫物资采购状态跟踪表。

⑬根据物资属性（如物资的生产商、颜色、批次号码）查询物资交易（采购申请、采购订单、交货状况、发货状况、质量状况、付款状况）。

⑭物料需求（MRP）计算。

（2）库存管理。

①库存总览。

②库存收发总览。

③库存周转率、存货库存时间分析。

④存货业务类型分析。

2. 规划与建设

电网规划的主要任务是根据用电需求模拟，进行主网、配网的5年规划，每年进行滚动修编，形成年度项目规划报告和项目计划。规划所需参考的数据量大，内容多样，计算或模拟逻辑较为复杂多变，可利用内存计算技术提供效率。

1）电网规划

（1）数据分析：针对归集的海量数据，获取能够支撑电网规划简单分析工作的结果。

（2）预测分析：根据规划期内各水平年的基础数据为规划预测提供支持。

（3）电气计算：是对电网进行电气计算及分析，为现状及规划电网的安全性、可靠性、经济性分析提供支持；可运用内存数据库开发电气计算的功能，提高电气计算的运行效率。

（4）结合GIS分析电网项目分布情况。

（5）项目资金计划与使用情况分析。

（6）年度项目概预算分析。

（7）历史项目统计与分析。

2）电网建设

（1）项目造价管理。

①各类项目年度项目概算分析与查询。

②各类项目单位投资成本分析。

（2）项目建设规模。

①下达计划项目概况分析。

②投资计划指标完成情况分析。

③批准可行性研究报告建设规模分析。

④批准初步设计建设规模分析。

⑤初设完成项目分解（月）（当年累计）。

⑥新开工项目分解（月）（当年累计）。

⑦新建成项目分解表（月）（当年累计）。

⑧各年度开工项目和概算分析与查询。

⑨各年度开工项目数分析与查询。

⑩结合GIS分析与查询项目分布。

（3）项目进度管理。

①各类型项目形象进度分解（当月）（当年累计）。

②结合GIS分析与查询各类型项目前期工作进度。

③各类型项目形象进度计划与实际比较、分析、查询。

④各类型项目前期工作计划与实际费用比较。

⑤各类型项目形象进度与资金使用进度比较、查询。

3. 营销管理

持续提升供电服务水平，提高服务效率和服务质量，实现"安全、经济、优质、高效"的服务目标，是所有企业的营销共同目标。及时快速地了解自己、了解客户、了解竞争者、了解社会环境是达成此目标的关键能力。目前，由于技术的限制，业务绩效受到不理想的结账与报表产生效率的影响，同时不能即时了解客户或市场对某一特定事件的消费者行为（想法），无法做出及时的反映与处理，减少了提升运营绩效的机会。因此在营销方面企业可借HANA的优势来解决这方面的问题，提高竞争力。

1）客户关系管理

（1）应收、实收及业务费核算汇总信息，包括应收发行、电费实收、抹账、解款、结转、退费、冲正、到账确认、上缴电费等业务，按营销系统划分的营销核算单位进行电费和业务费的应收、实收、银行存款资金流等。

（2）客服工单状态查询。

（3）95598呼叫中心客服投诉事件问题分析。

（4）95598呼叫中心故障报修，居民停、送电问题分析。

（5）电费中心退补审核、银行代收业务分析查询。

（6）电量电费查询、电量电费分类统计按"营业所"查询条件。

（7）按客户名称查询客户档案或电量电费（支持模糊查询，允许设置个性查询）。

（8）高耗能行业售电情况分析查询（计量点数量/用户数量）。

2）营销业务管理

（1）关口计量点线损计算与分析。

（2）电费充值卡与月报计算、查询。

（3）发电上网、省级供电及趸售关口表检验率分析。

（4）账龄分析与应收账款减值准备核算辅助：按月提供用电客户账龄信息，辅助财务部门按照有关规定进行应收账款减值准备核算。

（5）银行存款资金对账辅助查询分析，辅助自动对账和手工补录对账。

（6）按属性查询、统计营销资产（计量装置分类查询）。

（7）按照收费员所属班组筛选条件进行应收账款分析。

（8）客户档案查询按"营业所"或"核算员"查询。

（9）结算利息。

（10）售电量前20/10位客户用电情况统计表。

（11）全社会日均用电量分析。

（12）到户均价分析。

（13）售电分类情况统计分析。

（14）售电量分析。

（15）市场占有率分析。

（16）应收用户电费余额分析。

（17）电费回收率分析。

（18）自发自用电量分析。

（19）售电量分类情况统计分析。

（20）公司全行业售电量情况统计分析。

（21）月末对账辅助。

（22）用电客户信息查询分析。

（23）用电客户电价查询分析。

（24）目录电价信息查询分析。

（25）应收电费信息查询分析。

（26）应收业务费查询分析。

（27）自定义查询解决营销系统性能。

（28）计量装置更新改造情况分析。

3）营销项目管理

（1）结合GIS查询与分析营销投入项目分布情况。

（2）结合GIS查询与分析业扩报装申请新装、增容及完成情况。

（3）营销项目投资资金与使用情况趋势分析，趋势包括年度趋势、月趋势、年，不同年同月份比较。

（4）项目投资计划资金趋势分析，趋势包括年度趋势、月趋势、年，不同年同月份比较等。

（5）新建住宅供电工程项目实施进度管理，按项目类型、供电公司进行统计分析。

4. 运行与检修管理

电网调度运行信息管理的重点在收集、归纳、分析电网运行的基本情况信息，包括日、周、旬、月、年度各口径的发电、用电等电量及电力信息，机组变化情况，输电设备检修、投运、退役情况，电网尖峰低谷备用情况，联络线交换电力、电量情况，电煤存储及消耗情况，各电厂发电进度情况，电网异常情况等，提供调度人员合理安排次日电厂运行方式，保证电网安全、稳定、经济运行。

电网检修体系的重点是强化设备（资产）全寿命周期管理，目标是提高安全生产和生产运营效率。因此信息系统可提供设备家族性缺陷、带电检测、不良工况、在线监测数据；提供基于设备台账、缺陷、试验报告等状态检修数据的自动或半自动状态评价功能；强化数据的追溯和分析，实现历史数据变化趋势的展现及分析；提供异常数据的辅助分析及故障诊断功能等，都可为电网企业带来运营效益。

1）电网调度运行管理

（1）运行监控与分析。

①调度运行：机组变化情况，输变电设备检修、投运、退役情况，电网尖峰低谷备用情况，联络线交换电力、电量情况，电煤存储及消耗情况，各电厂发电进度情况，电网异常情况等。

②一次网损统计分析。

③调度日志历史查询。

④供需平衡分析。

⑤图档数字化信息管理。

⑥继电保护统计分析。

⑦电力数据分析查询：实现了220kV及以上线路和主变负载率的统计、分析、报表功能。

（2）设备台账分析。

①设备状态分析。

②十大类设备统计，十大类设备统计明细查询。

③变电专业设备统计。

④输电专业设备统计。

⑤配电专业设备统计。

（3）设备维修费用构成情况分析。

①按费用类型分析。

②按检修类型分析。

③按作业类型分析。

④按检修对象设备类型分析。

⑤各检修单位维修成本分析。

⑥设备外委维修数据分析。

（4）设备生命周期分析。

①设备生命周期资产价值分析。

②设备生命周期投运年限分析。

③设备生命周期运维情况分析。

2）电网设备检修（安全生产）

（1）结合GIS、实时、结构、非结构数据库，将HANA应用于相关分析与查询。

①设备状态评价：基于设备台账、缺陷、试验报告等数据，对设备进行自动/半自动状态评价，强化数据的追溯和分析，实现历史数据变化趋势的展现及分析。

②客服人员接报障电话，利用GIS定位服务快速定位故障地点，并分析影响的停电区域。

③抢修值班人员接到报修，根据故障地点、抢修车位置、路程距离、交通状况、人员技能等信息，通过服务自动计算出最佳派工建议，快速做出派工，确保抢修人员及时达到故障现场。

（2）设备工单分析。

①生产技改大修项目标准成本计算、预算规划与实际比较分析查询。

②检修工单完成率分析。

③设备检修次数分析。

④设备大修预算完成率分析。

5. 信息系统运行情况

1）信息系统业务量统计

①财务管理业务量统计。

②项目管理业务量统计。

③设备管理业务量统计。

④物资管理业务量统计。

2）ERP评估指标

①ERP集成凭证率分析。

②ERP冲销凭证率分析。

③ERP集成凭证正确率分析。

④采购申请转采购订单完成率（周）（月）。

⑤财务凭证正确率（月）（周）。

⑥设备台账与资产卡片对应率（周）（月）。

⑦薪资发放完成率（月）。

⑧工单完成率（周）（月）。

⑨凭证集成率（周）（月）。

⑩人员信息正确率（月）。

3）考评分析指标

①周实际值和累计值对比，月实际值和累计值对比。

②当前周和上周实际值对比，当前月和上月实际值对比。

③当前周和上周累计值对比，当前月和上月累计值对比。

10.2.4　内存计算技术对应用程序设计的影响

1. 对象和关系

在研究HANA对应用程序的影响之前，需要仔细研究对象和关系。在这里，仅讨论数据结构而不考虑程序结构。企业应用程序的数据结构与程序是相分离的，用不同的编程语言和风格编写的程序使我们能够用不同的方式使用这些数据结构。两类主要的数据形成了企业应用的主干，即主数据和事务数据。除了这两类主要的数据，还存在事件数据和配置数据，它们保存着额外的重要信息，然而其并不是ERP（企业资源规划）数据的主要部分。一个更加详细的数据分类描述将会帮助我们理解它们的不同需求、使用特点以及对应用程序的影响。

这种数据分类是基于商业方面的差异，而不是技术层面的差异。主要的对象类型都具备一个或多个节点的层次结构。在HANA的商务套件中，使用单独的表存储对象的每个节点（段）。一个被称作数据指导的特殊功能通过一个应用程序调用可以访问一个对象的所有节点或者选择的部分节点。大多数程序只使用一小部分节点，并且得到SQL的良好支持。

1）主数据

典型的主数据对象是公司、客户、厂商、产品、材料、雇员、账户等。客户对象、它的节点以及它们相应的映射表，所有对象都通过主键被确定。早期的企业系统中，数据库允许连接一个带有指针的复杂对象的所有节点。后来，在一个可变长度的数据记录中存储对象的所有节点。这种思想是通过一次数据存取把整个对象装载到内存中，然后进一步处理。反观HANA，每个节点的数据被存储在单独的表中，而且由多个节点组成的对象可以通过SQL访问和合并。

在现实世界中对业务对象建模时，将许多方法和这些对象直接关联意义重大。对象的总体结构用元数据定义；有多少节点，每个节点的设计，包括检查例程（如国家、货币、语言等）的属性定义，以及类似的问题。还定义哪些数据必选，哪些数据可选。

重要的是，要注意不包括主数据对象的具有事务性质的任何属性。这是不同于过去的一个重大改变，如以前会在主数据中包含多个汇总值。客户是否有订单，不再查询主数据中的汇总值，而是查询事务数据。客户主数据对象可以通过主键或者任意节点的任意属性组合访问，这些属性包括国家、城市、工业或者其他属性。得到的结果可能是一个集合，这意味着发现了多个具有指定属性的客户。在HANA中，一个对象的所有属性都可以作为索引，用户可以自由地选择用哪一个属性做索引最合适。许多应用程序允许在一个事务中同时使用多个主对象，如一个给定的城市中的所有客户或者一个特定行业的客户产生的所有订单。可以使用一个客户ID或者一个客户ID列表扫描订单数据，同时查看多个客户及其事务数据的功能，这开辟了个全新的工作方式。一个标准系统中的主数据对象携带大量应用于许多不同行业的属性，最有可能的情况是，单个公司不会使用所有这些属性，而HANA没有为不使用的属性分配内存，这正是其一个附加的优势。

2）事务数据

人们根据事务数据对象来理解主数据对象之间的交互，如一个客户订单描述了要卖给来自某个组织中某部门的客户的产品。另外，拥有客户发货信息、供应商订单、收到的货物、货品出入记录、财务会计记录以及更多的对象。像主数据对象一样，事务数据可以有一个体系结构。最复杂的对象是拥有多个节点的客户订单。最简单的是只有一个节点的销售点（POS）行记录。

特定对象的方法需要精心设计。例如，财务会计记录不仅要检查属性的精确性，而且要在整个对象范围内进行检查，如检查总借贷是否平衡，税务计算是否匹配总分类账等。

人们使用实体关系模型描述事务数据对象和主数据对象的关系。在技术上使用外键（包含主键的属性）和二级索引（指向对象的列表）实现这些模型。HANA中每个属性列是一个索引，可以实时通过对象的属性组合将对象分组。因此，显式的二级索引不再必需。

如同主数据对象一样，不能在事务数据对象中保留任何聚合值，相反要用适当的查询来替代聚合值。在整个系统中以最细粒度级别保存数据非常重要，因为它减少了数据的依赖性和更新量，因而简化了整个系统。诸如"识别今天所有的出货"或者"识别所有过期的发票"等通用方法在SQL中以视图或者存储过程表示，而且已经变成商务功能库的一部分。用任何语言编写的任何程序都可以使用这些方法和SQL视图。

3）事件数据

事件数据代表一个特殊类别的事务数据。根据定义，一个事件仅被写一次，以后不再被更新，也不会被删除。事件数据在被创建以后只可以进行读访问。从数据结构视角看，一个事件通常代表数据库表中的行记录。事件数据通常由传感器产生，这些传感器用来测量目标环境或目标对象的某些属性（如温度、经纬度信息、压力、湿度、亮度）或者仅仅识别物体（如RFID）。

高采样率的单个传感器很常见，大量的传感器通常被合并成一个事件流。因此，仅从一个表中事件行的数量来看，事件数据通常就很大。

传感器无所不在，汽车、飞机、手机、相机、仓库都有传感器。这些传感器要么通过Internet广播事件，要么在连通性很差的环境中使用本地记录器存储事件。HANA可以采集所有这些信息，在表格中按列组织这些信息，使它们可以用于实时分析。

利用HANA事件数据的一个典型实例是FI迈凯伦车队的一个项目。每次赛车留下伤痕，一个新的事件流就会被记录下来。赛车有几百个传感器，从这些传感器上发出1.5万个个体流。迈凯伦已经收集这些数据15年了。当决定如何为排位赛和比赛配置一辆车并根据需求做相应调整时，过去的经验很有帮助。例如，赛车工程师可能需要抽取过去所有前推杆上最大力量超过2000N的事件。然后，他们可能想要过滤结果，从而仅仅显示那些发生在拐角处并且速度很快的结果。把这些分析数据移进HANA之前，迈凯伦曾经尝试针对上述场景使用一个数据仓库。这不会奏效，因为赛车工程师必须提前考虑所有可能遇到的问题（以便能够建立相关的聚合），而这也限制了查询系统的灵活性。当增加更多传感器的时候，数据容量很快变得比原始数据大很多。作为常见的事务数据，事件数据因此应该以最细粒度级别存储。

4）配置数据

除了主数据和事务数据之外，还可以用其他数据定义代码或配置程序的参数。这些元数据的大多数变成了定制对象的一部分，因此它们对用户不可见。在以用户为中心的形式中，定制对象表现为一个或多个表并结合了对各种参数的解释。这里，能够动态扩展的列式存储表又一次减少了软件维护工作。

2. 使用零响应时间原则重新设计

1）速度更快会更智能

从哪开始重新设计呢？必须把所有的企业应用程序放到表上，再判断如果数据库的响应时间总是零或者很接近零，将如何查看和组织这些应用。可能产生的影响引人注目。大量工作已经投入到基础框架和程序逻辑中，从而达到可接受的响应时间，但是尽管如此，公司业务方面仍然经常体验到缺乏性能的负面影响。硬件和软件的进步允许一次或者永远改变这种情况。

2）不再有缺乏性能的负面影响

冗余结构消失，这使得有数据输入的应用程序更快，更简单。许多应用领域经历事务处理量不断增长的压力，如物理仓库，甚至包括会计系统。在这些系统中，所有企业数据聚集在一起。降低复杂性对于开发速度是很重要的。

数据库索引不再那么重要，没有它会再次降低复杂度、数据占用以及管理员的工作量。这也简化了新的报表或分析应用程序的创建。创建新的分析应用的工作只依赖其数学复杂性，不再依赖于数据采集方面的努力。分析应用的运行时间变短使得我们可以在短时间内测试很多次，结果整个开发进程将从以周计量缩短到以小时计量。越快的访问速度，越有助于做出更好的判断。

3. 实时扩展性

相比于按行存储，列式存储一个重要的不同是，不对表中未用到的属性创建属性向量。这对于具有很多属性的标准应用特别有用，这些属性通常只在某个国家或者特定行业使用。设计表宽度（属性的数量）在列式存储中只起到次要作用。更令人感兴趣的是，在不影响任何现有程序逻辑的情况下，可以使用新的属性动态地扩展一个表（当系统运行时）。这在标准企业应用程序的新可扩展体系结构中具有重要的作用。现在可以方便地在标准屏幕显示中添加字段，这有助于简化为有特定数据需求的客户做准备的操作。

当为大型企业提供支持时，对于客户指定的附加组件或者全新应用的需求将几乎毫无疑问地出现。使用HANA平台，满足这种需求是很简单的。在现有的表或者屏幕上增加属性已被支持，并且不会影响其可维护性。包括SAP的ABAP在内的任何主要的编程语言都能被用来访问附加属性，因而具有极大的灵活性。为了在分析应用中取得最好的性能，建议重新思考现有的程序流程。

4. 数据占用空间减少

假如使用内存数据库作为企业应用的基础，减少数据占用空间是如此关键，以至于要再一次审视并讨论系统设置的后果。HANA通过字典压缩数据，而且不再需要诸如实体化视图（映射和聚合）等冗余表和大多数数据库索引。这将空间减少为原来的1/10。把事务数据的表分割应用于现行分区和历史分区。假设比例是1:4（一个保守的数值），把100TB未压缩的ERP系统以100TB压缩为10TB的方式减少，其中2TB分配给现行数据，8TB分配给历史数据。这将系统的事务部分减少为原来的1/50。正如之前提到的，只有现行数据部分发生改变而历史数据部分保持不变，如为期一年。假如将同样的逻辑应用到一个1TB的ERP系统，会获得接近20GB的现行数据。这些令人惊讶的少量现行数据占用的空间对系统设置有重大影响。对于一个HANA上的工作空间，其所需的内存空间占用量是现行数据的两倍。

10.3　SAP HANA内存计算技术验证及应用分析

内存计算技术验证目标与实施范围、技术验证方法及实施历程、验证系统功能及结构、SAP HANA技术验证项目主要成果是本节介绍的主要内容。

10.3.1　技术验证目标与实施范围

1. 实施背景

在国家电网辽宁省电力有限公司（以下简称"辽宁电力"），随着ERP及其高级应用、GIS等系统上线应用以及不断地深化应用，系统实用性不断提高，系统使用率稳步上升，系统业务量快速增长。数据量的高速增长除了增加了硬件和运维管理的成本之外，也对业务运行提出了挑战。因此辽宁电力结合信息系统深化应用的需求率先组织实施HANA内存计算技术，进行现场实际业务场景验证，持续提升、优化海量交易数据分析功能，并基于及时信息的快速反应为企业提供实时决策的依据，提高数据处理能力和效率。辽宁电力期望通过内存计算技术的应用提升以下效益。

（1）通过内存计算技术提高企业数据分析效率，提升业务及系统运行能力。

（2）在不中断现有系统前提下，将内存计算技术植入ERP系统的核心。

（3）在同一系统上实现交易、分析和绩效管理，实时地将分析和交易系统有效连接起来。

（4）简化IT整体架构，内存计算技术将成为企业级数据仓库的公认的模式以降低总体拥有成本（TCO）。

（5）简化实施，可自由选择硬件厂商和利用现有的硬件资源。

（6）支持海量数据的可视化分析，并对业务系统无任何性能影响。

（7）取代传统的ETL抽数方式，通过实时分析和业务报表可以及时响应业务上的变化并快速做出相应的对策。

（8）提供数据分析、报表的建模工具，并直接与ERP连接，使IT的维护和支持最小化。

2. 实施范围

在省公司层级由信息化工作办公室主任领导组织SAP HANA内存计算技术实际业务场景验证，完成后推广应用于下属32个分公司与子公司、71个县级分公司。

辽宁电力实施一、二期验证，验证的实际业务包括人力资源、财务、物资、计划、项目、设备、生产、营销、地理空间数据等10个业务领域、36个业务场景，涉及ERP、BW、营销、生产、地理空间数据库5个主要信息源，是目前SAP有记录的HANA验证中，场景最完整、数据量最大、涉及系统最多、应用HANA技术最多的验证项目。

36个场景按信息源统计，ERP系统有14个场景，BW系统有8个场景，营销系统有6个场景，GIS系统有5个场景，PMS系统有3个场景。按业务类型统计，营销业务分析场景6个，现金流量及财务分析场景5个，物流分析及采购控制场景5个，计划实施与资金控制场景2个，项目执行与监控分析场景3个，资产监控与工单状态分析场景2个，固定资产查询及成本分析场景3个，全员基础信息查询及分析场景2个，GIS应用情况及数据核查分析场景5个，供农电设备查询及考核分析场景3个。

10.3.2 技术验证方法及实施历程

1. 验证方法

辽宁电力根据项目目标确定的技术验证方法可分为场景选择、场景实施、问题记录以及结果记录和总结四个步骤，每个步骤有其重点。

（1）场景选择：选取适合HANA应用的现有分析场景。本项目的场景选择原则是，从实际业务出发，在财务、人力资源、计划、项目、物资、设备、营销、生产、GIS等关键业务领域，广泛选取数据量大、逻辑复杂的业务分析主题，作为验证场景。

（2）场景实施：按照选取场景的业务需求，将相关数据抽取到HANA数据库中，并在HANA中建模，通过BO工具进行展示与原场景相同的数据。HANA场景实施完成后，需严格核对展示数据与原系统数据的一致性，确保结果正确，在此基础上，分别记录原系统和HANA在相同查询条件下的运行速度，对比速度差距。过程中记录两个系统所有相关截屏，包括选择条件、展现结果、展现速度，并形成测试报告。

（3）问题记录：实施中遇到的问题需要严格记录其现象和解决方案，用以总结经验。

（4）结果记录和总结：每个场景实施完成后，将其过程中记录的结果和截屏进行整理，形成测试报告，作为结果记录。分析所有场景的结果记录，形成对于整体验证情况的总结报告，提出对于HANA性能和业务适应性的结论，并描述HANA的优缺点，根据验证结果为未来HANA应用推广提出建议。

2. 验证实施历程

辽宁电力内存计算技术验证与应用分为三个阶段，如图10-1所示。

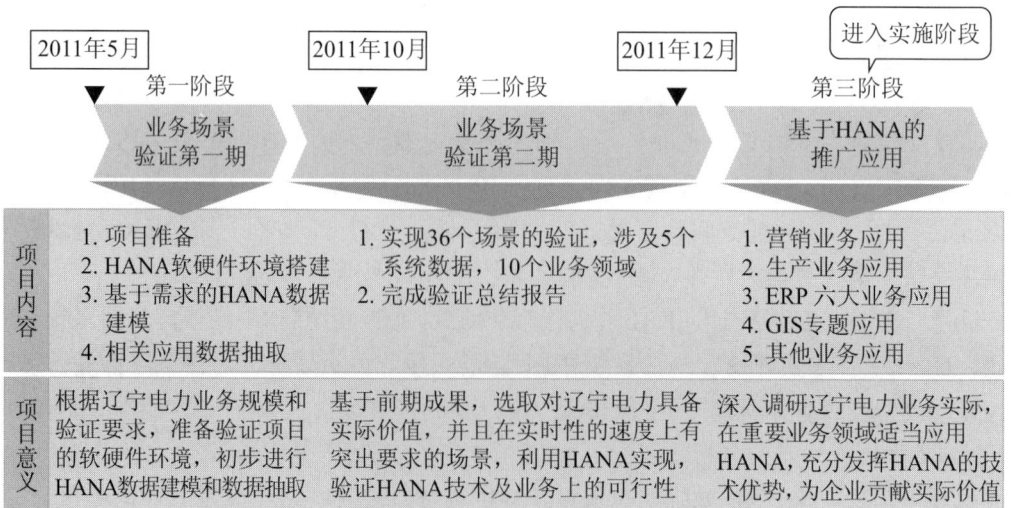

图10-1　辽宁电力SAP HANA技术验证与应用项目历程

1）第一阶段，业务场景验证

本阶段根据辽宁电力业务规模和验证要求，准备验证项目的软硬件环境，初步进行HANA数据建模和数据抽取。

（1）项目准备：首先成立了SAP内存计算技术验证项目组，项目前期的主要工作是研究SAP HANA的技术特性和功能。在此期间项目组成员会同SAP公司进行了多次研讨会，探讨HANA的技术特性和在辽宁电力的适用性，经过大量调研和评估，明确了HANA的技术特点和适用领域。

（2）HANA软硬件环境搭建：通过SAP公司的技术人员获取当时最新的HANA版本10.0.14，并协调IBM公司获得SAP认证的X3850服务器作为HANA服务器，成功安装HANA数据库系统，并将SAP Business Object BI 4.0安装在HANA服务器中，充分利用资源。同时利用现有服务器，安装实时数据抽取工具（SLT），完成软硬件环境搭建。

（3）基于需求的HANA数据建模：根据已经确定的业务场景，在HANA中进行建模操作测试，确保HANA数据建模的成功，为全面开展验证打下基础。

（4）相关应用数据抽取：根据已确定的业务场景需求，抽取源系统数据至HANA，验证数据抽取服务的有效性，为全面开展验证打下基础。

2）第二阶段，业务场景验证第二期

本阶段基于前期成果，选取对辽宁电力具备实际价值，并且在实时性和速度上有突出要求的场景，利用HANA实现，验证HANA技术及业务上的可行性。

（1）实现ERP系统14个业务场景。以ERP系统作为数据源，选取计划、财务、项目、物资、设备、人资六大核心业务的典型分析场景，在HANA中实现分析展示，验证HANA性能和业务适应性。

（2）实现BW系统8个业务场景。以BW系统作为数据源，重点选取跨专业领域的分析场景，在HANA中实现分析展示，验证HANA性能和对跨专业分析主题的适应性。

（3）实现营销系统6个业务场景。选取营销系统中性能问题最严重的两个分析主题，将相应数据抽取至HANA中进行分析展示，验证HANA对于营销系统场景效率的提升以及对营销业务的适应性。

（4）实现GIS系统5个业务场景。选取GIS系统中考核指标统计场景以及数据质量核查场景，将相应数据抽取至HANA中进行分析展示，验证HANA对于GIS系统场景效率的提升以及对GIS业务的适应性。

（5）实现PMS系统3个业务场景。选取PMS系统中性能要求最高的设备统计以及工单统计场景，将相应数据抽取至HANA中进行分析展示，验证HANA对于PMS系统场景效率的提升以及对PMS业务的适应性。

3. 验证资源计划

为保证项目的顺利实施，技术验证由辽宁电力ERP项目办常务主任担任组长主导技术验证。现场项目组成员包括来自国内外11个单位46名专家及工程技术员参加验证工作，主要参与方包括辽宁电力、埃森哲公司、国家电网电力科学院、SAP印度实验室、SAP上海实验室、SAP上海全球支持服务中心、SAP北京办公室、中国科学院沈阳计算技术研究所、山东鲁能软件公司、东软公司。相关人员根据项目需求在不同阶段参与技术验证工作。

第一阶段共有22人参与技术验证，主要人员构成为辽宁电力4人、SAP印度实验室2人、SAP公司4人、埃森哲公司6人、国家电网电力科学院内部顾问6人。此阶段根据辽宁电力业务规模和验证要求，准备验证项目的软硬件环境，完成SAP HANA平台搭建与初步的数据建模和数据抽取。

第二阶段共有44人参与技术验证（见图10-2），主要人员构成为辽宁电力6人、SAP公司13人、南瑞集团内部顾问12人、沈阳计算所2人、埃森哲公司8人、东软公司2人。此阶段基于前期成果，选取对辽宁电力具备实际价值，并且在实时性和速度上有突出要求的场景，利用HANA实现，验证HANA技术及业务上的可行性。

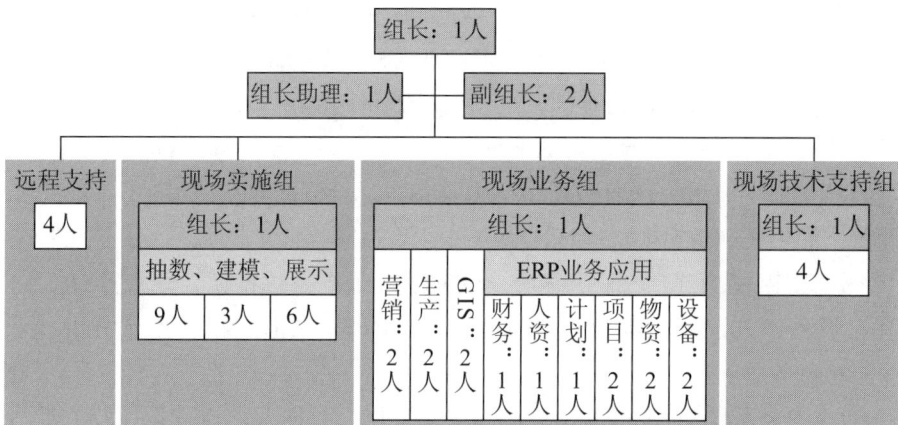

图10-2 辽宁电力SAP HANA技术验证与应用项目组织架构

10.3.3 验证系统功能及结构

1. 系统功能

辽宁电力SAP HANA项目使用典型的HANA系统架构，力求验证HANA系统架构对辽宁电力业务的适用性。本项目的系统架构图如图10-3所示，设计为四层架构，包括数据源层、数据抽取及复制层、HANA数据集市层以及报表展示层。

1）数据源层

数据源层主要由各提供报表需求的源系统构成，作为HANA数据库的数据源，提供报表展示所需的数据。数据源层同时支持SAP系统和非SAP系统。在验证项目中，数据源层涵盖了ERP系统、BW系统、GIS系统、PMS系统以及营销系统。

2）数据抽取及复制层

数据抽取及复制层负责将数据源层中源系统的数据抽取和复制到HANA数据库中，主要构成是数据抽取和复制工具，包括可以实现实时抽取和复制的实时同步服务（SLT）以及复制批量非实时同步的数据服务（Data Service）。在本项目使用的HANA 1.0 SPS02版本中，实时同步服务（SLT）只能够应用于源系统为SAP ERP系统的场景，源系统为非SAP系统的场景只能够使用数据服务（Data Service）工具。在SAP最新推出的HANA 1.0 SPS03版本中，实时同步服务（SLT）已经可以应用于非SAP系统，使HANA产品的应用前景更为广泛。

3）HANA数据集市层

HANA数据集市层是整体系统架构的核心，负责需分析数据的储存、报表模型的建立以及数据计算。本层包含HANA数据库以及HANA虚拟模型架构两个主要组成，所有需分析展示的数据在数据集市层通过HANA进行储存、压缩、建立逻辑模型并计算，通过HANA特有的内存计算技术可以使这个过程的效率大幅提升。

4）报表展示层

报表展示层负责将HANA中的数据运算结果按照报表需求进行展示，HANA支持SAP Business Object BI 4.0以及Excel作为展示工作。本项目主要以SAP Business Object BI 4.0作为主要展示工具，以Excel为辅助展示工具。

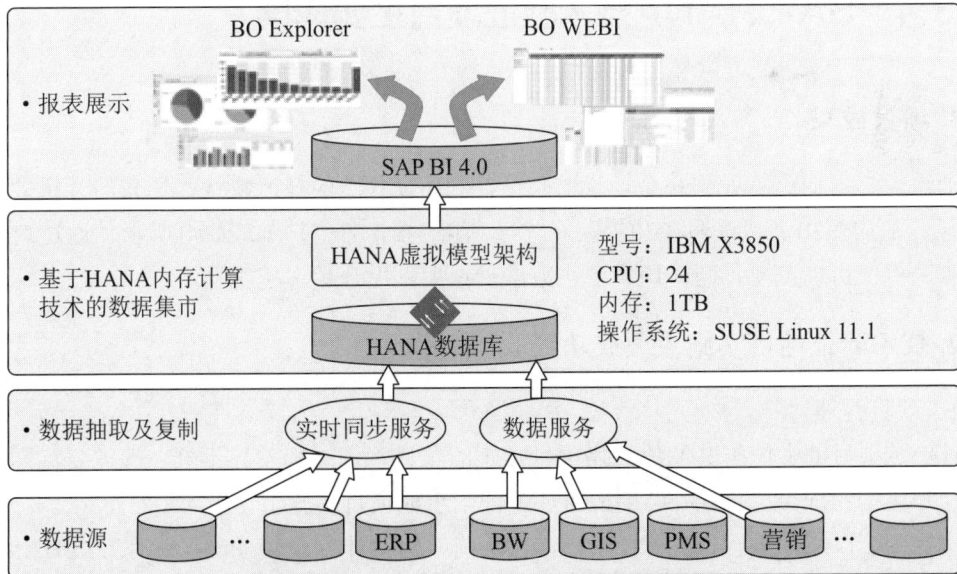

图10-3　辽宁电力HANA技术验证项目系统架构

2. 硬件部署SAP

项目技术验证相关硬件部署如图10-4所示，图中列出了本次项目的技术环境信息，在此环境下进行场景实施，验证SAP HANA在标准技术环境下的应用效果，为辽宁电力正式搭建开发及应用技术环境提供参考。

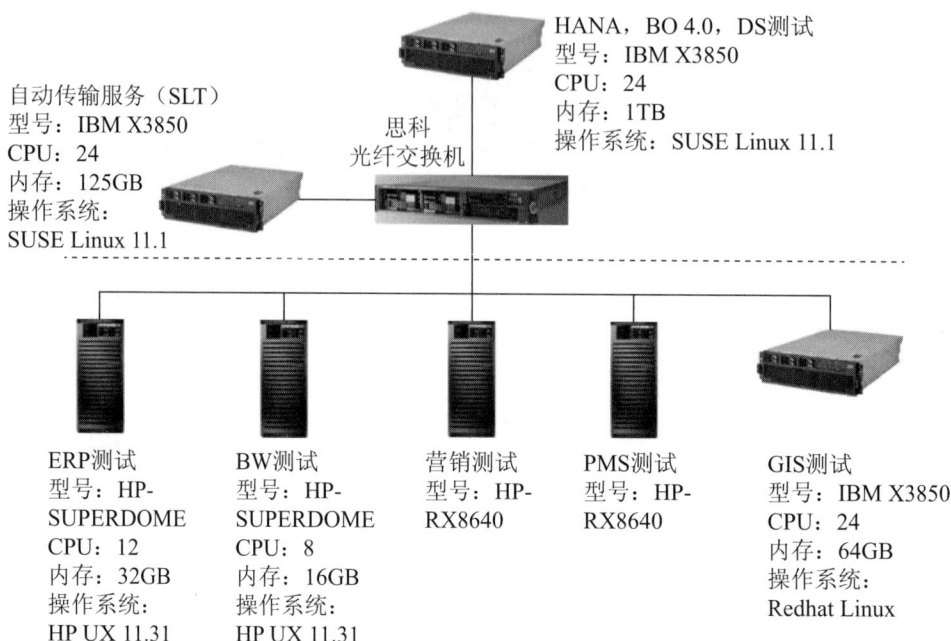

HANA，BO 4.0，DS测试
型号：IBM X3850
CPU：24
内存：1TB
操作系统：SUSE Linux 11.1

自动传输服务（SLT）
型号：IBM X3850
CPU：24
内存：125GB
操作系统：
SUSE Linux 11.1

思科
光纤交换机

ERP测试
型号：HP-
SUPERDOME
CPU：12
内存：32GB
操作系统：
HP UX 11.31

BW测试
型号：HP-
SUPERDOME
CPU：8
内存：16GB
操作系统：
HP UX 11.31

营销测试
型号：HP-
RX8640

PMS测试
型号：HP-
RX8640

GIS测试
型号：IBM X3850
CPU：24
内存：64GB
操作系统：
Redhat Linux

图10-4　辽宁电力一、二期SAP HANA技术验证项目硬件部署

10.3.4　SAP HANA技术验证项目主要成果

1. 项目成果

通过一、二期已完成的36个场景的验证，利用HANA的技术特性，场景的分析效率提升明显，平均在36倍，普遍在20倍左右，最高可达到863倍，如表10-1所示。通过对场景的深入分析，可以发现，同一场景下，数据量越大，提升效率越明显。

2. 技术验证项目实施主要成功经验

1）项目管理

HANA项目的实施与其他信息化项目实施的项目管理原则差异不大，仅需要特别注意实施工作组的组成。根据HANA的应用业务范围组成项目实施工作组。

（1）技术支持组：主要负责HANA的系统架构设计、系统安装、源系统与HANA间的连线配置、开发过程与上线后的系统管理与监控。同时为了避免发生相同表格数据重复复制，建议SLT与DS的数据抽取由技术支持组统一管理。

（2）开发组：在技术方面，还要有实现业务场景的HANA技术组成员，技术组成员除了要掌握HANA的建模技术外，最好是对业务与相对应的源系统有一定了解的人。有些项目习惯将建模与BO报表制作分不同人负责。根据辽宁实施经验，建议同一场景，建模与报表开发最好是同一人来负责，效率会比较高。

表10-1　部分场景内存计算技术与传统计算方式运行效率对比

序号	场景	数据量/万条	原系统数据存储空间/GB	目标系统数据存储空间/GB	数据空间节省倍数	原系统存储方式	目标系统存储方式	原系统执行速度/s	HANA执行速度/s	提升效率/倍
1	项目物资需求计划及采购进度	10 768.93	24.38	7.36	3	行存储	列/行存储	2681	169	16
2	十大类设备维修成本分析	7420.78	34	3.68	9	行存储	列/行存储	1475	450	2
3	维修工单状态分析	7420.78	34	3.68	9	行存储	列/行存储	1475	20	74
4	物资需求状态跟踪	10 768.93	24.38	7.35	3	行存储	列/行存储	2681	169	16
5	固定资产分类统计查询与分析	7778.06	6.28	0.33	19	行存储	列/行存储	840	60	14
6	PMS/GIS台账核与校验分析（不一致数据明细表）	248.45	0.23	0.10	2	行存储	列/行存储	43 200	480	90
7	GIS考核指标：GIS日登录率	107.85	0.37	0.05	8	行存储	列/行存储	50	3.5	14
8	GIS考核指标：站内图完整率	107.85	0.37	0.05	8	行存储	列/行存储	2	2	没有提升
9	GIS考核指标：设备属性完整率	107.85	0.37	0.05	8	行存储	列/行存储	620	32	19
10	GIS考核指标：配电图数对应率	107.85	0.37	0.05	8	行存储	列/行存储	120	6	20
11	固定资产查询	3 722	11.9	11.60	0.025	行存储	列/行存储	>7200	120	>60
12	全员人事信息校验	131.7	0.2	0.064	3.1	行存储	列/行存储	150	135	1.1：存在问题，没有提升
13	项目业务量分析	2341	12.573	0.064	20.79	行存储	列/行存储	1707	1290	1.41：存在问题，没有提升
14	计划执行情况分析	1323	0.855	0.002	533	行存储	列/行存储	70.39	1	70.39
15	项目资金拨付情况分析	2127	11.235	0.262	42.85	行存储	列/行存储	150	4	37.5
16	项目单位成本分析	24 155	13.04	0.262	42.85	行存储	列/行存储	70.39	2	35
17	高压侧损失率分析	670	0.415	0.222	1.87	行存储	列/行存储		24	
18	低压侧损失率分析	670	0.415	0.222	1.87	行存储	列/行存储		24	
19	10kV综合损失率分析	670	0.415	0.222	1.87	行存储	列/行存储		24	

续表

序号	场景	数据量/万条	原系统数据存储空间/GB	目标系统数据存储空间/GB	数据空间节省/倍数	原系统存储方式	目标系统存储方式	原系统执行速度/s	HANA执行速度/s	提升效率/倍
20	购电充值卡统计分析与查询	26 378.9	17.08	5.2	3.28	行存储	列/行存储	907	5	181
21	低压公共台区线损指标完成情况分析	7458	30.75	5.3	6	行存储	行/列存储	304（沈河供电公司）		
22	库存收发分析	1553	8.688	0.313	27.8	行存储	列/行存储	300	8	37.5
23	库存总览	4613	9526	0.722	13	行存储	列/行存储	1325	33	40
24	财务账务分析	4606.97	39.756	1.598	2.82	行存储	列/行存储	220	16	13.75
25	现金流量变动分析	154.54	9.8	1.5	6	行储存	列/行储存	253	3	84
26	固定资产运维成本分析	6288.5	21.1	1.6	13	行存储	列/行储存	10（基于预先统计好的数据）	15（实时统计）	机制不同不具备可比性
27	账、卡、物一致率	3705.7	9.638	1.102	8.7	行存储	列/行存储	7769	9	863
28	人员基础信息分析	212	0.682	0.037	18.45	行存储	列/行存储	71.65	4	18
29	供电与农电配电设备查询与分析	509.46	1.9	0.5	4	行储存	列/行存储	18	3	6
30	供电与农电实用化检查指标分析	509.46	1.9	0.5	4	行存储	列/行储存	40	3	13
31	供电与农电检修工作分析（PMS工单状态分析）	509.46	1.9	0.5	4	行储存	列/行储存	20	3	7
32	供电公司低压公共台区线损指标完成情况分析	7458	30.75	5.3	6	行/存储	行/列存储		待问题解决后测试	待问题解决后测试
33	成本明细月度趋势比较分析	99.39	0.464	0.02	23	行存储	行/列存储	190	1	190
34	部门成本月度趋势比较分析	99.39	0.464	0.02	23	行存储	行/列存储	69	1	69
35	各类物资采购排名比较分析	65	0.631	0.016	40	行存储	列存储	89	3.5	26
36	供应商采购排名与趋势比较分析	65	0.631	0.016	40	行存储	列存储	87	3.4	25.6

（3）业务组：根据HANA的应用业务范围决定业务组。业务组成员必须是了解具体业务，以及源系统的业务数据表格与数据特质的人，最好也能够具备HANA的数据复制与建模技术，负责撰写功能需求说明书与根据需求进行测试，并提出修改建议。

2）业务应用范围

在内存资源有限的情况下，以及时性、问题的急迫性、运行性能对企业的价值有多大决定HANA的应用范围。若企业对性能要求不高，建议维持在传统的数据库。反之，减少用户的等待时间、价格/性能比对企业有较高的潜在价值，就可以考虑运用内存数据库。

以辽宁电力为例，选择的36个场景中，营销的场景是为了分担营销系统的负荷，并提高查询的性能。其他业务场景主要是提高查询的运行效率，减少报表查询所需的操作时间、系统运行时间，以及时提供日常业务或决策分析所需信息。

若是为进行技术验证（PoC），建议选择的验证场景除了考虑数据量外，还要具备多样性、广泛性。建议选择除复杂的、性能较差的、及时性要求较高的、数据量大的作为验证场景外，也应该包括简单的场景，以便从不同方面发现问题。

3）系统架构方面

为避免相互影响性能，每套系统最好有自己独立的HANA、SLT、DS、BO服务器。其中，HANA的服务器应该采用SAP PAM中指定的型号，并且选择刀片式服务器，使内存与CPU可以无限扩充，同时要有固态硬盘。

因为源系统数据与HANA中数据的压缩比为5:1，考虑到操作系统及其他应用程序占用内存、数据处理峰值及其他特殊情况，HANA服务器的内存配置至少在源系统数据量的40%以上；固态硬盘的配置也最好是内存的1倍以上；硬盘配置也最好是内存的4倍以上。

HANA有关的系统包括源系统、HANA、SLT、DS、BO，最好都在同一个机房，通过光纤连接各个系统。若不是光纤，也要是千兆以上的网络资源。

HANA实施进行中到上线前，最好保持更新到最新最稳定的版本，确保上线后不会因为版本太旧无法解决问题。

4）模型构建

与建模和报表有关的数据对象，都应该有一套标准的命名规则，提高权限设置的简洁、方便与可维护性，同时可以提高实施与上线后系统维护的效率。

应该尽量利用HANA提供的友善建模方式进行建模，尽量减少编制存储过程来建模，以提高运行性能与系统维护的效率。

开发过程与其他信息化项目一样，都应该用功能规格说明书说明需求，用技术说明书说明功能需求的实现方式，用测试报告确定实现的开发与需求是否吻合。各项报告都应该有标准化的模板，以便于实施工作组使用。除了可以提高工作效率外，同时可以确保品质。

对于技术能力有较高水平的企业用户，建议可以开放部分权限，让用户直接于HANA

中查询与分析，不一定需要开发BO报表；或是培训此类用户使用自主性较高的报表工具，类似于BO Explorer。

5）上线切换策略

应该有详尽的上线切换策略，将各种必须要迁移的"对象"与作业项目及顺序列清楚。在完成开发系统的备份后，逐一将清单中迁移的"对象"导出，再导入测试系统，在测试系统运行无误后导入正式运行系统。

第11章
电力信息安全等级保护咨询与应用分析

电力信息安全等级保护基本概念、我国信息安全等级保护标准体系主要内容、对不同保护等级信息系统的基本保护要求、电力信息安全等级保护纵深防御体系总体架构、电力信息安全等级保护纵深防御体系、电力信息安全等级保护应用案例分析是本章重点介绍的主要内容。

11.1 电力信息安全等级保护基础知识

电力信息安全等级保护基本概念、我国信息安全等级保护标准体系主要内容、对不同保护等级信息系统的基本保护要求、是本节介绍的主要内容。

11.1.1 电力信息安全等级保护基本概念

1. 信息安全等级保护定义

信息安全等级保护是指从国家宏观管理的层面，确定需要保护的对人民生活、经济建设、社会稳定和国家安全等起着关键作用的涉及国计民生的基础信息网络和重要信息系统，按其重要程度及实际安全需求，合理投入，分级进行保护，分类指导，分阶段实施，保障信息系统安全正常运行和信息安全，提高信息安全综合防护能力，保障信息安全综合防护能力，保障国家安全，维护社会秩序和稳定，保障并促进信息化建设健康发展，拉动信息安全和基础信息科学技术发展与产业化，进而牵动经济发展，提升综合国力。

网络信息安全等级保护应充分体现"明确重点、突出重点、保护重点"的策略，按标准建设安全保护措施，建立安全保护制度，落实安全责任。等级的划分应根据信息系统的重要程度客观地进行评定，既要防止保护不足导致信息系统面临较高的安全风险，又要防止过度保护导致的资源浪费。对安全产品实施分等级使用管理，对安全事件分等级响应和处置。有效保护基础信息网络和关系国家安全、经济命脉、社会稳定的重要信息系统的安全。

1997年前，我国电力工业信息技术应用主要在电网调度、电力实验数字计算、工程设计科技计算、发电厂自动监测/监控、变电站所自动监测/监控等方面。20世纪80年代初—90年代初期，为专项业务系统应用在电力的广大业务领域，电力行业广泛使用计算机系统，如电网调度自动化、发电厂生产自动化控制系统、电力负荷控制预测、计算机辅助设计、计算机电力仿真系统等。计算机及网络安全重点是保证计算机及专项业务系统应用的安全问题，主要工具和方法采用被动的防御措施，计算机及网络的安全在很大程度上依赖于网络终端和客户工作站的安全。系统安全级别特别低，几乎没有主动有力的防范措施。

1997年3月，电力工业部召开全国电力系统第一次信息化工作会议，制定了"电力工业信息化'九五'规划暨1997—2010年信息化建设发展纲要"，提出了加速建设全国电力系统通信网络、加快电力信息化资源开发利用、建设覆盖全国电力企业的国家电力信息网络的任务。随着电力信息网络的不断扩大，系统信息安全存在大量风险。一是在系统中有一些网络安全产品，没有形成一个完整的信息安全体系，缺少足够的安全防范和保护。二是网络结构不合理，缺乏信息安全意识，没有制定完整的安全策略。三是在信息安全方面缺少系统的网络安全体系，缺少有关信息安全的管理手段和防范措施，缺少故障时的恢复方法和策略，缺少网络实时安全监视手段。四是同外部网络的接入缺少足够的身份认证和授权，对城域网和广域网没有相应的安全防范。五是应用系统在访问控制和安全通信方面缺少相应的安全措施。

根据电力行业的特点，因电力信息网络的不断扩大，电力系统网络信息安全存在大量风险。2007年，国家电力监管委员会印发了《关于开展电力行业信息系统安全等级保护定级工作的通知》等系列文件，启动电力行业信息安全等级保护定级工作。国家电网公司部门文件《关于信息安全等级保护建设的实施指导意见》（信息运安〔2009〕27号）要求健全信息安全防护体系，统一公司信息安全防护标准和策略；按照信息系统不同安全等级，通过合理分配资源，规范信息系统安全建设与防护；对信息系统分等级实施全面保护，以提高公司信息安全的整体防护水平。2012年，国家电力监管委员会印发了《电力行业信息系统安全等级保护基本要求》，进一步提出和全面推进电力行业等级保护建设工作。将按照《信息安全等级保护管理办法》规定和有关技术标准规范，继续组织开展信息系统安全等级保护的系统建设或整改、等级测评、自查自纠等后续工作，稳步推进电力行业信息安全等级保护工作。

2. 信息系统安全等级划分与等级保护实施

1）信息系统安全等级划分

通常信息系统安全等级划分有两种描述形式，即根据安全保护能力划分安全等级的描述和根据主体遭受破坏后对客体的破坏程度划分安全等级的描述。信息和信息系统按照安全保护能力划分为五个等级：第一级为用户自主保护级；第二级为系统审计保护级；第三级为安全标记保护级；第四级为结构化保护级；第五级为访问验证保护级。根据信息和信息系统在国家安全、经济建设、社会生活中的重要程度，遭受破坏后对国家安全、社会秩序、公共利益以及公民、法人和其他组织的合法权益的危害程度，针对信息的保密性、完整性和可用性要求及信息系统必须要达到的基本的安全保护水平等因素，信息和信息系统的安全保护等级按照监管强度划分为五级（见表11-1）：第一级为自主保护级；第二级为指导保护级；第三级为监督保护级；第四级为强制保护级；第五级为专控保护级。

表11-1 信息系统安全等级划分对应表

等级	监管强度	保护能力	侵害客体及侵害程度
第一级	自主保护级	用户自主保护级	信息系统受到破坏后，会对公民、法人和其他组织的合法权益造成损害，但不损害国家安全、社会秩序和公共利益
第二级	指导保护级	系统审计保护级	信息系统受到破坏后，会对公民、法人和其他组织的合法权益产生严重损害，或者对社会秩序和公共利益造成损害，但不损害国家安全
第三级	监督保护级	安全标记保护级	信息系统受到破坏后，会对社会秩序和公共利益造成严重损害，或者对国家安全造成损害
第四级	强制保护级	结构化保护级	信息系统受到破坏后，会对社会秩序和公共利益造成特别严重损害，或者对国家安全造成严重损害
第五级	专控保护级	访问验证保护级	信息系统受到破坏后，会对国家安全造成特别严重损害

2）对信息安全产品分等级管理

不同安全保护等级的信息和信息系统对信息安全产品的安全功能有不同的需求，具有一定安全水平的信息安全产品只能在与其安全保护功能相适应的信息系统中使用。国家对信息安全产品按照安全性和可控性要求进行分等级使用许可，三级以上信息系统中使用的信息安全产品必须得到公安机关的使用许可。

3）对信息安全事件分等级进行响应和处置

依据信息安全事件对信息和信息系统的破坏程度、所造成的社会影响以及涉及的范围，确定事件等级。信息安全事件发生后，分等级按照预案响应和处置。一是根据信息安全事件的不同危害程度和所发生的系统的安全级别；二是根据不同等级的安全事件；三是根据其危害和发生的部位。

4）信息系统等级保护

信息系统等级保护主要分为五个环节，即定级、备案、建设整改、等级测评和监督检查。

（1）定级工作：对信息系统进行定级是等级保护工作的基础，定级工作的流程是确定定级对象、确定信息系统安全等级保护等级、组织专家评审、主管部门审批、公安机关审核。

（2）备案工作：信息系统定级以后，应到所在地区的市级以上公安机关办理备案手续，备案工作的流程是信息系统备案、受理、审核和备案信息管理等。

（3）建设整改工作：信息系统安全等级定级以后，应根据相应等级的安全要求，开展信息系统安全建设整改工作。对于新建系统，在规划设计时应确定信息系统安全保护等级，按照等级要求，同步规划、同步设计、同步实施安全保护技术措施；对于在用系统，可以采取"分区、分域"的方法，按照"整体保护"原则进行整改方案设计，对信息系统进行加固改造。

（4）等级测评工作：信息系统安全等级保护测评工作是指测评机构依据国家信息安全等级保护制度规定，按照有关管理规范和技术标准，对未涉及国家秘密的信息系统安全等级保护状况进行检测评估的活动。等级测评过程可以分为四个活动：测评准备、方案编制、现场测评与分析、报告编制。常用的测评方法是访谈、检查和测试。

（5）监督检查工作：公安机关信息安全等级保护检查工作是指公安机关依据有关规定，会同主管部门对非涉密重要信息系统运营使用单位等级保护工作开展和落实情况进行检查，监督、检查其建设安全设施、落实安全措施、建立并落实安全管理制度、落实安全责任、落实责任部门和人员。

11.1.2　我国信息安全等级保护标准体系主要内容

按照信息系统的安全建设工程全过程和生命周期过程中涉及的内容来组建具有中国特色的信息安全等级保护标准体系，标准体系应包括的标准有等级划分、基本要求、安全产品使用、安全测评、监督管理、应急响应等。全国信息安全标准化技术委员会和公安部信息系统安全标准化技术委员会组织制定了信息安全等级保护工作需要的一系列标准，为开展等级保护工作提供了标准保障。这些标准可以分为基础类、应用类、产品类和其他类，已经发布和提交报批的标准，分类统计如表11-2所示。

表11-2　信息系统安全等级保护相关标准列表

标准类型	子类型	标准名称
基础类		《计算机信息系统安全保护等级划分准则》（GB 17859—1999）
应用类	信息系统定级	《信息系统安全保护等级定级指南》（GB/T 22240—2008）
	等级保护实施	《信息系统安全等级保护实施指南》（信安字〔2007〕10）
	信息系统安全建设	《信息系统安全等级保护基本要求》（GB/T 22239—2008）
		《信息系统通用安全技术要求》（GB/T 20271—2006）
		《信息系统等级保护安全设计技术要求》（GB/T 24856—2009）
		《信息系统安全管理要求》（GB/T 20269—2006）
		《信息系统安全工程管理要求》（GB/T 20282—2006）
		《信息系统物理安全技术要求》（GB/T 21052—2007）
		《网络基础安全技术要求》（GB/T 20270—2006）
		《信息系统安全等级保护体系框架》（GA/T 708—2007）
		《信息系统安全等级保护基本模型》（GA/T 709—2007）
		《信息系统安全等级保护基本配置》（GA/T 710—2007）
	等级测评	《信息系统安全等级保护测评要求》（报批稿）
		《信息系统安全等级保护测评过程指南》（报批稿）
		《信息系统安全管理测评》（GA/T 713—2007）
产品类	操作系统	《操作系统安全技术要求》（GB/T 20272—2006）
		《操作系统安全评估准则》（GB/T 20008—2005）
	数据库	《数据库管理系统安全技术要求》（GB/T 20273—2006）
		《数据库管理系统安全评估准则》（GB/T 20009—2005）
	网络	《网络端设备隔离部件技术要求》（GB/T 20279—2006）
		《网络端设备隔离部件测试评价方法》（GB/T 20277—2006）
		《网络脆弱性扫描产品技术要求》（GB/T 20278—2006）
		《网络脆弱性扫描产品测试评价方法》（GB/T 20280—2006）
		《网络交换机安全技术要求》（GA/T 684—2007）
		《虚拟专用网安全技术要求》（GA/T686—2007）

续表

标准类型	子类型	标准名称
产品类	PKI	《公钥基础设施安全技术要求》（GA/T 687—2007） 《PKI系统安全等级保护技术要求》（GB/T 21053—2007）
	网关	《网关安全技术要求》（GA/T 681—2007）
	服务器	《网关安全技术要求》（GA/T 681—2007）
	入侵检测	《入侵检测系统技术要求和检测方法》（GB/T 20275-2006） 《计算机网络入侵分级要求》（GA/T 700—2007）
	防火墙	《防火墙安全技术要求》（GA/T 683—2007） 《防火墙技术测评方法》（报批稿） 《信息系统安全等级保护防火墙安全配置指南》（报批稿） 《防火墙技术要求和测评方法》（GB/T 20281—2006） 《包过滤防火墙评估准则》（GB/T 20010—2005）
	路由器	《路由器安全技术要求》（GB/T 18018—2007） 《路由器安全评估准则》（GB/T 20011—2005） 《路由器安全测评要求》（GA/T 682—2007）
	交换机	《网络交换机安全技术要求》（GB/T 21050—2007） 《交换机安全测评要求》（GA/T 685—2007）
	其他产品	《终端计算机系统安全等级技术要求》（GA/T 671—2006） 《终端计算机系统测评方法》（GA/T 671—2006） 《审计产品技术要求和测评方法》（GB/T 20945—2006） 《虹膜特征识别技术要求》（GB/T 20979—2007） 《虚拟专网安全技术要求》（GA/T 686—2007） 《应用软件系统安全等级保护通用技术指南》（GA/T 711—2007） 《应用软件系统安全等级保护通用测试指南》（GA/T 712—2007）
其他类	风险评估	《信息安全风险评估规范》（GB/T 20984—2007）
	事件管理	《信息安全事件管理指南》（GB/Z 20985—2007） 《信息安全事件分类分级指南》（GB/Z 20986—2007） 《信息系统灾难恢复规范》（GB/T 20988—2007）

　　《计算机信息系统安全保护等级划分准则》是强制性国家标准，是其他各标准制定的基础。《信息系统安全等级保护基本要求》是在《计算机信息系统安全保护等级划分准则》以及各技术类标准、管理类标准和产品类标准基础上制定的，给出了各级信息系统应当具备的安全防护能力，并从技术和管理两个方面提出了相应的措施，是信息系统进行建设整改的安全需求。《信息系统安全等级保护定级指南》规定了定级的依据、对象、流程、方法以及等级变更等内容，同各行业发布的定级实施细则共同指导信息系统定级工作。《信息系统安全等级保护实施指南》阐述了在系统建设、运维和废止等各个生命周期阶段中如何按照信息安全等级保护政策、标准要求实施等级保护工作。《信息系统等级保护安全设计技术要求》提出了信息系统等级保护安全设计的技术要求，包括安全计算环境、安全区域边界、安全通信网络、安全管理中心等各方面的要求。《信息系统安全等级保护测评要求》和《信息系统安全等级保护测评过程指南》构成了指导开展等级测评的标

准规范，阐述了等级测评的原则、测评内容、测评强度、单元测评、整体测评、测评结论的产生方法等内容；阐述了信息系统等级测评的过程，包括测评准备、方案编制、现场测评、分析与报告编制等各个活动的工作任务、分析方法和工作结果等。以上各标准构成了开展等级保护工作的管理、技术等各个方面的标准体系。

11.1.3 对不同保护等级信息系统的基本保护要求

国家标准《信息系统安全等级保护基本要求》（GB/T 22239—2008）根据现有技术的发展水平，提出和规定了不同安全保护等级信息系统的最低保护要求，即基本安全要求。基本安全要求包括基本技术要求和基本管理要求，适用于指导不同安全保护等级信息系统的安全建设和监督管理。

1. 基本技术要求和基本管理要求

信息系统安全等级保护应依据信息系统的安全保护等级情况保证它们具有相应等级的基本安全保护能力，不同安全保护等级的信息系统要求具有不同的安全保护能力。

基本安全要求是针对不同安全保护等级信息系统应该具有的基本安全保护能力提出的安全要求。根据实现方式的不同，基本安全要求分为基本技术要求和基本管理要求两大类。技术类安全要求与信息系统提供的技术安全机制有关，主要通过在信息系统中部署软硬件并正确地配置其安全功能来实现；管理类安全要求与信息系统中各种角色参与的活动有关，主要通过控制各种角色的活动，从政策、制度、规范、流程以及记录等方面做出规定来实现。

基本技术要求从物理安全、网络安全、主机安全、应用安全和数据安全几个层面提出；基本管理要求从安全管理制度、安全管理机构、人员安全管理、系统建设管理和系统运维管理几个方面提出，基本技术要求和基本管理要求是确保信息系统安全不可分割的两个部分。

基本安全要求从各个层面或方面提出了系统的每个组件应该满足的安全要求，信息系统具有的整体安全保护能力通过不同组件实现基本安全要求来保证。除了保证系统的每个组件满足基本安全要求外，还要考虑组件之间的相互关系，来保证信息系统的整体安全保护能力。

根据保护侧重点的不同，技术类安全要求进一步细分为保护数据在存储、传输、处理过程中不被泄露、破坏和免受未授权的修改的信息安全类要求；保护系统连续正常地运行，免受对系统的未授权修改、破坏而导致系统不可用的服务保证类要求；通用安全保护类要求。

对于涉及秘密的信息系统，应按照相关规定和标准进行保护。对于涉及密码的使用和管理，应按照密码管理的相关规定和标准实施。

2. 信息系统安全保护能力的五个等级

1）第一级：用户自主保护级

本级的信息系统可信计算机通过隔离用户与数据，使用户具备自主安全保护的能力。

它具有多种形式的控制能力，对用户实施访问控制，即为用户提供可行的手段，保护用户和用户组信息，避免其他用户对数据的非法读写与破坏。例如，网络隔离、使用用户名和密码。

2）第二级：系统审计保护级

与用户自主保护级相比，本级的信息系统可信计算机实施了粒度更细的自主访问控制，它通过登录规程、审计安全性相关事件和隔离资源，使用户对自己的行为负责。例如秘密不泄露。

3）第三级：安全标记保护级

本级的信息系统可信计算机具有系统审计保护级所有功能。此外，还提供有关安全策略模型、数据标记以及主体对客体强制访问控制的非形式化描述；具有准确地标记输出信息的能力；消除通过测试发现的任何错误。例如，用户管理系统。

4）第四级：结构化保护级

本级的信息系统可信计算机建立于一个明确定义的形式化安全策略模型之上，它要求将第三级系统中的自主和强制访问控制扩展到所有主体与客体。此外，还要考虑隐蔽通道。本级的计算机信息系统可信计算机必须结构化为关键保护元素和非关键保护元素。计算机信息系统可信计算机的接口也必须明确定义，使其设计与实现能经受更充分的测试和更完整的复审。加强了鉴别机制；支持系统管理员和操作员的职能；提供可信设施管理；增强了配置管理控制。系统具有相当的抗渗透能力。例如，支持系统管理员和操作员的职能。

5）第五级：访问验证保护级

本级的信息系统可信计算机满足访问监控器需求，访问监控器仲裁主体对客体的全部访问。访问监控器本身是抗篡改的；必须足够小，能够分析和测试。为了满足访问监控器需求，计算机信息系统可信计算机在构造时，排除那些对实施安全策略来说并非必要的代码；在设计和实现时，从系统工程角度将其复杂性降到最低程度。支持安全管理员职能；扩充审计机制，当发生与安全相关的事件时发出信号，提供系统恢复机制。系统具有很高的抗渗透能力。例如，当发生与安全相关的事件时发出信号；提供系统恢复机制。系统具有很高的抗渗透能力。

11.1.4 国家对电力行业信息安全等级保护的新要求

2011年9月，国家电力监管委员会（以下简称"国家电监会"）印发《关于组织开展电力行业重要管理信息安全等级保护测评试点工作的通知》，要求按照公安部发布的信息安全等级保护测评机构目录，电力行业各单位组织开展重要管理信息系统试点测评。

2011年11月，公安部印发信息安全等级保护监督检查通知书（公信安检字（2011）101号），开展信息安全等级保护工作监督检查。在对国家电监会检查通知书中，公安部明确提出除检查电力行业等级保护工作情况外，还将会同国家电监会对国家电网公司、华能、大唐、华电、国电、中电投开展联合检查。国资委和电监会于2011年11月中旬转发公安部检查通知，并组织电力行业各单位、中央企业迎接公安部检查。

国家电网公司以国家信息安全等级保护为抓手，严格贯彻落实公安部、国资委、电监会部署安排，积极主动、扎实有效地推进信息安全等级保护工作，规范等级保护管理流程与工作机制，深化等级保护定级备案，推进等级保护建设与自测评，在行业率先开展等级保护试点测评与标准验证，加强检查和考核，极大地提升了安全运行保障能力与信息安全管控能力。

坚持"统一领导、统一规划、统一标准和统一组织"的"四统一"建设原则，对等级保护工作进行整体规划，实行集团化运作、集约化管理，坚持典型设计和标准化建设，构建上下一体等级保护纵深防御体系。

结合电力信息安全防护的特殊性，以国家信息安全等级保护基本要求和电力行业信息安全要求为基础，对电力等级保护标准指标进行扩充，制定《电力行业信息系统安全等级保护基本要求》，将国家等级保护二级系统技术指标项由79个扩充至134个，三级系统技术指标项由136个扩充至184个，形成等级保护防护典型设计，如表11-3所示。

表11-3　电力需求与国家标准要求对照表

要求类	二级系统		三级系统	
	国家标准	电力需求	国家标准	电力需求
物理安全	19	30	32	39
网络安全	18	33	33	44
主机系统安全	19	37	32	53
应用安全	19	29	31	40
数据安全	4	5	8	8
合计	79	134	136	184

针对管理信息系统中5类三级系统，即总部对外门户、ERP管理系统、财务（资金）管理系统、电力市场交易系统、总部办公自动化系统，制定专项防护方案。防护方案按照"双网双机、分区分域、等级防护、多层防御"安全防护策略，构筑了"互联网与信息外网之间强化控制策略，信息外网与内网之间逻辑强隔离或物理断开，管理信息大区与生产控制大区强隔离"的信息安全三道防线，切断了信息内网与互联网的直接连接，对不同等级信息系统实施边界、网络、主机、应用和数据的纵深保护，率先在国内建成等级保护纵深防御体系，其核心防护技术措施是保护网络结构安全，自主研发、部署信息内外网逻辑强隔离装置、正反向隔离装置，在全网实现信息内外网、调度生产网的逻辑强隔离，自主研发、部署安全接入平台，实现各类移动终端接入信息内网时的身份认证、数据加密与安全审计。

在公安部、国家电监会的支持下，通过国家发改委立项审批，国家电网公司开展电力信息安全等级保护纵深防御示范工程建设。建设过程全部采用国产软硬件产品，注重信息系统全生命周期过程管控，验证等级保护建设与自测评验收的相关标准，完善信息安全防护体系，取得了良好效果。制定《信息安全等级保护建设的实施指导意见》，组织各级单位按照"统筹组织、统一规范、全面覆盖"的实施原则，构建以等级保护为核心内容的信息安全等级保护纵深防御体系，开展机房物理环境整改、安全域及边界网络防护、安全配置加固、应用及数据安全防护、信息安全管理体系完善、信息安全综合工作平台应用六方面工作。

11.2　电力信息安全等级保护技术基础

电力信息安全等级保护纵深防御体系总体架构、信息安全等级保护纵深防御体系设计、安全产品测评与事件调查取证能力、信息内外网逻辑强隔离装置是本节介绍的主要内容。

11.2.1　电力信息安全等级保护纵深防御体系总体架构

电网等级保护纵深防御体系融合国家信息安全等级保护要求和网络与信息系统的纵深防御技术，突出电网信息安全防护特点，建设电网信息安全三道防线以实现网络纵深防御，从边界、网络、主机、应用、数据和管理等多方面实现信息系统纵深防御，并形成具有电网特色的等级保护实施典型设计。结合具体应用，有针对性地建立了信息安全工作平台、电网控制系统、集中运维体系、信息系统国产化改造等方面的探索工作，进一步提升了公司信息系统的安全保障能力，达到信息安全国际一流水平。

在等级保护安全要求基本层面，架构提出基于信息安全等级保护各项基本要求，从电网实际运行状况和面临的安全威胁出发，提出一套具有电网特色的电网信息安全纵深防御体系。按照"分区、分域、分级"的原则，通过部署自主研发的逻辑强隔离装置（数据库隔离装置、正反项隔离装置），实现互联网与信息外网、信息外网至信息内网、信息内网至调度数据网的三道防线，从而实现对信息外网系统、信息内网系统、电力二次系统的纵深防御。一方面可以将来自互联网的威胁抵御在各道防线之外，降低电网信息系统被互联网上的黑客、敌对势力、犯罪组织攻击的风险；另一方面，也可将来自电网信息系统内部的病毒、误操作、违纪人员恶意攻击等引发的安全风险限制在各道防线之内，防止安全事件的蔓延。在信息系统的网络边界、网络环境、主机、应用和数据层面采取防护措施，实现对信息系统业务与数据的保护。系统纵深防御中，各层面的防护均采用自主研发产品和国产安全产品。其中，边界主要采用自主研发的强隔离装置，主机和应用主要采用信息安全一体化运行监控平台，数据安全主要采用移动存储介质。边界、网络、主机、应用和数据层面其他防护需求均采用国产信息安全产品满足，全面提高系统的安全性、可控性和可用性，建成电网信息安全多层次、纵深的防御体系。

此外，为了进一步落实国家等级保护要求，国家电网有限公司建立了具有行业特色和电网特色的等级保护细化防护要求、实施方法、测评方案、相关技术标准和管理平台。通过采用国产安全产品，开展符合国家要求的电网信息系统等级保护，验证国家相关标准，对电力行业内和国家基础信息网络和重要信息系统等级保护实施进行试验示范。开发产品包括电网运行控制系统平台、等级保护合规性管理工作平台、逻辑强隔离装置、电网信息安全一体化运行平台、移动存储介质等。目前，已在试点示范应用的基础上，全面部署了公司自主研发核心安全产品。同时为确保国家电网公司各级单位信息安全技术措施和管理要求落实到位，建立健全信息安全技术督查机制，利用电力科学研究院、电力中试所等现有技术力量开展两级信息安全技术督查工作，承担对各单位的信息安全技术指导、监督、检查与督促整改。成功构建了总部、网省两级三线信息系统运维体系，开展安全运行标准化作业，规范设备资产管理、运行状态管理、安全配置管理、系统故障管理、操作变更管理、上下线管理、备份容灾等运行管理，明确系统一线服务、二线运维、三线技术支持的运行维护界面，整体提高了信息系统安全运行服务质量。

11.2.2　电力信息安全等级保护纵深防御体系

依照国家及电力行业等级保护系列标准要求，国家电网公司对电力信息安全工作进行整体规划，实施"双网双机、分区分域、等级防护、多层防御"的信息安全防护总体策略，制定了信息安全等级保护纵深防御典型设计。其核心内容是将管理信息网划分为信息内网和信息外网，信息内外网分别使用物理独立的服务器和台式计算机，并采用逻辑强隔离策略进行隔离。同时在信息内网，按照"统筹资源、重点保护、适度安全"的原则，依据信息系统等级定级结果，采用"二级系统统一成域，三级系统独立分域"的方法划分安全域，把信息外网划分为外网应用系统域和外网桌面终端域。

按照信息安全等级保护要求，从边界、网络、主机、应用四个层次进行安全防护典型设计。在边界方面，应用国产防火墙和具有自主知识产权的逻辑强隔离装置、正反向隔离装置等措施，使边界的内部不受来自外部的攻击，也防止内部人员跨越边界对外实施攻击，或外部人员通过开放接口、隐通道进入内部网络；在网络方面，采用国产网络设备和安全设备，并对经由网络传输的业务信息流进行安全防护；在主机方面，开展主机安全加固，采用信息保障技术确保业务数据在进入、离开或驻留服务器与桌面主机时保持可用性、完整性和保密性；在应用方面，依照国家和公司标准，从用户身份认证、访问控制、安全审计、通信数据保护、容错能力等多方面进行应用系统安全改造和建设。同时，在数据保护上，应用安全移动存储介质进行内外网数据交换，启动集中式信息系统容灾中心建设，确保不因人为或自然的原因，造成数据信息丢失和信息系统支持的业务功能停止或服务中断。

针对所划分各安全域防护特点的差异，设计了办公自动化域、营销管理系统域、电力市场交易系统域、ERP系统域、财务（资金）管理系统域、二级系统域、桌面终端域等7个典型设计的分册。

按照公安部、国家保密局、国家密码局、国信办四部委要求，根据信息系统的重要程度，国家电网公司组织对全网所有信息系统进行定级和备案，依据国家电监会发布的电力行业信息系统定级指南，明确梳理各级单位信息系统定级情况。建成信息安全综合工作平台，全面支撑各单位信息安全等级保护管理。公司组织专业信息安全管理人员在线录入公司范围内所有信息系统定级备案报告、建设方案、建设周报、隐患整改通知单、测评记录、自查报告等数据，实现等级保护工作线上流程化管理，各单位应用平台在线审批，执行国家公安部要求的定级、备案、建设、测评、监督检查（自查）五步标准流程，实现了等级保护工作常态化、等级保护管理规范化。

国家电网公司积极参与电力行业等级保护标准研讨与验证，配合国家电监会电力行业信息安全等级保护测评中心对6个管理信息系统进行行标试点测评，验证了《电力行业信息安全等级保护基本要求》标准的适用性与有效性。根据国家电监会《关于组织开展电力行业重要管理信息安全等级保护测评试点工作的通知》，积极落实公安部和电监会关于组织开展等级保护测评工作的要求，按照公安部发布的信息安全等级保护测评机构目录，组织各单位开展重要管理信息系统试点测评。对于统一推广部署应用系统的问题，将统一组织研发队伍进行整改升级，对于身份鉴别、抗抵赖、安全审计、漏洞补丁更新问题，随着公司数字证书、补丁漏洞管理、综合审计系统的推广部署可得以解决。

同时，国家电网公司深入推进信息安全技术督查工作，监督检查各单位落实、执行信息安全管理要求与技术措施，从深层次推动安全发展。以堵漏和保全为目标，开展常态督查、专项督查、高级督查，深化区域协作、交流通报机制，提升装备、人员技能水平，组织两级信息安全技术督查队伍利用安全监控、内容审计、安全扫描等多种技术手段，每周对信息系统、设备漏洞及弱口令、内外网网站安全、邮件内容安全、安全移动存储介质使用情况等开展安全巡检与监督整改工作，建立安全、运行与督查相互监督、相辅相成、持续提升的局面。

11.2.3　提高安全产品测评与事件调查取证能力的方法

1. 信息安全产品测评能力描述

对防火墙、IDS、IPS等主流安全产品进行功能、性能、安全性等方面的测试与评价，确保防火墙等信息安全产品的高可用性、高可靠性和高安全性。

1）防火墙测评内容

（1）产品功能测试。功能测试主要包括以下内容：包过滤、状态检测、深度包检测、应用代理、NAT、IP/MAC绑定、动态端口开放、策略路由、流量统计、带宽管理、双机热备、负载均衡、VPN、协同联动、安全审计、管理。

（2）产品性能测试。性能测试主要包括以下内容：吞吐量、延迟、最大并发连接数、最大连接速率。

（3）产品安全性测试。安全性测试主要包括以下内容：抗渗透、恶意代码防御、支撑系统、非正常关机。

2）IDS测评内容

（1）产品功能测试。功能测试主要包括：数据探测功能测试、流量监测、管理控制功能测试、产品升级、检测结果处理、产品灵活性测试、入侵分析功能测试、入侵响应功能测试、管理控制功能测试。

（2）产品安全测试。产品安全测试主要包括：身份鉴别、用户管理、事件数据安全、通信安全、产品自身安全、安全审计。

①主机型入侵检测系统性能测试。

主机型入侵检测系统性能测试包括：稳定性、CPU资源占用量、内存占用量、用户登录和资源访问、网络通信。

②网络型入侵检测系统性能测试。

网络型入侵检测系统性能测试包括误报率、漏报率、还原能力。

3）IPS测评内容

（1）产品功能测试。产品功能测试包括入侵事件分析功能测试、入侵响应功能测试、入侵事件审计功能测试、管理控制功能测试。

（2）产品安全测试。产品安全测试包括标志和鉴别、用户管理、安全功能保护、安全审计。

（3）产品性能测试。产品性能测试包括吞吐量、延迟、最大并发连接数、最大连接速率、误截和漏截。

2. 信息安全事件取证调查能力

信息安全事件是指由于自然或者人为的原因，对系统造成危害，或者在信息系统内发生对社会造成负面影响的事件。这里的信息安全事件是指由于人为的因素导致不合乎国家电网公司利益的资料泄漏，或对信息系统的可用性、完整性和机密性构成威胁的负面事件。具体包括四类安全事件。

（1）由计算机病毒、蠕虫、木马等恶意程序而引发的敏感资料泄露、盗取涉密文件等恶意程序事件。

（2）利用网络及信息系统配置缺陷、程序缺陷、协议缺陷进行攻击，并造成信息系统异常或对系统运行状态造成危害的网络攻击事件。

（3）利用各种攻击手段，造成信息系统的数据被篡改、身份/权限被冒用、敏感信息遭泄露、数据遭窃取等信息破坏事件。

（4）利用公司信息网络发布、传播危害国家安全、影响社会稳定、损害公司利益的网络内容安全事件。

3. 信息安全事件调查取证的研究目的

信息安全事件调查取证的研究目的是了解信息安全事件发生的真实情况，尽可能还原安全事件的发生过程，剖析安全事件产生的原因，评估安全事件的负面影响的技术能力。通过信息安全事件分析公司信息系统存在的共性隐患及管理运维工作的薄弱环节，为公司提供合理化安全建议和技术支持。

11.2.4 电力信息内外网逻辑强隔离装置

在确保信息内外网安全隔离的情况下，存在部分重要业务应用系统需要跨信息内外网进行数据交换。为了满足信息内外网隔离后出现的此类特殊需求，同时保障重要业务系统的安全稳定运行，公司决定在全公司系统实施网络与信息系统安全隔离方案。通过技术改造将公司管理信息网划分为信息内网和信息外网并实施有效的安全隔离，根据公司信息内外网安全隔离装置技术方案，融合电力专用正反向隔离装置、IPS、防火墙等信息安全产品的成熟技术，基于网络、应用访问控制开发数据库专用安全防护产品。它的设计目标是保护信息内网数据库服务器，识别针对数据库的攻击行为并进行有效阻断和审计，保障数据库的安全性和可靠性。

电力信息内外网的各个安全区之间需要隔离，尤其是生产控制区与信息处理区之间的强隔离是整个总体方案的关键点，隔离强度要求接近或达到物理隔离。具体要求是：只允许高安全级别（即实时控制系统等关键业务所驻留的安全区Ⅰ、Ⅱ）单向以"二极管"、非网络的接近物理隔离的方式的向低安全区（即生产管理系统所驻留的安全区Ⅲ）高速、实时传输大量数据；也允许单向的由低安全区（即安全区Ⅲ）采取认证、加密、过滤、重组等安全措施单向的以非网络的接近物理隔离的方式的向高安全区（即安全区Ⅲ）传输少量数据。其目标是：保证高安全区与低安全区之间的数据传输，但必须有效地防止网络黑客由低安全区对高安全区的攻击，有效地防止各种病毒由低安全区对高安全区的渗透。

该套装置配置于安全区Ⅰ、Ⅱ和安全区Ⅲ之间。其正向型装置只允许高安全级别（即实时控制系统等关键业务所驻留的安全区Ⅰ、Ⅱ）单向地以非网络的接近物理隔离的方式向低安全区（即生产管理系统所驻留的安全区Ⅲ）高速传输大量数据。其反向型装置只允许由低安全区（即安全区Ⅲ）采取认证、加密、过滤、重组等安全措施单向地以非网络的接近物理隔离的方式向高安全区（即安全区Ⅲ）传输少量数据。该正、反向装置的部署保护了实时控制系统等关键业务所驻留的高安全区，有效地防止网络黑客由低安全区对高安全区的攻击，有效地防止各种病毒由低安全区对高安全区的渗透，而且保证了高安全区与低安全区之间的数据传输。

可用于不同系统之间隔离的成熟安全设备可选择防火墙、隔离网闸、隔离网关等设备，但都满足不了上述要求。众所周知，防火墙不能满足强隔离的要求。市面上的隔离网关在结构和功能上同代理式防火墙类似，是一种双向通信的设备，不能满足单向传输的要求。隔离网关在电子政务中使用较多，其主要以电子文档的传输为主，不能满足高速、实时的业务需求。因此，必须针对总体方案的要求和电力二次系统的业务特点，自行开发电力专用隔离设备。

电力专用网络安全隔离设备采用软、硬结合的安全措施，在硬件上使用双机结构通过安全岛装置进行通信来实现物理上的隔离；在软件上，采用综合过滤、访问控制、应用代理技术实现链路层、网络层与应用层的隔离。在保证网络透明性的同时，实现了对非法信息的隔离。

信息内外网逻辑强隔离装置已通过了国家有关部门的安全性测试，并广泛部署在全国网省公司，为信息网络安全提供了有力保障。隔离装置试点部署的成功，为双网隔离建设工作打下了良好的基础。

信息内外网逻辑强隔离装置已在电力系统得到了应用，主要应用领域为电力信息网的双网隔离领域，通过装置进行数据传输的业务系统除了电力招投标系统、电力交易系统、电力营销系统外，还有承包商管理、电能量采集等各电力公司自有的业务系统。现场运行表明：系统运行稳定可靠，网络控制实用，SQL过滤性能较高，人机界面友好，操作简单，维护方便；装置能有效解决电力信息网络中数据库遭受SQL注入的安全隐患，极大地提高电力信息网络的数据安全性。

进行内外网划分后，在信息内外网的边界部署此信息内外网逻辑强隔离装置能够很好地保证电力信息网络和各个业务系统数据库的安全，防止由此导致数据信息泄密、篡改等，避免因应用系统故障造成的用户停电、电力交易失败、影响公司形象等一系列问题。同时，该系统部署方便，灵活性高，可适应多种网络接入场合，具备良好的社会效益和经济效益。

11.3　电力信息安全等级保护应用案例分析

电力信息系统安全等级保护实施方案、电力企业全面应用信息安全等级保护标准、加强电力信息安全等级保护管理措施是本节介绍的主要内容。

11.3.1　电力信息系统安全等级保护实施方案

为了落实国家有关部门信息安全等级保护要求，健全信息安全防护体系，统一公司信息安全防护标准和策略，按照信息系统的不同安全等级，通过合理分配资源，规范信息系统安全建设与防护，对信息系统分等级实施全面保护，以提高公司信息安全的整体防护水平。

信息安全等级保护的核心是对信息系统分等级进行安全防护建设与管理，遵循以下基本原则。

1. 自主保护，全面覆盖

按照"谁主管谁负责，谁运行谁负责"的原则，各单位信息化主管部门和相关业务部门、信息系统运行维护部门要按照国家和公司相关标准规范，对其管理和运行的信息系统依照其不同安全等级，自主组织信息系统安全等级保护建设工作。信息安全等级保护建设应覆盖公司总部、区域（省）电力公司和公司直属单位及其下属地市级单位。

2. 统一规范，同步建设

信息安全等级保护建设必须按照《信息安全技术信息安全等级保护基本要求》（GB/T 22239—2008）、《国家电网公司信息化"SG186"工程安全防护总体方案（试行）》（国家电网信息〔2008〕316号）等信息安全标准规范进行设计和实施，以确保公司信息安全防护建设水平的一致。信息系统安全等级保护工作应与信息系统同步规划，同步建设，同步投入运行。

3. 等级保护实施内容

信息安全等级保护实施主要包括五方面：信息系统定级、符合性评估、制定建设方案、实施建设、等级化测评验收。对已投运的系统开展安全现状等级保护符合性评估、等级化改造实施建设、等级化测评验收。对新上线系统按照电监会与公司要求进行定级、符合性评估、制定建设方案、实施建设、等级化测评验收等工作。

1）信息系统定级

根据国家电力监管委员会《电力行业信息系统等级保护定级工作指导意见》（电监信息〔2007〕44号）和公司《关于公司信息安全等级保护定级的通知》（办信息〔2008〕14号）要求，各单位已于2008年初完成了对在运信息系统的统一定级工作，形成了公司信息安全等级保护定级表，并向当地公安机关进行了备案。对于在2008年公司统一组织定级备案后新建、发生重大变更的信息系统，各单位要按照《电力行业信息系统等级保护定级工作指导意见》要求，以及公司信息安全等级保护定级表确定其保护等级，将定级备案材料报上一级信息管理部门组织审定，并向公司信息化工作部备案。在信息系统投入运行 30日内，依据审定结果报公安机关备案。

2）符合性评估

在等级保护建设前，各单位应依照《信息安全技术信息安全等级保护基本要求》（GB/T 22239—2008）和《信息化工程安全防护总体方案》，对信息系统进行等级保护符合性评估，确定不同等级业务系统当前安全防护现状，以及与国家和公司等级保护要求间的差距（其中，营销管理系统、ERP 系统按照三级要求进行评估）。符合性评估应覆盖物理环境、网络安全、主机安全、应用安全、数据安全及信息安全管理等方面的内容。最终形成《安全等级保护符合性评估报告》，为等级保护建设提供支撑。

3）制定建设方案

各单位应根据符合性评估结果，对照公司信息安全等级保护典型设计《信息化工程安全防护总体方案》要求，分析本单位信息系统的安全防护需求，明确具体安全防护措施，形成满足国家和公司及本单位要求的信息安全等级保护建设方案，并组织专家进行评审。建设方案应包括但不限于以下内容。

（1）安全域划分及实现措施：包括安全域划分方式、安全域划分后的总体结构、安全域划分的实现措施。

（2）网络边界安全防护：包括各网络边界的安全产品部署、网络设备及安全产品的加固。

（3）主机系统安全防护：包括主机系统防护安全产品部署，主机系统（操作系统、数据库、中间件等）的安全加固。

（4）应用系统安全防护：明确应用系统及其数据应实现的安全功能，应用系统改造方案及应用系统加固措施。

（5）物理环境安全防护：明确机房物理环境的改造措施。

（6）安全建设实施的计划和进度安排。

4）实施建设

各单位按照等级保护建设方案，使用符合《信息安全等级保护管理办法》（公通字〔2007〕43号）要求的安全产品，开展信息系统安全建设和整改工作。具体包括七个方面的建设内容。

（1）安全域划分。各单位根据信息系统安全等级，采用部署防火墙、交换机划分VLAN及设置访问控制策略等技术措施进行安全域划分。其中，信息内网的应用系统安全域依据"二级系统统一成域，三级系统独立分域"的原则进行划分（营销管理系统、ERP系统可独立划分为一个安全域，按照三级系统进行防护）。信息外网应划分为外网应用系统域和外网桌面终端域。

（2）安全产品部署集成。各单位在充分利用现有安全产品的基础上，补充采购所需的安全产品，有效地将防火墙、IDS/IPS、信息内外网强逻辑隔离装置、信息运维综合监管系统、安全移动存储介质管理系统等安全防护产品和系统进行部署与集成。

（3）边界安全防护。各单位应在明确安全边界（信息外网第三方边界、信息内网第三方边界、信息内外网边界、信息内网纵向上下级单位边界及横向域间边界五类）的基础上，通过网络访问控制、入侵防护、安全审计等技术措施，使安全边界的内部不受来自外部的攻击。

（4）安全配置加固。各单位可参照《国家电网公司信息安全加固实施指南》（信息运安〔2008〕60号），通过配置安全策略、安装安全补丁、强化系统访问控制能力、修补系统漏洞等方法对各系统涉及的网络设备、安全设备、操作系统、数据库、中间件等及时进行策略配置和加固，包括账号权限加固、数据访问控制加固、服务加固、网络访问控制加固、口令策略加固、审计策略加固、漏洞加固、通信信息安全加固等方面，以确保不断提升信息系统的安全性和抗攻击能力。

（5）应用系统改造。公司统一推广的 SG186 信息系统已通过相应等级的应用安全测评。对于各单位自行开发的应用系统，应按照等级保护要求和《国家电网公司信息应用系统通用安全要求》（信息计划〔2006〕33号），从用户身份认证、访问控制、安全审计、通信数据保护、容错能力等方面进行应用系统安全改造和建设。

（6）机房环境改造。各单位要按照《国家电网公司信息机房设计及建设规范（试行）》（信息计划〔2006〕79号）的要求，从防雷、防火、防水、防静电、防盗窃、防破坏、电力供应、机房物理访问控制等方面对机房环境进行改造，确保能够达到等级保护要求。其中，关于机房门禁系统使用的 IC 卡，原则上应采用我国自主研发的 IC 卡，IC 卡系统的密码方案须经国家密码主管部门审批，如存在安全问题，要尽快采取人工措施弥补或升级改造。

（7）完善信息安全管理体系。各单位应完善自身信息安全体系，规范管理制度、安全管理机构、人员安全管理、系统建设管理、系统运维等多方面的工作，强化日常运行和操作安全。

5）等级化测评验收

各单位在实施信息安全等级保护建设后，应依据国家和《国家电网公司信息安全等级保护验收标准》进行测评与验收工作。原则上实行两级验收管理，公司组织对区域（省）电力公司与公司直属单位本部进行等级保护验收，各区域（省）电力公司与公司直属单位负责组织所属单位的信息系统等级保护验收工作。

11.3.2　电力企业全面应用信息安全等级保护标准

电力企业信息化系统不仅包括发电、输电、变电、配电、用电等环节的生产、调度与控制系统等过程自动化系统，还包括规划计划、基本建设、物资采购、生产运维、财务、营销等管理信息系统。2014年7月，国家能源局下发 〔2014〕317、318号文件，《电力行业网络与信息安全管理办法》《电力行业信息安全等级保护管理办法》，2014年9月起施行国家发展和改革委员会令第14号《电力监控系统安全防护规定》，并且同步修订了《电力监控系统安全防护总体方案》等配套技术文件。电力行业作为首个行业单位率先组织开展信息安全等级保护工作。

在电力生产不同环节中的信息系统在部署环境、系统功能、安全保障需求中存在非常大的差异，电力行业在开展信息安全等级保护工作时，持续挖掘电力企业自身的特点，逐渐形成了具有行业特色的信息安全等级保护需求。电力作为重点行业按照《信息系统安全等级保护基本要求》的具体指标，在不低于等级保护基本要求的情况下，结合系统安全保护的特殊需求，制定《电力行业信息系统安全等级保护基本要求》，并选择行业内具有代表性的信息系统，开展等级保护测评试点工作。

1. 电力行业信息安全等级保护标准综述

《电力行业信息安全等级保护基本要求》贯彻巩固了电力行业信息安全工作成果，在总体要求部分提出了电力企业应划分不同安全分区，不同安全分区应具有不同安全防护要素的安全保护要求，并根据信息安全等级保护工作思路，总体要求由整体技术要求和通用管理要求组成。其中，整体技术要求中规定，电力生产企业、电网企业、供电企业内部基于计算机和网络技术的业务系统，原则上划分为生产控制大区和管理信息大区，生产控制大区可分为控制区和非控制区。另外，根据电力企业信息化工作管理要求，提出了不同安全保护等级的信息系统应成独立的安全域、电力企业的互联网出口应归集统一、调度数据网上应实现纵向数据认证加密传输等具有行业特色的安全保护要求。

同时，电力行业根据电力行业信息系统特点以及电力行业信息系统安全防护的保障需求，将电力信息系统细分为管理信息系统和生产控制系统两大类，并根据这两类系统的差异，在行业信息安全等级保护标准中对管理信息系统和生产控制系统分别提出了不同安全分区、不同安全防护等级、不同安全防护要点的信息系统等级保护要求。虽然电力行业针对不同类别的信息系统分别提出了具有一定差异的安全等级保护要求，但总的来说，行业要求是落实并强化国家信息安全等级保护要求。通过对国家标准和行业标准进行差异分析，可发现生产控制类系统和管理信息类系统的安全等级保护要求较国标中相应条款而言，存在的差异仅有落实、细化、加强、新增四种。《电力行业信息安全等级保护基本要求》时中生产控制信息系统、管理信息系统的安全等级要求也有逐渐加强的特点。

2. 等级保护测评工作中测评指标的选取

开展电力企业信息安全等级保护测评工作时，一般来说，测评指标包括基本指标和特殊指标两部分。基本指标依据信息系统确定的业务信息安全保护等级和系统服务安全保护等级，选择国家标准《信息系统安全等级保护基本要求》中对应级别的安全要求作为等级测评的基本指标。

同时，应结合行业和系统的实际，依据信息系统确定的业务信息安全保护等级和系统服务安全保护等级，选择《电力行业信息系统安全等级保护基本要求》中对应级别的安全要求作为等级测评的特殊指标。

《电力行业信息系统安全等级保护基本要求》中的管理信息系统类和生产控制类系统总体要求均由整体技术要求和通用管理要求组成。例如，管理信息系统类整体技术要求规定：管理信息大区网络与生产控制大区网络应物理隔离；两网之间有信息通信交换时，应部署符合电力系统要求的单向隔离装置；管理信息大区网络可进一步划分为内部网络和外部网络，两网之间有信息通信交换时，防护强度应强于逻辑隔离；具有层次网络结构的单位可统一提供互联网出口；二级系统统一成域，三级系统单独成域；三级系统域由独立子网承载，每个域有唯一网络出口，可在网络出口处部署三级等级保护专用装置，为系统提供整体安全防护。通用管理要求规定：如果本单位管理信息大区仅有一级信息系统时，通用管理要求等同采用一级；如果本单位管理信息大区含有二级及以下等级信息系统，通用管理要求等同采用二级；如果本单位管理信息大区含有三级及以下等级信息系统，通用管理要求等同采用三级。

3. 等级保护测评工作中测评指标的应用

在信息安全等级保护试点测评工作中，由于被评估单位信息资产种类、数量多，在一段时间内不可能逐一进行全面检测，三级系统的检测采用抽样方法进行，其目的是确定技术脆弱性检测的重点对象和目标。抽样检测的对象和目标必须能代表信息系统的安全现状，否则评估结果就会偏离实际情况。对电力企业的电力财务（资金）管理系统资产抽样时遵循了典型性、全面性原则。典型性原则要求对同一应用中软件配置完全相同的资产抽样部分资产，全面性原则要求对财务（资金）管理系统中每一类资产都要抽样。

根据选取的指标项以及系统测评对象选取结果，在前期系统调研的成果上，现场需要开发作业指导书并编制实施方案。在测评工作中，通过对测评以及核查的结果综合分析可给出系统面临的风险，并在安全技术测试和安全管理核查的基础上，根据系统的特点，发现和分析安全控制间、层面间以及区域间的相互关联关系，安全控制间、层面间和区域间是否存在安全功能上的增强、补充和削弱作用，系统整体结构安全性、不同系统之间整体安全性等，最终给出改进建议。

总体要求测评时，可分别从技术和管理的角度进行测评。进行整体技术要求测评工作时，通过查看和核实网络拓扑图、人员访谈等方法，了解到电力公司信息网络分为管理信息大区和生产管理大区，两大区之间有信息通信交换的需求，因此采用了正/反向隔离装置，以满足管理信息大区至生产管理大区、生产管理大区至管理信息大区之间的数据交换需求。根据公司信息系统安全防护总体方案要求，公司管理信息大区又分为信息内网和信息外网，两网之间采用强逻辑隔离装置，且双网隔离方案已实施。电力企业财务管理信息系统重要应用部署在内网，有外网交互功能的应用将前端部署在外网，关键数据处理部分部署在内网。电力公司信息内网采用冗余技术设计网络结构，并且单个系统由独立子网承载，单独划分安全域，每个域的网络出口唯一。系统与系统之间、二级单位与本部之间均部署了防火墙，启用了访问控制功能。进行通用管理要求测评工作时，由于电力公司管理信息大区含三级及以下等级信息系统，因此以确定通用管理要求等同采用三级。

应用基本指标和特殊指标进行测评时，一般是按照测评项一条一条地分别进行测评。具体可采取的测评方式有两种。一是使用问卷调查表，对通信系统进行初步的系统调研，掌握系统的主要功能和业务流程。二是调阅定级报告，详细了解评估范围内的二次系统及其包含的信息资产，为下一步测评指标的选取做好准备；在用户许可的情况下，对通信系统的关键设备和关键系统进行安全漏洞扫描、手工配置检查等安全技术测试，对网络拓扑结构进行合理性分析，对应用系统进行安全性分析，发现和分析系统安全技术方面所面临的风险；采用安全核查表的形式从管理层面和技术规范执行角度，对通信系统进行现场的安全管理核查，了解包括人的因素在内的系统运行状况。通过对核查结果的分析，发现和分析系统安全管理方面所面临的风险。根据不同的测评方式、测评内容等,执行现场测评后,会得到多个测评证据。对多个测评证据需进行单项结果判定、单元测评结果判定,最终进行整体测评。

11.3.3　加强电力信息安全等级保护管理措施

随着信息技术的广泛应用,信息化程度越来越高,对信息技术的依赖性越来越大,网络与信息系统的基础性和全局性作用日益增强,信息安全已经成为促进信息化进一步深入、保障信息化成果的重要手段,成为国家安全的重要组成部分。

国网公司坚持积极防御、综合防范的方针,在加快信息化建设的同时,高度重视信息安全工作,贯彻执行信息安全与信息化同步规划、同步建设、同步投入运行的"三同步"原则,全面开展了信息安全工作,主要包括六个方面。

1. 健全管理体系与工作机制,信息安全全面纳入安全生产管理

按照"谁主管谁负责、谁运行谁负责"和属地化管理原则,各级单位成立了信息化工作领导小组,落实了信息安全各级责任,建立了完善的信息安全管理、信息系统运行、信息内容保密等规章制度和操作规程,建立了与信息化发展相适应的信息安全监督机制、应急机制、通报机制、事件责任追究机制和风险管理机制。强化信息安全规章制度与落实,按照人员、时间、力量"三个百分之百"要求,开展"安全百问百查"等多项安全活动,实施"问、查、改"并举,安全工作取得实效,将信息安全全面纳入公司安全生产管理体系,实现了全面、全员、全过程、全方位的安全管理。

2. 强化核心信息系统安全,电力二次系统防护成效显著

在国家有关部门的大力支持下,严格执行国家电监会5号令《电力二次系统安全防护规定》,按照"安全分区、网络专用、横向隔离、纵向认证"的安全策略,建立了具有我国特色的电力二次系统安全防护体系:建成电力二次系统专用网络,覆盖所有省级以上调度机构以及大部分直调厂站,有效实现生产控制大区与管理信息大区的横向隔离,应用横向隔离设备,在国、网、省三级调度之间全面实施纵向认证,并完成了产品的规模部署,自主知识产权产品取得了总参、公安部和商密办等国家级检测机构的认证。

3. 实施积极防御措施,信息安全工作基础夯实

积极实施边界、网络、应用、数据的纵深防护,取得了实效。通过使用隔离装置、防火墙、入侵检测等边界防御技术措施,有效抵御了攻击和破坏;通过使用防病毒与木马软件,有效抵御了病毒、恶意代码的危害;通过身份认证,保证了使用公司信息系统用户的合法性;通过实施数据备份,保证了业务应用关键数据在丢失情况下的可恢复性。同时,积极开展容灾与备份系统的建设。一系列信息安全措施保障了信息系统的安全稳定运行,

保证了信息内容安全，促进了公司信息化的进一步发展。

4. 着力强化网络边界安全

推行"双网双机、分区分域、等级防护、多层防御"的安全防护策略，将管理信息网分为信息内网和信息外网，公司信息安全防护水平上了新台阶。

5. 推进信息安全等级保护制度落实

全面落实国家等级保护制度，对公司范围内投入运行的32个四级系统、3182个三级系统、6868个二级系统完成了等级保护定级、报批、审定和备案等工作。

6. 完善信息安全风险管理与应急机制，强化信息安全

为系统预防、化解网络和信息系统面临的风险，建立了常态化信息安全风险评估机制，按照统一标准开展信息安全风险评估、整改加固、安全测评等工作，确保网络和信息系统的安全性。全面加强事后安全管理，完善了公司各级信息系统应急预案，开展了应急指挥中心建设，建立了应急指挥信息系统，按照"四不放过"原则，有效规范信息事故发生后的调查和处理，全面提高了公司应对信息事件的预警、处置能力。

11.3.4 统一部署电力两级信息安全技术督查体系

信息安全技术督查是国家电网公司根据国家信息安全管理体系要求，结合电力企业信息技术监督规范的要求建立的日常工作机制，负责各单位的信息安全技术指导、监督、检查、督促改进等工作。信息安全技术督查的主要目的是监督、检查、督促信息安全技术要求和保障措施落实，健全信息安全防护体系，全面提高信息安全防护水平，实现对信息安全的可控、能控、在控，实现全面、全员、全过程、全方位的安全管理。

信息安全技术督查工作坚持"安全第一、预防为主、综合治理"的方针。督查的对象包括信息网络、网络服务系统、应用系统、信息安全系统、存储与备份系统、信息系统辅助系统、终端用户计算机设备、信息系统专用测试装置等系统，督查的范围包括上述系统的软硬件设备、运行环境以及系统规划、设计、实施、运行维护、废弃等各个环节的管理。

信息安全技术督查以保障信息系统安全运行为中心，以标准规程与规范为依据，以定期、定点的技术检查、过程跟踪、指标监测、评价与分析等为工作手段，确保公司安全策略与措施的落实。信息安全技术督查贯穿于网络与信息系统的全生命周期，包括信息系统规划、设计、实施、运行维护、废弃等工作阶段。

为切实加强信息安全工作，确保信息安全技术措施和管理要求落实到位，建立了具有电网特色的两级技术督查体系与机制。司总部为第一级，各区域电网公司、省（直辖市、自治区）电力公司为第二级。

国家电网公司信息技术督查体系明确了信息安全技术督查的工作机构、职责，细化了各个单位的技术督查工作标准与技术规范，优化了年度、专项、高级、日常信息安全督查工作的流程和内容，提出了覆盖信息系统全生命周期的技术督查工作管理与持续改进办法，提升了信息安全督查人员技术能力，已成为提升安全管理水平、监督信息安全服务质量、消除信息安全隐患、强化安全措施落实的重要手段。

信息安全技术督查开展以下工作。

（1）负责国家电网公司总部和直属单位信息安全技术督查。

（2）负责安全责任范围内所有单位的年度督查、专项督查、日常督查工作。

（3）指定专人负责对各单位的信息安全开展定期和不定期高级督查。

（4）负责对各单位信息内外网业务系统、信息内外网网站和邮件内容安全等定期进行深度安全检查。

（5）负责承担信息内外网边界安全监测深度分析与预警。

（6）负责监督和指导网省级督查工作开展，界定重大信息安全技术问题，调查分析重大信息安全事件，配合国家和公司需要开展安全取证和技术检测等工作。

（7）负责对责任范围内各有关单位的信息安全隐患整改的监督和通报工作。

（8）负责国家电网公司督查工作的汇总、统计、分析和上报。

二级督查执行队伍具体负责本区域范围内信息安全技术督查工作。

（1）负责落实信息安全技术督查规章制度和工作要求，负责安全责任范围内所有单位的技术督查工作。

（2）具体负责责任范围内的年度督查、专项督查、日常督查工作，监督信息安全服务质量，及时发现隐患，提出防护方案，并监督整改工作。

（3）负责对本单位信息内外网业务系统、信息内外网网站和邮件内容安全等定期进行深度安全检查。

（4）负责承担本单位范围内信息内外网边界安全监测分析与预警。

（5）负责对责任范围内信息安全隐患整改的监督和通报工作。

（6）负责本单位技术督查工作的汇总、统计、分析和上报。

信息安全技术督查范围覆盖信息系统规划、设计、建设、上线、运行、废弃等信息系统全生命周期各环节。督查对象包括信息内外网络、内外网信息系统及其设备。

督查工作分为四类。一是信息安全年度督查工作，根据全年信息化工作情况，安排针对信息化建设和信息系统运行维护等开展的全年信息安全技术督查工作；二是信息安全专项督查工作，主要是根据信息安全和信息化工作需求，针对具体信息化项目或信息安全工作需求开展的督查工作；三是信息安全日常督查工作，主要针对信息系统运行维护日常工作开展的周期性的督查活动；四是信息安全高级督查工作，主要针对信息系统公司级技术督查队伍，根据整体信息安全形势及相关敏感态势，针对各单位敏感信息泄露、重大违章行为、恶意篡改攻击等问题的督查活动。

执行督查报告制度，定期向督查管理部门进行年报、月报及专报报送，定期向被督查单位每月通报信息安全技术督查工作情况、督查问题及整改情况，及时通报突发信息安全事件、重要预警信息，并抄送督查管理部门。

建立督查隐患整改制度，加强隐患治理的闭环管理。督查队伍将督查结果和整改建议形成《信息安全技术督查整改通知单》，及时反馈至被督查单位和信息安全管理部门，要求按限期完成整改。

建立群众举报机制，提高全员信息安全意识，利用邮件、电话、信件等多种方式鼓励群众对信息安全违规情况进行举报，形成共同治理信息安全的良好氛围。

配备督查必备工具，包括漏洞扫描、远程渗透、信息保密检查、信息取证及存储等，并及时升级。保障技术督查装备采购、人员培训、督查实施所需资金。相关信息通过公司统一集中信息安全综合工作平台报送。

重视信息安全技术督查工作的安全风险，制定应急防范措施，避免在督查工作中发生影响系统正常运行和敏感信息泄露的事件，督查工作内容需相关责任人签字确认，并留档备查。做好被督查单位信息内容的保密工作，督查结果与发现隐患除按规定渠道审批报送外，不得向其他单位和个人透露，所有督查信息不得通过信息外网传送。

11.3.5　健全电力智能型移动存储介质管理系统

移动存储设备（如U盘、移动硬盘等）因其体积小、容量大等优点，已得到广泛应用。作为数据交换的主要手段之一，移动存储设备正成为内网数据和信息的重要载体。

移动存储设备疏于管理带来的严重问题比比皆是，近年来屡屡发生的移动存储介质泄密、窃密案件给国家和企事业单位带来了不可估量的损失，也逐渐引起了国家和企事业单位的重视，但往往由于使用人对于单位保密意识的淡漠或其他原因，仍然产生了很多问题。如何能够有效地控制单位移动存储介质的管理，防止泄密案件的发生？移动存储介质管理能够较好地解决以上问题。

总体设计原则是实现内部的移动存储介质在系统外部不可用，外部的移动存储介质在系统内部不可用；在可控条件下内部信息可以通过加密、授权等信息保障移动存储介质的安全。要满足以下"五不"原则，即进不来，阻止未授权移动存储介质进入企业信息系统；拿不走，阻止国家电网系统涉密或敏感信息资产被非法带出；读不懂，通过加密和其他安全手段，保证未授权用户读不出、读不懂数据；改不了，使用数据完整性鉴别机制，保证未授权用户不能修改数据；走不脱，使用日志、安全审计、监控技术使得用户操作移动存储介质的行为不可抵赖。加强对移动存储介质的安全管理，综合采用成熟技术在国家电网公司建立一套安全移动存储介质管理系统，真正做到"敞开U口，非请莫出、非请莫进"，同时兼顾到使用便捷及与现有U盘的兼容性。

安全移动存储介质管理系统依据国家保密局相关保密规章制度，积极研究国内主流产品，采用先进技术，建设符合实际情况的安全系统。安全移动存储介质管理系统从主机层次和传递介质层次对文件的读写进行访问限制和事后追踪审计，为网络内部可能出现的数据拷贝泄密、移动存储介质遗失泄密，以及U盘等移动介质接入病毒安全的问题提供了解决方案。

安全移动存储介质管理系统采用底层驱动设计、协议智能分析等先进技术已经实现了多个关键技术的突破。

（1）对已有的移动存储介质使用标签认证技术，在软件层面对移动存储介质系统进行加密，极大地降低更换设备所需要的成本。

（2）使得外单位移动存储介质设备仅能只读使用；对可信介质加密，使其中数据不会因介质的遗失而被他人所获。

（3）结合系统的策略功能实现基于端口的802.1x认证，通过策略的分发使认证过程隐藏。

基于C/S与B/S混合模式结构开发，由安装在各计算机设备上的客户端（Client）软件和安装在管理服务器上的控制端（Server）软件两部分进行功能处理，通过前台浏览器（Browser）访问后台管理信息数据库（Server）进行系统管理。

完整的安全移动存储介质管理系统由三部分组成，即服务器、控制台和客户端。服务器包括服务器端软件、支持数据库和授权硬件。建议在专用主机上安装可信介质服务器。控制台是实现系统管理、参数配置、策略管理和系统审计的人机交互界面软件系统。客户端是安装于受控主机上的监测软件。客户端采用了严密措施防止本地用户自行卸载、关闭监控程序。

安全移动存储介质在全网部署实施的成效显著。移动存储介质管理系统满足了以下需求。

（1）提供对移动存储介质全生命周期的管理。安全移动存储介质管理系统需要提供对移动存储介质从购买、使用到销毁整个过程的跟踪与管理。能够随时对移动存储介质的情况进行监管，随时了解某个移动存储介质的使用情况和当前所处状态，每个阶段均要做到"责任到人"。

（2）能够区分合法与非法的移动存储介质。合法的移动存储介质指单位内部是被准许在内部使用的移动存储介质；非法的移动存储介质指来源不明的未被准许在内部使用的移动存储介质。要求做到"非法的移动存储介质在工作环境中不能使用"和"合法的移动存储介质在工作环境中能够正常使用，但在非工作环境中不能使用"，即"非法的进不来，合法的出不去"。

（3）增设移动存储介质的访问机制。对于合法的移动存储介质的访问，需要进一步增强访问控制机制。根据访问者的身份、密级、时间期限等限制仅有"正确"的用户才能访问；同时合法的移动存储介质要设立不同级别的保密分区，已满足数据交互的使用。

（4）移动存储介质中的数据加密保护。为了防止因移动存储介质丢失造成泄密，存储在移动介质中的数据必须是加密的，而且要求是磁盘级的透明加密，避免被不法分子躲避或恶意行为留下安全隐患。

（5）提供对移动存储设备使用的详细日志审计。记录对移动存储设备的访问，便于以后进行跟踪审计。

11.3.6　构建电力统一管理信息系统调运体系

电力信息系统重点建设"两级调度，三层检修，一体化运行"的信息系统调度运行体系组织架构；实现具备主动、集中和统一特色的信息系统调度运行管理模式；建立健全适用信息系统服务全生命周期的管理制度体系，实现信息系统运行的可控、能控、在控；建设一体化技术支撑平台，实现信息运行"监控自动化、服务流程化、展示互动化"。

信息系统调运体系是在"两级三线"运维体系基础上，将二线后台运行维护按照调度、运行、检修分工组建专业化机构，建立公司总部、网省公司两级信息调度，建立公司总部、网省公司两级信息客服，建立公司总部、网省公司、地市县公司三层信息运行检修，建立统一的三线技术支持机构。

公司信息系统调度运行工作按职能管理、信息系统调度、运行、检修、客户服务等业务功能进行专业化分工，设置总部、网省公司两级信息系统调度，进行总部、网省公司、地市县公司三层运行检修，建立总部、网省公司两级统一客户服务。遵循统一调度、分级管理和主业化、专业化、集中化的原则，实现公司信息系统协同保障、一体化运行。

公司信息化工作部是公司信息系统调度运行工作的职能管理部门，总部调控中心设在公司信息化工作部，履行国网信调职能，承担信息系统调度运行工作专业管理、系统运行统一调度指挥等工作。公司总部信息系统运行、检修、客户服务机构由国网信息通信有限公司组建，承担公司总部运行、检修、客户服务专业工作。

网省公司信息化管理部门是本单位信息系统调度运行工作的职能管理部门。省级调控中心设在各单位信息化管理部门，履行省级信调职能，承担信息系统调度运行工作专业管理、信息系统运行统一调度指挥等工作。网省公司信息系统运行维护机构受网省公司委托，承担信息系统运行、检修和客户服务等相关工作。国网信息通信有限公司、直属金融单位和三地灾备中心信息调度机构同时作为二级信息调度。

地市县公司应在信息化管理部门设立专职信息运维专责，负责本单位信息系统运行检修管理工作。地市县公司信息系统运行维护机构承担信息系统运行检修工作，具体负责信息网络、安全和桌面终端运行维护工作。

下面介绍运维体系的配套措施。

1. 制度保障

国家电网公司信息系统调运体系制度体系采用A、B、C、D四层文件体系架构。

A层文件（管理办法）：是信息系统调度运行体系制度建设中的纲领性文件，是整个制度体系必须遵循的管理办法。

B层文件（管理规定）：是在遵循A层文件的基础上，针对信息系统调运体系中信息系统调度运行管理、信息系统调度、运行、检修、客服、三线技术支持各业务功能中的关键控制点，包括信息系统调度运行管理模式、组织架构、人员配备、相关职责、费用预算、绩效评价等方面的管理规定。

C层文件（实施细则）：是在遵循A、B层文件的基础上，结合信息系统调度运行中的实际工作，对各流程、各工作的具体工作的细则描述，包括管理职责界定和操作流程规范等。

2. 技术保障

技术支撑平台由公司统一组织开发建设，各单位推广应用，主要包括信息运维综合监管系统（IMS）、信息调度管理系统（IDS）、客户服务管理系统（ICS）及信息外网安全管理系统（ISS）四大技术支撑系统以及依托四大技术支撑系统构建的总部、网省两级信息调控中心和客户服务呼叫中心。

IMS主要支撑调度运行日常监控、一单两票等日常运维流程的业务处理；IDS主要支撑调度运行的业务管理；ICS主要支撑调度运行的前台客户服务处理流程；ISS主要支撑调度运行的安全监测管理。其中，IMS和IDS采用同一平台，基础数据共享，业务流程贯通。

3. 三线技术支持服务中心

信息技术支持服务中心（简称"三线支持中心"）受公司信息化工作部委托对外围技术支持单位（系统开发商、原厂商、专业服务商）进行统一管理，并为公司各单位提供三线技术支持服务。

三线支持中心设置呼叫中心，统一受理公司各单位的三线技术支持服务申请，通过电话、邮件、网站等方式提供技术咨询类服务，通过运维审计系统提供远程接入技术支持服务，必要情况下可提供现场技术支持服务。

参考文献

[1] 吕新奎. 中国信息化[M]. 北京：电子工业出版社，2002.

[2] 习近平. 国家网络安全和信息化工作座谈会上重要讲话[R]. 北京：2016.

[3] 潘霄. 能源电力规划工程原理与应用[M]. 北京：清华大学出版社，2017.

[4] 倪光南. 自主可控是增强网络安全的前提[EB/OL]. 北京：央视网，2014.

[5] 吴杏平，武亚光，杨维. 电力客服信息系统工程原理与应用[M]. 北京：清华大学出版社，2019.

[6] 国家发展改革委，国家能源局. 关于促进智能电网发展的指导意见（发改运行〔2015〕1518号）[R]. 北京：2015.

[7] 国务院. 关于印发"十三五"国家信息化规划的通知（国发〔2016〕73号）[R]. 北京：2016.

[8] 张延松，王珊. 内存数据库技术与实现[M]. 北京：高等教育出版社，2016.

[9] 潘明惠. 信息化工程原理与应用[M]. 北京：清华大学出版社，2004.

[10] 郑一群. 服务的秘密[M]. 北京：中国长安出版社，2013.

[11] 郭汉尧. 客户分级管理实务[M]. 武汉：华中科技大学出版社，2011.

[12] 全满枝. 打造卓越客服：客户联络中心管理案例集[M]. 北京：人民邮电出版社，2017.

[13] 潘霄，葛维春，全成浩，等. 网络信息安全工程技术与应用分析[M]. 北京：清华大学出版社，2016.

[14] Knapp E D. 工业网络安全：智能电网，SCADA和其他工业控制系统等关键基础设施的网络安全[M]. 周秦，郭冰逸，贺惠民，译. 北京：国防工业出版社，2014.

[15] 潘明惠，徐链荫. SAP HANA内存计算计算项目实战指南[M]. 北京：清华大学出版社，2012.

[16] 张世翔. 电力企业信息化[M]. 2版. 北京：中国电力出版社，2017.

[17] 施泉生，张科伟，潘华. 电力企业决策支持系统原理及应用[M]. 2版. 北京：中国电力出版社，2017.

[18] 唐凌遥. 企业信息化：企业架构的理论与实践[M]. 北京：清华大学出版社，2016.

[19] 葛洪伟. 数据库系统原理与应用[M]. 北京：中国电力出版社，2008.

[20] 高犁. 智能电网下的电力营销新型业务[M]. 北京：中国水利水电出版社，2014.

[21] 严峻. 电力营销计算[M]. 北京：中国电力出版社，2014.

[22] 乌家培. 信息经济与知识经济[M]. 北京：经济科学出版社，1999.

[23] 赵来红，王贻胜. 电力营销计算知识问答[M]. 北京：中国电力出版社，2013.

[24] 国家电网公司营销部. 用电信息采集通信技术及应用[M]. 北京：中国电力出版社，2015.